Elias Grünebaum

# Die Sittenlehre des Judentums

Elias Grünebaum

**Die Sittenlehre des Judentums**

ISBN/EAN: 9783743302389

Hergestellt in Europa, USA, Kanada, Australien, Japan

Cover: Foto ©ninafisch / pixelio.de

Manufactured and distributed by brebook publishing software
(www.brebook.com)

Elias Grünebaum

# Die Sittenlehre des Judentums

Die

# Sittenlehre des Judenthums

## andern Bekenntnissen gegenüber.

Nebst dem geschichtlichen Nachweise

über

Entstehung und Bedeutung des Pharisaismus

und dessen Verhältniß

**zum Stifter der christlichen Religion.**

Von

**Dr. E. Grünebaum,**

Bezirksrabbiner zu Landau.

Mannheim.

Druck und Verlag von J. Schneider.

1867.

# Vorwort.

Die nachfolgenden Blätter wollen aus dem unerschöpflichen Gebiete der Wissenschaft des Judenthums eigentlich nur den Einen Punkt, den ihr Titel angibt: Die Sittenlehre andern Bekenntnissen gegenüber, beleuchten. Die Besprechung des Pharisaismus in seiner wahren Bedeutung und geschichtlichen Entwicklung ergab sich dabei als nothwendiges Supplement zur richtigen Würdigung der unsern speziellen Gegenstand behandelnden Aussprüche. Ebenso hat unsere Besprechung desselben in seinem Verhältniß zum Stifter des Christenthums nur den Zweck, die Vorurtheile, die gerade durch die neutestamentlichen Schriften, oder vielmehr durch die gewöhnliche Auffassung derselben in dieser Beziehung genährt wurden, auf ihren wahren Werth oder vielmehr Unwerth zurückzuführen. Es ist uns mit Einem Worte darum zu thun, von ganz unbefangenem Standpunkte aus unsern Gegenstand zu beleuchten und zu diesem Zweck auch den Inhalt des Pharisaismus nach der von uns angegebenen Richtung bis auf den Grund und nach dem innern Zusammenhang mit seinem ganzen Ziele nachzuweisen. Unsere Arbeit hat daher allerdings zunächst einen rein wissenschaftlichen Zweck, um den objectiven Inhalt im Gegensatz zu den vielen falschen, aus Mangel an Kenntniß der Quellen entstandenen Auffassungen wenigstens nach dieser einen Richtung festzustellen; aber sie will damit zugleich, wir wollen es nicht leugnen, den, noch lange nicht überwundenen, aus der einseitigen und ungerechten Auffassung des Judenthums immer auf's Neue ihre Nahrung schöpfenden Vorurtheilen gegen die Juden entgegentreten. Sie hat auch das Leben im Auge, eine sittlich-praktische Aufgabe, um ihrerseits mit den vielen freien Geistern in unserm Vaterlande an der endlichen Zerstörung der Scheidewände, welche der Fanatismus des Mittelalters aufgerichtet, mitzuarbeiten, den Separatismus zu brechen, der noch wie ein Alp auf dem biedern Herzen unseres Volkes lastet, und das Band der Einheit und der Liebe um Alle zu schlingen, die in demselben unversieglichen Borne der Gotteserkenntniß ihre tiefste geistige und sittliche Beseligung schöpfen.

Wir haben uns daher mit Absicht jeder Kritik des neutestamentlichen Schriftthums enthalten. Zu unserm Zwecke genügte es, das Gegebene in sein wahres Licht zu setzen, ihm durch Vergleichung der Quellen seine rechte Stellung in Bezug auf unsere Aufgabe anzuweisen. Eben deshalb haben wir uns auch von jeder Polemik gegen irgend eine Auffassung dieses Schriftthums, namentlich in seinem Verhältnisse zum Judenthume, in den so sehr verschiedenen christlich-theologischen Richtungen unserer Zeit enthalten. So viele Blößen sich auch die größten Heroen der Wissenschaft auf diesem Gebiete gegeben; so wenig gerechtfertigt das Urtheil vieler in Wissenschaft und Charakter achtenswerthesten Männer gerade dem Judenthum gegenüber auch ist: wir haben alles dieses absichtlich nicht in den Kreis unserer Besprechung gezogen. Mögen diese Männer auch vielfach apologetisch für ihre Kirche geschrieben und in dem Zwecke größerer Verklärung ihres Inhalts manches Urtheil gegen das Judenthum seinen Grund haben; mögen sie selbst manches mit der Muttermilch eingesogene Vorurtheil noch nicht ganz haben aufgeben können: wir sind überzeugt, daß diese Urtheile dennoch großentheils in der Mangelhaftigkeit der Kenntniß des für die Meisten so schwierigen, ja absolut unzugänglichen nachbiblischen jüdischen Schriftthums ihre wahre Ursache haben, und daß daher jene Männer, wenn es unserer Arbeit gelingen sollte, ihre Aufmerksamkeit auf sich zu lenken, auch ohne daß wir ihren irrigen Ansichten ausdrücklich entgegen treten, manchen Irrthum in Bezug auf das von uns speziell behandelte Gebiet berichtigen möchten. Auch würde eine solche Polemik von unserm praktischen Zweck uns nur entfernt haben. Die nichttheologische Welt kümmert sich wenig darum und würde wohl höchstens nur den Riß beachten, ohne den Streitgegenstand in seinem Wesen zu begreifen. Wir aber wollen nur versöhnen, Allen ohne Ausnahme in Liebe und Treue die Bruderhand reichen.

Daß wir unsererseits nicht eine Apologie des Thalmudismus im Auge hatten, sondern seinen Inhalt, so weit er uns hier berührt, rein objectiv aufzufassen suchten, dürfte schon durch die eine Thatsache klar werden, daß wir alle thalmudischen Aussprüche, welche mit den erhabenen sittlichen Principien der h. Schrift in Widerspruch zu stehen scheinen, in den Kreis unserer Behandlung zogen, auch diejenigen, welche in der neuern Zeit, wenigstens unsres Wissens, nicht ausdrücklich zum Gegenstande von Angriffen gegen die pharisäische Sittenlehre gemacht wurden. Aber wir haben durch Feststellung des wahren Sinnes dieser Stellen und den historischen Nachweis ihres Zusammenhangs mit ihrer Zeit sie in das rechte Licht zu setzen gesucht. Es ist das die geschichtliche Auffassung, die wir auch in den religiösen Dingen als die Grundlage und die nothwendige Bedingung jeder wahren Erkenntniß betrachten. Auch die Religion ist Geschichte, und Geschichte ist überall das ewige Werden der Erscheinungen, nicht das todte Sein. Das eben ist die große Sünde, die man von israelitischer wie von nichtisraelitischer Seite gegen das Judenthum sich zu Schulden kommen ließ: daß man Alles, was zu irgend einer Zeit auf seinem Boden entsprossen ist, nicht in seinem geschichtlichen Werden, das allein Bedeutung und Werth bestimmen kann, sondern als ein todtes Sein, als ein starres Gesetz aufgefaßt hat, als wäre es ewig damit verwachsen gewesen. Ohne dieses Verfahren hätte sich dort gar manches Glied an den Riesenleib des Ritualismus nicht ansetzen, hier mancher Vorwurf in Bezug auf das Sittengesetz gegen andere Bekenntnisse von vorn herein keinen Boden finden können. Unserer Zeit war es vorbehalten, so manchen Fehler in dieser Richtung wieder gut zu machen. Wie auf dem Gebiete der Naturwissenschaften so Großes, bisher Ungeahntes ist geleistet worden, weil man sich mit der bloßen Erkenntniß des Seienden nicht begnügte, sondern gleichsam hinabstieg in die geheime Werkstätte der Natur, um sie in ihrem verborgenen Schaffen zu belauschen, und die Ursachen der Dinge, ihr Werden, ihre Geschichte zu erfassen, so hat man auf allen Gebieten des menschlich geschichtlichen Lebens dieses Werden aufgesucht, und dort wie hier den Gottesgeist erkannt, der „über den Wassern webet", wie er tief im Herzen aller Menschen seine Wohnung hat aufgeschlagen. Das Gottesbewußtsein ist zur Thatsache geworden, der Menschengeist, der gleichsam selbst zum Schöpfer sich erhob, als unmittelbarer Ausdruck des Göttlichen hervorgetreten, und diese Ueberzeugung, die immer mehr zum Durchbruch kommen muß, wird und muß auch immer mehr zur Würdigung Aller durch Alle, zum Rechte und zur Liebe Aller gegen Alle führen. Der Boden besonders, auf dem unsere Wiege hat gestanden, die Sprache, in welcher der Gottesgedanke sich gleichsam zuerst in uns hat verkörpert, sie werden die Bande unlösbarer Einheit um Alle weben. Das Wort des Propheten unter unsern Dichtern wird zur Wahrheit:

„Wir wollen sein ein einzig Volk von Brüdern,
In keiner Noth uns trennen und Gefahr."

Der Verfasser.

# Inhaltsverzeichniß.

## Erste Abtheilung.



## Zweite Abtheilung.

## Dritte Abtheilung.

### Neueste Angriffe gegen die pharisäische Sittenlehre.

# Druckfehler und Berichtigungen.

Seite 3. Anm 2. Z. 3 v. o. l. es statt er.
„ 8. Z. 5. v. o. nach und fehlen die Worte: daß es.
„ 34. „ 2. v. u. l. Manen st. Namen.
„ 36. „ 14. v. o. l. deren st. dessen.
„ 42. Anm. 4. l. Vulgata st. Vulgato.
„ 44. Z. 3. v. o. des zweiten Absatzes l. Moses st. Er.
„ 99. Anm. ist am Ende der Schluß von c. X. Meg. Taan. ausgefallen, wo es noch ausdrücklich heißt: „Jenen Tag, an welchem das Synedrion der Sadducäer entfernt wurde und ein Synedrion von Israel an seine Stelle trat, machte man zum Festtag", wo also der Gegensatz zwischen Sadducäer und Israel noch schärfer hervortritt. Es mochten im ersten Augenblick der Reaction und der Aufregung gegen die Sadducäer, die unter Alexander Jannai so viel Unheil gegen die pharisäischen Lehrer hervorriefen, alle ~~Sadducäer resp.~~ Priester vom hohen Gerichtshof ausgeschlossen worden sein. Vgl. Meg. Taan. c. 1. Später fand eine billige Ausgleichung statt.

Darnach ist also das Folgende im Text zu berichtigen.
„ 122. letzte Zeile st. sie l. bedeutende rabbinische Autoritäten.
„ 130. Z. 4. v. o. ist der Satz ausgefallen: bei welchen letzteren jedoch das Gesetz vom widerspenstigen Gelehrten (Saken Mamreh) keine Anwendung fand.
„ 132. Meg. Tann. c. 4. sind noch andere wichtige, das Scham- und Anstandsgefühl betreffende Differenzen in Hinsicht auf wörtliche Auffassung des Bibelwortes aufgezählt, so Deut. 22, 17. wo die Pharisäer die letzten Worte bildlich als eine klare Darlegung des Sachverhältnisses aufgefaßt, während

sie die Sadducäer wörtlich genommen; so 25, 9, wo die Pharisäer die Frau nicht, wie die Sadducäer, in das Gesicht (so auch Luther auffallenderweise gegen die Vulgata, die ante hat, LXX. κατά), sondern vor dem Manne ausspeien ließen. Vgl. Siphre z. d. Stellen und Th. Jeb. 106, b. Khet. 46, a., wo übrigens in Bezug auf das erste auch die Meinungen der Pharisäer auseinandergehen, was nicht sehr für die Glaubwürdigkeit der Glossen zu Meg. Taan. auch in Bezug auf die Differenz im jus talionis spricht. Jedenfalls aber stehen sich in allen diesen Fragen alte, strengere, mit späteren, milderen Ansichten einander gegenüber, was für die Entwicklungsgeschichte von Bedeutung ist.

Seite 147. Z. 5. v. u. l. schönen st. schöner.

" 148. Z. 8. v. o. l. doch st. jedoch.

" 152. Z. 4. v. o. l. hat st. haben.

Das. Z. 9. v. u. ist nach kann zu ergänzen: wodurch sie aber gegen Jesus, wenn er es veranlaßt hätte, gerade eine Handhabe als gegen einen widerspenstigen Gelehrten gehabt haben würden.

" 161. ist zu Z. 7. v. o. die Anmerkung ausgefallen:

Von der schamlosesten Verhöhnung der Juden und ihrer religiösen Satzungen durch die römischen Kriegsknechte, führt Josephus im Gegentheil wiederholt Beispiele an.

" 182. Z. 5. v. o. ist nach opfern der Satz ausgefallen: wobei jedoch nicht übersehen werden darf, daß das Bedürfniß in Bezug auf den gesetzlichen Theil der Offenbarungsvorschriften nach der geschichtlichen Entwickelung von außerordentlichem Einfluß war und gerade hierin die wesentliche Bedeutung der Ueberlieferung zu suchen ist, wie dies aus der letztern thalmudischen Verhandlung selbst hervorgeht und wir bereits vielfach zu bemerken Gelegenheit hatten.

Das. ist nach unterschreiben aber ausgefallen.

Ketub. 46, a.

Zu Deut. 22, 17. Im Talmud (findet sich auch ~~zuerst~~ die Ansicht eines sehr berühmten alten [überlieferten] Lehrers R. Eliezer b. Jakob, welcher die angeführten Worte noch wörtlich nehme. ~~Allein~~ [Dagegen] steht nach allen Commentatoren [statt] fast, daß [illegible] zu [illegible] nach [illegible] [illegible] in der Sache [illegible] [illegible], [illegible] [illegible] wörtliche [illegible] [illegible] in der alten [illegible] [illegible] ([illegible] Jerusch.). Später wurden die Worte in der angegebenen bildlichen Weise allgemein aufgefaßt. Es bildet also jedenfalls ein Fortschritt in der Auffassung des Bibelwortes nach der fortgeschrittenen Bildungsstufe oder, wenn man will, ein bewußter [illegible] gegen den einfachen Bibelwort, wo er die Gefühle der fortschreitenden Menschheit verletzte.

+ eine [illegible] [illegible] ~~[illegible]~~ .

~~[illegible]~~ selbst der [illegible] Ausdruck
d. Verbot der Theilnahme an d. Passah-
opfer (Pascha) für d. Fremden u.
Unbeschnittenen (2 Mos. 12, 43. 44.)
Allein dieses Opfer war eben die
Weihe zum [illegible] Israels, d. [illegible]
~~[illegible]~~ [illegible] d. [illegible] Gottes
unter allen Völkern zu [illegible].
Nur [illegible] es sollte d. Sinnbild
der blutigen [illegible] sein, dem sich
Israel [illegible] d. [illegible], das
Thierwelt in Egypten zu [illegible]
hatte. Nur [illegible] finden sie [illegible]
[illegible] Bestimmungen [illegible]
[illegible] z. B. [illegible] jeder [illegible]
[illegible] dabei zum [illegible]
[illegible] war, [illegible] ihn [illegible].
Nur [illegible] ist es [illegible] begreifen
daß d. Rabbinen [illegible]
[illegible] unter diesem Verbote nicht [illegible]
[illegible] Heiden, die überhaupt schon unter
d. [illegible] Menschheit [illegible]
[illegible] ist, sondern nur [illegible]
d. Israeliten [illegible], bei denen d. Beschneidung nicht vollzogen worden, [illegible]
[illegible] Abtrünnigen, die israelitischen
Gottesläugner, die sich [illegible]
Glauben u. Leben [illegible] entfremdet
[illegible] wollen (s. Michilta
c. 15. [illegible] u. Pesachim 96. 7-8.)

## Erste Abtheilung.

---

# Die heilige Schrift.

Daß die heilige Schrift die volle Gleichheit des Gesetzes in Bezug auf Juden und Nichtjuden, d. h. auch die damaligen Heiden lehrt, und zwar nicht bloß in Rücksicht auf das Sittengesetz, sondern sogar in Rücksicht auf die das Seelenheil fördernde religiöse Uebung; daß sie also ein nationales Israel auch in letzterer Hinsicht nicht für die Berechtigung, sondern nur für die Verpflichtung zur Kenntniß und Uebung der g. Lehren und Gesetze, und in Bezug auf den Beruf zu deren Erhaltung und Verbreitung anerkennt: also alle Menschen ohne Ausnahme zu jener Kenntniß und Uebung, oder, um uns eines heute geläufigen Ausdrucks zu bedienen, zur Seligkeit berufen, tritt dem vorurtheilslosen Forscher aus ihrem ganzen Inhalte klar entgegen. Schon die Eine Thatsache, welche sie an die Spitze stellt: daß Gott alle Menschen nach seinem Ebenbilde erschaffen, schneidet jedem Gedanken an eine Verschiedenheit des Verhältnisses zwischen Gott und Menschen oder der Menschen untereinander von vornen herein alle Begründung ab. Aber auch später, als die Stammesunterschiede sich geltend machen, wird Israels Erzvater, Abraham, berufen nicht bloß zum Segen seines Hauses, sondern „aller Geschlechter der Erde.“ Sogar ein sehr frommer christlicher Geistlicher, der sonst die Erfüllung alles geistigen, wahrhaft religiösen und sittlichen Lebens erst durch seine Kirche auch im A. T. verkündet findet, muß hier die umfassende Liebe in den g. Offenbarungsurkunden zugeben. „Diese Offenbarung und Verheißung (eines unendlich reichen Segens), sagt Otto v. Gerlach [1]), welche den Abram aussondert und einen Vorzug ihm gibt vor allen Menschen seiner Zeit als Gottes auserwähltem Liebling, wird nur deshalb ihm zu Theil, damit durch ihn und seine Nachkommen Gott dem ganzen menschlichen Geschlechte dieselbe Gnade, seiner Erkenntniß und Gemeinschaft, schenkte. Bei der ersten Beschränkung seiner Gnade auf ein auserwähltes Geschlecht kündigt Gott zugleich ihre unendliche Allgemeinheit nach Breite, Länge und Tiefe an; schon die erste Offenbarung Jehova's an den Stammvater zeigt, wie das Alte Testament von einem jüdischen Nationalgott, dem die übrige Welt fremd wäre, nichts weiß."

In keinem andern Sinne ist der Ausspruch 2 Mos. 19, 5. zu fassen: „Werdet ihr meiner Stimme gehorchen und meinen Bund halten: so sollt ihr mein Eigenthum sein aus allen Völkern, denn mein ist die ganze Erde." Auch hier macht jener fromme Theologe die schöne Bemerkung: „Erhaben ist es, wie in diesen Worten gerade auf Gottes Eigenthumsrecht an der ganzen Erde die Wahl der Kinder Israel gegründet wird. Dem Volke wurde dadurch die heidnische Vorstellung von einem Volksgott, dessen Macht auf sein Land und Geschlecht beschränkt ist, gänzlich benommen; wie denn diese Allgewalt an der ganzen Erde so eben sich an den Egyptern erwiesen hatte; und zugleich wurde dadurch angedeutet, daß die besondern Vorzüge Israels in Beziehung ständen auf das Heil der ganzen Welt. Ist Gott Herr der ganzen Welt, wählt sich aber ein besonderes Eigenthum von allen Völkern aus, so kann er nur die Absicht haben, durch dies auserwählte Volk für Alle zu sorgen." Israel hat eben den Beruf, der ihm durch die von seinen Vätern

[1]) zu 1 M. 6, 12.

Wie Schelling aber auf [illegible] Weise,
so strebt der an dem Gängel der katholischen
Wissenschaft [illegible]. [illegible]
[illegible]
dieser Universalismus in [illegible] ist [illegible]
[illegible] darin, daß [illegible] die [illegible] Sittlichkeit, die
~~Menschen~~ – die sittliche Würde des Menschen
ist einer der wichtigsten Grundbegriffe, [illegible]
[illegible] in der Offenbarungsgeschichte
ausgesprochen findet, ist jenem Universalismus unbekannt. Denn jede Beschränkung
auf dem sittlichen Gebiet [illegible] eine unsittliche
und der Separatismus nach dieser Richtung zu
[illegible] einerseits [illegible] ihm gegangenen
[illegible] [illegible] [illegible] eine Beschränkung der Sittlichkeit, ein Widerspruch
in sich selbst, eine unsittliche Sittlichkeit.
„[illegible] [illegible] [illegible] die Einigkeit
[illegible] [illegible], sondern die Einheit des Menschen
in der Weltgeschichte [illegible] [illegible] Offenbarungs-
urkunde nicht nur die Erinnerung an die Abstammung von einem
Menschen [illegible], sondern auch die Lehre von der
ursprünglichen Einheit der Sprache unter allen Menschen;
~~[illegible]~~ die Einheit der Menschen in der Geschichte
[illegible] [illegible], [illegible] [illegible] [illegible]
die katholische Wahrheit. [illegible] [illegible]
neue Beschränkung. [illegible] [illegible]
[illegible] [illegible] gegen die Einheit [illegible]
[illegible] [illegible] [illegible] [illegible]
Ebenso sagt [illegible] von der Völkertafel [illegible], daß
sie ein Zeugniß sei für die ursprüngliche Glaubensver-
bindung aller Völker."

+ Wir führen diese Zeugnisse nur so weit hier an, als
[illegible] [illegible] [illegible] für den ~~ursprüng-~~
~~lichen~~ Universalismus in den ältesten jüdischen
Urkunden liefert.

„Israel aus diesem Umstande, hieße hinfort, daß die d. Völkertafel d. ursprüngliche Gleichberechtigung aller Völker der Erde unmittelbar vor der Erzählung der ungemein religiösen Auszug der Nachkommen Abrahams Religionsgeschichte ist, könnte hinweisen, die berufliche Abrahams und s. Nachkommen gegen d. Vorwurf feindseliger Ausschließlichkeit zu schützen.

In Bezug auf den universalistischen Geist, der die Auserwählung Abrahams bis [illegible] zurückführt, zeigt sich dies ebenso entschieden als kräftig aus. Mit der Auserwählung Abrahams, sagt er, scheint zugleich d. Ausschließung aller andern Menschen ausgesprochen zu sein. Aber dieser Schein wird sogleich zerstört, sobald man vernimmt, in welcher Art Abraham zu der von ihm stammenden geistigen Erbschaft auserwählt ist. Er ist auserkoren und soll Nationen [illegible] in ihm und mit ihm auserwählten Völker werden, damit alle Nationen gesegnet würden. Diese Begründung der besonderen Stellung des jüdischen Volkes auf die Nachkommen des auserwählten Abrahams macht es unmöglich, die Urkunde der mosaischen Offenbarung einem Geist der Ausschließlichkeit zuzuschreiben. Nicht nur nach rückwärts, hinsichtlich der Abstammung, ist alle Menschen gleichgestellt, sondern auch für die Zukunft. Der [illegible] besondere Schutze Gottes [illegible] Abrahams Namen kommen muß, soll für alle Nationen ohne irgend eine Ausnahme sein. Diese Wahrheit scheint so wichtig, daß es dem Verf. d. Urkunde nicht genug war, sie einmal auszusprechen, wie Gott nicht genug hatte, dem Patriarchen sie einmal mitzuteilen. „Es sollen gesegnet werden durch dich alle Familien der Erde" (Gen. 12, 3), sagt Gott zu Abraham gleich am Anfange seiner Berufung. Bei der Zerstörung Sodoms sagte Gott: „Sollte ich vor Abraham verbergen, was ich tue? Und Abraham soll doch werden zu einem großen und mächtigen Volke und in ihm werden gesegnet alle Völker der Erde" (Gen. 18, 17. ff.). Bei der Hinführung Isaaks zum Opfer: „Bei mir habe ich geschworen ... daß ich dich segnen werde und mehren deinen Samen wie die Sterne des Himmels ...

ererbte Erkenntniß Gottes allein unter allen Völkern werden konnte.[1]) Der Heilsverkünder, der Priester zu sein, der die göttliche Botschaft zu allen Völkern zu tragen berufen ist, an dem Heile selbst sollen alle Menschen Theil nehmen. Die Bestimmung zur Erkenntniß und Verehrung Gottes durch Uebung seines heil. Willens ist die gleiche für alle Menschen.[2]) Und was in den Mosaischen Schriften als Bestimmung der Menschheit verkündet ist, das schauen die Propheten in ihren herrlichsten Gesichten in seiner Erfüllung als das Messiasreich, als die Herrschaft Gottes auf Erden „in der Zukunft der Tage." „Da wird feststehn der Berg des Gott geweihten Hauses, als der Berge Haupt, und wird überragen die Höhen, und es werden zu ihm strömen alle Völker. Und viele Völkerschaften werden gehn und sprechen: „Kommt, laßt uns hinaufwallen zu dem Berge Gottes, zum Hause des Gottes Jakobs, daß er uns belehre über seine Wege und wir wandeln in seinen Steigen." „Denn von Zion geht die Lehre aus, und das Wort Gottes aus Jerusalem. Und richten wird er unter den Völkern, zurecht weisen viele Völkerschaften, und sie schmieden ihre Schwerter zu Pflugschaaren und ihre Speere zu Sicheln; nicht erhebt Volk gegen Volk ein Schwert und nicht lernen sie fürder den Krieg" [3]). Es ist die Zeit, in der

[1]) In diesem Sinne ist es auch zu verstehen, daß sich Moses in seiner ersten Sendung an Israel als den Gesandten „des Gottes ihrer Väter" ankündigen mußte, 2 M. 3, 15.

[2]) Deshalb, und nur deshalb wird Israel „der erstgeborne Sohn Gottes" genannt (2 M. 4, 22.), d. h. nicht blos, weil es Gott zuerst unter allen Völkern erkannt, sondern weil es den Beruf hatte, der dem Erstgebornen überall zugewiesen war, der Priester des Hauses, hier der Welt zu sein und alle Menschen zur Erkenntniß Gottes zu führen. Zugleich erscheint Gott schon hier in diesem ersten Grunde der g. Offenbarung als der Vater aller Menschen: Israel ist der erstgeborne Sohn, in dem angegebenen Sinne, alle Menschen müssen also Gottes Kinder sein, cf. Jir. 31. 9.

[3]) Jes. 2, 2—4. cf. Micha 4, 1—7.

„sie nicht freveln und nicht verderben auf meinem ganzen heiligen Berge, denn voll ist die Erde der Erkenntniß Gottes, wie Wasser den Meeresgrund bedeckt" [1]). Es ist die schöne Zeit der vollendeten Ausbreitung und Entwicklung des Gottoffenbarten Geistes der Wahrheit und Gerechtigkeit: „Gott wird König sein auf der ganzen Erde, an jenem Tage wird Gott der Einzige sein und sein Name der Einzige [2]). Ein Gott und Eine Menschheit: Das ist die Quintessenz des prophetischen Gedankens, der in der Zukunft sich verwirklichen, in den Mosaischen Büchern aber schon als das Ziel der Gottesoffenbarung verkündigt wird.

Klarer und schöner noch ist der herrliche Doppelgedanke von dem Berufe Israels und der Bestimmung aller Menschen ausgesprochen Jes. 42, 1—8. „Siehe, mein Knecht (Israel), den ich festhalte, mein Erkorner, an dem meine Seele Wohlgefallen hat: meinen Geist habe ich auf ihn gelegt, auf daß er das Recht den Völkern verkünde. Er schreiet nicht und erhebt seine Stimme nicht laut, läßt sie auf der Straße nicht hören. Ein geknicktes Rohr zerbricht er nicht, dunkelnden Docht löscht er nicht aus: zur Wahrheit führt er das Recht. Es dunkelt nicht und bricht nicht, bis er auf der Erde das Recht hat eingesetzt und die Eilande seiner Lehre harren. Also spricht der Allmächtige, Gott, der die Himmel erschaffen und sie ausgespannt, die Erde ausgebreitet mit ihren Sprößlingen, der Odem gibt dem Volke auf ihr, und Geist denen, die auf ihr wandeln, ich, Gott, habe dich berufen zum Heile, ich habe dich erfaßt an deiner Hand, ich habe dich bewahret und habe dich eingesetzt zum Bündnisse der Völker, zum Lichte der Nationen, zu öffnen blinde Augen, aus dem Kerker herauszuführen den Gefesselten, aus dem Gefängnisse die im Finstern Weilenden. Ich, Gott, das ist mein Name, und meine Ehre lasse

---

[1]) Jes. 11, 9.
[2]) Sech. 14, 9.

und es sollen gesegnet werden durch deine Nachkommenschaft alle Nationen der Erde (22,16.ff.). Als dem Jacob unter Zeichen zu der Auserwählung der Nachkommen Abrahams ausgestellt werden soll, so werden eben diese Worte wiederholt (Gen. 28,14.). Ebenso geschieht es, da Jacob bei Bethel auf der [illegible] erfährt: Gesegnet sollen werden durch dich alle Geschlechter der Erde und durch deine Nachkommenschaft (Gen. 28,14.). Also gleich von der Auserwählung Abrahams und seiner Nachkommenschaft anzufangen ist, wird in die Zukunft verlegt, dort soll die Frucht an den Bäumen reifen, welche in dem von Gott erkorenen Patriarchen gelegt worden ist, und diese Frucht soll allen Nationen der Erde angehören."

„Wie die drei Patriarchen Abraham, Isaak und Jakob als die Grundsäulen der israel. Kirche gelten, so ist auch diese bei ihnen ausgesprochene Bestimmung, dass alle Völker an dem aus ihnen kommenden Segen Theil nehmen sollen, ein Grundsatz der israelitischen Religion. Wie sie durch die Berufung auf den Gott Abrahams, Isaaks und ~~Jakobs~~ die [illegible] ihrer Auserwählung bekennt, so auch einen Erfolg darstellen, den alle Völker gewähren sollen.

„Dieser wichtige Grundsatz wird bei jedem neuen Akte der Offenbarung, ja auch in Zeitmomenten neu aufgefrischt; in denkwürdigen Augenblicken, da das Volk Israel am Sinai den Bund mit Gott schliesst und die ganze Größe seiner Auserwählung mit den Worten ausgedrückt wird: „Ihr seid mir ein priesterliches, königliches Volk, Gottes Eigenthum", wird sogleich beigefügt: „Mir gehört die ganze Erde" (Exod. 19,5.). Noch bedeutsamer ist die Stelle der [illegible] Empörung des Volkes gegen Gott in der Wüste. Nach dieser [illegible] unerschütterlichen Vorsorge von jedem Zusammenhange mit Gott zeigt sich, dass die Stellung der Nation zu Gott nicht wesentlich von der [illegible] anderen Völker verschieden sei, denn die göttliche Gerechtigkeit will die ganze Nation fallen u. aus Moses einen neuen Stammvater des Volkes der Verheißung entstehen lassen (Num. 14,12.). Und auch nachdem auf Moses Fürbitte hin die Verzeihung gewährt, also die Auserwählung neu bestätigt ist, spricht Gott die denkwürdigen Wort: „Ich vergebe nach deinem Worte. Aber so wahr ich lebe, voll der Herrlichkeit des Ewigen ist die ganze Erde (Das. v. 21.).

s. Fortsetzung S. 6.

S. 5.

~~[illegible]~~

Diese Grundgedanken kehren auch in allen neueren geschichtl. Forschungen, wenn sie auf die völlige Klärung und unbestrittene Feststellung von jenen Schriftstellern ausdrücklich schon im A. T. anerkannt. ~~[illegible]~~ [illegible] aus dem Werke von Stade und Holtzmann: Geschichte des Volkes Israel, Bd. II. S. 14. die wir ~~[illegible]~~ mit Weglassung der das Geistesthum betreffenden Ausführungen, die wir hier nicht berühren, hier anführen wollen, wörtlich hier beifügen.

„Wenn es sich wirklich so verhält, daß die Einzigkeit des einen Gottes den innersten Kern des alttestamentlichen Glaubens ausmacht, . . . so kann diese Religion auch nicht grundsätzlich d. h. wesentlich volksthümlich, beschränkt national u. particularistisch sein, sie kann nicht von Haus aus jeder Vermittlung an einen Andern die in ihr enthaltenen religiösen Wahrheiten entgegenstellen. Denn der Glaube an d. Einheit Gottes u. d. Glaube an d. Einheit aller Menschen u. ihrer sittl. Aufgaben bedingen sich gegenseitig — dieses von Zeller auf d. Entwicklungsgeschichte der griechischen Philosophie angewandte Grundgesetz steht auch in der hebräischen Religion, bis zu einem gewissen Grade in Geltung. Moses hatte gemacht, was Niemand wagte, auch nur festzustellen nach ihm: er hatte d. Verehrung des einen Gottes zur Volksreligion gemacht. Nicht ein aristokratisches Vorrecht der Weisen u. der Priester sollte dieser Gottesglaube sein, sondern Gemeingut des Volkes; damit aber war das ganze Volk zu Stand einer Priesterschaft erhoben. Hinterher steht aber dieses Volk nur da, wenn seine eigentliche Mission dahin geht, das eigene geistige Eigenthum zu vermitteln an die Völker, die noch unter der Heiligthum stehen, an d. ganze Menschheit. In d. That enthalten d. Urkunden d. hebr. Religion [illegible] auf d. religiöse Geschichte der ganzen Menschheit . . . ~~[illegible]~~ . . . Der Gott, welcher mit s. Wort d. Licht aus Finsterniß schafft, d. Himmel u. Erde erschafft, Sonne, Mond u. Sterne an d. Himmel hoch kreisen läßt, ist für d. Welt, für d. ganze Menschheit da, deren älteste Traditionen u. Mythen sich auch mannigfach berühren mit dem, was von d. heiligen Gottesurkunden u. vom großen Flutbau u. von d. Zerteilung des Menschengeschlechts nach d. Sprachen erzählt wird. Schon an sich ist es nicht d. alttestamentliche Geschichte nach dem Begriff des einen Gottes, derselbe wird zu allererst nicht etwa mit d. israelitischen Volke allein, sondern mit dem ganzen [illegible] Noachs (Gen. 6, 18. 9, 9.) errichtet. Die sich anschließende Völkertafel aber will doch auch d. Einheit des menschlichen Geschlechts festhalten u. deutet unmittelbar schon darauf, daß Gott s. Aufsicht auch über d. sämmtlichen Heidenvölker doch haben soll."

ich keinem Andern, meinen Ruhm nicht den Götzenbildern" (es ist Israels Beruf, alle Völker zur Gotteserkenntniß, zu Recht und Sittlichkeit zu leiten, und der Menschheit Bestimmung, dieses erhabene Ziel zu erreichen).

In diesem Gedanken begreifen wir erst die Sendung der israelitischen Propheten auch an auswärtige Völker, und wenn diese der Mahnung des Propheten Folge leisten, so empfangen sie allesammt, auch die, welche Israel am meisten knechteten, den göttlichen Segen. „Gesegnet ist mein Volk Mizraim, und Assur, meiner Hände Werk, und mein Eigenthum Israel." [1]) Diesen Grundgedanken von der Gleichheit aller Menschen vor Gott entsprechen nun auch die einzelnen Lehren und Gebote schon im Mosaismus. Der Dekalog stellt die Verbote des Meineids, des Raubes, des Diebstahls, des falschen Zeugnisses, des Gelüstens nach fremdem Eigenthum ganz allgemein auf (über den in den beiden letzten Aussprüchen vorkommenden Ausdruck Rëa für Nebenmenschen werden wir später sprechen). Eben so allgemein sind die bald darauf folgenden ausführlicheren Gesetze über die äußeren Rechtsverhältnisse [2]) gehalten: „Wer einen Menschen (איש) schlägt, daß er stirbt, soll des Todes sterben. Wer aber nicht aufgelauert hat, sondern Gott hat es ihm unter die Hand geschickt, so werde ich dir einen Ort einrichten, wohin er fliehen soll. So aber Jemand an seinem Nächsten frevelt und ihn umbringt mit List, von meinem Altare weg sollst du ihn führen zum Tode."

Dieselben Gesetze werden 3 M. 24, 17. ff. zum Theil wiederholt und hier heißt es noch bestimmter: „Wenn Jemand „irgend einen Menschen" erschlägt" [3]) und dann wird zum Schlusse v. 21. feierlich wiederholt: „Ein Rechtsgesetz [4]) sei für euch, für den Fremden wie für den Einheimischen: denn ich bin Gott, euer Herr."

---

[1]) Jes. 19, 25.
[2]) 2 M. 21, 12; 22, 7.
[3]) כל נפש אדם . .
[4]) משפט.

Wir wollen hier gleich im Anfange erklären, daß dieser letztere Ausdruck, der merkwürdigerweise gerade bei Rechts- und Sittengesetzen fast überall vorkommt, entweder allein: ich bin Gott, oder mit dem Zusatze: euer Herr, offenbar nichts Andres sagen will, als daß Gott, der Herr der ganzen Welt, gleichsam von Natur und seinem Wesen nach in Bezug auf Recht und Liebe keine Unterscheidung zwischen Israel und den anderen Völkern zulassen kann, unter welcher Voraussetzung wir nichts dagegen haben, wenn man auch die Erklärung der Rabbinen: daß Gott wahrhaftig sei, Vergeltung an dem Frevler zu üben, damit verbinden will.

Von der bewundernswerthen Höhe des sittlichen Begriffs in dem Mosaismus überhaupt, ebenso wie von der völligen Gleichheit der Rechtsgesetze in Bezug auf alle Menschen ohne Unterschied liefert auch 3 Mos. 5, 21. ff. einen sprechenden Beweis. „Wenn Jemand sündigt und eine Untreue begeht an Gott, daß er dem Nächsten abläugnet ein anvertrautes Gut oder ein Darlehn oder etwas Geraubtes, oder er vorenthält seinem Nächsten den Lohn, oder er hat Verlorenes gefunden und läugnet es ab und schwört auf eine Lüge, von irgend etwas, was der Mensch thut, sich damit zu versündigen: wenn er also sündigt und sich verschuldet, so erstatte er .... und bringe Gott sein Schuldopfer. Hier wird also das Gesetz nicht bloß ganz allgemein gehalten: wer immer verschuldet, in irgend etwas, was der Mensch thut, und gegen wen er sich verschuldet [1]), es wird diese Allgemeinheit ferner nicht bloß eben dadurch außer allen Zweifel gestellt, daß das Vergehen als Vergehen gegen Gott bezeichnet wird, als den Herrn Aller, sondern es erscheint das Recht ausdrücklich nicht als ein bloßes Gesetz, es erhält vielmehr, indem dessen Uebertretung eben als eine Untreue an Gott bezeichnet wird, und der Uebertreter aus diesem Grunde außer der völligen Wiedererstattung und den

---

[1]) את עמיתו s. weiter.

Fortsetzung zu S. 4. oben.

Wenn H. diese Grundsätze für die katholische kirchliche [illegible] und sie vielleicht gerade deshalb so entschieden hervorhebt, so kann doch der Menschenfreund nur freuen, daß [illegible] ist für ein Stück der Menschheit und ihrer [illegible] Bedeutung ~~[illegible]~~ anerkannt wird, wenn [illegible] H. [illegible] in seinen Grundsätzen [illegible] Ausspruch des Apostels: „Zu jeglicher Nation ist jeder Mensch Gott willkommen, welcher ihn fürchtet und Gerechtigkeit übt" (Apostelg. 10, 35.) mit seinen natürlichen Consequenzen eine Geltung eingeräumt hätte. Gewiß, das [illegible] des Mittelalters würde nicht so viele Opfer gefordert und er würde in seiner Ausschließlichkeit und seiner [illegible] Verdammniß der Ketzer, die in den Urkunden der göttlichen Offenbarung so [illegible] widersprechenden Grundsatz der allgemeinen gleichen Menschenrechte, nicht so leicht und [illegible], als aber er damit [illegible] und [illegible] der Kraft seines Gottes nicht, der [illegible] erhebend. Daher sollte [illegible] Mäßigung wie die [illegible] H. solche Grundsätze [illegible]. Aber [illegible] H. [illegible] bis von den [illegible] [illegible], wird [illegible] keine Bestätigung finden.

„In dem Augenblicke, sagt H. nach der obigen Auseinandersetzung jetzt, da Moses von s. [illegible] in Segen über d. [illegible] versammelten Volkes die [illegible] der besondern israel. Offenbarung erheben wollte, sagte er: „Er (Gott) bezeigt Liebe zu den Völkern, alle ihre Heiligen sind in deiner Hand" (Deut. 33,3.). Dieß [illegible] Mittelalters [illegible] die Lösung der Weltgeschichte [illegible] weisen. Dieser [illegible] Gottes gibt den [illegible] der jüd. Völker den Segen, empfängt von ihm den [illegible], obwohl [illegible] dem Stamme der [illegible] angehörig, die [illegible] Moses mit d. Midianiterin [illegible], die [illegible] über ihren [illegible] gegen d. Moses (Num. 12,1.), welche [illegible], d. [illegible] d. israelitischen Dichter Job, d. Sendung des Propheten Jonas nach Ninive [illegible] sind [illegible] Belege dafür, daß der israel. Religion der Geist der [illegible] anderen Nationen fremd sei!"

[illegible]

[illegible signature]

eine entscheidende Beweisstelle für
d. völlige Gleichheit aller Völker
mit Israel vor Gott, ist Amos
9, 7. Hier, wo Gott ausdrückl. zu Isr.
spricht: Ihr seid mir nicht besser, als
die Äthiopier d. h. die fernsten Völker, und wenn ihr euch darauf als
ein besonderes Liebeszeichen berufet: daß
ich euch aus Egypten geführt, dasselbe that ich den Philistern u. Syrern.
Jedem heidnischen Reich, ist andern-
dem, [illegible] [illegible] die ges. Wohnsitze.

auf die einzelnen Vergehen gesetzten Strafen in Bezug auf den Menschen, die bei Diebstahl bis auf's Vier- und Fünfache geht, sogar Gott ein Schuldopfer bringen muß, um seine That desto tiefer als Sünde gegen Gott seinem Gedächnisse einzuprägen, eine unerschütterliche Grundlage, welche die Heiligkeit der gesellschaftlichen Ordnung in einer Weise feststellte und erhielt, die jede rohe Leidenschaft im Keime ersticken, jede Beschwichtigung des Gewissens durch Vorurtheile und persönlichen Haß unmöglich machen mußte. Jedes Vergreifen an dem Eigenthum irgend eines Menschen, mochte er Israelite sein oder nicht, jede offene Plünderung wie jede geheime Zerstörung, war ein Raub, eine Untreue an Gott.

Eben so allgemein, Freund und Feind, Einheimische und Fremde umfassend, sind die schönen Vorschriften[1]: „Du sollst kein falsches Gerücht aufnehmen (Onk. LXX. Rabb.; die Vulg. ausbreiten ne efferto). Du sollst deine Hand nicht bieten dem Frevler, um Zeuge zu sein der Ungerechtigkeit. Du sollst nicht der Menge folgen zum Bösen. Du sollst bei einem Rechtsstreite keinen Ausspruch thun, um dich der Menge anzuschließen, das Recht zu beugen. Auch den Armen sollst du nicht begünstigen in seiner Rechtssache. Wenn du den Ochsen deines Feindes oder seinen Esel, der irre geht, triffst, bringe ihn demselben zurück. Wenn du den Esel deines Hassers erliegen siehst unter seiner Last, und du wolltest unterlassen, es ihm leichter zu machen . . . mache es ihm leichter mit ihm, u. s. w.

Mit diesem bedingungslosen, gegen Fremde und Einheimische zu übenden, allgemeinen, in Gott wurzelnden Rechte möchten wir sogar die räthselhaften „Urim und Thumim" in Zusammenhang bringen. Sie sind am Schmucke „des Rechtes" (חשן המשפט) befestigt, heißen selbst „Licht und Recht" oder „Offenbarung und Wahrheit" (LXX. δήλωσις καὶ ἀλήθεια), und sollen „zum beständigen Andenken vor Gott" von dem Hohen-

[1]) 2 M. 23, 1. 9.

priester getragen werden. Letzterer war aber, in gewisser Hinsicht, der Vertreter des ganzen Volkes vor Gott [1]). Es dürfte daher die Annahme nahe liegen, daß sie in der beständigen Mahnung daran, daß das Recht in Gott wurzele, seine Verletzung eine Sünde gegen Gott, und von Allen und gegen Alle zu üben sei, oder in der umfassendern Bedeutung, daß der ganze Inhalt der Offenbarung, die ganze göttliche Wahrheit für Alle sei, ihre wesentlichste Bedeutung haben sollten. Vielleicht hängt auch ihre Aufgabe: in wichtigen Angelegenheiten durch sie die Entscheidung des Hohenpriesters einzuholen, damit zusammen, indem sie daran erinnern sollten, daß das Gelingen ihrer Unternehmungen von der Beobachtung des durch sie dargestellten allgemeinen göttlichen Rechtes, oder im andern Sinne der ganzen göttlich offenbarten Wahrheit abhängig sei. Ja, fast möchten wir sogar behaupten, daß es dem Mosaischen Gesetze noch mehr um die Einschärfung des Rechtes Fremden gegenüber, als gegen die Israeliten zu thun war. Dies beweist die allgemeine Wiederholung des Verbots jedes Drucks, jeder Täuschung in Wort und That (2 Mos. 22, 19, 23, 9. u. s. w.) gegen den Fremden nach fast allen Rechtsgesetzen. Die g. Offenbarung hat damit offenbar die vorausgegangenen Gesetze den Fremden gegenüber dem Volke noch einmal besonders an's Herz legen wollen, um jeder andern, in Vorurtheilen wurzelnden Deutung entgegen zu treten. Aber nicht bloß in Bezug auf die Rechtsgesetze herrscht im Mosaismus zwischen Israeliten und Fremden völlige Gleichheit; auch Liebe und Wohlthätigkeit sollten gegen Alle in gleicher Weise geübt werden.

---

[1]) 3 M. 4, 3. wo die Schuld des Hohenpriesters eine Verschuldung des ganzen Volkes genannt wird. Das. v. 13. ff. bei Versündigungen der ganzen Gemeinde, wo diese aber doch zugleich durch ihre Aeltesten sich selbst vertritt, also das eigentliche Mittleramt wieder ferne gehalten wird. Vgl. 4 M. 15, 25. wo wohl auch der gesalbte Priester gemeint ist, besonders aber am Versöhnungstage 3 M. c. 16. Vgl. zweite Abtheilung.

** Mechil. Mischp. c. 18

חביבים הגרים שבכל מקום הוא מזהיר עליהם וגר לא
תונה, ואהבתם את הגר, ואתם ידעתם את. ...
ר' שמעון בן יוחאי אומר הרי הוא אומר ואוהביו ...
כצאת השמש בגבורתו וכי מי גדול מי שאוהב את המלך
או מי שהמלך אוהבו הוי אומר מי שהמלך אוהבו שנא'
ואוהב גר ...

Schon die tief gemüthliche Begründung bei dem Verbote der Rechtsverletzung gegen Fremde, 2 Mos. 23, 9: „Ihr wisset, wie es dem Fremden zu Muthe ist: denn ihr seid selbst Fremde gewesen im Egypten-Lande“, zeigt auf's Klarste, daß das Gesetz selbst das Recht auf das Gefühl der Liebe und Theilnahme gründen wollte. Im 5 M. 10, 19 wird geradezu die Liebe gegen den Fremden von Israel gefordert, und diese Liebe nicht blos mit ihrer Erinnerung an das eigene Fremdsein in Egypten, sondern noch damit begründet, daß Gott Aller Gott und Herr ist und auch den Fremden liebt und ihm Brod und Kleidung gibt, ja, es wird die Pflicht der Liebe gegen den Fremden mit der Ehrfurcht und Liebe, die wir Gott schulden, in Verbindung gebracht. „Und nun Israel! was fordert Gott, dein Herr, von dir, als daß du fürchtest Gott, deinen Herrn, in allen seinen Wegen wandelst, und ihn liebest und dienest Gott, deinem Herrn, mit deinem ganzen Herzen und deiner ganzen Seele; daß du beobachtest die Gebote Gottes und seine Gesetze, die ich dir heute gebiete zu deinem Wohle. Siehe, Gottes, deines Herrn, ist der Himmel und der Himmel Himmel, die Erde und Alles, was darin ist. Allein deine Väter begehrte Gott, daß er sie liebte, und so erkor er ihren Samen nach ihnen, euch, aus allen Völkern, wie diesen Tag. So beschneidet denn die Vorhaut eueres Herzens und seid nicht mehr hartnäckig. Denn Gott, euer Herr, er ist Gott der Götter und Herr der Herren, der Mächtige, der Starke, der Geehrfürchtete, der nicht begünstigt das Ansehen und nicht nimmt Bestechung; der da übet Recht gegen Waise und Wittwe, und liebt den Fremden, und gibt ihm Brod und Kleidung. Und so liebet ihr den Fremden, denn Fremde waret ihr im Lande Egypten. Gott, deinen Herrn, sollst du fürchten, ihm sollst du dienen, und an ihm sollst du hangen und bei seinem Namen schwören.“ Alle thatsächlichen Liebespflichten waren darum gegen den Fremden geboten, alle Liebesanstalten waren für ihn, wie für den Israeliten geöffnet, alle Unterstützungen der Armen, für die das mosaische Gesetz so reichlich sorgt, mußten ihm gleich wie den israelitischen Armen gereicht werden. Das Gesetz 3 M. 25, 35., mag man die Worte erklären, wie man wolle: daß man den Israeliten als einen Fremden unterstützen solle (LXX.), oder mit den Rabbinen und Accenten den letzten Theil des Verses von dem vorhergehenden trennen und die Unterstützung des Fremden besonders darin empfohlen sehen[1]), gebietet jedenfalls, auch dem Fremden Aufhülfe zu gewähren, wenn er herabgekommen. Die Früchte auf den Ecken der zu ärntenden Felder, die Nachlese auf den Feldern und in Weinbergen gehörten dem Fremden, wie dem israelitischen Armen[2]). Besonders die Stelle, 3 M. 19, 9. ff. die von so tiefer Gemüthlichkeit, von so zarter Sorgfalt gegen jeden Unglücklichen zeugt, und die darin enthaltenen Pflichten wieder auf die Ehrfurcht gegen Gott, den Herrn, gründet, der eben Gott und Herr aller Menschen ist, und darin, außer ihrer ganz allgemeinen Fassung, den Beweis ihrer Allgemeingültigkeit in sich trägt, verdient es, daß wir sie zur Vervollständigung unseres Bildes ganz hierher setzen; auch deshalb, weil sie am Schlusse ausdrücklich die Liebe gegen den Nebenmenschen als ganz allgemeine Pflicht aufstellt. „Wenn ihr ärntet die Aernte eueres Landes, so sollst du die Ecke deines Feldes nicht ganz abärnten, und die Nachlese deiner Aernte sollst du nicht nachlesen. Und deinen Weinberg sollst du nicht nachlesen, und die Einzeltrauben deines Weinbergs sollst du nicht ablesen, dem Armen und dem Fremd'n sollst du sie überlassen. Ich bin Gott, euer Herr .... Du sollst dem Tauben nicht fluchen und einem Blinden keinen Anstoß in den Weg legen (was sich nach der Ueberlieferung auf jede Schädigung eines in einer Sache Unwissenden durch Rath oder That, auf jede Benützung unverschuldeter Hülflosigkeit bezieht) und fürchte dich vor deinem Gott. Ich Gott .... Du sollst nicht als Verläumder umhergehen unter deinem Volke, stehe nicht (ruhig) bei

[1]) Deut. 10, 12–20.
[2]) 3 M. 19, 9 ff. 23, 22.

dem Blute deines Nächsten. Ich Gott. Du sollst deinen Bruder nicht hassen in deinem Herzen; zurechtweisen sollst du deinen Mitmenschen (עמיתך), damit du nicht seinetwegen eine Sünde tragest. Du sollst dich nicht rächen, und nicht Zorn halten gegen die Söhne deines Volkes [1]). Du sollst deinen Nebenmenschen lieben, wie dich selbst, ich bin Gott."

Auch die Asylstädte [2]), die den Unschuldigen vor der Familienrache und vor jeglicher Gewalt schützend aufnahmen, standen dem Fremden wie dem Einheimischen offen [3]). (In einigen Stellen wird der Fremde ausdrücklich genannt, in andern im allgemeineren Ausdruck Rëa.) Das mosaische Gesetz konnte eben die bei allen alten Völkern bestehende, als höchste Pflicht der Gerechtigkeit und der Familienliebe geltende Blutrache, die dem nächsten Verwandten oblag — er war der „Löser des Blutes" (גואל הדם) bei dem Todtschlag eines Verwandten, wie der Löser eines durch Armuth verkauften Grundstückes — nicht aufheben, es suchte sie daher wenigstens so viel als möglich zu verhüten.

Das Gesetz trat hier blos reformatorisch auf, indem es einerseits durch Beschränkung der Asylplätze — es waren außer dem Tempel (dem Altare) nur sechs Städte im ganzen Lande — und Anordnung einer sofortigen Untersuchung über Schuld oder Unschuld des Flüchtlings, den bei andern Völkern und noch im Mittelalter mit den Asylplätzen für alle möglichen Verbrechen getriebenen Mißbrauch kaum möglich machte, — der vorsätzliche Mörder mußte selbst vom Altare weggenommen und dem Tode überliefert werden — andererseits dem wirklich Unschuldigen Asyle eröffnete, in welche er auf

---

[1]) Wir werden später sehen, daß sogar dieser Ausdruck, was hier aus dem Zusammenhange schon hervorgeht, ausdrücklich von allen Bewohnern des Landes gebraucht wird.

[2]) 2 M. 21, 13. 4 M. c. 35. Deut. 4, 41—43. 19, 1—13. Jos. c. 20.

[3]) 2 M. 21, 13. 4 M. c. 35.

gebahnten Wegen, die immer, wie das Gesetz ausdrücklich bestimmte, in gutem Zustande erhalten werden mußten, ohne Schwierigkeit fliehen konnte. Und auch diese Wohlthat genoß der Fremde ganz gleich wie der Israelite. Es wurde also damals noch nicht eine Feindseligkeit der Heiden gegen den Israeliten und ein in diesem Grunde wurzelnder freiwilliger Todschlag ohne persönlichen Haß vorausgesetzt, was denn auch umgekehrt wieder auf den Geist der mosaischen Gesetze schließen läßt, und für ihre Auffassung nach dieser Richtung von Bedeutung ist. Solche Verfolgungen und Todschläge ohne persönlichen Grund, aus Fanatismus und religiösen Vorurtheilen, werden erst das Produkt anderweiter „zivilisatorischer" Thätigkeit: weder das alte Heidenthum noch der Mosaismus kannten sie. Das Gesetz des Erlaßjahres in Bezug auf Darlehen 5 M. 16. 1—12, dieser weitere herrliche Ausfluß der thätigen Liebe und Fürsorge für die Armen im mosaischen Gesetze, umfaßt wieder den im Lande wohnenden Fremden und beweist zugleich, da hier der Ausdruck „Bruder" gebraucht wird, daß auch jener unter dieser Bezeichnung verstanden wird.

Daß der Fremde Ger (גֵר) inbegriffen ist, beweist einmal, daß nur der Ausländer (נָכְרִי) ausdrücklich ausgeschlossen wird; ferner, daß es am Ende ausdrücklich noch einmal heißt: außer deinem armen Bruder „und" „den Dürftigen in deinem Lande" d. h. jedem dürftigen Einwohner [1]). Auch das von so tiefer Liebe, von so umfassender, wahrhaft rührender Humanität zeugende Darlehensgesetz [2]) umfaßt theils eingeschlossen in der ganz allgemeinen Haltung, wie in der erstern Stelle, theils ausdrücklich, wie in der zweiten, den Fremden wie den Israeliten. Es ist daher schon in diesem Falle unbegreiflich, wie das Vorurtheil so geblendet sein konnte, in der Stelle Deuter. 21. 23, den Nichtisraeliten von der Wohlthat des Gesetzes aus-

[1]) Targ. Jon. u. LXX.
[2]) 2 M. 22, 24—26; 3 M. 26, 35, 38.

# zu S. 13, Anm. 2. Auch der Thalmud macht übrigens zwischen den
Ausdrücken keinen Unterschied, so daß [illegible] [illegible]
[illegible] als [illegible] gebraucht wird, s. Bab. Mez. fol. 60, b. u. f. 61.

Der Thalmud verbietet übrigens ausdrücklich auch
einem Heiden Zins zu nehmen, und [illegible]
[illegible] Stelle bezieht sich auf die [illegible] [illegible]
[illegible] [illegible] [illegible] [illegible] die Auffassung des
Zinsennehmens [illegible] [illegible] [illegible]
Zinsengeben bei den Israeliten gegenüber
[illegible] verbietet, nicht [illegible] dem Heiden gegenüber gestattet, nicht aber das Zinsennehmen
von den Heiden. [illegible] [illegible]
[illegible] [illegible] 5 Mos. 23, 21 [illegible] [illegible]
[illegible], der [illegible] dem Heiden Zins nimmt, und [illegible]
[illegible] dem [illegible] [illegible], daß sich [illegible] [illegible]
[illegible] mit [illegible] [illegible] Zinsen [illegible], indem
[illegible] [illegible] allgemein nimmt. [illegible]
Bab. Mez. fol. 70 b. [illegible] [illegible] [illegible], und nicht
allgemein von [illegible] Zinsen nehmen, wird
[illegible] [illegible] [illegible] mit dem [illegible]
[illegible] Abgaben [illegible], die [illegible] nicht zu
[illegible] [illegible], und mit dem Verbote aller
ungebührlichen [illegible] [illegible] [illegible] [illegible]
[illegible] [illegible] [illegible] [illegible] [illegible]:
gestattet ausdrücklich [illegible] [illegible] [illegible],
wenigstens den Heiden [illegible] [illegible] [illegible]
[illegible] gegenüber (S. 5, 6.), die Auffassung
[illegible] des Thalmuds, [illegible] [illegible] [illegible] [illegible]
[illegible] [illegible] [illegible] [illegible] [illegible]
[illegible] [illegible] [illegible] [illegible], [illegible] [illegible]
Umgang abgehalten zu werden, ist [illegible]
[illegible] [illegible], aber dem [illegible]
den gegenüber, der [illegible] [illegible] [illegible] [illegible]
[illegible] Umgang [illegible] [illegible] nicht [illegible]
[illegible], nicht [illegible] [illegible] [illegible]
[illegible] [illegible] [illegible] [illegible] [illegible]
[illegible] Verhältnissen [illegible] [illegible] [illegible]
[illegible] Gesetz, [illegible] [illegible] [illegible] gegenüber
[illegible] [illegible] [illegible], mit [illegible]
[illegible] nicht noch weitere Ausdehnung geben wollte.

geschlossen zu sehen, wenn man auch nicht einsah, daß unter Nochri (נכרי) nur der Ausländer verstanden werde, wie aus 2 M. 2, 22. 18, 3 unwiderleglich hervorgeht[1]).

Indessen auch abgesehen davon, ist der Vorwurf der Härte, den man daraus gegen den Mosaismus entnehmen wollte, unbegreiflich. Daß von Wucher, wie es Luther nach der Vulgata übersetzt hat, nicht die Rede sei, leuchtet an sich ein, besonders wenn man den Begriff übermäßigen Zinsnehmens mit diesem Worte verbindet. Denn dann müßte das Zinsennehmen, sofern es billige Grenzen nicht überschreitet, auch von dem Israeliten gestattet gewesen sein, was nach 3 M. 25, 36. 37., wo das Gesetz auch auf Naturalien ausgedehnt wird, nicht angenommen werden kann, da das Wort Tarbith (תרבית), wie dessen Wurzel beweist, jede Vermehrung des Kapitals, jeden Zuschuß über dasselbe verbietet. Die Zusammenstellung der Worte Neschech (נשך) und Tarbith (תרבית) mag vielleicht darin ihren Grund haben, daß der erstere Ausdruck auf Zins von Geld, der letztere auf Zuschuß bei Früchtedarlehen in Gebrauch war. Daran aber kann kein Zweifel sein, daß zwischen Geld- und Früchtedarlehen kein Unterschied war, und bei dem erstern wie bei dem letztern **jeder** Zuschuß über das Kapital, also jeder Zins, verboten war[2]).

Gesetzt also, auch der im Lande wohnende Fremde wäre, in Widerspruch übrigens mit dem ausdrücklichen Gesetze[3]), von dieser Wohlthat ausgeschlossen gewesen, so könnten wir immer noch den Vorwurf nicht begreifen, den man daraus hernehmen wollte. Das Gesetz in seinem positiven Sinne, d. h. in dem

---

[1]) Der Gegensatz zwischen גר und נכרי in diesem Sinne tritt auch 5, 14, 22 hervor; s. Ibn Esra z. St. בארצך לגר אשר בשעריך ואינו
מתיהד · · או מכור לנכרי, שאינו דר בארצך

[2]) Die LXX übersetzen נשך τόκος, was offenbar (v. τίκτω) **Alles** begreift, was das Kapital einbringen konnte, **jede** Frucht, **jedes** Einkommen aus demselben.

[3]) 3 M. 25, 35 ff.

Verbot alles Zinsnehmens ist ein Ausfluß solcher, man möchte sagen, exorbitanten Liebe, daß es überhaupt nur in jenen ganz einfachen Verhältnissen, wo vom Handel noch keine Rede war, möglich sein konnte, und liegt vielleicht ein Grund darin, daß das Deuteronomium, als die Philister und Tyrier, die den Handel vermittelten, thatsächlich gegen die ursprüngliche Intention, in Kanaan blieben, die Ausnahme dem Ausländer, d. h. dem einem andern Staatsverbande Angehörigen gegenüber aufgenommen hat. Es wäre daher kein Wunder, und am allerwenigsten dem Gesetze ein Vorwurf daraus zu machen, wenn es nur dem zur Erfüllung des Gesetzes, also zur Gegenseitigkeit verpflichteten Israeliten, nicht dem Fremden gegenüber gegolten hätte, was aber auf Grund der absoluten Gleichheit des Gesetzes durchaus nicht der Fall war. Es läßt sich annehmen, daß der Fremde, wie bei allen Rechtsgesetzen [1]), seinerseits auch zur Beobachtung dieses Gesetzes im Lande verpflichtet war. Das Umgekehrte würde den Grundsatz der Gleichheit umstoßen. Wie gleichen Pflichten gleiche Rechte entsprechen müssen, wenn dem einfachsten Rechtsbegriffe nicht Hohn gesprochen werden soll, so wäre es umgekehrt auch unbillig, gleiche Rechte ohne Erfüllung der ihnen entsprechenden Pflichten beanspruchen zu wollen. Entweder, oder . . . ein drittes gibt es nicht. Und alle diese Gesetze sind im Deuteronomium wiederholt und in der Weise ausgedehnt, daß der Fremde sogar zu den Familienmahlen gleich den Leviten zugezogen werden solle. Gewiß auch ein Zug inniger Liebe, wie man ihn vergeblich irgend anderswo suchen wird. „Welchen Geist heiliger, brüderlicher Liebe und fester Verbindung aller Glieder und Klassen des Volkes mußte dieses Gesetz nähren“, ruft hier O. v. Gerlach aus [2]).

Aber selbst in religiöser Hinsicht, d. h. in Bezug auf die Heilsmittel, gab es keinen wesentlichen Unterschied zwischen

[1]) 2 M. 22, 20

[2]) Vgl. 5 M. 14, 29; 24, 19—22; 26, 12, 13.

erwähnt übrigens der schöne Ausspruch, der einer talmudischen Lehrer [illegible], erweist zu [illegible] doch die Blindheit der [illegible]! [illegible] der Andern, so geht er auch den Leuten [illegible], und diese [illegible] bringen Zeugen, Schreiber, Tintenfass u. Tinte und Schreiben u. [illegible] der R. R. [illegible] der Gott [illegible]

Treffend ist auch die Antwort, welche R. Jehuda dem [illegible] gab (Ned. 40, b.) [illegible] [illegible] Eingang auf [illegible] Ausspruch:

[illegible] (s. [illegible])

beides ist d. [illegible] Marbots: [illegible]

Zu P. 15. + Im Thalmud in d. Baraitha Kerithoth fol. 9, a. gestattet dem Fremden (Ger Toschab) das Arbeiten für sich selbst, nach R. Akiba ~~[illegible]~~ nur wie am Feste, ~~d.~~ also was d. Speisebereitung betrifft, nach Andern nur wie an d. Halbfeiertagen, also nur die überaus nothwendigen Arbeiten, nach weiter Andern jedoch ganz unbeschränkt. Keineswegs aber dürfte er für Andere arbeiten. Jene anonyme Baraitha jedoch ~~verbietet~~ nicht bezeugt dem Beisassfremden ohne weiteres die vollkommene Ruhe als Verpflichtung nach dem Mosaischen Gesetze auf, weil, wie Raschi bemerkt die Entweihung des Sabbaths ein Götzendienst sei. Sie entnimmt dies zwar nicht dem Sabbatgebote, wo sie das Verbot auf den [illegible] Fremden [illegible] beschränkt, sondern aus 2 Mos. 23, 12. Hieraus folgt aber auch, daß dem Beisassfremden nach dieser Baraitha jede Arbeit gleich dem Israeliten verboten war, da sein ganzes Ruhegebot auch für einen solchen Fremden geboten ist. Es daß d. ~~[illegible]~~ Erleichterung in der Mechiltha angegeben Arbeiten, wie sie an Festtagen gestattet sind, die ~~[illegible]~~ Thalmud nicht hat, eine spätere Zusatz ist, um sie mit R. Akiba's Ansicht in Einklang zu bringen.

dem Israeliten und dem Fremden. Es bestand jedoch kein Zwang gegen diesen. Er durfte mit einigen Einschränkungen, von denen wir gleich sprechen werden, ganz seiner Gewohnheit gemäß leben. Allerdings finden wir erst im Deuteronomium [1]) den Fremden von dem Verbote der Speisegesetze ausdrücklich ausgenommen. Allein schon früher [2]) richten sich die Gebote blos an Israeliten und dürfen wir um so sicherer annehmen, daß jene Erlaubniß im Deuteronomium nicht der spätern Unterscheidung zwischen dem Proselyten der Gerechtigkeit (גר צדק) der sich ganz dem Judenthume angeschlossen und dem Beisaß — Proselyten (גר תושב), der sich blos dem Götzendienste entzogen und die Verpflichtung der sogenannten Noachidischen Gebote übernehmen mußte [3]), ihren Ursprung verdankt. Ueberall, wo die Verpflichtung des Fremden für ein Gebot gefordert wird, ist dies im mosaischen Gesetze ausdrücklich ausgesprochen. Das Verbot, Götzen zu opfern, ist ausdrücklich auch auf den Fremden ausgedehnt [4]). Das Verbot der Arbeit am Sabbath, der als Zeichen der Anerkennung Gottes als Schöpfer und Weltregierer gleichsam die öffentliche positive Protestation gegen den Götzendienst sein sollte, ist schon im Dekalog ausdrücklich auch für den Fremden gegeben. †Das ganze israelitische Staatswesen beruhte eben auf dem Monotheismus. Den Götzendienst im Lande auszurotten, war daher eine seiner ersten Verpflichtungen; er durfte im heiligen Lande auch von dem Fremden nicht geduldet werden [5]). Daher wurde auch Gotteslästerung an Fremden wie an Einheimischen bestraft [6]). Auch das Verbot des Blutgenusses für den Fremden [7]) scheint uns mit dem Verbote des Götzendienstes in Zusammenhang gebracht worden zu sein, obgleich es ursprünglich [8]), wie die jüdischen Erklärer [9]) es überhaupt auffassen, in der Erziehung des Menschen zur Gesittung seinen alleinigen Grund haben mochte, da das Essen

[1]) 14, 21. — [2]) 3 M. c. 11. — [3]) Th. b. Ab. Sar. 64, b. — [4]) 5 M. 17, 9. [5]) 2 M. 23, 24. 32. — [6]) 3 M. 24, 16. — [7]) 3 M. 17, 10. wofür schon 7, 27. כל נפש. — [8]) 1 M. 9, 4. — [9]) Ibn Esra, Nachman. Chinnuch.

des Blutes oder des Fleisches, das noch lebt in seinem Blute, des noch nicht verbluteten Thieres[1]), Blutdurst zu nähren allerdings geeignet sein dürfte. Die Beziehung des Blutverbotes zum Götzendienste im eigentlichen Mosaismus beweist schon der Zusammenhang, in welchen es unmittelbar, sogar durch das Vav copulativum mit dem Verbote, anders als vor der Thüre des Heiligthums zu opfern, um den Götzendienst zu verhüten, gebracht ist. Ebenso spricht für die ganz besondere Bedeutung des Blutverbotes die so häufige Wiederholung desselben im Gesetze. Das Blut, das an den Altar gesprengt wurde, war eben das hauptsächlichste Sühnemittel[2]), und jeder Genuß desselben wurde als Entweihung des Göttlichen, als eine Art Götzendienst betrachtet. Schon Maimonides[3]) setzt das Blutverbot in Verbindung mit dem Götzendienste, weil es nämlich die Heiden bei ihren Götzendienstopfern genossen, und sich dadurch in Kontakt mit der Geisterwelt hätten setzen wollen. Er erklärt damit die allerdings auffallende Erscheinung, daß außer bei dem Götzendienste nur noch bei dem Blutverbote die Drohung im Gesetze stehe: Ich werde mein Angesicht wider diese Person wenden[4]). Aus denselben Gründen wurde auch dem Fremden, wie dem Einheimischen, geboten, das Blut eines auf der Jagd geschossenen Thieres mit Erde zu bedecken. Entweder weil das Auflecken des Blutes von einem andern Thiere

---

1) בשר בנפשו דמו LXX. κρέας ἐν αἵματι ψυχῆς.

2) 3 M. 17, 11. findet darin auch Nachmanides den Grund des Blutverbotes. Sonst stimmt dieser Erklärer überhaupt mit dem Verstandes-Rationalismus des Chinnuch in derartigen Geboten überein, s. denselben Vers vom Blute. Die Speisegesetze beruhen ihm ebenfalls in dem natürlichen Grunde, daß die Nahrung auf das geistige Leben des Menschen von Einfluß sei, s. 3 M. c. 11 nnd 5 M. 14, 2, 8. So ist ihm das Verbot des Kochens des Fleisches in der Muttermilch in der Härte und Lieblosigkeit gegründet (s. dagegen Mischna Meg. 4, 9.) s. auch Nachm. 5 M. 12, 22.

3) More III, 46.

4) 3 M. 17. 10. 20, 3.

zu befürchten stand, was als Entweihung betrachtet wurde[1]), oder weil vielleicht gerade dieses Blut zu götzendienerischen Bräuchen diente. Nach Maimonides (l. l.) haben die Heiden zu diesem Zwecke das Blut in Gefäßen oder in Gruben, die sie in die Erde gemacht, gesammelt, was aber die verschiedenen Vorschriften bei im Hause geschlachteten oder auf dem Felde durch das Geschoß erlegten Thieren nicht erklären würde. Jedenfalls hing das Blutverbot mit dem Götzendienst zusammen, und war deshalb auch dem Fremden verboten. In allem Andern war dem Fremden sein religiöses Verhalten freigestellt. Er durfte sich, sobald er dem Götzendienste und dessen Bräuchen entsagt hatte, dem gottesdienstlichen Leben völlig anschließen, ohne daß sonst weiter die Beobachtung einer religiösen Vorschrift von ihm gefordert wurde. Nur das Peßachopfer durfte er erst dann mitfeiern, wenn er sich vorher der Beschneidung unterzog. Aber das ist eben das Eigenthümliche dieses Opfers, daß kein Unbeschnittener, auch kein Israelite als solcher, davon genießen durfte[2]). Es sollte eben auch ein Zeichen des besondern göttlichen Bündnisses mit Israel sein, und daher nur von dem genossen werden, der dieses Bündniß völlig über sich nahm[3]). Aber es stand dem Fremden biblisch sicher frei, keinen Theil an diesen Opfern zu nehmen, und sich dadurch der Beschneidung, wie jedem andern Gebote, nicht unterziehen zu müssen. Ebensowenig war es ihm aber auch untersagt, an irgend einer andern religiösen Handlung theilzunehmen. Von einem solchen Verbot, oder dem Verbote, das Gesetz zu studiren, findet sich in der ganzen Bibel keine Spur.

Die letztere Auseinandersetzung würde uns schon der Nothwendigkeit überheben, die Auffassung des Fremden (גֵּר) in der Bibel, als eines solchen, der zum Judenthum übergetreten, als

---

[1]) S. O. v. Gerlach z. St. cf. Nach. Deut. 12, 22.
[2]) 2 M. 12, 48.
[3]) S. Chinuch.

einen Irrthum hier nachzuweisen. Allein dennoch wollen wir, um jedem Mißverständnisse vorzubeugen, den biblischen Begriff des Wortes hier kurz erörtern, und damit zugleich den Nachweis der Begriffe des Rëa (רֵעַ) und Amith (עָמִית), welche in diesen Gesetzen immer wiederkehren, verbinden. Jener Irrthum entstand durch die Verwechslung des biblischen Begriffes jenes Wortes mit dem Begriff, den das spätere Judenthum häufig damit verbindet, indem es wenigstens in gewissen Fällen, wie bereits erwähnt, zwischen den zum Judenthum völlig übergetretenen Ger (גר צדק) und dem, welcher nur dem Götzendienste entsagte, und die sogenannten Noachidischen Gebote erfüllte (גר תושב), einen Unterschied macht. Wort und Sache beweisen für die Bibel, daß an diese Unterscheidung noch nicht gedacht ward.

Was zunächst das Wort betrifft, so nennt sich Abraham bei den Chittiten einen Fremden גֵּר, ebenso Moses unter den Midianiten, und von beiden wird nicht behauptet werden wollen, daß sie ihre religiösen Ueberzeugungen aufgegeben und sich dem Heidenthume angeschlossen hätten. Die Begründung der Ausdehnung der Gebote des Rechtes und der Liebe auf die Fremden wird häufig daher genommen, daß die Israeliten selbst „Fremde", „Gerim" in Egypten gewesen. Diese Begründung allein schneidet jede Beschränkung des Wortes nach irgend welcher Richtung mit Nothwendigkeit ab. Denn welchem Lande, welchem Volke der Fremde auch angehörte, welches auch die Vorschriften seines Glaubens sein mochten, nach keiner dieser Richtungen konnte er Israel mehr fremd sein, als es die Israeliten in Egypten waren (das Verbot des Götzendienstes hat, wie wir nachgewiesen, einen andern Grund). Allein auch die Sache selbst führt zu demselben Ergebnisse. Die Gesetze, welche 2 Mos. 21, 12 ff. ganz allgemein gehalten sind, und daher irgend welche Beschränkung nicht zulassen, ebenso wenig, wie die entsprechenden des Dekalogs werden 3 M. 24, 22 für den Fremden wie für den Einheimischen mit dem allgemeinen

†† soll Israel Wanderung, Ges, sein in fremden Lande (1 M. 15, 13.), so

Satz: „Ein Recht sei für euch, für den Fremden, wie für den Einheimischen" geschlossen. Es wäre daher sicher ein Widerspruch mit dem Sinne des Gesetzes, wollte man den Begriff des Ger in irgend welcher Weise beschränken. Ja, wir sind sogar der Ueberzeugung, daß es für die Verpflichtung zu diesen allgemeinen Rechtsgesetzen gegen den Fremden nicht einmal des Aufgebens des Götzendienstes von seiner Seite bedurfte. Wer sich im Lande niederlassen wollte, der mußte allerdings den Götzendienst und was damit zusammenhing, aufgeben, weil eben die Ausübung des Götzendienstes und der ihm eigenthümlichen Sitten im Lande nicht geduldet werden sollte. Aber Gewalt und Unrecht war unbedingt gegen jeden Menschen verboten, wie der Ausdruck 3 M. 24, 17: wer „irgend einen Menschen [1]) erschlägt", in Verbindung mit der allgemeinen Fassung dieser Gesetze unwiderleglich beweist. Diesem aus der Sache erwiesenen Begriff des Wortes „Fremder" גר, nach welchem er entweder den Fremden ganz bedingungslos, selbst den durchreisenden Fremden, der seinem Glauben in keiner Weise entsagt hatte, oder den im Lande sich niederlassenden Fremden, der höchstens dem Götzendienste mit seinen ihn kennzeichnenden Bräuchen, d. h. der thatsächlichen Uebung derselben entsagen mußte, bezeichnet, kann kein Widerspruch entgegengesetzt werden. Ja, noch mehr, aus 4 M. 15, 26 geht sogar hervor, daß der Fremde, natürlich hier der, welcher sich im Lande niedergelassen und dem Götzendienste entsagt hatte [2]), unter dem Ausdruck „Volk" mitbegriffen wurde, so daß also dieses Wort (hebr. „Am") nicht etwa, wie man gewöhnlich glaubt, blos die Israeliten, sondern alle Bewohner des Landes, so weit sie dem Götzendienste entsagen, umfaßt: „Es wird vergeben der ganzen Gemeinde der Söhne Israels und dem Fremdling, der in ihrer Mitte wohnt: denn es war bei dem ganzen Volke ein Ver-

[1]) כל נפש אדם.

[2]) Nach der Tradition handelt es sich hier überhaupt von einem götzendienerischen Vergehen.

sehen." Nach den Accenten in 3 M. 25, 35 muß man sogar annehmen, daß auch mit dem Worte „Bruder" (אח) der Fremde wie der Israelite bezeichnet wird, denn da muß der Vers übersetzt werden: „Wenn dein Bruder verarmt und seine Hand wanket, so greife ihm unter die Arme, Fremdling wie Beisasse, daß er bei dir lebe." Dann heißt es wieder V. 36: „Nimm von ihm (also vom Fremden, wie vom Einheimischen) nicht Zins und Ueberschuß, daß dein Bruder lebe bei dir." In demselben Gesetz, das, wie bereits nachgewiesen, Alle umfaßt, wird 2 M. 22, 24 der Ausdruck: „Mein Volk" (עמי) gebraucht, wie ja auch Jes. 19, 25 die Egypter genannt werden, und es ist also auch hier wieder der Fremde im Lande mit den Israeliten unter dem „Volke" begriffen, wie 4 M. 15, 26 und Deut. 23, 21, wo ausdrücklich nur der Ausländer (נכרי) d. h. der nicht im Lande Wohnende dem „Bruder" (אחיך) entgegengesetzt wird.

Was nun den Ausdruck Rea, Nebenmensch, Nächster, betrifft, so tritt, wo möglich, noch klarer seine Bedeutung als jeden Menschen umfassend, hervor. Zuerst wieder die bestimmte Bedeutung des Wortes anlangend, so werden ausdrücklich die Egypter den Israeliten gegenüber[1]) also genannt. Auch Jehuda's Genosse, Chira aus Adullam, wird[2]) dessen Rëa genannt, und er kann sicher nicht als ein Glaubens- oder Familiengenosse desselben gelten. Aber auch außerdem kann es keinem Zweifel unterliegen, daß die Bibel unter Rea eben blos den Nebenmenschen, wer er immer sei, ohne allen Nebenbegriff, wie etwa die Glaubensgenossenschaft, verstanden hat. Die babylonischen Thurmbauer stellt die h. Schrift als ein Gemisch von Menschen dar, die aus allen Gegenden des Morgenlandes zusammengeströmt waren, und will damit das Vorhandensein einer gemeinschaftlichen Ursprache beweisen, und sie nennt den Einen in Bezug auf den Andern Rëa. Wenn aber gar 1 M. 15, 10. die verschiedenen Stücke desselben Thieres oder Jes.

[1]) 2 M. 11, 3.
[2]) 1 M. 38, 12, 20.

S. 20. Obad. v. 12. ... [illegible] von Israel u. Edom, freilich in Bezug auf [illegible].

In den [illegible] (der jüdisch-[illegible]) heißt es:

„[illegible] über den [illegible] gleichmäßige
„[illegible]
„[illegible] Gebote.

[illegible]

(S. Feuilleton-Beilage zu No. 9 der Allgem. Zeit. d. Judent. v. J. 1870.

Hervorzuheben ist auch, dass Moses in der Urkunde, die er vor s. Tode zwischen Gott u. d. Volke erneuerte, ausdrücklich auch die Fremden einschließt 5 Mo. 29, 10. 11.

Dass d. Thora (also der Weg des Heils) für alle Menschen offen ist, zeigt Mechiltha Mas. d'Bachodesch Par. 2. [illegible]
[illegible]
[illegible] נתנה בדימוס פרהסיא במקום הפקר [illegible]
[illegible] וכו'

Ebenso deutlich: [illegible]
[illegible]
[illegible]
[illegible]

1) Der gelehrte Verfasser der Schrift: Die
heil. Urkunden der Bibel, Herr v.
[illegible], wolle mir daher gestatten,
daß ich trotz seiner Aufstellung S. 142
ff. bei meiner obigen, sprachlich und sachlich
[illegible] Ansicht verharre. Wir
haben es hier nicht mit dem Talmud
zu thun, den H. v. [illegible] hereinzieht, wir kommen später darauf
zurück, sondern mit der Bibel. Diese
aber gebraucht den Ausdruck [illegible]
[illegible] ganz allgemein. Das
Gebot der Vertilgung der götzendienerischen [illegible] im gelobten
Lande erklärt v. H. selbst [illegible]
mit dem wirklichen Verhältniß [illegible],
daß er selbst [illegible] keinen
Widerspruch gegen d. Gebot der allgemeinen Menschenliebe finden kann.
[illegible] [illegible] [illegible], oder
sagen wir lieber die geschichtliche Aufgabe, [illegible] der g. Vorsehung [illegible]
d. [illegible] [illegible] [illegible], d. i. die
Erkenntniß Gottes zu erhalten und weiter
zu verbreiten [illegible] [illegible] [illegible]
[illegible]
[illegible], nicht zugleich die Aufgabe dieses Glaubens bei ihm selbst [illegible]
[illegible] [illegible] wie d. [illegible]
[illegible] die [illegible] mit dem [illegible]
(4 M. 28, 2. 3.) beweist, [illegible]
der Götzendiener [illegible]. Ob die
[illegible] wie [illegible] geschehen sollte, richtig [illegible]
haben wir [illegible] [illegible] [illegible]
gegenüber gar nicht zu [illegible] [illegible]
[illegible] menschliche [illegible] [illegible]
[illegible], [illegible] [illegible] die alten
[illegible] [illegible] [illegible]. [illegible]
[illegible] [illegible] [illegible] [illegible]
[illegible] [illegible] der [illegible] [illegible]
4 M. 23, 9. 5 M. 32, 8. ff. [illegible].

34, 14. 15 ein Satyr und Raubvogel in Beziehung zu einander mit dem Namen Rea bezeichnet werden, so kann es doch gar keinem Zweifel unterliegen, daß eben nur die Dinge derselben Gattung, also auch ein Mensch im Verhältniß zum andern Menschen ohne allen Unterschied nach irgend welcher accidentiellen Richtung, unter dem Wort Rëa verstanden werden, und daß daher der neunte und zehnte der zehn Aussprüche, wie die Vorschrift 3 M. 19, 18: „Du sollst deinen Nächsten (Rëa) lieben, wie dich selbst“, kurz alle Rechts-, Sitten- und Liebesgesetze, in welchen überall dieser Ausdruck gebraucht wird, deshalb nicht etwa blos den Israeliten bezeichnen, sondern umgekehrt gerade auch deshalb, weil dieser Ausdruck gebraucht wird, ganz allgemein in Bezug auf alle Menschen ohne Unterschied gefaßt werden müssen.!

Ganz dasselbe tritt aber auch aus der Sache selbst klar hervor. Eine gesunde Exegese kann nicht zweifeln, daß gerade in dem neunten und zehnten Ausspruche die Sache an sich, rein objektiv, ganz ebenso wie die vorhergehenden Verbote des Mords, Ehebruchs und Diebstahls verboten werden sollte. Dasselbe Gesetz, das 2 M. 21, 14 den wissentlichen Todschlag des Rëa mit dem Tode bestraft, heißt 3 M. 24, 21: „wer einen Menschen erschlägt.“ Das Gesetz 3 M. 19, 3: „Du sollst deinem Rëa den Lohn nicht vorenthalten“, wird Deut. 24, 14 ausdrücklich auch in Bezug auf den Fremden wiederholt. Ebenso verhält es sich mit „Amith“ (עמית), das (mit עם zusammenhängend) dem Wortsinne nach doch eher noch eine beschränkende Bedeutung zuließe: es wird ganz wie Rëa und mit letzterem parallel in der allgemeinsten Bedeutung von „Nebenmenschen“ gebraucht. Das Gesetz 2 M. 22, 6 ff., das von der Veruntreuung anvertrauten Gutes handelt, spricht von diesem Vergehen gegen den Rëa, während das seinem wesentlichen Inhalte nach gleiche Gesetz 3 M. 5, 11 ff. von dem Amith spricht, und V. 22 sogar geradezu „Mensch“ (אדם) dafür setzt.

Nur das Rechtsverhältniß der Sklaven fordert noch besondere Besprechung, da dieses in Bezug auf Israeliten und Heiden allerdings verschieden erscheint: der israelitische Sklave war im siebenten Jahre seiner Knechtschaft von Rechtswegen frei. Indessen scheint dies auch der einzige Unterschied zwischen ihm und seinen Leidensgenossen aus andern Völkern gewesen zu sein. Um jedoch diese, wenn auch beschränkte Unterscheidung zu verstehen, muß man den Grundgedanken des Mosaismus festhalten, der mit Ausnahme der Priester und Leviten, die aber wieder nur, wohl auch um einen allgemeinen Gottesdienst für das ganze Volk, eine Gesammtvertretung in der Stiftshütte oder im Tempel um so leichter einzuführen, die Stellvertreter der Erstgebornen wurden [1]), gar keinen Unterschied in der gesellschaftlichen Stellung der Einzelnen im Volke anerkannte. Das ganze Volk war heilig, Gottes Knechte, und sollte und durfte daher in ein knechtisches Verhältniß zu Menschen gar nicht treten [2]).

Trefflich drücken sich die Alten darüber aus: „Mein Eigenthumsbrief ist der erste von allen [3]).“ Und dennoch konnte das Gesetz die Sklaverei im jüdischen Staate, selbst für die Israeliten, nicht ganz aufheben: es mußte wenigstens die freiwillige Knechtschaft bis zu einem gewissen Punkte, d. h. mit der Beschränkung auf eine gewisse Zeit, zulassen; wer diese Zeit freiwillig überschritt, mußte, um jede Uebereilung von Seiten des Knechtes, oder eine Ueberredung, einen moralischen Zwang von Seiten des Herrn zu verhindern, die feierliche Erklärung seines Entschlusses vor dem öffentlichen Gerichte abgeben [4]) und sich es überdies gefallen lassen, daß hier öffentlich ein bleibendes

[1]) Ein gewisser Ueberrest des egyptischen Kastenwesens mochte auch im Interesse für das religiöse Leben beibehalten worden sein. S. zweite Abtheilung.

[2]) 3 Mos. 25 42. 55.

[3]) שטרי קדם עליהם ראשון. Mech. z. St.

[4]) Mechiltha: „Er muß sich zuerst mit seinen Verkäufern (wegen eines Diebstahls) berathen.

Zu S. 224 des Mos. Gesetz [illegible]

[illegible] allerdings [illegible] in Bezug [illegible]

[illegible]

[illegible] Sklaven [illegible]

die Ausnahme, [illegible] dem Verbote, [illegible]

[illegible] Israels, [illegible]

[illegible]

[illegible]

[illegible]

[illegible]

[illegible]

[illegible]

[illegible]

Sklaven (2 M. 22, 26. 27.) [illegible]

[illegible]

[illegible]

[illegible]

[illegible]

[illegible]

[illegible]

[illegible]

[illegible]

[illegible] 2 M. 17, 14. [illegible]

[illegible]

[illegible]

[illegible]

[illegible]

[illegible]

[illegible]

[illegible]

[illegible]

[illegible]

[illegible]

[illegible]

[illegible]

[illegible]

[illegible]

[illegible]

4, dies ist übrigens auch der älteste römische Brauch (s. Küster, Jud. Alt. S. 179.), woraus übrigens d[ie] merkwürdigerweise die Bedingung gestellt ist, daß der Verkauf in die Fremde geschehen mußte (trans Tiberim), „denn durch Verkauf an Römer wäre er nicht Sklave geworden" (s. Küster l. l. cf. S. 220.). Letzteres stimmt auch ganz mit den jüdischen Begriffen überein; der Schuldner [illegible] konnte bei der Schuld[illegible] nicht Sklave werden [illegible] auch [illegible]: Wenn also der Verkauf an einen [illegible] gestattet war, so scheint dies eine Milderung [illegible] [illegible] [illegible] nicht bekannt geworden [illegible], so [illegible], wenn auch allerdings [illegible] [illegible] gemildert, [illegible] Rechtsauffassungen eingeführte Beschränkung des Verkaufs zum Sklaven (die [illegible] Gesetze [illegible] s. Küster l. l.) nicht [illegible] werden, wenn man [illegible] auf den völligen Mangel solcher Bedingungen nicht geschlossen werden kann. Bei den Juden fand durch [illegible] Verhältnis statt. Der Dieb, der [nicht] bezahlen konnte, durfte nicht in die Fremde verkauft werden, [illegible] nicht an einen Fremden [illegible] s. Exod. 15, 12. Th. [illegible] 141, 6. Maim. u. d. Sklaven 1, 3. [illegible] deshalb würde [illegible] als eine Entweihung gegen d. Religion [illegible] eine Tyrannei so [illegible] genannt, als er d. Gegenteil [illegible] s. Art. 16, 1.

Zeichen seiner Knechtschaft an seinem Leibe gemacht wurde [1]): offenbar, um die ewige Knechtschaft so viel als möglich zu erschweren [2]). Außerdem, daß ein Israelite sich aus Armuth freiwillig an einen Israeliten, oder auch mit dem Einlösungsrechte an einen im Lande wohnenden Fremden verkaufen durfte [3]), wurde der Dieb, wenn er das Gestohlene nicht wieder erstatten konnte, zum Sklaven verkauft [4]) und, wohl erst später, vielleicht auch mißbräuchlich (2 Kön. 4, 1.), für eine Schuldforderung vom Gläubiger als Sklave genommen. Erwägt man aber die außerordentliche Milde, die das Gesetz in dieser Beziehung verordnete, indem es ausdrücklich befahl, nicht mit Strenge über den Sklaven zu herrschen, ja das eigentliche Sklavenverhältniß völlig aufhob, und den israelitischen Sklaven nicht als Leibeigenen, sondern wie einen Taglöhner zu behandeln gebot, so möchte dieses Verhältniß unserem heutigen Gefängnißwesen jedenfalls vorzuziehen sein. Andern Völkern gegenüber hätte natürlich die Aufhebung der Sklaverei noch weniger durchdringen können. Es war dieses Institut zu sehr mit dem Bewußtsein aller alten Völker verbunden. Aber auch hier tritt das Gesetz außerordentlich mildernd ein und bewahrt seinen auch sonst überall hervortretenden, reformatorischen Charakter. Auch der nichtisraelitische Sklave genoß nicht nur den Schutz seines Lebens gleich jedem Andern, sondern er ward auch gegen Beschädigungen geschützt [5]); auch ihm mußte die Sabbathruhe, gleich jedem Israeliten, gegönnt werden, wie schon der Dekalog

[1]) 2 M. 21, 6.

[2]) „Das Ohr, welches am Sinai gehört hat: Du sollst nicht stehlen, werde durchbohrt, da er stahl"; „das Ohr, welches gehört hat: Meine Knechte sind Israel, soll durchbohrt werden, da dieser sich selbst zum Knechte verkaufte." (Mech. z. St. Tos. B. Kama c. 7. Th. Kid. Fol. 22, 6.). Auch sonst wird bekanntlich im Morgenlande das Durchbohren des Ohres vom Gerichte als Strafe angewendet, s. auch Chiskuni z. St.

[3]) 3 M. 25, 4. ff.

[4]) 2 M. 22, 2.

[5]) Das. 21, 26. 27.

gebietet; auch er mußte zu den Familien-Opfermahlzeiten zugezogen und gleichsam als Familienmitglied behandelt werden [1]). Auch der heidnische Sklave, der seinem Herrn entlaufen war, durfte nicht ausgeliefert werden, es war ihm vielmehr im ganzen Lande überall freies Niederlassungsrecht gewährt, und er durfte nicht gekränkt werden [2]).

Nach allem Diesem bedarf es keines weitern Nachweises mehr in Bezug auf die Natur des Rechtes und der Liebe, die in den mosaischen Büchern herrscht: sie ist eben so hehr und heilig und rein und vollendet, wie allgemein und umfassend. Was die übrigen Bücher der h. Schrift betrifft, so kann bei diesen von vornen herein von einer Beschränkung der Gerechtigkeit und Liebe auf Israeliten keine Rede sein. Die Propheten wenden sich, wie wir bereits gesehen, ebenso gut an andere Völker, wie an Israel. Sie sind die Boten Gottes, die an alle Welt gesandt werden, hier, um zurechtzuweisen und zu strafen die Uebermüthigen, die das Recht des Herrn mit Füßen treten, dort, um Heil und Trost zu verkünden den Reuigen und Bußfertigen, ja, ihre schönsten, herrlichsten Verkündigungen umfassen die Zukunft, in welcher alle Menschen, ohne Ausnahme, Gott, den Einig-Einzigen, erkennen und verehren und im allgemeinen Frieden, in ungetheilter, brüderlicher Liebe glücklich sein werden. Wenn der Prophet im Geiste die Befreiung Israels von schwerem Drucke sieht, so knüpft er seine schöne Hoffnung, der Natur der Sache und der Verhältnisse gemäß, in denen er lebt, allerdings an das Auftreten eines starken und gerechten Königs aus dem Stamme Davids; aber, wie Abraham einst aus Israel zum Segen der Menschheit, nicht blos Israels, erstanden, so wird dieser David'sche Sprößling nicht blos die Befreiung Israels, sondern der Menschheit bewirken, die Aera des ewigen Friedens, das goldene Zeitalter allgemeiner Gotteserkenntniß, allgemeiner Menschenliebe einleiten. Es ist der tiefe,

[1]) Deut. 12, 18; 16, 11.
[2]) Das. 23, 16. 17.

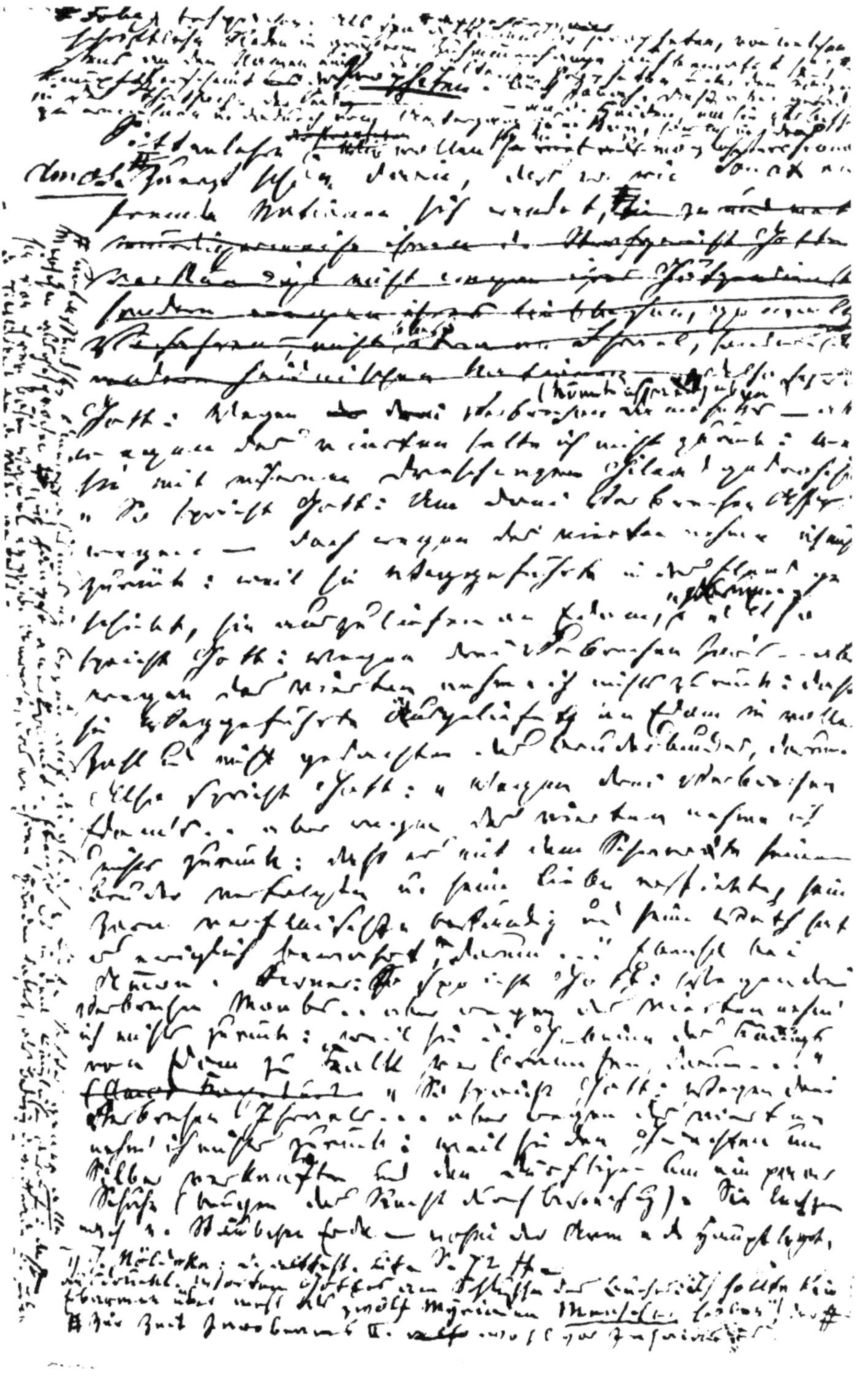

[illegible] (Amos [illegible].)

Und dann wendet sich der Prophet mit [illegible] Kraft an Israel, [illegible] immer wieder [illegible] Gerechtigkeit und Liebe [illegible] in ihrer Mitte [illegible] (3,10ff.) [illegible] Gerechtigkeit" (5,7.) [illegible] (5,10ff.) [illegible] (8,4ff.) [illegible]

durch die jahrtausendjährigen Thatsachen der Geschichte bewährte Gedanke, daß religiöse und politische Befreiung Hand in Hand gehen und der Sieg des freien Gedankens nach einer Richtung, sowie die Befreiung eines Gliedes, wie ein elektrischer Funke, durch die ganze Kette des Staats- und Menschenlebens sich ergießt.

Doch hören wir, wie der Prophet sich selbst in dieser Weise ausspricht. „Und ein Reis, heißt es Jes. c. 11., entsprießt dem Stamme Isai's, und ein Sprößling bricht aus seinen Wurzeln hervor. Und es ruhet auf ihm der Geist Gottes, der Geist der Weisheit und der Einsicht, der Geist des Rathes und der Stärke, der Geist der Erkenntniß und der Furcht Gottes. Er ist begeistert von der Gottesfurcht, er richtet nicht nach Augenschein, nicht nach dem Gerücht des Ohres entscheidet er. Er richtet die Armen mit Gerechtigkeit, entscheidet mit Biederkeit den Gebeugten im Lande, züchtigt das Land mit der Geißel seines Mundes und mit dem Hauche seiner Lippen tödtet er den Bösewicht. Und es wird das Recht der Gurt seiner Lenden, die Treue seiner Hüften Gurt (seine Stärke beruht im Rechte und in der Treue, nicht in Macht und Gewalt). Es weilet der Wolf bei dem Lamme, es lagert der Tiger neben dem Böcklein, und Kalb und junger Leu und Mastthier zusammen, ein kleiner Knabe leitet sie. Und Kuh und Bärin weiden, bei einander lagern ihre Jungen, und der Leu, wie das Rind, frißt Stroh. Es spielt der Säugling auf dem Loche der Natter, in die Höhle des Basilisken steckt das entwöhnte Kind seine Hand (ungefährdet wird der Schwächste neben dem Stärksten nnd Gefürchtetsten wohnen). Sie thun kein Leid und richten nicht Verderben an auf meinem ganzen heiligen Berge; denn voll ist die Erde der Erkenntniß Gottes, wie Wasser den Meeresgrund bedeckt.“

Dieselbe erhabene Moral, dasselbe umfassende Recht und dieselbe allgemeine Menschenliebe predigt der Prophet im Gegensatze zum todten Formelwesen als Inhalt und Ziel der Religion.

„Siehe! das ist ein Fasten, an dem ich Wohlgefallen habe: Löse die Fesseln der Bosheit, sprenge die Bande der Unterjochung, entlaß die Unterdrückten zur Freiheit, und jegliches Joch zerreißet. Siehe! brich dem Hungrigen dein Brod, die seufzenden Armen führe ins Haus, wo Du einen Nackten siehst, bedecke ihn, und deinem Fleische (dem dir gleich geschaffenen Menschen) entziehe dich nicht. Dann bricht gleich dem Morgenroth dein Licht hervor, deine Heilung wird schnell gedeihen, dein Heil geht vor dir her und die Herrlichkeit Gottes beschließt den Zug" [1]).

In der herrlichen Zukunft, welche erst die vollendete Verwirklichung des Gottesgedankens auf Erden sein wird, sind alle Menschen Brüder, alle opfern dem Einen Gotte, sie alle sind seine Priester und Leviten. „Alle euere Brüder aus allen Völkern werden Gott Gaben bringen .... wie die Söhne Israels Gaben bringen in reinen Gefäßen in das Haus Gottes. Und auch von ihnen werde ich nehmen zu Priestern und Leviten, spricht Gott." [2]) Ganz ebenso wie in den Propheten wird die allgemeinste Gerechtigkeit und Liebe, und zwar in der erhabensten Weise, hehr und heilig und herrlich, in allen übrigen Büchern der h. Schrift gelehrt. Es ist derselbe, die ganze Welt umfassende Gottesgeist, der alle in gleicher Weise durchdringt. Wenn der Psalmist (94, 15.) das schöne Wort spricht: „Zur Gerechtigkeit muß das Recht (Gericht) zurückkehren, und ihm folgen Alle, die redlichen Herzens sind," so hat er damit nur kurz den ganzen Inhalt seiner Gesänge nach dieser Richtung hin wiederholt. Den herrlichen Psalm 15. kann keine vernünftige Exegese anders als ganz allgemein, von allen Menschen auffassen. Wir wollen ihn hier ganz nach Mendelsohn's Uebersetzung hersetzen, und überlassen es Andern, im Widerspruch mit dem klaren Buchstaben und mit dem Geiste der h. Schrift, die Befähigung zur

[1]) Jes. c. 58.
[2]) Das. 66, 20. 21.

hören – [illegible] gewaltigsten [illegible]
[illegible] die [illegible]
[illegible] die Widerspenstigkeit Gottes mit Israel [illegible]
„Ich werde dich mir verloben für die Ewigkeit, ich werde
dich mir verloben durch Gerechtigkeit und Recht,
durch Liebe und ~~Erbarmen~~ Barmherzigkeit" (2, 23.).
[illegible] „Hört das Wort Gottes, Söhne Israels! denn einen
Streit hat Gott mit den Bewohnern des Landes, denn es
ist keine Wahrheit, keine Liebe, keine Erkenntnis Gottes
im Lande. Meineid und Lügen und Morden und [illegible]
[illegible] Blut [illegible] (4, 2. ff.)
[illegible] mit starken Ausdrücken mit [illegible]
[illegible] mit [illegible]
[illegible] eigenen [illegible]
[illegible]
[illegible] Gott zu verstehen gleich [illegible] ~~[illegible]~~
[illegible] Liebe.
[illegible] „Liebe will ich, nicht Schlachtopfer, Gotteserkenntnis
eher als Brandstücke" (Hosea 6, 6.).
[illegible]
[illegible] aller menschlichen [illegible] Gottes
[illegible]
[illegible]
[illegible]
Ein kleines [illegible] war Israel, er holte ihn
[illegible]
[illegible]
[illegible] Gott [illegible]
[illegible]
[illegible]
[illegible]
(10, 1 ff.) [illegible] Gerechtigkeit, [illegible] Liebe.
[illegible] Gott zu
[illegible] Israel [illegible]
[illegible] (Kap. 11. 1 ff.).
[illegible] ist die Bedeutung von חסד, während die bloße
Liebe, als Gefühl, אהבה heißt. Daher עושה חסד
[illegible] חסד [illegible] אהבה [illegible] Wohlwollen, zu [illegible]
[illegible], [illegible] über, nicht als bloß [illegible]

„Ausgerüstet hat mich Jehovas Geist mit Recht, und Gewalt und Kraft ... [illegible] zu seinem Gotte zurück, [illegible] die Kraft [illegible], [illegible] seinem Gotte [illegible] (Mich. 3, 8.). Und nach [illegible] Welt, nachdem die lebendigsten Bilder des Abfalls für den Abfall, und die Strafen der Abgefallenen vor die Augen gestellt waren, und die liebevollste Heilsverkündigung im Namen Gottes den wegen Sünde Bestrafenden ausgesprochen wurde, schließt der gottbegeistertste Seher mit den auf die Herrlichkeit und Vortrefflichkeit hinweisenden Worten: „Wer weise ist, der merke dies, wer verständig ist, der merke es: Gerade sind die Wege Gottes, Gerechte wandeln darin, aber die Missethäter straucheln in ihnen".

Joel. So allgemein die Verkündigungen dieses Propheten auch gehalten sind und so wenig sie auch bestimmte Sünden des Volkes [illegible] sind, welche die von ihm geschilderten Unglücksfälle verursachen, so treten doch der allgemein prophetische Charakter in Bezug auf die heiligen [illegible] Sittlichkeit, [illegible] der Universalismus des Gottes- und Sittlichkeitsgedankens klar in ihm entgegen. So heißt es wahrlich: Gott verkündend: „Kehret zurück zu mir mit ganzem Herzen ... zerreißet euer Herz und nicht eure Kleider und kehret zurück zu Gott, denn gnädig u. barmherzig ist er, langmüthig u. von unendlicher Liebe und läßt sich des Übels leid werden. Wer weiß, ob er nicht sich wendet und es ihn gereut, und Segen hinter sich zurückläßt: Speise- u. Trankopfer für Gott, euren Herrn".
2,12. ff. Im Lichte [illegible] ... wurden nicht ausgesprochen. Nicht minder bedeutend tritt der universalistische Gottesgedanke
in d. Weissagung: „Ich werde meinen Geist ausgießen über alles Fleisch ... Jeder, der den Namen Gottes anrufen wird, wird gerettet werden; denn auf dem Berg Zion und in Jerusalem wird Rettung sein, wie Gott gesprochen, für die Übriggebliebenen, die Gott ruft". Wie in d. [illegible] Joel 2, 13. 14. und Jonas 3, 9; 4, 2[1]) [illegible] ist [illegible] für den prophetischen Verkündigungsgeist des Propheten Joels [illegible].

[1]) vgl. 2 Mos. 34, 6.

Seligkeit von dem Bekenntniß gewisser bestimmten Formen abhängig zu machen.

„Wer darf, o Herr, in deinem Zelte wohnen?
„Wer auf deinem heiligen Berge ruhen?
„Der redlich wandelt, Recht ausübt,
„Von Herzen Wahrheit redet,
„Mit seiner Zunge nie verläumdet,
„Nie seinem Nächsten [1]) Böses thut,
„Nie seinen Nebenmenschen schmäht,
„Verächtliche nicht achtet,
„Die Gottesfürchtigen ehrt,
„Zu seinem Schaden schwört und hält,
„Wer ohne Zinsen [2]) Geld verleiht,
„Und Unschuld unbestechlich schützt:
„Wer dieses thut, wird ewig bleiben."

Nicht nach seinem Glauben, oder vielmehr seiner Glaubensform, sondern „nach seiner Gerechtigkeit, nach seiner Hände Reinheit," fleht der Psalmist um Vergeltung bei Gott [3]). Gott schaut ihm vom Himmel herab auf die Menschenkinder, ob sie der Vernunft gehorchen, ob sie Gott im Herzen fühlen [4]).

In den Sprüchen Salomo's wird die Tugend gepriesen, das Laster in allen seinen Gestalten dem Abscheu empfohlen: irgend welche Beschränkung dieser herrlichen Weisheitsregeln auf gewisse Glaubens- oder Volkskreise könnte nur der größten geistigen Beschränkung selbst in den Sinn kommen. Furcht Gottes ist dem Dichter der Erkenntniß Anfang [5]), wo immer sie sich findet, die Thoren, in allen Kreisen, verachten Weisheit und Zucht. Er empfiehlt Liebe und Wahrheit, auf daß wir Gunst und Wohlgefallen in den Augen Gottes und der Men-

---

[1]) רֵעֵהוּ s. oben.

[2]) נֶשֶׁךְ ~~Mendelss. Wucher,~~ s. oben.

[3]) Ps. 18, 21.

[4]) Ps. 14, 2.

[5]) Ps. 1, 7; 9, 10.

schen finden [1]). Ihm ist Gott dem Menschen gegenüber, wie ein Vater, der dem Sohne wohl will: er züchtigt ihn für seine Thorheit, aber diese Züchtigung selbst ist nur ein Ausfluß seiner Liebe [2]). Weigere Niemanden eine Wohlthat, wenn du die Macht hast, sie zu thun. Sprich nicht zu Deinem „Nächsten (רֵעֲךָ): Geh und komme wieder, morgen will ich geben, wenn du heute hast.“ „Hadere nicht mit einem Menschen ohne Ursache, wenn er dir nicht Böses zugefügt[3]). „Heil dem Menschen, ruft die Weisheit, der auf mich hört, zu wachen, an meinen Thüren Tag für Tag, zu wahren die Pforten meiner Eingänge. Denn wer mich gefunden, hat Leben gefunden, und hat Gnade gewonnen von Gott“[4]). „Dem Menschen wird nach seinem Thun vergolten“[5]). Auch in diesen Sprüchen ist die Moral übrigens ebenso erhaben, wie allgemein. „Verrücke nicht alte Grenzen, dringe nicht in das Feld der Waisen, ihr Annehmer ist stark, er wird ihren Streit führen gegen dich. Führe dein Herz der Zucht zu, deine Ohren den weisen Sprüchen [6]). Gerechtigkeit erhöht ein Volk [7]). Wahrheit besteht ewig[8]). Beneide nicht die Frevler — denn es gibt eine Zukunft, deine Hoffnung wird nicht abgeschnitten [9]). Wahrheit kaufe, und verkaufe sie nicht, Weisheit, Zucht und Einsicht [10]). Sei nicht ohne Ursache Zeuge wider deinen Nächsten. . ., sprich nicht: Wie er mir gethan, will ich ihm thun, ich will jedem vergelten nach seinem Thun“ [11]). Kurz das ganze Buch legt Zeugniß ab von der umfassendsten Morallehre ebenso wie von den erhabenen Grundsätzen, die im Judenthum wurzelten.

Nicht minder könnten wir das ganze Buch Job ausschreiben, um auch hier dieselben Grundsätze überall nachzuweisen. Es genüge das herrliche Kapitel 31, das offenbar als das Sittengesetz der Frommen überhaupt gelten soll. Nachdem in den

---

1) 3, 3. 4. — 2) 3, 2. — 3) das. v. 27. 28. 30. — 4) 8, 34. 35; 12, 2. — 5) 24, 12. — 6) 23, 10. ff. — 7) 14, 34. — 8) 12, 19. 4. — 9) 23, 17. 18. 24, 5. 14. — 10) 23, 22. — 11) 24, 19.

Wir kommen nun zu den Propheten, die sowohl [illegible] der außerordentlichen Gewaltigkeit seiner Dichtung, wie [illegible] von jeher als die hervorragendsten [illegible] der Propheten [illegible] anerkannt worden. [illegible] Jesaias [illegible] von dem zweiten Theile [illegible]

[illegible]

[illegible] so war, sagt Ewald, ein gewaltiger Hauch des Geistes verbreitet, und es gibt wenige Bücher der Welt, worin der Mensch durch d. Hinblick auf Gott so kräftig emporgerichtet würde, wie durch die Aussprüche dieser Propheten.

Auch nach dem [illegible] sittlichen Gedanken [illegible] Charakter dieser Gedankenwelt [illegible] die große Bedeutung seiner Aussprüche für Erkenntniß d. sittlichen Leben [illegible] einzelnen seiner erhabenen Lehren [illegible] Propheten [illegible] mit [illegible] Prophetenthum bildet in d. israelitischen Religion die fortbildende Kraft gegenüber [illegible] Gesetzwesen [illegible] Patriotismus [illegible] sittliche Gedanken [illegible]

1) Treitschke S. 53 bis 63. 2) Nöldeke l. c. S. 206.

Volke, wenn auch mit schwerem Herzen [illegible] in dem sittlichen Verfalle und in dem Hange, der sich in der äußern Form findet, etwas [illegible] darstellt, bei den heidnischen Völkern, [illegible] unmenschlichen [illegible], zunächst gegen Israel, aber auch gegen andre Völker und [illegible] Götzendienst bedingte Sittenlosigkeit, so daß dem Wesen nach derselbe Grundgedanke: daß das Verderben [illegible] in der in Gott ruhenden, ~~sittlich~~ und [illegible] Sittlichkeit [illegible], [illegible], wenn die Form, in welcher diese [illegible] bei den Völkern, auch eine andre Färbung annimmt, [illegible] bei dem eigenen Volke die Verkehrtheit über die [illegible] Zukunft, doch bei den Heiden sogar bisweilen ein Hoffnungsschimmer über die [illegible] [illegible] künftige Friede des Volkes und Vaterlandes, durch ihren eigenen Willen treffen werden, [illegible] ~~[illegible]~~ den Taumelkelch der göttlichen Zorns trinken müssen.

Gleich im ersten Kapitel tritt uns [illegible] schon ~~[illegible]~~ in Form und Inhalt ~~[illegible]~~ [illegible] Weissagungen ~~[illegible]~~ entgegen. Alle die großartigsten Ideen, die den Propheten bewegen, erscheinen hier gleichsam schon ~~[illegible]~~ wie in einem Brennpunkt zusammengedrängt. Er tritt seinem Volke in einer Weise gegenüber, wie es ~~[illegible]~~ schärfer kaum einem heidnischen gegenüber geschehen. Es ist ihm ein „schuldbeladenes Volk", ein „entartetes Geschlecht", es sind „ausgeartete Kinder", die [illegible] gottlos [illegible] durch seinen Herrn kennt [illegible] gehen. Es ist ein Volk, das alle Strafe, die ihm [illegible] verdient, denn ~~[illegible]~~ [illegible] der ganze Kopf ist krank, das ganze Herz ist siech". Er nennt die Fürsten Sodoms Fürsten, das Volk Gomorrhas Volk, stellt [illegible] die Verkehrtheit über den Heiden [illegible] [illegible] die letzten Gebote [illegible], und [illegible] die ihr äußern [illegible] wegen [illegible], die ihr äußern Formen [illegible] die Menge eurer Schlachtopfer [illegible] Gott [illegible], „ich bin satt der Brandopfer der Widder und des Fettes der Mastkälber, des Blutes von Farren und Widdern und Böcken mag ich nicht" – „auch Neumonde und Sabbathfeier." Selbst das Gebet [illegible] nicht, er ist ein äußerer, ein sittlich [illegible] Gott nicht, er ist ein äußerer, [illegible] ohne Inhalt. „Wascht euch, reinigt euch, schafft weg eure bösen Thaten aus meinen Augen, hört auf zu freveln; lernet Gutes thun, trachtet nach Recht, helfet

Forts. S. 32.

ersten Versen Sittlichkeit und Zucht als Forderung des gerechten Gottes hingestellt wird, heißt es weiter: „Wenn ich verachtet hätte das Recht meines Knechtes und meiner Magd in ihrem Streite mit mir: was würde ich thun, wenn Gott aufstände, und was erwiderte ich ihm, wenn er's rügte? Hat er sie nicht geschaffen, wie er mich geschaffen, und sie gebildet in gleichem Schooße? Versagte ich den Armen ein Verlangen, und ließ ich die Augen der Wittwen schmachten? Und aß ich meinen Bissen allein, und aß die Waise nicht davon? Sie wuchs mit mir auf als hätten wir Einen Vater, und von Mutterleibe an leitete ich sie. Konnte ich Verlassene sehen ohne Kleid, und ohne Bedeckung den Dürftigen? Segneten mich nicht vielmehr seine Hüften, und erwärmte er sich nicht von der Wolle meiner Heerde? Erhob ich gegen eine Waise meine Hand, weil im Gerichtshof mir alles zugethan war: so fiele aus dem Blatte meine Schulter, und mein Arm bräche von der Röhre ab. Denn ich scheuete das Unheil des Allmächtigen, und wenn er sich erhöbe, ich hielt' es nicht aus. Hätte ich das Gold gemacht zu meiner Zuversicht und zum feinen Erz gesprochen: Du, mein Vertrauen; hätte ich mich gefreut, daß groß geworden mein Gut, und daß Fülle erworben meine Hand; hätte ich die Sonne gesehen in ihrem Glanze, und den Mond, wenn er prächtig wandelt (wenn ich glänzend emporgestiegen), und es wäre bethört worden mein Herz und meine Hand hätte geküßt mein Mund (in übermüthiger Selbstzufriedenheit), auch das wäre strafbares Verbrechen; denn ich hätte geläugnet Gott in der Höhe. Hätte ich mich gefreut ob dem Fall meines Hassers, und gejauchzt, daß ihn Unglück getroffen — doch nie gewöhnte ich meinen Mnnd, zu sündigen, fluchend sein Leben zu verwünschen, — würden dann meine Hausgenossen nicht gesagt haben: „Wer uns von seinem Fleische gäbe! wir würden dessen nicht satt"! Draußen durfte kein Fremdling übernachten, meine Thüre öffnete ich dem Wanderer. Hätte ich, wie Menschen zu thun pflegen, verhehlet meine Schuld, verborgen in meinem Busen meine Missethat; ich müßte scheuen vor der Menge, der Verächtlichste der Geschlechter würde mich schrecken, verstummen müßte ich, nicht vor die Thüre dürfte ich treten. Wer mir nur gäbe Einen, der mir zuhörte! Hier meine Urkunde — der Allmächtige rufe mir es zu — und hier die Schrift, die mein Gegner verfaßt hat. Gewiß! auf meine Schultern hätte ich ihn gehoben, ich hätte ihn mit Kronen geschmückt für mich; jeden meiner Schritte hätte ich ihm angesagt, wie einem Fürsten wäre ich ihm genaht. Wenn mein Land geschrien hätte über mich, und seine Furchen hätten geweint über mich; wenn ich ohne Entgelt des Landes Kraft gegessen, und den Eigenthümern Seufzer ausgepreßt, o, so möchten Dornen aufgeh'n statt Waizen und Lolch statt der Gerste"!

Ueberall in diesen Büchern begegnen wir dem strengsten, unbeugsamsten Rechte, der ungetheiltesten, erhabensten Menschenliebe, die nicht in süßlichen Worten, sondern in thatsächlicher Uebung gegen Groß und Klein, gegen Sclaven wie gegen Herren allein ihr Genüge findet.

Nachdem die h. Schrift Gott als die höchste Gerechtigkeit und Liebe darstellt [1]), nachdem er in ihr nicht bloß Schöpfer und Weltregierer ist, sondern sein Verhältniß zu den Menschen als das des Vaters zu den Kindern bezeichnet und er mit dem Namen Vater [2]) überall genannt wird und zwar nicht bloß im Sinne des Erzeugers, sondern des liebevollen Führers und Erbarmers. (Ps. 103, 113); nachdem sie Gott den Menschen gegenüber als die höchste Liebe und Gnade in seiner leiblichen und geistigen Führung, in seiner väterlichen Fürsorge für alle Bedürfnisse, in seiner liebevollen Erlösung aus allem Drucke, in seiner gnadenvollen Vergebung der Sünden, in seinem höchsten

---

[1]) 2 M. 22, 26. 34, 6. Deut. 4, 81. Ps. 103, 8; 112, 4. und sonst oft.

[2]) 5 M. 14, 1. 32, 6; 2 Sam. 7, 14. 1 Chr. 17, 13. 22, 10. Jes. 63, 16. 64, 7; Jir. 3, 4. 19. 31, 9; Hos. 11, 1. Mal. 1, 6. 2, 10; Ps. 89, 27. 103, 13; Spr. 3, 12; Job 34, 36 u. s. w.

S. 30. über den Schluß: „Nachdem diese Schrift dürfte bis auf den Inhalt der Apokryphen (Sirach, Weisheit Salomonis etc.) nach dieser Richtung hin anzustellen sein.

Zur Vervollständigung des Nachweises, wie der sittliche Gedanke nicht bloß in den h. Schriften, in Mose und den Propheten und in den übrigen Schriften ganz [illegible] enthalten, sondern fortwährend im Judenthume lebte, wodurch wir um so mehr nun von vornherein schon zu dem Schlusse gelangen müssen, daß auch im Thalmud, wenigstens in s. bedeutendsten Lehren welche als die Lehrsätze d. j. Lehre gelten, jener sittliche Gedanke s. vollen Ausdruck finden muß, wenn sie nicht in offenen Widerspruch mit derselben Lehre treten sollen, welche zu erhalten u. fortzuleiten sie es sich zur Aufgabe gestellt, dürfte es geboten erscheinen, auch d. Apokryphen in dieser Untersuchung über die Zeit der Sittenlehre im Judenthume heran zu ziehen.

Wir beginnen mit dem Buche der Weisheit. Dieses Buch, wohl der älteste auf diesem Gebiete, dessen Alter jedoch nicht über 200 v. Chr. zurück verlegt werden darf, bietet die nächste Fortsetzung der h. Schriften in der Sprache, eigentl. Judenthums, wie es sich auf dem betreffl. Teil entwickelt hat.

Gleich Anfangs beginnt es mit der [illegible] der [illegible] alle Geschöpfe der Erde [illegible], als in der Schöpfung, die [illegible] für alle [illegible] ohne Unterschied gibt, die Sittenlehre [illegible] 1, 1. 5. [illegible] die Heiligung der [illegible] Gedanken [illegible] alle [illegible] v. 6–8. Vgl. v. 14. [illegible] hat er (Gott) alles erschaffen, und zum Heil alle Geschöpfe [illegible] c. 2, 23. c. 3.

Die Schöpfung

[illegible] Ähnlich, die Apok. d. M. [illegible] [illegible] als Schöpfungsgedanke der [illegible] [illegible] [illegible] vollendet

[illegible]

die Gleichheit aller Menschen [illegible] wird auch i. d. [illegible] [illegible] Weish. c. 9, 11, [illegible] [illegible] d. Weish. [illegible] u. Unterschied [illegible].
Diese Weisheit ist aber nicht bloße [illegible], sie ist vielmehr [illegible]. d. [illegible] im Sinne d. h. Sch. [illegible] u. Inbegriff aller Tugend (allgütig) [illegible] sie ist ein Geist, der durch sich verständig, heilig, einzig, mannigfach, fein, gewandt, beweglich, unbefleckt, [illegible], unschädlich, das Gute liebend, durchdringend, unaufhaltsam, wohlthätig, menschenfreundlich, beständig, fest, sorgenfrei, allvermögend, allsehend, u. alle verständigen, reinen u. feinen Geister durchdringend!" [illegible] ~~[illegible]~~ [illegible] [illegible], der [illegible]

etwa 180 v. Chr.!

Das herrliche ~~[illegible]~~ [illegible] Buch Sirach [illegible] Barmherzigkeit gegen alle Welt in [illegible] Weise, s. Cap. 4, ~~5~~ 6.
C. 7, 32 bis 35; 14, 8; 17, 17. cf. c. 29.

[illegible] d. Liebe Gottes gegen alle Menschen c. 18, 13. 14.

Er warnt vor Rache u. Haß gegen irgend e. Menschen, Liebe u. Erbarmen v. Gott erwartet c. 28, 3–7.

Er richtet auf d. Heiden nur nach ihren Werken, u. d. Werke aller Menschen nach ihren Gesinnungen 32, 18. 19. [illegible] die übrigen Völker [illegible] sollen nur von ihren [illegible] [illegible] u. sie alle sollen zur Erkenntniß Gottes u. dadurch zu Tugend geführt w. c. 33.

Das Buch Baruch, welches nach den gründlichsten historischen Forschungen jedenfalls nach Daniel, also in einer verhältnißmäßig späten Zeit verfaßt wurde, ~~[illegible]~~ stellt als Bedingung der wiederkehrenden glücklichen Zeit ~~die~~ Gottesfurcht u. Gerechtigkeit, offenbar gegen alle Menschen auf. [illegible] [illegible] Gottes, nicht nur dem Volke [illegible], und [illegible] die Krone der Herrlichkeit des Ewigen auf dein Haupt; denn Gott wird Allen, die unter d. Himmel sind, deinen Glanz zeigen (c. 5, 2. 3.), u. zwar, wie das Nachfolgende zeigt, den Glanz, der aber durch ~~[illegible]~~ Gottesfurcht u. d. Gerechtigkeit gegen Alle, [illegible] das ~~[illegible]~~ [illegible] Israels strahlt. Dein Name, heißt es, zur [illegible] der [illegible], wird dir von Gott auf ewig genannt werden: Friede der Gerechtigkeit und Ruhm der Gottesfurcht.

~~[illegible]~~, wie im Pseudoesra (dessen ~~[illegible]~~ [illegible] Abfassungszeit feststeht) die Wahrheit gepriesen wird, sagt er (C. IV 39.: "bei ihr (der Wahrheit) ist keine Parteilichkeit u. kein Unterschied, sondern sie thut, was recht ist, u. bleibt ferne v. allem Ungerechten u. Schlechten"!

Geschenke: der Offenbarung, fort und fort thatsächlich walten läßt, und die Menschen, als göttliches Ebenbild auffordert, sein Wirken sich zum Muster zu nehmen, heilig zu sein, „d. h. das Gute zu lieben und zu üben, wie Gott heilig ist“: so ist die ganze große, umfassende Sittenlehre nur die nothwendige Consequenz dieser Grundsätze und irgend welcher Zweifel völlig unzulässig, irgend welches Makeln an dieser erhabenen Lehre entweder Zeugniß der tiefsten Ignoranz, oder der eigenen tiefsten Unsittlichkeit, die sich nicht scheut, der Lüge und der Verleumdung dem bessern Wissen zum Trotze aus niedrigen Rücksichten zu dienen.

Gott ist der Schöpfer und Erhalter aller Wesen; er ist der Vater aller Menschen. Er ist selbst die höchste Gerechtigkeit, die höchste Liebe, und will, daß alle Menschen diese Tugenden thatsächlich unter einander üben, das Gegentheil wäre nicht bloß ein Verbrechen gegen die Menschen, es wäre eine Versündigung gegen Gott. Die Menschen schreiten auch ewig fort, bis daß Gott und sein Name Einer sein wird bei allen Menschen und Erkenntniß Gottes die Erde füllet, wie Wasser den Meeresgrund bedecket. Aus dem ehernen Zeitalter des Unrechts, der Gewalt und des Hasses gehn sie immer mehr dem goldnen Zeitalter des Gottesreiches, der allgemeinen Gerechtigkeit und Bruderliebe entgegen: das ist der große, herrliche Inhalt der Bibel.

√ hier:
Zum [illegible] Schluß wollen wir noch einiges [illegible] zum Beweise [illegible] Zeit hier anfügen.

## Zweite Abtheilung.

---

# Der Pharisaismus.

In Bezug auf die heiligen Urkunden sind heutzutage die Akten fast geschlossen. Alle ernsten, redlichen Männer der Wissenschaft, welcher Richtung und welcher Kirche sie auch angehören, erkennen ihre ganze herrliche Größe in Hinsicht auf reinste Sittlichkeit, umfassendste Gerechtigkeit an. Wo es nicht der Fall ist und soweit es nicht der Fall ist, geschieht es nur zu dem Zwecke, um der „neuen Botschaft" Raum zu größerer Vollendung zu verschaffen. Man konnte oder wollte nicht einsehen, daß der geschichtliche Beruf des Christenthums nicht sowohl in der Aenderung der Glaubens- und Sittenlehre der Bibel, welche sein Stifter sicher nie beabsichtigt hat, als gerade in der Verbreitung ihrer Grundlehren unter den Heiden, wesentlich besteht [1]).

---

[1]) Diese Aufgabe des Christenthums erkennt schon der große Lehrer Maimonides an, und seine desfallsige Aeußerung v. d. Königen IX, 4. Ed. Amsterdam, ist merkwürdig genug: „Das Christenthum und der Mohamedanismus", sagt er, „haben ihren weltgeschichtlichen Beruf in der Anbahnung des messianischen Reiches, daß alle Menschen Gott verehren. לישר דרך למלך המשיח לעבוד את ה׳ ביחד כיצד כבר נתמלא כל העולם כולו מדברי משיח מדברי התורה ומדברי המצות ופשטו דברים אלו באיים רחוקים. „Schon ist durch sie die Lehre vom Messias und die Kenntniß der Thora und Gebote nach den fernsten Inseln gedrungen."

[illegible] 29. [illegible]

+ dem [illegible] der Staat der [illegible]
daß bei dem irgend welchen [illegible] an Einzelne Beschränkung der [illegible] nicht die Rede sein
könne, [illegible] die ganz allgemeine [illegible]
[illegible] und dem ganzen [illegible] des Propheten
[illegible] die Beziehung auf die [illegible],
wie wir gesehen, eine solche Beschränkung nicht will
[illegible] aber [illegible] die [illegible]
der ganzen Erde; nicht wollen kann. [illegible]
[illegible] derselbe Gedanke, [illegible] mit den
Worten [illegible]
[illegible] Opfer [illegible]
Beschränkung nicht [illegible] die Rede sein kann
[illegible] derselbe Gedanke, den der Prophet selbst
[illegible] mit den Worten [illegible], dieses Volk
[illegible] mit [illegible] Munde, [illegible]
[illegible] Herz aber ist fern von mir [illegible]
[illegible]
[illegible]
[illegible]
[illegible]
[illegible] derselbe Gedanke [illegible]
den Propheten [illegible]
der Worten [illegible]
[illegible]
[illegible]
[illegible]
[illegible]
[illegible]
[illegible]
[illegible]
[illegible]
[illegible]
[illegible]
[illegible]
[illegible]
[illegible]
[illegible]
[illegible]
[illegible]

Te. 29, 14. 2/3, 10. 3/ [illegible]
[illegible] mit [illegible] vorkommt.

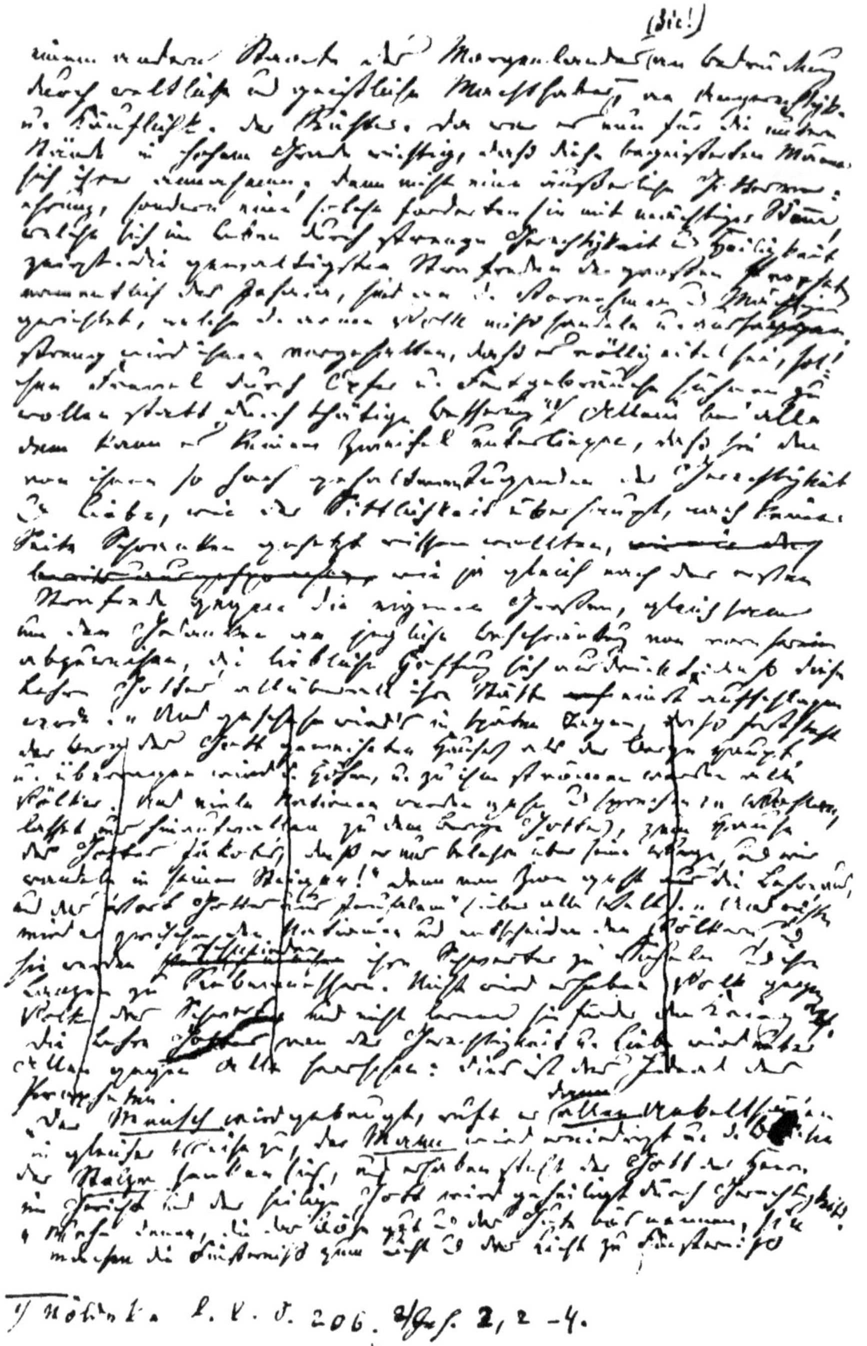
(Sic!)
1) Tholuck a. a. O. S. 206. Jes. 2,2–4.

Allein, so sagt man, die Quellen des heutigen Judenthums sind nicht blos die heiligen Schriften, auch der Thalmud gilt ihm als „untrüglicher Quell" der Wahrheit, und dieser — und das sagen nicht blos Judenfeinde — ist schlammig von sittlichem Gifte gegen andere Völker und Bekenntnisse. Was nun die erstere Behauptung an sich betrifft, so ist hier nicht der Ort, die Frage zu erörtern, in wie weit das Judenthum überhaupt den Thalmud als Quell der Wahrheit anerkennt. In keinem Falle ist er demselben in allen Stücken ein solcher Quell, oder gar „untrüglicher Quell", und sind wir daher um so weniger verpflichtet, für alle seine Aeußerungen in die Schranken zu treten. Aber wir finden jedenfalls in ihm einen reichen Schatz der Ueberlieferung, wie das Leben die Mosaischen Gesetze nach den jeweiligen Bedürfnissen, bald nach strengern, bald nach mildern Grundsätzen, entwickelt und in sich aufgenommen hat[1]) und erblicken in ihm daher ein sicheres Zeugniß von der ewigen Productivität des religiösen Geistes auch auf jüdischem Boden im Gegensatz zu der ertödtenden Stagnation des Karaismus, obgleich auf der andern Seite nicht übersehen werden darf, daß der Thalmud später selbst von diesen schönen Grundsätzen wieder abfiel und in dem Streben, das äußere Gesetz zur festen, allgemeinen, das ganze Leben durchdringenden Geltung zu bringen, im Widerspruch mit der sonst flüssig gewesenen mündlichen Lehre, die Aussprüche früherer Lehrer wieder als starre Gesetzesnorm annahm, von welcher nicht abgewichen werden dürfe, wodurch zu der neuen Formenverknöcherung und Vergötterung, die gerade in unserer Zeit sich wieder breit macht, der Grund gelegt wurde. Wir sehen aber auch ferner im Thalmud die schärfsten Geister ringen in gewaltigem Kampfe um Erhaltung des religiösen Lebens zu einer Zeit, da äußere Verfolgung und

[1]) Von dieser Entwicklung auch nach mildern Grundsätzen liefern besonders auch die Aussprüche des großen Lehrers R. Akiba wichtige, unmittelbar in das Leben eingreifende Beispiele, s. Frankl Hodogedica in Mischn. S. 118.

innerer Zwiespalt, oder, was das Gefährlichste von Allem war, innerer Abfall und Liebäugeln mit dem Heidenthum selbst Alles: Gott und Wahrheit und Sittlichkeit zu zerstören drohte. Wir sehen in ihm das biblische, wahrhaft demokratische Prinzip auf religiösem Gebiete gegen alles kastenmäßige Abschließen hochmüthigen Priesterthums und vornehmer Geschlechter sich hindurch ringen und endlich bleibend zum Siege geführt. Wir finden endlich in seinem Gesammtinhalte, also nicht blos bei einzelnen Lehrern, was man hier und da als Ausnahme noch zugibt, einen so tiefen, sittlichen Ernst, wie kaum in einem anderen Werke des Alterthums. Deshalb halten wir uns verpflichtet, wenigstens auf diesem einen, wichtigsten Gebiete des sittlichen Lebens dem unsittlichen Herausreißen einzelner mißverstandener Stellen, die dann später, oft in gutem Glauben, als sichere Quellen benutzt wurden und zu den ungerechtesten Urtheilen Veranlassung gaben, entgegen zu treten, und dadurch einerseits den wirklichen Inhalt der Aussprüche jener Männer wissenschaftlich hier festzustellen, anderseits durch die Sichtung und historische Einordnung ihrer Ansichten ihre Namen vor ungerechter Verunglimpfung zu schützen.

Ehe wir jedoch die einzelnen Aussprüche in's Auge fassen, ist es nothwendig, uns ein klares Bild von den Männern überhaupt zu verschaffen, von welchen jene Aussprüche ausgegangen sind. Man bezeichnet sie gewöhnlich mit dem Namen Pharisäer und stellt sich darunter „Heuchler, werkstolze, pfäffische Pietisten[1]) vor, die Alles in die äußere Form setzten, ohne auf sittliche Prinzipien das geringste Gewicht zu

---

[1]) Selbst Prof. Ed. Reuß in Straßburg in Herzog's Real-Encyclopädie für prot. Theologie und Kirche. Art. Pharisäer, nennt dieses Urtheil, an das man sich von den Evangelien her gewöhnt, „ein ganz verzeichnetes, völlig karrikirtes", stellt aber dennoch am Ende die Pharisäer wieder mit den Jesuiten zusammen. So sehr wirkt das von Jugend auf eingesogene Vorurtheil selbst auf die klarsten Geister. Wir werden später auf diese Abhandlung zurück kommen.

bitteren zu Süßem und Süßes zu Bitterem. Wehe denen, die weise sind vor ihren Augen und vor ihrem Angesichte verständig! Wehe den Helden im Weintrinken und den tapfern Helden, Rauschtrank zu mischen, die den Schuldigen für gerecht gelten lassen um Bestechung und den Gerechten entziehen ihr Recht. 1)

Auch hier begnügt sich der Prophet nicht [illegible] Gottes 2), und wenn darin die Strafe für alles Unrecht oder [illegible] von der Schuld sich einmal schon [illegible] für alles [illegible] ist, so muß auch die Liebe und Gnade [illegible] den Lohn der [illegible] der Heilsverheißungen, und damit der Geist für alle [illegible] nothwendig anerkannt [illegible] der Prophet [illegible] seinem [illegible] Gesichte [illegible] hat, wo die Engel [illegible]: „Heilig, heilig, heilig ist der Herr Zebaoth, die ganze Erde ist voll seiner Herrlichkeit" 4). Die [illegible] dreimal heilig 4) bei [illegible] tägliche Gebet der Juden [illegible], denn wenn sie auch ursprünglich nur ein [illegible] gegen den [illegible] sein sollte, den Gedanken, [illegible] über alle [illegible] erhaben: Heilig ist Gott in der Höhe, heilig auf Erden, heilig in aller Ewigkeit. Und wo er [illegible] der Völker die Strafe Gottes verkündet, [illegible] allerdings für ihre [illegible] Gottheit, die sie als [illegible] über, aber [illegible] Gedanke [illegible] daß die Wahrheit und Gerechtigkeit [illegible] wird, so ist der Hochmuth, der über alles sich erhebt, welchen Gott bestraft 5). Und [illegible] werden die [illegible] in Israel zerstört, die Häuser, wo sie sich [illegible] und [illegible] Bitte, Kraft und Liebe [illegible] zum Heile [illegible], so [illegible] die [illegible] Gottes [illegible]: Wer von uns kann wohnen bei verzehrendem Feuer? Wer von uns kann wohnen bei ewigen Gluthen? Wer [illegible] Gerechtigkeit [illegible] aufrichtig redet, wer ungerechten Gewinn verschmäht, wer seine Hände schüttelt, daß sie nicht nach Bestechung greifen, wer sein Ohr verstopft, daß er von Blutvergießen nicht höre, wer seine Augen verschließt, daß er das Böse nicht sehe — der wird auf Höhen wohnen, Felsenburgen sind

1) c. 5,15 ff. 2) v. 24. vergl. 10,1 ff. 3) [illegible] 10,1. 4,6,3.
4) vergl. Jes. 22,29. 5) vergl. 2,12 ff. 10,12–15. 13,11 ff.
vergl. die herrliche Rede über d. König v. Babel 14,4 ff.

+ S. 35. [illegible] derselbe [illegible] fällt bereits über die Schriften von [illegible] Odio humani generis convicti durch die Offenbarung jetzt die ~~Hoffnung~~ unzählbaren [?] Leiden von den Gründen dieser Urtheil hervorzurufen.

---

Fortsetzung der vor. Seite

sein Schatz, sein Brod ist ihm geraubt, sein Wasser unerreichbar [?], der Verschmachtung [?] in seinen Schössen sehe dein Auge, der Leiden Weiten [?] 1/.

Selbst die Hoffnung, die in der verjüngten Kraft des David'schen Hauses wurzelt, gründet sich durchaus darauf, dass der Sprössling, auf den der Prophet die Hoffnung der wiederkehrenden Verjüngung setzt, und den er desshalb mit den ausgezeichnetsten Eigenschaften ausgerüstet, ihn „Wunder, Rathgeber, und göttliche Kraft Heldenfürst, Vater der Ewigkeit (der Zukunft), Fürst des Friedens" nennt, darauf alle Grösse seiner Herrschaft, den ewigen Frieden, den er seinem Volke schafft, nur auf Gerechtigkeit und Liebe gründet, „der Geist Gottes ruht auf ihm, der Geist der Weisheit und Einsicht, der Geist des Rathes und der Stärke, der Geist der Erkenntniss und der Furcht Gottes", und all diese Geister hat ihren Grund und ihr Ziel nur in der Tugend und Sittlichkeit, in der Gerechtigkeit und Liebe, die er in seinem Volke und durch dasselbe in der ganzen Welt schaffen und verbreiten wird 2/.

Micha [illegible], ~~Jesaias' Zeitgenosse~~, [illegible] das äussere Formelwerk und nicht minder gewaltig [illegible] sein grosser Zeitgenosse Jesaias, und er betrachtet eben so eindringlich als den einzigen Mittel der Rettung, als die einzige Bedingung unserer Annäherung zu Gott und seinem [illegible] die ~~innere~~ Erhebung in Gerechtigkeit, Wahrhaftigkeit und Güte [?].

---

1/ 33, 15 ff. 2/ cf. 9, 5-7. u. 11. u. 16, 5; 32, 1 ff. 33, 5. 6. ff.

legen. Sie werden ferner als eine geschlossene Gesellschaft, als eine Sekte betrachtet, die Gerechtigkeit und Liebe höchstens gegen ihre Mitglieder gekannt, alle andern Menschen aber, wenigstens die Nichtisraeliten, gar nicht als Menschen betrachtet, gegen welche man auch Pflichten habe. Die Juden überhaupt also, welche den Grundsätzen der Pharisäer folgen, so schließt man weiter, kennen diese Pflichten, die sie zwar untereinander strenge ausüben, gegen Andersglaubende gar nicht, und man kommt so mit dem Urtheil des im Nationalhaß großgezogenen Römers zusammen, der es einerseits nicht verwinden konnte, daß das kleine Volk der Juden Rom's gewaltigen Legionen so lange widerstanden[1]), und der anderseits in seinen heidnischen Vorurtheilen und in seiner Vergötterung des blos praktischen Lebens und des äußern Sinnengenusses theils für den Monotheismus und die von ihm in gewissem Grade von Urbeginn an geforderte Askese gar kein Verständniß, theils, aus völlig unwahren Berichten schöpfend, ganz falsche Vorstellungen von den jüdischen Lehren und Satzungen hatte[2]). Ja, man ging zum Theil noch weiter. Der auch bei den Heiden, bei allem Hasse gegen das Volk als solches, wenigstens von dem Einzelnen geltende Grundsatz: Jeder gilt für unschuldig, bis das Gegentheil erwiesen ist, galt oft nicht mehr vom Juden: er mußte sich erst als ehrlicher Mann legitimiren. Wie ein Gespenst aus der Nacht des Mittel-

---

[1]) Augebat iras quod soli Judaei non cessissent. Tac. Hist. V. 10. „Es vermehrte den Haß, daß die Juden allein nicht weichen wollten." — Apud ipsos fides obstinata, misericordia in promptu, sed adversus omnes alios hostile odium. Das. V. 5. „Gegen sich selbst von unverbrüchlicher Treue, immer bereiter Barmherzigkeit, sind sie gegen alle Andere von feindlichem Hasse erfüllt." Die Römer schienen es nicht zu fassen, daß nur ihnen der so gerechte Haß galt.

[2]) S. Tac. l. l. c. 4. Jos. c. Ap. II., 13 u. s. w. Vgl Buch der Weisheit 2. 12, 15. „Lasset uns dem Gerechten (Israel) nachstellen, weil er uns beschwerlich ist und unsern Werken entgegenarbeitet . . . Es ist uns zuwider, wenn wir ihn nur anschauen, weil sein Leben verschieden ist von dem der Uebrigen . . .

alters spuckt noch das Vorurtheil gegen Juden, das jedenfalls auch aus dem Vorurtheil gegen das Judenthum seine Nahrung zieht. Die Kenntniß des Pharisaismus aus seinen eigenen Quellen wird auch nach dieser Richtung eine heilsame, den Denkenden aller Bekenntnisse willkommene Klärung des Urtheils bewirken.

Der Ursprung der Pharisäer nun, und auf das richtige historische Verständniß des Begriffs dieses Namens kommt es vor Allem an, reicht bis zu den Zeiten Esra's, also ein halbes Jahrtausend vor der gewöhnlichen Zeitrechnung hinauf. Außer dem positiven Aufbau des neuen theokratischen Staatslebens galt es schon damals, zwei Feinde dieses Baues abzuwehren und sie mit aller Consequenz und Ausdauer fern zu halten. Diese Feinde waren die heidnischen Völkerschaften von außen, dessen beständige Befehdungen nur durch ein compactes nationales Bewußtsein und den das ganze Volk in gleicher Weise durchdringenden, von Begeisterung getragenen religiösen Sinn abgewehrt werden konnten, und sodann die noch gefährlicheren Feinde im Innern, welche sich den Heiden und ihren Sitten zuneigten. Diese Zwecke glaubte man am besten zu erreichen, wenn man das gesetzliche Judenthum als eine unübersteigliche Mauer zwischen Juden und Heiden aufführe, um den Gottesgedanken im Volksbewußtsein fortwährend zu nähren und ihn, unberührt von dem Heidenthume, in seiner vollen Reinheit zu erhalten. Und wenn man bedenkt, wie in den langen Jahrhunderten von der Gesetzgebung am Sinai bis zur Zerstörung des ersten Tempels der Götzendienst, trotz der Todesstrafe, die Moses darauf gesetzt, bei den Israeliten nie ganz besiegt werden konnte: der strenge Dienst des einigen Gottes, der abstracte Gottesbegriff selbst konnte den sichtbaren, die Natur in ihren Schrecken und in ihren wohlthätigen und lieblichen Erscheinungen darstellenden Götzenbildern gegenüber, mit ihrem sinnlichen Cultus, ihren aufregenden Göttermahlen bei dem noch rohen, sinnlichen Volke nie tief genug Wurzel schlagen [1]); wenn man ferner be-

[1]) Der Thalmud bringt eine Sage von einem israelitischen Könige,

~~Gewalt übt, ihr Richter bestochen, ihr Priester lehrt,~~

In tiefstem Schmerze, der ihn ob des Verfalles erfüllt, den er an allen Volksgliedern wahrnimmt, ob Jakobs Frevel und Israels Sünden, nicht nur das Volk aber die, die Unrecht ersinnen und Böses stiften auf ihren Lagerstätten, und es am hellen Morgen ausführen, weil sie die Macht in Händen haben", denen es obliegt, das Recht zu erkennen", "aber es hassen das Gute und lieben das Böse", "die das Recht verabscheuen und alles Gerade krumm machen", "die Häupter, die nach Bestechung richten, die Priester, die für Geld lehren, die Propheten, die um Geld wahrsagen, und dennoch in dem Wahne, der sie in ihrem äußeren Formenwesen finden, sich auf Gott stützen wollen, sich ~~[illegible]~~ sicher wähnen: Ist nicht Gott in unserer Mitte! Uns kann kein Unheil treffen"! X "Wahrlich, ruft der Prophet diesen zu, um euretwillen wird Zion wie ein Feld gepflügt und Jerusalem zum Steinhaufen werden und der Tempelberg zu einem waldigen Hügel"[1].

Dann folgt als leuchtendes Lichtbild in dem dunklen Trauergemälde, das der Prophet gezeichnet, die sittliche Bekehrung der Gesammtheit durch die Lehre, die sie aus dem Hause Gottes schöpfen, daß sie wandeln in seinen Wegen # und in den [illegible] Worten, wie uns die Verkündigung dieser schönen Zeit auch von Jesaias [illegible][2]. Es scheint fast, als wenn diese schöne Zukunft im Volksglauben sich [illegible] befestigt worden [illegible] hätte. Ruhig wird dann jeder, schildert Micha die schönen Verkündigung, unter seinem Weinstock und unter seinem Feigenbaum wohnen; Niemand schreckt auf; alle Gewalt und alle Gewalt hat ein Ende, denn der Mund Gottes des Herrn spricht es", [illegible] nicht der eigne Gottheit [illegible] der Menschheit.

Diese herrliche Aussicht auf den allgemeinen von Israel ausgehenden Gottesdienst auf Erden erscheint dann [illegible] in dem schönen Bilde der Zeiten der Morgenröthe [illegible] auf den [illegible] aller [illegible][3]

1/ c. 1 – 3, 12. 2/ Jes. 2, 2 – 4. Micha 4, 1 – 4.

3/ 5, 6.

~~nur~~ nun Ding entsetzt nicht hören wollten, wird Gott
Recht üben durch diesen „Unbekannten" Jakobs 2/
der aber selbst ~~einen~~ nicht mehr der Rosse und der
Wagen, des Zwingers und der Festen bedürfen wird 3/,
dein allgemeines Gericht erschallt: „Höret, die ihr
hören, was Gott spricht!"
~~Micha~~ Micha in der ganzen prophetischen Literatur wird der Grundgedanke von der Ver-
antwortlichkeit (statt äußeren Formelwerks) ~~zur~~
~~bestimmten Ausgestaltung~~ und von der Beziehung
aller Menschen zu Gott durch Sittlichkeit,
Gerechtigkeit und Liebe bestimmter und positiver
ausgesprochen als bei Micha. Das endlich
zur Umkehr geneigte Volk fragt den Propheten:
„Womit soll ich hintreten vor Gott? Mich beugen
vor Gott in der Höhe? Soll ich mit Brandopfern
vor ihn treten, mit jährigen Kälbern?" Der
Prophet aber erwidert ihm: „Hat Gott Wohlgefallen an Tausenden von Widdern, an Myriaden
Strömen Öls? Soll ich gar meinen Erstgebornen hingeben für meine Missetat, die Frucht
meines Leibes für die Sünde meiner Seele? Er
(Gott) hat dir kund getan, o Mensch, was gut
ist, und was Gott von dir fordert: Nur Recht
üben, Liebe zu haben Güte und in Demut wandeln vor Gott, deinem Herrn."
Mit solcher Form in ~~nicht~~ dieser Wahrheit
der ~~sich~~ man heute selbst auf Menschenrecht, auf die
Lehre der eigenen Kinder zurückgreifen könnte,
~~und~~ Selbstständig zweiten Jahrtausend mit solcher
Entschiedenheit und Kündigkeit der neuen Auffassung der Religion, losgelöst von allem Zeremo-
niell Sinnlich ~~nicht~~ nie ausgesprochen worden.
Nahum, der vor der Zerstörung von Ninive, also
jedenfalls vor 625 v. Chr. gelebt, hat in den
Propheten ~~…~~ gegen Assyrien gerichtet, und den
… von ihm bedrückt …

1/ 5,14. 2/ v. 6. 3/ v. 9. 4/ Also jedenfalls …

denkt, wie in späterer Zeit gerade das Priesterthum, und selbst das Hohepriesterthum mit dem jüdischen Patriziat an der Spitze des Abfalls stand: so wird man die Riesenarbeit und die unerschütterliche Kraft jener Männer bewundern müssen, die, vor keinem Hindernisse und keinem Opfer zurückschreckend, lange Jahrhunderte hindurch den Kampf bestanden, bis die Aufgabe in der Weise gelöst war, daß der Gottesgedanke so fest und so tief in Aller Herzen sich gesenkt hatte, daß keine Gewalt der Erde und keine Lockung der Macht ihn je wesentlich auf die Dauer zu erschüttern vermochte. „Verachtet und gemieden von Menschen, mit Schmerzen und Leiden vertraut; jenem gleich, vor dem man das Antlitz verhüllt; geplagt, von Gott geschlagen und niedergebeugt; verwundet, zermalmt, bedrängt, ergaben sich die Träger des höchsten Gedankens der Menschheit nicht, thaten nicht auf ihren Mund, wie ein Lamm, das zur Schlachtbank geführt wird, und wie ein Schaf vor seinen Scheerern verstummt" [1]). Und diese Riesenarbeit vollzog eben in späterer Zeit, wie wir sehen werden, die von Esra begonnene Thätigkeit fortsetzend, der Pharisaismus, und rettete jenen heiligen Gedanken durch die dunkelsten Jahrhunderte der Geschichte.

Wir sagten, daß ein verderbtes Priesterthum an der Spitze des Abfalls gestanden, und daß der Kampf auch gegen dieses sich wenden mußte. Um diese Seite des Kampfes und ihren Zusammenhang mit der andern Seite: dem Kampfe um den Gottesgedanken, in ihrem innersten Wesen zu begreifen, ist es nöthig, die tiefsten Wurzeln dieser Kämpfe nach beiden Seiten bloß zu legen. Wir werden dann zu der Einsicht gelangen, daß es sich

---

der einem spätern Gelehrten im Traume erschien und ihm eine casuistische Frage löste, und auf dessen Verwunderung: Wie konntet ihr bei solchem Wissen dem Götzendienste fröhnen! die Erklärung gab: Hättest du zu meiner Zeit gelebt, du würdest der Priesterin die Schleppe des Kleides nachgetragen haben.

[1]) Jes. c. 53.

auch nach dieser zweiten Richtung nicht um einen Streit um politische Herrschaft, sondern um die Erhaltung eines zweiten Grundgedankens der göttlichen Offenbarungslehre handelte und daß der politische Streit, der allerdings später sich damit verband, doch wieder eben in dem Streite um diesen erhabenen Gedanken der g. Offenbarung seinen tiefsten Grund hatte. Bei dem Gottesgedanken galt es den Einen, freien Gott (die Naturverehrung kennt nur die Nothwendigkeit, die ἀνάγκη auch in Gott oder den Göttern); bei dem Kampfe gegen das Priesterthum galt es die Eine, vor dem Rechte gleiche, freie Menschheit: Ein einiger, freier Gott, und Eine, freie, auch in der Sittlichkeit freie Menschheit: das sind die Angelpunkte der g. Offenbarungslehre, wie wir sie bereits in den Propheten nachgewiesen, und die immer mehr jedem Unbefangenen klar entgegentreten und zur Grundlage der religiösen Ueberzeugung werden; das sind aber auch die Angelpunkte, um die sich die wichtigsten spätern Kämpfe innerhalb des Judenthums bewegen.

Die zweite große Grundlehre der g. Offenbarung ist also die Lehre von der Einen, freien Menschheit, oder, um es mehr biblisch auszudrücken, von dem allgemeinen Priesterthum.

Im Heidenthum und besonders bei den Egyptern waren die Priester eine abgeschlossene Kaste und nahmen die höchste Rangordnung im Staate ein; sie waren der Brennpunkt, von welchem aus die Strahlen in das ganze Staatsleben ausströmten, das Herz und die Seele der zur Zeit des Moses bereits zu hoher Culturstufe gelangten innern und äußern Entwicklung in Egypten. Alles, was dem geistigen Leben im Staate diente und es förderte, gehörte der Priesterkaste an: die Priester verrichteten nicht blos die gottesdienstlichen Funktionen, sie waren auch die Staatsdiener, die Richter, die Aerzte, die Baumeister. Egypten war daher das Land, in welchem eine Theokratie, eine Götterregierung, in weit ausgebildeterem Maße als je bei den Israeliten herrschend war. Dabei beruhte, was nicht übersehen werden darf und von großer Wichtigkeit ist, das ganze der mit s. schwankenden wachsenden Grundsätze zu werden. Daneben war es nothwendig die [illegible] Götter u. ihre Heiligthümer; [illegible] widersetzte man sich der Verwerflichkeit ihres Glaubens [illegible] dürfen Heiden gegen [illegible] und seine religiöse Sittlichkeit, die [illegible]. Hiermit ist er bald [illegible] genug von [illegible] [illegible] voll [illegible] die Unsittlichkeit ergeben; darum mußte er zu Grunde gehen, [illegible] religiös-sittlichen Grundsätze, die [illegible] [illegible] Bildungen [illegible] von dem [illegible] der [illegible] Volkes [illegible] nicht [illegible].

Germanen. Ihre Zeit ~~[illegible]~~ trifft mit dem gewaltigsten religiösen u. sittlichen [illegible] Zuständen der heidnischen [illegible] gewordenen Reiches zusammen. [illegible] und [illegible] [illegible] [illegible] ganz von s. [illegible] gegeben, ihre Volks religiöse u. sittliche zu erheben u. dadurch [illegible] ganz zu [illegible], [illegible] [illegible] [illegible] von allen [illegible] der Nationalität befreiten, [illegible] Gedanken in s. höchsten Reinheit hervor. [illegible] die [illegible], heiligen [illegible] zu [illegible] erheben [illegible] [illegible] ihn [illegible] dieser höchsten Gedanken [illegible] [illegible] der [illegible] des Volkes [illegible]

[illegible] 1. 2. 7. 2/3, [illegible] 3/ [illegible] 4.

[illegible]

habe ich dich eingesetzt: so lautet die Formel, mit welcher Jer. zu Gott zu seinem Dienst weist [illegible] die gleichsam als Motto über seiner Lebensarbeit aufstellt. Das [illegible] der [illegible] [illegible] ist biblischen Aufbau beschäftigt [illegible] [illegible] über die Völker und über die Königreiche, auszureißen und einzureißen, zu verstören und zu verderben, aufzubauen und zu pflanzen. [illegible] diese Aufgabe läßt Jeremia in der Schrift [illegible] bis an alle Völker, zu welchen ihn Gott gesandt hätte", er läßt sie trinken den "Zornesbecher" aus der Hand Gottes: Jerusalem und die Städte Juda's, Pharao den König von Ägypten, und alle die Völker [illegible]

[illegible]

[illegible] Jeremia [illegible] der Kampf gegen [illegible]

[illegible]

gegen diese Volkspartei [illegible] die Gott? [illegible]

[illegible]

1,5.10. 4/c. 25 5/1,18. 11,18, 4. 15, 15. 16 ff. 4/c. 2
46.47.48.49.50

4) Die [illegible] Kampf gegen d. Priester [illegible]

[illegible]

Wirken der Priester auf einer geheimen Weisheit, die Niemanden außer der streng abgeschlossenen Kaste zugänglich war. Dadurch wurde dem eigentlichen Volke für alle Zukunft jede Theilnahme an der Leitung des Staatslebens abgeschnitten, und es war damit zugleich von aller geistigen Thätigkeit, von aller inneren Bewegung und allem selbstständigen Fortschritte für immer ausgeschlossen.

Ja, die Priesterkaste zerfiel wieder gleichsam in mehrere Kasten, je nach dem höheren oder niedern Dienste, welcher ihnen oblag. In ihren Händen war auch ein großer Theil des Grundbesitzes und außerdem wurde noch ihr Unterhalt aus öffentlichen Mitteln bestritten[1]). Es scheint nicht, daß Joseph der eigentliche Urheber der Einrichtungen war, die ihm in dieser Beziehung zugeschrieben werden. Ein Theil derselben, wie die Abgabe des fünften Theils vom Ertrage des Bodens an den König, wird schon in dem biblischen Berichte selbst als bereits bestehend vorausgesetzt[2]). Der König muß ferner schon vor Joseph einen sehr großen Theil des Grundes und Bodens in Besitz gehabt haben, sonst hätte Joseph die ungeheueren Vorräthe, die nicht blos für Egypten, sondern auch für die angränzenden Länder ausreichten, und die, wie es scheint, von den königlichen Gütern kamen, nicht anzusammeln vermocht. Allerdings war noch ein Theil des Landes in den Händen freier Landbauern; von einem großen Theile aber waren sie sicher schon vor Joseph nur Pächter. Indem Joseph das bereits vor ihm bestehende Verhältniß nur ausdehnte[3]), hat er sicher zugleich mehr Ordnung und gesetzliche Regel in das Verhältniß gebracht, und wurde dadurch und durch die Städtegründung, der auch

[1]) 1 M. 47, 22.

[2]) 1 M. 41, 34.

[3]) Die griechischen Schriftsteller berichten auch das Wesentliche dieser Einrichtungen und führen sie auf den König Sesostris, d. i. Sethos I. zurück, unter welchem freilich Joseph gewirkt haben soll. (S. Herzog, Enc. Art. Egypten.)

von den Egyptern als solcher anerkannte Wohlthäter des Landes[1]). Der völlige Verlust des Eigenthums mag wohl die Abhängigkeit von dem Könige gesteigert haben, nach dem bestehenden Verhältnisse kaum aber wesentlich, nicht aber die Abgabenlast, die nach wie vor den Fünften des Ertrags betrug, eine Abgabe, die überdies bei der außerordentlichen Fruchtbarkeit des Landes nichts besonders Drückendes hatte. Eine eigentliche Sklaverei des Volkes kann demnach unter dem Ausdruck: daß sie sich zu Knechten Pharao's an Joseph verkauften, nicht verstanden werden. Es sollte damit nur das Abhängigkeitsverhältniß ausgedrückt werden, die völlige Hingabe unter die Leitung Pharao's, etwa in ähnlicher Weise, wie die Israeliten später unter Gottes Leitung, und Pharao wurde ja ohnedies als der Stellvertreter des Osiris, als dessen Fleischwerdung verehrt.

Nur das Land der Priester konnte Joseph nicht kaufen: sie waren fast nur dem Range nach von Pharao unterschieden, der immer zur Priesterkaste gehören mußte und zugleich der Oberpriester war.

Den Priestern in Egypten waren aber auch ihren großen Vorrechten gegenüber gewisse Einschränkungen auferlegt, in Bezug auf den Genuß von Speisen und Getränken und die ehelichen Verbindungen.

Es kann nun keinem Zweifel unterliegen, daß der Mosaismus ein gewisses Spiegelbild der egyptischen Priesterverhältnisse bietet und nach dieser Seite hin dadurch erst sein volles richtiges Verständniß findet. Auch im Mosaismus nehmen die Priester eine hervorragende Stellung ein; sie haben auch in ihm, je nach den Diensten, die ihnen oblagen, verschiedene Rangstufen: der gesalbte Priester oder Großpriester[2]), gewöhnliche Priester, Leviten.

---

[1]) 1 M. 46, 22. 25.

[2]) 3 M. 4, 3. 5. 4 M. 35, 55. 28. Es kommt übrigens nicht darauf an, ob die Benennungen spätern Ursprungs sind, die Sache bestand jedenfalls: Aron, Elasar, Pinehas. Vgl. auch 2 M. 29, 30.

zu vorhergehender Seite d. 7

Die tief [illegible] Gottesidee ist in diesem Begriff bei den Propheten so durchschlagend, daß er selbst da, wo er in seinem [illegible] Schwergewichte an fremden Völkern seinem Volke zugefügte [illegible] bis die Strafe Gottes über die Frevler herabruft, doch nur für die [illegible], welche Gott nicht kennen und seinen Namen nicht anrufen; welche sich im menschlichen Dunkel über Gott selbst [illegible], daß bei für alle Menschen menschlich fühlen das Herz auch wenn dem [illegible] die Fremde so sehr ergriffen wird [illegible] nach ihrer Läuterung die Rückkehr zu ihrer alten Herrlichkeit im Namen [illegible] verkündet.*)

---

*) Man vergl. über alles dieses 10, 25. 13, 17; 14, 17 ff.; 18, 7 ff. 15, 10; 48, 26. 29. 30. 50, 14. 29; 48, 47; 49, 39.

---

Fortsetzung der vorigen Seite (zu religiösen Dingen)

[illegible]

aber so bedeutend zeigen seine [illegible] spricht er bis c. 6, 20. aus. Nachdem er hier erst die ganze Schuld seines [illegible] [illegible] aufgezählt, [illegible] „auch Gottes Wort nicht geachtet und seine Lehre verworfen haben“, ruft er dem Volke zu: „[illegible] Gottes zürnt: Was soll mir Weihrauch aus Scheba und [illegible] seines Zimmets aus fernen Landen? Eure Brandopfer sind mir nicht [illegible] und eure Schlachtopfer sind mir nicht angenehm!“

Was den Propheten über die Wege Gottes lehrt, was ihm als der wesentliche Inhalt seines Glaubens gilt, darüber spricht er sich an unzähligen Stellen aus. Es ist allerdings zunächst der Glaube an den einzigen Gott selbst, und er kämpft [illegible] gegen den Götzendienst, aber als die Lehre dieses Gottes, als das, was allein als seinen Dienst, als seine strenge Kennzeichnung, nennt er nur die höchsten sittlichen Wahrheiten: Recht und Gerechtigkeit, Treue und Wahrheit. „Ziehet durch die Straßen Jerusalems, und seht ob ihr Einen findet, der Recht übt, Wahrheit sucht, und ich will ihr vergeben (spricht Gott).“ „Wie ein Käfig voll Vögel, so sind ihre Häuser voll von Trug; dadurch wurden sie groß und reich. Sie ~~[illegible]~~ schaffen nicht Recht, nicht der Sache der Waise, ~~[illegible]~~ die Sachen der Dürftigen richten sie nicht. Und solches sollte ich nicht ahnden, spricht Gott, an einem Volke, wie dieses sollte sich nicht rächen meine Seele?“ Recht schmerzlich [illegible] diese Klage wieder an vielen Stellen, „O ~~[illegible]~~ mich doch in die Wüste versetzte, in die Herberge der Wanderer, ich verließe mein Volk und ginge weg von ihnen; denn sie alle sind Ehebrecher, eine Rotte Abtrünniger. Sie spannen ihre Zunge, ihren Bogen der Lüge, und nicht für die Wahrheit sind sie stark im Lande; sie gehen von einer Bosheit zur andern, und mich erkennen sie nicht, ist der Spruch Gottes. ~~[illegible]~~ Hütet sich ~~[illegible]~~ ein Freund vor dem andern, verlasst euch ~~[illegible]~~ keinen Bruder! denn jeglicher Bruder [illegible], jeglicher ~~[illegible]~~ geht als Verleumder umher. Einer täuscht den Andern, und ~~[illegible]~~ ~~[illegible]~~ Wahrheit; sie lehren ihre Zunge Lügen reden, sie mühen sich ab zu verbrechen.“ ~~[illegible]~~ Strenger [illegible] von Recht und Gerechtigkeit ist die beständige ~~[illegible]~~ ~~[illegible]~~ [illegible] aus dem gegenwärtigen [illegible]. So spricht Gott: Uebet Recht und Gerechtigkeit, und rettet den Beraubten aus der Hand des Unterdrückers, und Fremdling, Waisen und Witwen [illegible] [illegible]

Jer. 5, 1. 7, 9. 27–28. vgl. 6, 6–7. 13. 14. 8, 5. 10. 9, 1. 9, 1. [illegible] Klagen [illegible] [illegible] [illegible] [illegible] auf die ~~[illegible]~~ [illegible] [illegible] der Propheten [illegible] ~~[illegible]~~ [illegible] [illegible] [illegible] [illegible] [illegible] [illegible]! 11, 22. vgl. 20, 10.

Sie waren auch in gewisser Hinsicht die Vermittler zwischen Gott und dem Volke. Sie bezogen von dem Volke ihren Unterhalt. Es waren ihnen endlich auch in Bezug auf Verehelichung und das übrige Leben (Reinigkeitsgesetze) gewisse Beschränkungen auferlegt.

Und dennoch! welche ganz außerordentliche, tief in das gesellschaftliche und Staatsleben eingreifende, ja dieses auf ganz andern Grundlagen aufbauende Unterschiede fanden zwischen dem Mosaischen und egyptischen Priesterstande statt.

Zunächst trat an die Stelle des Königs Gott selbst: ihm allein gehört das Land, *seine* Knechte waren Alle[1]). Diesem Könige mußten eigentlich die Abgaben entrichtet werden, und zwar, wie in Egypten, etwa der fünfte Theil des Ertrags, wovon die eine Hälfte (der Zehent), wie dorten, zur Unterhaltung der Priester hier der Leviten[2]), die andere, und dies sollte nicht blos eine Erleichterung sein, indem die Eigenthümer sie selbst genossen, sondern *wohl auch eine beständige Erinnerung an das allgemeine Priesterthum des ganzen Volkes*, zu Opfermahlzeiten vor dem Heiligthum und je im dritten Jahre wieder zur Unterstützung der Leviten und Armen verwandt werden mußte[3]). Die *Vermittlung* der Priester zwischen Gott und dem Volke beschränkte sich auf den Opferdienst, und selbst hier hatten sie keinerlei *gesetzgeberische* Gewalt, sie waren vielmehr nur die *Boten* des Volkes[4]), um die durch die Sünde entstandene Entfremdung von Gott wieder ausgleichen zu helfen, aber nur nach den von Gott

---

[1]) 3 M. 25, 23. 42. 55.

[2]) 3 M. 27, 30 ff. 4 M. 18, 21, ff.

[3]) Deut. 14, 22 29.

[4]) Ihr Dienst war gewissermaßen entsprechend dem spätern Vorbeter in den Synagogen שליח צבור (Bote der Gemeinde), und da die Gebete nach dem Thalmud überhaupt an die Stelle der Opfer traten, so gibt die Stellung der letztern rückwärts wieder um so mehr Aufschluß über die der Priester im Tempel.

selbst gegebenen Gesetzen. Den Begriff der eigentlichen Vermittlung und Repräsentation des Volkes bei Gott ist dem Mosaismus, mit Ausnahme des hohenpriesterlichen Dienstes in einzelnen bestimmten Fällen, völlig unbekannt. Es heißt wohl im Gesetz[1]), daß die Priester die Sünden des Volkes übernehmen sollen, was allerdings eine wirkliche Vermittlung anzudeuten scheint, weßhalb sie wohl auch gewisse Opfer selbst verzehren mußten[2]); aber es darf nicht übersehen werden, daß der Opfernde bei seinem Opfer selbst gegenwärtig sein und seine Hand auf dasselbe legen mußte, zum Zeichen, daß er es unmittelbar selbst darbringe, und es mußten daher, wo das Opfer für die ganze Gemeinde zu bringen war, deren Aelteste als ihre Stellvertreter dabei erscheinen und die Hand auf das Opfer legen[3]); dabei wurden immer den Opfern entsprechende Gebete von dem das Opfer Darbringenden gesprochen[4]). Die Priester waren also auch bei dem Opfer nicht eigentliche Vermittler, noch weniger aber die Herren selbst in ihrem beschränkten Wirkungskreise: sie konnten keine Sünden vergeben, sie waren selbst im Tempel nur die Diener des Volkes, wie sie in der That genannt werden[5]). Selbst der Hohepriester war nicht unfehlbar. Dies wurde ihm

---

1) 3 M. 10, 17. 4 M. 18, 19.

2) Vgl. auch 2 M. 29, 33. 3 M. 6, 19.

3) 3 M. 4, 15.

4) Diese Gebete kommen im Mosaischen Gesetze nur bei dem Schuldopfer und bei dem Opfer des Hohenpriesters am Versöhnungstage vor, hier zweimal: für sich und sein Haus, dann für das Volk (3 M. 5, 5; 16, 21. 4 M. 5, 7. Luther's Uebersetzung der erstern Stelle ist mir unverständlich, LXX und Vulgata scheinen es facultativ zu nehmen, aber nach c. 16 sicher unrichtig). Die Ueberlieferung schreibt bei dem Ganz-, Schuld- und Sündopfer Buß- und Sühngebete und bei dem Friedensopfer Lobgebete vor, und legt ein sehr wesentliches Gewicht darauf, s. Th. Joma Fol. 36, 6. Toseph. Men. c. 10. Maim. v. d. Opferbereitung 3, 14. 15. Auch das herrliche Gebet im Mosaischen Gesetze nach dem Abschluß der Zehntenabgaben im dritten Jahre Deut. 26, 13. darf hier nicht übersehen werden.

5) Deut. 18, 5. 2 Chr. 13, 10 u. s. w.

veraltet nicht, und vergißt nicht [illegible] blüht an diesem Ort. Nur wenn ihr recht thut, werden durch die Thoren dieses Hauses Könige eingehen, welche auf dem Throne Davids sitzen 1). [illegible] wird der künftige König nur [illegible] seinen Beruf allein in der Übung der [illegible] Gerechtigkeit finden und sogar seinen Namen nur darin finden, daß seine ganze [illegible] nur in [illegible] bestehen dürfe 2). [illegible] [illegible] [illegible] [illegible] [illegible] Gerechtigkeit, [illegible] 3). [illegible] [illegible] die [illegible] aus dem Herzen selbst, [illegible] von außen angelernten [illegible], die ihnen [illegible] höchsten Werth verleiht. In dem neuen Bunde, den [illegible] mit Israel nach dessen [illegible] im fremden Lande bei seiner Rückkehr schließt, wird [illegible] sein Gesetz in ihr Herz [illegible] schreiben; [illegible] nicht mehr einer den andern lehren [illegible] erkennen [illegible], sondern alle werden ihn (von klein bis groß) erkennen 4). [illegible] wird nicht ein Vorzug Israels sein, sondern die ganze Menschheit [illegible] – (Gott ist) „groß von Rath und mächtig von That, dessen Augen geöffnet sind über alle Wege der Menschenkinder, einem jeden nach seinem Wandel und nach der Frucht seiner Werke zu vergelten" 5). Also für alle [illegible] für alle die gleiche [illegible] die gleiche [illegible] – [illegible]

[illegible]

[illegible] nach der [illegible], also zum [illegible] Theil [illegible]. [illegible] [illegible]

1) 22, 1 ff. u. 13–16. 2) 23, 5. 6. 3) 31, 23. 4) 31, 34. 5) 32, 19. 6) [illegible] 40, 1. 7) [illegible] 113. 8) 2, 3.

die Namen der Götter ausrotten, und diese hilflosen [illegible] für ihren Stolz, daß sie geschmäht haben das Volk des Gottes der Heerscharen[1], weil der [illegible] schrecklich über sie sein wird, er [illegible] alle Götter der Erde[2], also immer wieder der [illegible] Gedanke. Israel selbst geht zu Grunde, weil es dem Namen (Gottes) nicht gehorchte, keine Zucht annahm ... weil seine Fürsten brüllende Löwen, seine Richter Abendwölfe sind, die keine Knochen lassen für den Morgen, seine Propheten leichtfertige, Männer der Treulosigkeit sind, weil seine Priester das Heilige entweiht, das Gesetz gebrochen haben. Gott ist gerecht, er duldet kein Unrecht[3]. Daneben ist deutlich Wiederherstellung der [illegible] [illegible] [illegible] ausgesprochen, und zeigt sich hier ein [illegible], welches der Menschheit allumfassend gleich dient, der reinste, universellste sittliche Gedanke: „Dann aber werde ich, spricht Gott, wird aufgegeben die ganze (sündige) Erde, denn alsdann wende ich den Völkern reine Lippen zu, daß sie alle den Namen Gottes anrufen und ihm einmüthig dienen." Dann wird auch Israel sich nicht mehr überheben auf dem heiligen Berge, es wird ein gebeugtes, demüthiges Volk zurückbleiben, das vertraut auf den Namen Gottes, und dieser Überrest wird kein Unrecht thun und in seinem Mund wird kein Trug sich finden[4].

Noch deutlicher, lebendiger tritt dieser Gedanke hervor bei Habakuk. Er lebte zur Zeit der Chaldäerkriege. Seine Klage ist wieder, daß er Gewalt und Unrecht schauen müsse, daß Frevel und Hader um ihn herrsche[5]. Darin erkennt er die [illegible], die welche die Götter lassen an den Völkern geschehen: daß das Unrecht zum Siege gelangt[6]. Alle Welt aber muß sich unterordnen dem Gottesreiche — schweigt [illegible] vor ihm alle Welt", [illegible] der [illegible] Gottes [illegible] die ganze Menschengeschichte der [illegible], sind seine [illegible] [illegible] [illegible] ... [illegible] der Weltgeschichte [illegible] [illegible] [illegible] in [illegible]

1/ 2,10. 2/ v. 15. 3/ 3,2–5. 4/ 3,11 ff. 5/ Hab. 1,2 4. 6/ v. 2. [illegible]. 7/ 3, 1–5. 14 ff.

8/ [illegible], er [illegible] den [illegible] seiner Völker [illegible], [illegible] der [illegible] Habakuk [illegible] den [illegible] Weltherrschaft" an dem wichtigsten Tage des Jahres, dem Versöhnungstag, dem einzigen Tage, an welchem er bei den Opfern und dem ganzen Ritual in der That als Vermittler des Volkes erscheint, recht lebhaft ins Gedächtniß gerufen. Er mußte, ehe er die Sühne für das Volk vornahm, für sich und sein Haus, d. h. die ganze Priesterschaft [1]) opfern, und sich und seine Genossen als Sünder gleich dem ganzen Volke öffentlich bekennen. Und sehr bezeichnend ist das ihm später vorgeschriebene Gebet: „O, Gott, ich habe gefehlt, gefrevelt und gesündigt vor Dir, ich und mein Haus, die Söhne Arons. . . O, Gott, verzeih die Fehler, Frevel und Sünden, durch welche ich gefehlt, gefrevelt und gesündigt habe, ich und mein Haus. . .“ Wie absichtlich und stark ist hier die Sündhaftigkeit auch des Hohenpriesters hervorgehoben, um ihn ja als sündhaften Menschen gleich dem ganzen Volke erscheinen zu lassen, und seine Mittlerschaft nicht an seine, gleich jedem Menschen sündhafte Person, sondern an seine Dienstverrichtungen für und im Namen des Volkes zu knüpfen. Ueberhaupt war das spätere Judenthum auf's Entschiedenste gegen jede Mittlerschaft zwischen Gott und dem Menschen, der vielmehr auch im moralischen Leben überall für sich allein selbst einzutreten habe. Der berühmte Lehrer Hillel drückte dies in dem kurzen Satze aus: „Wenn ich nicht selbst für mich sorge, wer denn? [2]) Es mußten deshalb in späterer Zeit auch immer Stellvertreter des ganzen Volks [3]) im Tempel weilen, und wurden abwechselnd dahin gesandt, um das Volk bei dem Opfer in seiner Gesammtheit zu vertreten und den Gedanken der Vermittlung durch die Priester ferne zu halten.

---

[1]) S. Raschi zu 3 M. 16, 11.

[2]) Spr. d. Väter. Hillel war überhaupt einer der ersten und entschiedensten Kämpfer gegen priesterliche Vorrechte und für das allgemeine Priesterthum, und scheint auch dieser Ausspruch in diesem Princip und im Widerspruch gegen priesterliche Vermittlung seine Pointe zu haben.

[3]) אנשי מעמד s. Raschi Tan. Mischna Fol. 26, a.

Im Mosaismus war den Priestern nur noch das Lehramt übertragen [1]), wie dies bei einem bloß für den Ackerbau bestimmten, ohnedies wohl zu jener Zeit noch auf niederer Culturstufe stehenden Volke kaum anders möglich war. Sie hatten aber auch hier nur die Lehre zu lehren, die Gott ganz Israel öffentlich gegeben, keine geheime, keine ihnen allein zugängliche, oder auch nur von ihrer willkürlichen Erklärung abhängige [2]). Mit der fortschreitenden Cultur des Volkes wurde ihnen dieses Amt immer mehr entwunden, wie wir später sehen werden. Und auch im Mosaismus schon sollten die eigentlichen Lehrer und Leiter des Volkes auf dem geistigen Gebiete nicht die Priester, sondern die Propheten sein, die ihnen Moses, gleich ihm, d. h. als Erhalter und Fortleiter seiner Lehre, verheißen hatte.

Was aber das eigentliche Staatsleben betrifft, so wurde dieses im Mosaismus dem Priesterstande, jedenfalls als Stand, ganz entzogen. Er selbst mit den aus allen Stämmen gewählten „Aeltesten" hat es verwaltet. Ebenso geschah es mit dem Richteramte [3]), welches Moses zuerst allein führte, dann aber, als seine Kräfte nicht mehr ausreichten, „tüchtige, charakterfeste, unbestechliche, nach allen Seiten unparteiische Männer" neben sich dafür bestimmte [4]), die später sogar vom Volke selbst gewählt wurden [5]) und welchen immer wieder die Anweisung gegeben ward, daß auch sie nicht Gesetzgeber seien, sondern nur zur Anwendung des von Gott offenbarten Gesetzes auf die im Leben vorkommenden Fälle „nach gleichem Rechte für Alle, nach Wahrheit und Unparteilichkeit, ohne Menschenfurcht, ohne Rücksicht auf Armuth oder Reichthum" berufen seien [6]).

[1]) 3 M. 10, 10. 11. Deut. 33, 10 u. s. w.
[2]) l. m. l. Mal. 2, 7. Ez. 44, 23.
[3]) 2 M. 24, 14. 4 M. 11, 24. Deut. 15 ff. u. s. w.
[4]) 2 M. 18, 21.
[5]) Deut. 1, 13.
[6]) Deut. 1, 13—17.

Kreuzzeitung

Das kurze ~~Artikelchen~~ Artikel'chen hatte für uns
nun so weniger eine bedeutendere Wichtigkeit, als
kein Inhalt genug ohne Zweifel [illegible] in Nummer
[illegible] 390 enthalten ist. Wir dürften für uns die Bemerkung am Platze sein, daß auch hier schon
nicht wenigen [illegible] Gesandtschaft als hauptsächlicher Redak-
teur wegen seiner Abwesenheit [illegible] Schade
[illegible] an den beiden Journalen, die [illegible]
erschienen sind, [illegible] hatte man d. Kreuzzeitung
herangezogen werden, [illegible] damit die
natürlichen Zuschüsse gegen den [illegible]

Gehen wir nun zu dem letzten der genannten
Kreuzzeitungs-über [illegible], der seine Thätigkeit
[illegible] auch zum Theil gleichzeitig mit Genannten, bereits auf [illegible] [illegible]
entfaltet, so treffen wir hier in Bezug
auf die Identität der Persönlichkeit nicht bloß [illegible]
selben Gedankengang, dieselben [illegible]
fassende Sätze wie bei den übrigen Kreuzzeitungs-[illegible]
sondern wir sehen den Kreuzzeitungs-[illegible] [illegible]
[illegible] Schritt vorwärts thun, [illegible]
Schritt, der einen Wendepunkt in der Geschichte des Judenthums [illegible] zu [illegible]
[illegible] in dem [illegible], wie er [illegible], einen
gewaltigen Fortschritt. Die Majorität dieser
[illegible] wohl in [illegible] mit den
[illegible] Anfängen genommen haben [illegible]
[illegible] durch den [illegible] die Würde der [illegible]
[illegible]
hervorragendsten Männer [illegible], die aber
[illegible] in der Masse von Männern ein [illegible]
[illegible] durch den [illegible] in [illegible]
[illegible]
wirkung, besonders des letzteren, [illegible] den [illegible]
[illegible] [illegible] [illegible]
durch [illegible] so großen [illegible] mit den [illegible]
geborenen [illegible], gebildet wurden, [illegible]

# [illegible] der Zeitumständen [illegible] ausgesprochen, als eine
tief wirkende [illegible] auftritt, aber
war es gekommen, daß an die Stelle der äußern
Unsittlichkeit die Ideen der Religion zu treten
begannen, die in ihrer allumfassenden Verbindung jeden
einzelnen, der bisher [illegible] verschlossen [illegible] diese Ideen,
die weit über den Mosaismus hinausgingen, und [illegible]
Entwicklung des letzteren, nicht bloß im Innern, [illegible]
[illegible] größter Innerlichkeit, [illegible]
[illegible] alten [illegible]
[illegible], in einem [illegible]
[illegible] der Weltreligion [illegible]
[illegible], diese Ideen, [illegible]
[illegible]
[illegible] Entstehung der [illegible]
[illegible]
[illegible] geschlagen.
[illegible] mit allen übrigen [illegible] in
[illegible]
[illegible]
[illegible]
[illegible]
[illegible] des sittlichen Lebens, das
[illegible] gesunken war, wieder aufkommen sollte,
so mußte er notwendig den reinen Gottesgedanken, welche
allein dessen [illegible] bildet, wieder zur Herrschaft
zu bringen suchen. [illegible]
sittliche Gedanken [illegible]
[illegible]
[illegible]
[illegible]
[illegible]
[illegible]
[illegible] Ungerechtigkeit [illegible] Unglück [illegible]
[illegible]
[illegible]
(Ungerechtigkeit) [illegible]
1/31 [illegible] 2,3. [illegible] S. 47.
3,18, Ue. 3/71 [illegible] cf. Raschi. 3/12. 19.

Auch in den übrigen geistigen Thätigkeiten stand der Priester nicht über dem Volke. Die einzige Stelle [1]), in welcher dem Priester gewisse Funktionen bei vorkommendem Aussatze übertragen werden, beweist durchaus nicht, daß ihm etwa der ärztliche Beruf anheimgegeben war. Dieser vielfach ausgesprochenen Annahme widerspricht schon die Thatsache, daß nur diese eine Krankheit der Respicienz der Priester unterlag. Daß die genauesten Zeichen derselben angegeben werden, ihr Verlauf und ihre verschiedenen Abstufungen, liefert sogar den Beweis, daß selbst in dieser Krankheit den Priestern nicht als Aerzten eine selbstständige Kenntniß derselben, also überhaupt medicinische Kentnisse zu erwerben aufgegeben war. Der Aussätzige wird vielmehr als unrein bezeichnet, die Unreinheit aber schloß von dem Betreten des Heiligthums aus, dessen Ueberwachung vor unreiner Berührung dem Priester überwiesen war, und der daher darüber, und wohl nur darüber zu entscheiden hatte, ob die angegebenen Zeichen Reinheit oder Unreinheit, also Zutritt oder Ausschließung vom Heiligthum bedingen [2]). Die eigentliche

[1]) 3 M. c. 13 ff.

[2]) S. Kosri 2, 58. Ein neuerer Forscher, der Arzt Dr. Sigmund Finaly in Pest, will in den in unserer Stelle geschilderten Krankheitsformen gar nicht den Aussatz, sondern Sexualkrankheiten, ähnlich den vorher und nachher im Gesetze beschriebenen, erkennen, wodurch die Aufgabe der Priester hier ohnedies blos dem oben bezeichneten Gebiete angehören würde; s. „Ben Chananjah" 1866, Nr. 39. Später war sogar ein eigener Arzt für die im Tempel fungirenden Priester angestellt (Schek. V, 1), was den Beweis liefert, daß der Priester selbst mit dem ärztlichen Beruf nichts zu thun hatte.

Durch einen zufälligen Umstand kam mir Geiger's Abhandlung: „Sadducäer und Pharisäer" im zweiten Bande der jüd. Zeitschrift für Wissenschaft und Leben erst nach Vollendung meiner Arbeit zu Gesichte. Hier wird nun zum Nachweise, daß der große Lehrer Hillel es war, der gegen die Anmaßung der Priesterpartei ganz besonders aufgetreten, unter Andern die merkwürdige Bestimmung Hillel's angeführt, wornach der Priester nicht einmal die Reinheit oder Unreinheit bei dem Aussatze selbstständig zu bestimmen hatte, sondern daß dies durch einen Gelehr-

Behandlung und Heilung dieser wie anderer Krankheiten konnte also recht wohl andern dazu befähigten Personen anheimgefallen sein.

Wir sagten aber, daß auch selbst das eigentliche Lehramt schon im Mosaismus nicht den Priestern allein, und in seinem innersten geistigen Wesen vielleicht gar nicht, sondern den Propheten überwiesen war [1]). Diese Bestimmung war von außerordentlicher Wichtigkeit; sie drückte nicht blos dem Mosaismus seinen ganz besondern Charakter auf, sondern rettete ihn auch in den höchsten Gefahren vor dem Untergang. Die Priester konnten zwar Richter, Propheten und Schriftgelehrte werden, und sie wurden es; aber es stand ihnen zu einem geistigen Berufe außer ihrer Bedienstung bei den Opfern irgend welche höhere Berechtigung, als jedem Andern aus dem Volke, nicht zu. Ob sie als Könige gewählt werden konnten, möchten wir nach dem ganzen Geiste des Mosaismus bezweifeln, und scheint uns daher das Königthum der Hasmonäer wenigstens mit diesem ursprünglichen Geiste in Widerspruch zu stehen, und auch darin vielleicht der Schlüssel zu liegen zu der so frühe hervortretenden Opposition der Pharisäer gegen die Herrschaft dieses Hauses [2]), die nach allem Vorangegangenen jeden Patrioten mit Begeisterung hätte erfüllen müssen. Die durchgreifende Sorgfalt des Mosaismus, eine geistliche Hierarchie abzuwehren, spricht außer andern wichtigen Bestimmungen, trotzdem daß sie

---

ten in Israel geschehe, und der Priester nach dessen Weisung nur das Wort: „rein" oder „unrein" auszusprechen habe, wornach also selbst in diesem einen Falle seine Mitwirkung auf ein Minimum reducirt war, wohl blos aus dem angegebenen Grunde. Wir werden auf diese Abhandlung auch später in den Noten aufmerksam zu machen haben. #

[1]) S. Kosri 2, 23 ff. Vgl. Jer. 18, 18. Ez. 7, 26, wo außerdem schon den „Aeltesten", den „Weisen", also wohl einer bestimmten Klasse der „Rath" (עֵצָה), also der eigentliche Unterricht, Belehrung, neben der Tora, der bloßen Mittheilung des geschriebenen Gesetzes, welche den Priestern vindicirt ist, zugeschrieben wird.

[2]) S. weiter.

S. 46. Zum Schluß der Anm. ist anzuführen: Sifra
Par. Negaim 1,9. Mischna Neg. 3,1. Zu
einer Baraitha Sabb. ~~Hor~~ fol. 6, a. wird eine
ihrer Form nach sehr alte Halacha (s. Frankel
Hod. in Mischn. fol. 13. durch R. Akiba
dahin erklärt, daß der Priester die Kenntniß
der verschiedenen Arten der Aussätze besitzen
müsse, was mit Sifra, wonach s. Erklärung
so sehr starr war, daß er den Weisen
nur anzuschließen habe u. selbst blödsinnig
(שוטה) s. dürfe, im Widerspruch steht.
Die Erklärung Th. Arach. 3, a. daß
der Priester [illegible] ~~[illegible]~~
~~[illegible]~~ in ihren Aussprüchen begreifen müsse, wodurch der Widerspruch gelöst werden soll,
steht nicht im Einklang mit d. Ausdruck
in Siphra. Es scheint vielmehr, daß
R. Akiba d. alte Halacha durch Annahme einer höheren Ansicht, wonach
allerdings der Priester selbst d. Entscheidung treffen u. daher selbständige
Sachkenntniß besitzen müsse, erklärte, und wir hätten hier ein neues
Beispiel v. d. Kampfe auf diesem
Gebiete u. v. d. Verschiedenheit d.
älteren u. neueren Halacha, v. d. wichtig.
Ansetzung grundsätzlicher Bestimmungen im
mittelalterl. Gebiete.

# Auch [illegible] Schüler R. Jochanan b. Zakkai setzt
diesen Kampf fort, u. tritt ~~oft~~ sogar mit Heftigkeit
gegen d. anmaßende Priesterschaft auf. Vgl. Schekalim
1,4. und wo er, die Schuld das Abgeben d. Schekel entzogen
„Sünde“ heißt, u. ihnen d. Vorwurf macht, daß sie die Bibelverse
zu ihrem eigenen Vortheil auslegen. Ebenso [illegible] (Mischn. 3.)

[illegible]

Dass man der früher [illegible] nicht [illegible] (wie jedes [illegible], [illegible]) [illegible]

Fortsetzung v. II. 45.

[illegible] 3 Mos. 24, 29. [illegible] 5, 7. [illegible]

[illegible] der Strafe [illegible] die Strafe der Sünder [illegible]

[illegible] 3 Mos. 24, 29. [illegible]

[illegible]

das Gesetz nicht ausdrücklich ausschließt [1]), dagegen. Gerade dieser vollendete Gegensatz gegen die in Egypten waltende Priesterherrschaft und das egyptische Kastenwesen — Ackerbauer und Handwerker waren bei Moses auch die Krieger — will sicher mit den Worten: „Ihr sollt mir ein Reich von Priestern und ein heilges Volk sein“ [2]), ausgedrückt werden. Wir wollen damit nicht leugnen, daß mit diesem Ausspruche zugleich der Beruf Israels in der Weltgeschichte: der Träger des Gottesgedankens und sein Bote an alle Völker der Erde zu sein, ausgesprochen werden soll. Dieser Gedanke ist in der Berufung Abrahams und seiner Nachkommen: ein Segen für alle Völker der Erde zu werden; ferner in dem Namen Israel: Gotteskämpfer, der offenbar seinen geschichtlichen Beruf ausdrücken sollte; endlich in der mit jenem Ausspruche verbundenen Erwähnung aller Völker: daß sie auch Gottes seien, zu deutlich ausgesprochen. Aber es kann auch nicht geleugnet werden, daß hier zunächst nur der Gegensatz zwischen Egypten, woher sie kamen, und wo die Priester eine über dem Volke stehende Kaste bildeten und allein als heilig betrachtet wurden, hervorgehoben und damit schon vor der Gesetzgebung ein Grundsatz, auf dem der ganze Bau wesentlich ruhte, ausgesprochen werden sollte.

Und selbst in ihrem beschränkten und eng und scharf begrenzten Berufe war die Stellung der Priester viel mehr eine dem Volke untergeordnete, als übergeordnete. Persönlich wurden sie, wie wir bereits gesehen, die Diener des Volkes genannt. Die Priester und Leviten sollten aber auch allein aus dem ganzen Volke kein Grundeigenthum besitzen. Auch darin dürfte ein sicherer Beweis liegen, daß der Mosaismus die weltliche Herrschaft auch des Hohenpriesters fern halten wollte. Als weltlicher Herrscher konnte ihm kaum der Besitz von Grund-

[1]) Deut. 17, 8 ff. 18, 15 ff.
[2]) 2 M. 19, 6. vgl. 2 Makk. 2, 17. Jalk. Khi Thissa. s. weiter.

eigenthum gewehrt werden. Priester und Leviten waren vielmehr im ganzen Lande zerstreut, und außer den den letztern zugewiesenen Asylstädten, deren Ertrag wohl zugleich für den Unterhalt der dahin flüchtenden unfreiwilligen Mörder dienen sollte, und außerdem noch von zweiundvierzig Plätzen mit sehr kleinen Bezirken für den ganzen Stamm Levi, die unter allen Stämmen zerstreut lagen, an welchen aber die mit den eigentlichen Priesterdiensten Betrauten nicht einmal participirten, und eben so wenig der Hohepriester: „Du sollst", sprach Gott zu Aron, „in ihrem Lande nichts besitzen; ich bin dein Theil und dein Erbgut unter den Söhnen Israels"[1]), waren sie auf die Opfergaben und die Zehnten angewiesen, und konnte daher unter diesen Verhältnissen um so weniger von irgend welcher Priesterherrschaft die Rede sein, als es den Eigenthümern frei stand, einen großen Theil der Gaben den ihnen beliebigen, im Lande zerstreuten Priestern zu geben[2]), wodurch der Einzelne immer genöthigt war, sich die Gunst des Volkes möglichst zu erhalten.

Und dennoch fanden selbst diese geringen Ueberreste des egyptischen, dem Volke bis dahin fremden, priesterlichen Kastenwesens schon unter Moses solchen heftigen Widerspruch, daß sich unter dem Rufe: „Die ganze Gemeinde ist heilig"[3]), die vornehmsten Männer, „Fürsten der Gemeinde" wider Moses und Aron zusammen rotteten. Nur die erprobte, gewaltige Energie Moses' konnte einen Aufruhr des ganzen Volkes für den Augenblick, aber auch nur für den Augenblick verhindern; aber indem er dieses that, hat er zugleich wieder, wie es scheint, sowohl zur Beruhigung des Volkes als den Priestern selbst gegenüber, letzteren auf's Neue ihre sehr begrenzte bevorrechtete Stellung angewiesen: daß sie sich auf die gottesdienstliche Opfervermittlung

---

[1]) 4. M. 18, 20.

[2]) S. Th. B. Kama 110 b. Cholin 133, b. cf. Maim. v. d. Erstlingsfrüchten cp.

[3]) 4 M. 16, 3. Also nicht blos die Priester, wie in Egypten.

dem in [illegible] [illegible]
Gottesdienst, wie er scheint, [illegible]
Gesellschaft, nicht die [illegible] [illegible]
niemals als Strafe für die begangene
Schuld, auffallend erscheinen. [illegible]
Priesterschaft gebildet: die Götter
u. die Rächer der Sünder werden [illegible]
verwandelt, die Herrschaft im Namen
nicht dann die Rächer [illegible]
Sünde der Väter willen [illegible]
der Priesterschaft darf nicht mehr [illegible]
[illegible]: „alle Sünden, gesündigt
in Gedanken der Natur [illegible]
werden", sondern nur die selbstsüchtige
sich allein zuwendende [illegible] — „der
sündigt, soll gestraft werden":
die Gesammtheit der Welt [illegible]
wenn Gottesdienst zu gründen; [illegible]
[illegible], der sich zur sittlichen [illegible]
mag auch sein Recht [illegible]
vorstellen [illegible] [illegible]
Gemeinde gemacht ist und Kraft und
(Leben) übt, auf den Bergen nicht
Augen nicht erhebt zu den Götzen
[illegible] [illegible] im Lande [illegible]
Unsittlichkeit [illegible] Niemanden übervortheilt, die
Schuld dem Schuldner zurückgibt, Niemand
gibt, sein Brod dem Hungrigen gibt,
Nackten mit seinem Kleide bedeckt
nicht gibt und den Wucher nicht nimmt
seine Hand zurückzieht, [illegible]
zwischen Einem und dem Andern, [illegible]
[illegible] wandelt und meine [illegible]
[illegible] Treue übt: der ist [illegible]
werden. ist der Priester Gottesdienst
der Priesterschaft [illegible] Zeugt
gottlosen Sohn, der seinen [illegible]
[illegible] übt – – – der [illegible]
[illegible] solche Gräuel [illegible]

Und umgekehrt: zeugt dieser wieder einen Sohn, der alle Sünden seines Vaters gesehen, und sie darum nicht thut ... der soll nicht sterben durch die Schuld seines Vaters, leben soll er. [illegible] Sein Vater, weil er erpreßt [illegible] verübt hatte, Raub am Bruder begangen, und was nicht gut, gethan inmitten seines Volkes, siehe, der ist gestorben durch seine Schuld. Und ihr sprecht: Warum trägt der Sohn nicht mit die Schuld seines Vaters, aber der Sohn übt Recht und Gerechtigkeit, er beobachtet alle meine Satzungen und übt sie, leben soll er. Die Seele, welche sündigt, soll sterben. Ein Sohn soll nicht mittragen die Schuld des Vaters, und ein Vater soll nicht mittragen die Schuld des Sohnes, die Gerechtigkeit des Gerechten ruhe auf ihm, und der Frevel des Frevlers ruhe auf ihm" ([illegible]).

Diesen neuen, großen Gedanken treten hier in der religiösen Entwicklung in die Erscheinung, ohne daß der innerste Grundgedanke der Offenbarungslehre irgend alterirt würde; die alte Lehre: daß alles ~~menschliche~~ Schicksal des Menschen [illegible] dem Zusammenhang seines Verdienstes bestimmt wird, bleibt unerschütterlich bestehen; aber es muß das eigene, freie Verdienst, die eigene freie That sein: es gibt [illegible] dem [illegible] [illegible] [illegible] [illegible] [illegible] [illegible], die sich von dem Vater auf die Kinder [illegible], [illegible], es gibt auch für das Glück, für das Verdienst keine Stellvertretung, keine stellvertretende Gerechtigkeit mehr irgend [illegible].

Mit diesem neuen, großen religiös-sittlichen Gedanken betritt das [illegible] [illegible] erst durch den gewaltigen [illegible], der [illegible] für die [illegible] Israels [illegible]. Nie gibt es für ihn kein [illegible] Schicksal mehr. Zu der neuen Gestaltung des Schicksals [illegible]

* [illegible] tiefer, innerer sittlicher Heiligung soll nun bei der [illegible] des Volkes [illegible] ... „Ich werde euch aus allen Völkern nehmen, spricht Gott, und euch in euer Land bringen, und euch [illegible] reinem Wasser [illegible] werdet rein [illegible] von allen euren Unreinheiten ... Und ich gebe euch ein neues Herz, und einen Geist gebe ich in euer ~~[illegible]~~ ... und meinen Geist gebe ich in euch ...

[illegible]

beschränke. Und dennoch beruhigte sich das Volk nicht. Eine instinktartige Furcht, daß aus dem unscheinbaren Keime sich doch eine Priesterherrschaft nach egyptischer Weise entwickeln könne, oder die Anleitung einsichtsvollerer Männer, denen der ganze Fluch dieser Herrschaft in dem sonst gesegneten Egypten nicht entgangen war, führte gleich des andern Morgens einen blutigen Aufstand wider Moses und Aron herbei, der nur mit der höchsten Anstrengung niedergeschlagen werden konnte. Vierzehntausend siebenhundert Männer fielen in dem Kampfe. Nur mit Hilfe eines Wunders konnte neuen Aufständen vorgebeugt werden, eines Wunders, das aber auch wieder zugleich sinnbildlich die Beschränkung des Wirkens der Priester auf das Heiligthum dauernd festhalten sollte. Das Volk fügte sich in das, was es nicht ändern konnte, vielleicht auch beruhigt durch das letztere Zeichen [1]).

Wie begründet die Befürchtung des Volkes war, lehrt die Geschichte nur allzudeutlich. Mit blutigem Griffel hat sie die Thaten eines herrschsüchtigen Priesterthums in ihre ehernen Tafeln eingegraben und das abschreckende Zeugniß geliefert, daß gerade dieses an dem wiederholten Untergange des Reiches schwere Mitschuld trifft. Moses, dem die Schrift das Zeugniß gibt, daß er der bescheidenste und demüthigste von allen Menschen auf dem Erdboden war [2]), hat den kein Hinderniß scheuenden Ehrgeiz nicht genug in Rechnung gebracht; er ahnte nicht, daß Diejenigen, die er vorzugsweise als Wächter der Offenbarungslehre eingesetzt, vor Allen ihren Geist zu zerstören bereit sein würden. Vom Standpunkte der g. Offenbarungslehre muß dabei noch bemerkt werden, daß zum Besten des so leicht vom rechten Wege abirrenden und in der völlig freien Bewegung zur Abschüttlung aller Autorität geneigten Volkes, die göttliche Weisheit einen blos dem Göttlichen zu leben und in seinem

[1]) 4 M. 17, 6 f. und bes. auch v. 25. 27. 28.
[2]) 4 M. 12, 3.

Dienste zu wirken berufenen, besondern Stand für nöthig erkannte, daß aber eben dieser Stand, da Gott bei der menschlichen Willensfreiheit und zur ungehemmten Entwicklung der menschlichen Kräfte das Böse überhaupt zuläßt, seine berechtigte Stellung, wie dies in allen Kreisen menschlicher Thätigkeit leicht geschieht, im Laufe der Geschichte mißbraucht hat.

Fast ein halbes Jahrtausend, während der ganzen Richterzeit bis auf David, konnten die Priester zu keiner besondern Stellung im Staate gelangen. Die Unsicherheit der Verhältnisse, verbunden mit dem ewigen Wechsel des Stiftszeltes, wodurch der Gottesdienst niemals concentrirt werden konnte, gab dem Ehrgeize von dieser Seite keinen Spielraum. Aber nachdem David der heiligen Lade ein, wenn auch noch einfaches, doch sicheres und beständiges Heiligthum angewiesen, scheint das Priesterthum schon einen gewissen Einfluß errungen zu haben. Schon in dem Kampfe Davids mit seinem Sohne Absalon spielen die Priester eine gewisse Rolle [1]), die sich bei dem Ableben Davids schon zu einem nicht unbedeutenden politischen Einfluß entwickelt hatte [2]). Der Priester Zadok salbte auch Salomo zum Könige [3]), was früher durch Samuel, den Propheten geschah und demgemäß jetzt durch den Propheten Nathan hätte geschehen sollen. Für den Beistand, den jener Priester dem König Salomo bei seiner Thronbesteigung leistete, wird derselbe jedenfalls vom König begünstigt, nachdem der Priester Ebiathar, den David früher ausgezeichnet hatte, wegen seines Zusammengehens mit dem Kronprätendenten Adoniah, verbannt worden war [4]), und nach einem spätern Berichte [5]) wurde Zadok sogar zum Priester gesalbt, also zum „gesalbten Priester"

---

[1]) Sam. 15, 24 ff.
[2]) 1 Kön. 7. 8. 32. 34. 39.
[3]) 1 Kön. 1, 39.
[4]) 1 Kön. 2, 22. 26. 35.
[5]) 1 Chr. 29, 22.

[illegible] (Genie) Antheil am Ganzen erhalten!
Neben diesen einzelnen erscheint der Prophet bisher nur
wirklich Gesandter: diese hätten [illegible] durch
ihre Macht anerkennen müssen, sondern [illegible]
erhebe sich dem Gedanken [illegible] Propheten
in der Welt Seite zu stehen im Begriff [illegible]
wirken. Aber gerade hierin liegt die große Bedeutung dieser Erhebung. die Aussicht [illegible]
[illegible] war geschwungen, er war der religiöse
Begriff des Gottesglaubens und des sittlichen
Lebens, wie er in d. [illegible] herrschend
werden sollte, der alle [illegible], die bis diesem
Glauben [illegible] seinen sittlichen Idealen entsprechen.
Diese Auffassung wird offenbar [illegible]
alten Uebersetzungen maßgebend. die LXX.
übersetzen hier προφήτης, während bisweilen,
wo das Wort diesen Sinn nicht haben kann,
[illegible] mit ἀπόστολος wiedergegeben. [illegible] das
Targum [illegible] [illegible] an [illegible] Stellen,
wo er [illegible] begegnet [illegible]

[illegible] wie in den [illegible] eine ganz
neue sittliche Welt. [illegible] Gottesbewußtsein [illegible]
in der reinen Gottesbewußtsein [illegible] bis [illegible]
[illegible] als der Preis der Gerechtigkeit [illegible]
[illegible] als der Preis der [illegible]
sittlichen [illegible], und dieser Gottes-
sittlichen [illegible] Personen [illegible]
[illegible] Menschheit [illegible]
[illegible] umfassen. [illegible] Sorge,
[illegible] durch [illegible]
[illegible] Christenthum zu nennen, [illegible]
[illegible] Gottesgleichheit [illegible]
[illegible] Menschen-
[illegible] dessen [illegible]
[illegible]
[illegible] Judenthum [illegible]
[illegible] Welt [illegible]
[illegible] Gottes [illegible]
[illegible]
Gottesbegriff [illegible] Jesu
47, 22 ff. von d. Mutter [illegible]
[illegible] Entgegenstellung. [illegible]
[illegible] zu den reinen, [illegible]

[illegible] Dir zu berichten —
Hier ist als Schluß die schöne Stelle in Geschichte der jüd. Litt. von Dr. David Cassel S. 107 anzuführen: .. Was wir schon früher ... bis ursprüngl.

(כהן המשיח), d. h. zum Hohenpriester eingesetzt[1]). Damit war auf's Neue eine Würde in's Leben gerufen, die einem ehrgeizigen Priester keine geringe Handhabe zur Erringung bedeutenden Einflusses bieten mußte. Das Volk wird denen, welche an der Spitze seines religiösen Lebens stehen, besonders wo dieses so concentrirt ist und gleichsam in einer Hand beruht, wie jetzt in dem theokratischen jüdischen Staate in der des Hohenpriesters, immer große Verehrung zollen und ihren Winken gerne Folge leisten. Und wenn auch im Augenblicke bei der Eifersucht des Königthums auf seine ungetheilte Gewalt und der Wachsamkeit der von glühender Gottbegeisterung erfüllten großen Propheten für die Reinhaltung des Mosaischen Geistes, eine Wachsamkeit, die ebenso nach innen, wie gegen den Götzendienst nach außen, gerichtet war, der Moment zu entscheidendem politischen Einflusse wie zu ausländischen Verbindungen und dadurch hervortretenden Gefährdung des göttlichen Offenbarungsgedankens noch nicht gekommen war, so ist jener Einfluß doch unter den spätern, besonders schwachen Königen zu einem sehr bedenklichen herangewachsen. Der Priester Jehojada entthronte geradezu die Königin Ataliah, befahl ihren Tod[2]) und hob seinen Zögling Joas auf den Thron; ebenso gaben die Priester auch jetzt schon immer mehr die traurigsten Beispiele des Abfalls von ihrem heiligen Berufe und charakterloser Nachgiebigkeit gegen die jeweiligen gottlosen Könige. Besonders gegen das Ende des Staatslebens trat das Verderben der Priester in grellster Weise

[1]) cf. Hor. III, 4. Die große folgenwichtige Bedeutung dieser Erhebung des Zadok und mit ihm seiner Nachkommen, wie dies in der Chronik vielfach hervortritt, für die Entwickelung des priesterlichen Einflusses hat Geiger in seinem eben so geistreichen wie von umfassendster Gelehrsamkeit zeugenden Werke: Urschrift und Uebersetzungen der Bibel (Breslau, Verlag von Julius Hainauer, 1857.) scharfsinnig nachgewiesen und eine Masse davon abhängiger Redactionsänderungen und Erklärungen der Bibel daran angeknüpft.

[2]) 2 Kön. 11, 5. 15.

hervor [1]), und wenn sie auch jetzt noch einen Verrath am Staate selbst zu begehen nicht in der Lage waren, so waren sie es doch vor Allen, die die Hand an den großen Propheten, an den glühendsten, unerschrockensten Patrioten Jeremia legten [2]).

Ganz anders gestaltete sich aber noch dieses Verhältniß nach der Rückkehr aus der babylonischen Gefangenschaft. Selbst Serubabel, obgleich aus Davidischem Geschlechte, war nur Pascha des persischen Königs, während die Priesterdienste von dorther nicht beeinflußt werden konnten. Dazu kam aber, daß die junge Kolonie, eben weil sie staatlich eine Selbstständigkeit nicht hoffen konnte, ihre ganze Energie auf den innern Ausbau des religiösen Bewußtseins und auf die Reinhaltung desselben und des es repräsentirenden Tempels und seines Cultus verwandte, und mit einer Zähigkeit, mit einer Ausdauer, mit einem jedes Hinderniß niedertretenden begeisterten Muthe gelang es endlich, den unerschütterlichen Grund zu dem Glaubensbau zu legen, der seitdem über dritthalb Jahrtausende schon allen Stürmen trotzt und unberührt von der spätern furchtbaren Katastrophe, die Tempel und Reich einer Verwüstung preisgab, gegen welche die erste kaum in Betracht kommt, wie ein Phönix aus seiner Asche immer mit erneuter Kraft sich wieder erhob, so oft auch seine erbitterten Feinde ihn dem sichern Tode überliefert zu haben glaubten. Nicht der Priester Jeschua (Josua), nicht der Davidische Sprößling Serubabel waren es, die das große Werk vollbrachten: mit bittern Worten treiben sie die Propheten Chaggai und Sachariah an, Hand an das Werk zu legen; denn schlaff und muthlos, wagten sie es nicht einmal zu beginnen. „Ist es denn Zeit für euch, in euern getäfelten Häusern zu wohnen, mahnet Chaggai, während dieses Haus zerstört liegt?" Und nach einer begeisterten Drohrede erst gehorchen Serubabel und Joschua und legen Hand an's Werk, scheinen aber bald

---

[1]) Jer. 1, 18. 2, 8. 5, 31. 6, 13. 9, 8. u. s. w.
[2]) S. Jer. 20, 1. 2. 27, 8. 11. ff.

wieder zu ermatten, wenigstens den rechten Geist nicht in das Heiligthum einzuführen. Mit kleinlichen kasuistischen Fragen des Reinheitsgesetzes scheinen sie sich befaßt zu haben: „Richtet doch euer Herz auf Gott", ruft ihnen der Prophet zu.

Der Prophet Sachariah sah in einem Gesichte den Ankläger (Satan, Hinderer) zur Seite des Hohenpriesters Josua vor dem Engel Gottes stehen und ihn anklagen. Josua war noch mit schmutzigen Gewändern bekleidet, noch unwürdig also, seinen hohen Dienst zu verrichten. Der von Gott zur Hilfe für Jerusalem und den Tempel gesandte Engel legt ihm reine Gewänder an und setzt ihm einen reinen Bund auf, aber er mußte den Josua dabei ermahnen: „So spricht der Gott der Heere: So du wandelst in meinen Wegen und so du beobachtest meinen Dienst, so sollst du auch mein Haus richten, du sollst meine Vorhöfe bewahren, und ich gebe dir Zutritt zu denen, die hier dienen." Auch dem Serubabel ruft er im Namen Gottes zu: „Nicht durch Macht und nicht durch Stärke, sondern durch meinen Geist!" Und wie gegen die Schlaffheit, so spricht der Prophet mit feuriger Zunge gegen die Ungerechtigkeit, gegen den ungöttlichen Geist, der sich in dem neuen Staat aus dem Heidenthum her einnisten zu wollen schien.

„Und wieder erhob ich meine Augen und schaute, und siehe, eine fliegende Schriftrolle. Und er (der Engel) sprach zu mir: Was siehst du? und ich sprach: Ich sehe eine fliegende Schriftrolle . . . . 'Und er sprach zu mir: das ist der Fluch, der ausgeht über die ganze Erde; denn jeglicher, der stiehlt — auf der Seite hier (steht es) — wird weggeräumt, und jeglicher der schwört — auf der Seite da (steht es) — wird weggeräumt. Ich lasse den Fluch ausziehen, ist der Spruch des Ewigen der Heerscharen, daß er komme in das Haus des Diebes, und in das Haus dessen, der bei meinem Namen falsch schwört, und in seinem Hause bleibe und es verzehre sammt Holz und Stein." Die Bosheit läßt er hinausziehen in der Gestalt eines Weibes, dessen Geschlecht gerade der jungen Colonie so gefährlich ward, und sie im Lande Schinear, weit ab von dem heiligen Boden sich niederlassen. Auch dieser Prophet tritt ihrem kleinlichen Streben nach äußern Formen bei einer, das aufzurichtende Gottesreich innerlich zernagenden laxen Sittlichkeit, mit der Gluth seiner ganzen Begeisterung entgegen. Die Frage wurde gestellt, „ob man (nach der Rückkehr) weinen und fasten sollte, wie es geschehen so manche Jahre.“ Und es erging, sagt der Prophet, das Wort Gottes an mich also: „Sage dem ganzen Volke des Landes und den Priestern also: Da ihr gefastet und geklagt habt im fünften und im siebenten (Monat) und dies siebenzig Jahre — habt ihr mir gefastet? Und wenn ihr esset und wenn ihr trinket, seid Ihr nicht die Essenden und Ihr die Trinkenden?“ .... „So spricht der Gott der Heerscharen: Sprechet das Recht nach Wahrheit, und Liebe und Barmherzigkeit übet Einer gegen den Andern. Und Wittwen und Waisen, Fremdlinge und Arme drücket nicht, sinnet nichts Böses Einer gegen den Andern“ [1]). „Das ist es“, wiederholt der Prophet später [2]), „was ihr thun sollt: Redet Wahrheit Einer mit dem Andern, Wahrheit und Recht, das Frieden bringt, führt ein in eure Thore. Und sinnet nicht Bosheit in euern Herzen Einer gegen den Andern, und falschen Eid liebet nicht; denn das sind alles Dinge, die ich hasse, ist der Spruch Gottes.“

Und dann kehrt nocheinmal die bereits oben angeführte Mahnung wieder: „Also spricht der Gott der Heerscharen: Das Fasten des vierten und das Fasten des fünften und das Fasten des siebenten und das Fasten des zehnten werde dem Hause Jehuda zur Wonne und Freude und zu fröhlichen Festen, liebt nur Wahrheit und Frieden.“

Es ist derselbe Gedankengang, der in dem, wohl dieser Periode angehörenden achtundfünfzigsten Kapitel des Jesaias wiederkehrt: „Rufe aus voller Kehle“, spricht dort Gott zum Propheten, „halte nicht zurück! Gleich der Posaune erhebe

[1]) Sech. 7, 2. ff.
[2]) c. 16, 17.

deine Stimme und verkünde meinem Volke seine Missethat, und dem Hause Jakob seine Sünden. Da suchen sie mich Tag für Tag und verlangen meine Wege zu wissen. Wie ein Volk, das Gerechtigkeit geübt und das Recht seines Gottes nicht verlassen, fragen sie mich nach den Vorschriften des Heils, die Nähe Gottes begehren sie. „Warum fasten wir und du siehst es nicht? Kastei'en uns und du merkst es nicht?" Ach, an euerm Fasttag treibt ihr ja euer Gewerbe, und was ihr erpresset, treibt ihr ja ein. Siehe! zu Hader und Streit fastet ihr, und zu schlagen mit frevler Faust. Ihr fastet nicht an solchem Tage, daß gehört werde in der Höhe euere Stimme. Ist das ein Fasten, an dem ich Wohlgefallen habe, ein Tag, an dem der Mensch sich kasteiet? Soll er dem Schilfe gleich sein Haupt beugen, in Sack und Asche sich hüllen? Das willst du ein Fasten nennen, einen Tag wohlgefällig Gott? Siehe! daß ist ein Fasten, an dem ich Wohlgefallen habe: Löse die Fesseln der Bosheit; sprenge die Bande der Unterjochung; entlaß die Unterdrückten zur Freiheit und jegliches Joch zerreißet. Siehe! brich dem Hungerigen den Brod und umherirrende Arme führe in dein Haus; wenn du einen Nackten siehst, bekleide ihn, und von dem, der deines Flisches ist, (von jedem Menschen) entziehe dich nicht. Dann wid anbrechen gleich dem Morgenroth dein Licht, und deine Genesung wird schnell gedeihen, dein Heil geht vor dir her und die Herrlichkeit Gottes beschließt deinen Zug" [1]).

Die Zustände, die hier vorausgesetzt werden, führt die unparteiische Geschichte in ihrer nackten Gestalt vor [2]). Doch endlih gelang es dem Rufe der Propheten, daß der Tempel volledet wurde. Aber man glaubte damit genug gethan zu haben; der innere Verfall hatte damit sein Ende nicht erreicht. Manging noch viel weiter. Schon wieder neigte man sich dem Fremden zu, und die Priester waren es mit den vornehmen Patrizierfamilien, die es begünstigten. Söhne des ersten Priesters

[1]) S. erste Abtheilung.

[2]) Neh. Cap. 5.

Josua und seine Brüder hatten schon heidnische Frauen genommen [1]). Auch die Nachkommen Serubabels selbst [2]) nahmen Theil an dem Werke der innern Zerstörung, und das Schicksal: daß die Geschichte nun über das David'sche Haus gleichsam zur Tagesordnung übergeht und dasselbe fast der Verschollenheit verfallen läßt, war ein wohlverdientes. So war dem Eindringen des Heidenthums auf's Neue Thür und Thor geöffnet und der Untergang der jungen Colonie oder ein kraft- und saftloses Vegetiren derselben schien besiegelt. Solchen traurigen Zeiten, in welchen man mit dem äußern Tempel Alles gethan zu haben wähnte, der Sittenverfall und das Götzenthum aber mit aller Gewalt wieder hereinzubrechen und den innern Bau zu unterwühlen drohten, entspricht die wahrhaft tragische Schilderung die unübertreffliche Rede Jer. c. 7., wenn sie ihnen nicht, wenigstens zum Theil, ihre Entstehung verdankt: „Stell dich hin an das Thor zum Hause Gottes und rufe dort aus dieses Wort: Höret Gottes Wort, ganz Jehuda, Alle, die eingehen in diese Thore, sich zu bücken vor Gott. Also hat gesprochen der Gott der Heere. Bessert eure Wege und euer Thun und ich will euch wohnen lassen an diesem Orte. Verlasset euch nicht auf die lügenhaften Reden, wenn sie sagen: Tempel Gottes! Tempel Gotces! Tempel Gottes! — So sind jene (die mit dem äußern Bau des Tempels genug gethan zu haben glauben, welchen dieser äußere Tempel allein Genüge gewährt)! Sondern bessert eure Wege und euer Thun, übet Gerechtigkeit zwischen Menschen und Menschen. Den Fremden, die Waise, die Wittwe bedrücket nicht, vergießet nicht unschuldiges Blut an dieser Stätte, und geht fremden Göttern nicht nach zu eurem Schaden. Dann werde ich euch wohnen lassen an diesem Orte, in dem

---

[1]) Neh. 13, 4. 5. Esra 10, 5. 18. Neh. 6, 17.

[2]) Die Neh. l. l. 6, 18. genannten Schefania b. Arach und Meschullam b. Berechia, die sich mit dem größten Feinde der Juden, dem Ammoniten Tobiah verschwägert hatten, waren offenbar Nachkommen Serubabels; s. Geiger l. l. S. 43. Anm.

P. 56. oben. Diese Verschollenheit zwischen der dänischen Häuser erklärt sich auch, daß Schreiber eigentlich wenig mehr ~~[illegible]~~ einen persönlichen Antheil an der Stadt war. Dieser sollte immer zum Bezug auf den Namen Schröders sein. Dieser Namen selbst ist aber nur mehr in der Erinnerung des Volkes abgestorben.

~~Ebenso~~ ~~[illegible]~~ mit auch in den Werken von Adelung u. Götzmann Bd. II. P. 204. die Verse aufgestellt. 1. dsl.

Die Arbeiten zur Wiederherstellung des Hauses dänisch (Sancone Lore,) dürften daher wohl auf Storm's Zeit zurückzuführen sein.

Lande, das ich euern Vätern gegeben von Ewigkeit zu Ewigkeit."

Heftiger und gewaltiger eifert der später auftretende Prophet Maleachi, gegen ein offenbar noch mehr verderbtes, auch den Tempel nicht mehr achtendes Priesterthum: „Ein Sohn ehret den Vater und ein Knecht seinen Herrn. So ich Vater bin, wo ist meine Ehre? Und so ich Herr bin, wo ist meine Furcht? spricht der Gott der Heere zu euch, ihr Priester. Verächter meines Namens! Ihr sprecht: Wodurch verachten wir deinen Namen? Ihr bringet auf meinen Altar verunreinigtes Brod. Ihr sprecht: wodurch verunreingen wir dich? Indem ihr sprechet: der Tisch Gottes ist verachtet. Und wenn ihr Blindes darbringet zum Opfer, ist das nichts Böses? und wenn ihr Lahmes und Krankes darbringet, ist das nichts Böses? Bringe es doch deinem Pascha, ob er dich gnädig annimmt, oder ob er dich freundlich aufnimmt, spricht der Gott der Heerscharen" [1]).

Die Priester hatten heidnische Frauen geehlicht und die Frauen ihres Bundes, wie es scheint, verstoßen, das heilige Band der Ehe durch leichtsinnige Scheidung ihrer Jugendfrauen entweiht, und die gottlosen Verbindungen mit dem Heidenthume zum Mittel des Abfalls benützt. „Und jetzt an euch, ruft der Prophet, dieses Gebot, ihr Priester! So ihr nicht höret und nicht zu Herzen nehmet, meinem Namen die Ehre zu geben, spricht der Gott der Heere, so sende ich den Fluch unter euch, und zum Fluche lasse ich euern Segen werden .... Ihr sollt erkennen, daß ich euch dieses Gebot gesandt habe, weil mein Bund ist mit dem Levi, spricht der Gott der Heerscharen. Mein Bund war mit ihm des Lebens und des Friedens, dazu verlieh ich ihm Ansehen, und er fürchtete mich und vor meinem Namen beugte er sich. Lehre der Wahrheit war in seinem Munde, und Falsches ward nicht gefunden auf seinen Lippen, in Frieden und Gerechtigkeit wandelte er mit mir,

---

[1]) Maleachi 1, 6 ff.

und Viele brachte er von Sünde zurück. Denn die Lippen des Priesters sollen Erkenntniß wahren, und die Lehre soll man suchen aus seinem Munde, denn ein Bote Gottes der Heerscharen ist er. Ihr aber seid abgewichen vom Wege, habt Viele zum Falle gebracht in der Lehre, habt gebrochen den Bund mit Levi, spricht der Gott der Heerscharen ... Haben wir nicht Alle Einen Vater? Hat uns nicht Ein Gott erschaffen? Warum handeln wir treulos Einer gegen den Andern, zu entweihen den Bund unserer Väter?"

Mit dem letzteren wollte der Prophet sicher den priesterlichen Hochmuth geißeln, der die in dem Bunde der Väter, der göttlichen Lehre ausgesprochene Gleichheit stolz mißachtete, wie mit dem Folgenden die leichtfertige Auflösung des ehelichen Bandes, um sich mit der Tochter des fremden Gottes zu vermählen."

„Treulos ist Jehuda, und Abscheuliches ist geschehen in Israel und in Jerusalem; denn entweihet hat Jehuda das Heiligthum Gottes, das er liebt, „und sich vermählt mit der Tochter des fremden Gottes."

„Und dies thut ihr zweitens: Ihr bedeckt mit Thränen den Altar Gottes, mit Weinen und Jammern."

„Und ihr sprechet: Weshalb? Weil Gott Zeuge ist zwischen dir und dem Weibe deiner Jugend, gegen welches du treulos warst, und es ist deine Gefährtin und das Weib deines Bundes. Und dies that nicht Einer; die Uebrigen haben denselben Geist. Und selbst der Einzelne sollte göttlichen Samen suchen. Drum bewachet euren Geist und Niemand frevle an dem Weibe der Jugend. Ja, er hasse Scheidung, spricht Gott, der Herr Israels, er hasse den, der Frevel bedeckt mit seinem Gewande, spricht Gott der Heerscharen; darum bewachet euren Geist und seid nicht treulos. Ihr ermüdet Gott mit euren Reden. Ihr sprechet: Wodurch ermüden wir ihn? Indem ihr sprechet: „Wer Böses thut, ist wohlgefällig in den Augen Gottes, und an solchem hat er Lust. Oder wo wäre sonst der Gott des Gerichtes?[1])

[1]) Mal. c. 2.

Außer diesen Grundgedanken der ganzen göttlichen Offenbarungslehre: der Lehre von dem einig-einzigen Gotte, der völligen Trennung daher vom Heidenthume, und der Gleichheit aller Menschen, dem *allgemeinen* Priesterthum, welche ein übermüthiges, sündhaftes Priesterthum verlassen und auch die Vornehmen im Volke mit in das Verderben hineingezogen hatte, gab es im Judenthum besonders noch zwei wesentliche Bestimmungen, welche jene Grundlehren gegenwärtig erhalten sollten: „Das Verbot des Genusses unreiner Thiere,“ das offenbar, wenn uns auch die Beziehung nicht mehr klar ist, mit dem Berufe des Volkes zur Heiligkeit, zu einem heiligen Volke Gottes, in Verbindung steht [1]), und daher auch mit dem zweiten Grundgedanken: daß *eben nicht blos die Priester, sondern das ganze Volk heilig sei*, wie ja auch fast alle andern Reinigkeitsgesetze gleich sind für das ganze Volk; und das Sabbathgesetz, das wieder einestheils die erste Grundlehre von dem einig-einzigen Gotte und seiner freien Weltschöpfung und Regierung [2]) und anderntheils die Freiheit der Menschen von allem Sklavendienste, die Gleichberechtigung Aller — fortwährend bezeugen und gegenwärtig erhalten sollte [3]). Daher die außerordentliche Wichtigkeit, die von jeher auf das Sabbathgebot gelegt ward, die Verherrlichung dieses Tages zu wahrhaft poetischer Vergeistigung. Er ist ein „Zeichen“, ein „ewiges Bündniß“ zwischen Gott und Israel [4]). Seine Ehre ist eine Ehre des heiligen Gottes [5]); dessen Entheiligung ist ein Abfall von Gott [6]). Er

---

[1]) S. 3 Mos. 11, 44. ff. Deut. 14, 21. 4. Siphra Ende Schemini כשם שאני פרוש כך אתם תהיו פרושים „wie ich heilig und abgesondert bin von allem Unreinen und Sinnlichen, so sollt auch ihr es sein, vide Com. Kor. Ar. cf. Gerlach z. St. s. oben.

[2]) 2 M. 20, 12.

[3]) Deut. 5, 14. 15.

[4]) 2 M. 31, 13. 16. 17. Ez. 20, 12 u. s. w. cf. Maim. v. Sabb. Ende.

[5]) Jes. 58, 13.

[6]) Ez. 22, 8. 23, 38. Maim. l. l.

wird neben die höchsten Sittengesetze und diesen gleichgestellt [1]). „Jerusalem, heißt es im Thalmud, wurde wegen der Sabbathentweihung der Zerstörung preisgegeben", und „würden die Israeliten zwei Sabbathe vorschriftsmäßig beobachten, sie würden sofort erlöst werden [2]).

Gegen ein frevelhaftes Priesterthum nun, das dieses, die Grundlehren zu bezeugen bestimmten, Gebote mißachtet, spricht auch der Prophet (Jes. c. 65 und 66) seine glühende Mahnung aus. „Das Volk, das mich erzürnt in's Angesicht immerdar, das opfert in den Gärten und räuchert auf den Ziegeln; das da weilt in den Gräbern und übernachtet in den Trümmern; das da ißt das Fleisch von Schweinen und Brühe der Gräuel in seinen Gefäßen hat; das da spricht: Bleib' für dich, komm' mir nicht nahe, sonst weihe ich dich (oder: ich bin heiliger als du) (Jes. 65, 3—6)." Wer wollte in dem letztern Ausrufe ein übermüthiges, sich über das Volk erhebendes, und doch in Sünden sich wälzendes Priesterthum verkennen! Noch entschiedener und tiefeinschneidender spricht sich der Prophet c. 66. aus:

„Der Himmel ist mein Thron, die Erde Schemel meiner Füße,
Wo ist das Haus, das ihr für mich erbaut, wo meine Ruhestätte? . . .
Ich schau auf den, der arm, gebeugten Geistes, und ob meinem Wort erzittert.
Doch Ochsenschlächter — Manneschläger, Lammesopferer — Hundeknicker,
Geschenke (Mincha Speiseopfer) darbringend — Schweineblut, Weihrauchräucherer — Unrecht preisend [3]).

Das „Tempel Gottes!" „Tempel Gottes" bei innerm sittlichen Verfall, der priesterliche Hochmuth, der Gott eine

---

[1]) Ez. l. l. u. 56, 4. 6.

[2]) Sabb. fol. 118.

[3]) Wir haben hier die geistvolle Uebersetzung Geiger's, Urschrift S. 56 aufgenommen, können aber nicht verschweigen, daß wir uns mit seiner Ansicht, daß die Prophetie der Zeit der syrisch-griechischen Herrschaft ihre Entstehung verdanke, nicht zu befreunden vermögen Abgesehen von der herrlichen Diction, die einer wirklich noch lebenden Sprache anzugehören scheint, entspricht die Schilderung noch lange nicht diesen verzweifelten Zuständen, wie sie sich in den Ps. 74, 79 u. s. w. abspiegeln.

Wir müssen hier nochmals auf d.
zweiten Jesaias zurückkommen, dessen letz-
Weissagungen am passendsten in diejenige
Zeit nach der Rückkehr aus babylonischen
vor der Ankunft Esra's und Nehemia's,
nach Palästina hineingesetzt werden
dürften. Hier (c. 65 u. 66.) spricht
der Prophet gegen ein u. s. w.

zu S. 61. cf. Ez. 20,16.24. (wo die Sabbathentweihung
neben den Götzendienst gestellt ist) wie v. 20
d. Aufforderung zur Heiligung der Sabbathe als Zeichen
der Anerkennung Gottes, u. v. 12. wieder s. Entweihung als Zeichen des Abfalles.

Ruhestätte in seinem Tempel erbaut zu haben glaubte, bei dem Verrath der höchsten nationalen Gottesgedanken, kann nicht mit schärferer Lauge übergossen werden.

Derselbe Gedanke kehrt v. 17. wieder:

„Die sich heiligen und reinigen bei den Gärten
Hinter einem in der Mitte [1]),
Und doch das Fleisch des Schweines essen,
Gewürm und Maus — sie gehen allesammt zu Grunde, ist Ausspruch
Gottes."

Die Nichtigkeit dieses hochmüthigen Kastenwesens, das eben nur sich zu erhalten und durch die Einführung heidnischer Sitten in seinen angemaßten Rechten auszudehnen und zu befestigen sucht, wird dann am Nachdrücklichsten dadurch hervorgehoben, daß sogar das ganze jüdisch-nationale Priesterthum nur als eine Uebergangsepoche und alle Menschen als künftige Priester Gottes vorgeführt werden.

„Ich aber — was sind ihre Werke und Gedanken! —
Gekommen ist die Zeit, zu sammeln alle Völker und Zungen,
Sie kommen, schauen meine Herrlichkeit."
— — — — — — — — —
„Auch von ihnen werd' ich Priester nehmen und Leviten, spricht Gott."

Und zur Vervollständigung des Bildes von dem Gottesreiche in der Zukunft, im Gegensatz zum gegenwärtigen Verfall, wird nun auch als Krone und Schluß des Ganzen die einstige allgemeine Feier des Sabbaths hervorgehoben:

„Und geschehen wird's, mit jedem Neumond und mit jedem Sabbath,
Wird kommen alles Fleisch, mich anzubeten, spricht Gott."

Schöner noch wird dieser Gedanke c. 56. v. 1—8. ausgeführt und zugleich die Verehrung gegen Gott, als deren Ausdruck der Sabbath gilt, und Gerechtigkeit und Liebe gegen Menschen als der Inhalt der Religion hingestellt:

„Also Gottes Spruch:

---

[1]) Nach dem Khetib., wohl der regierende Hohepriester. Geiger l. l.

„Wahret Gerechtigkeit, übet die Liebe,
Dann ist nah mein Heil, meiner Gerechtigkeit Offenbarung,
Heil dem Menschen, der dies thut,
Dem Erdensohn, der darauf hält,
Der den Sabbath wahret, nicht entweihet,
Der die Hand bewahret vor dem Bösen.
Nicht sprech' der Fremdling, der sich Gott verbindet,
Sondern wird mich Gott von seinem Volke
— — — — — — —
So spricht Gott: Wer wahret meinen Ruhetag,
Wer wählt, was mir gefällt, festhält an meinem Bund:
Ihm will ich Antheil geben an meinem Hause, in meinen Mauern
— — — — —
Den Fremdling, der sich schließt an Gott,
Ihm dienend, liebend seinen Namen,
Alle, die den Sabbath wahren . . . .
— — — — — — —
Festhalten an meinem Bund:
Ich bringe sie auf meinen heil'gen Berg,
Erfreue sie an meinem Hause . . . .
Denn mein Haus wird Andachtshaus
Für alle Völker."

Nicht blos die Priesterkaste, das nationale Israel selbst wird untergehen in der Menschheit: Alle werden Priester Gottes sein in Ehrfurcht gegen Gott und in Liebe zu den Menschen. „Heil dem Menschen, der dies thut, dem Erdensohne, der darauf hält."

Demselben Geiste verderbten, hochmüthigen, über das göttliche Gesetz sich hinwegsetzenden Priesterthums verdankt die Prophetie Ez. c. 44. v. 9. ff., die in späterer Zeit so sehr beanstandet wurde, daß man das ganze Buch aus dem Kanon entfernen wollte, weil es den Anschein habe, als wäre der Genuß des Aases und des Zerrissenen nur den Priestern verboten)[1], sicher ihre Entstehung. Vers 9. spricht nicht von fremdem Volke[2]), wie dies offenbar auch in den vorhergehenden Versen nicht

[1]) Men. fol. 45 a. Die thalmudische Erklärung ist jedenfalls sehr ungenügend.

[2]) Dies bemerkt schon David Kimchi.

der Fall ist. Heiden versahen nie Priesterdienste ~~und konnten sie nicht versehen~~. Es sind vielmehr die Widerspenstigen, die den Gräueln sich hingaben, die „Unbeschnittenen am Herzen", die vielleicht auch schon damals das Bundeszeichen am Fleische nicht beachteten (v. v. 6. 7. 9.), welche aus dem Heiligthume ausgeschlossen werden und den Dienst des Herrn in demselben nicht mehr verrichten sollen; es sind jene Priester, welche durch die Mißachtung der väterlichen Sitte und die Vermischung mit dem Heidenthum gleichsam Fremde wurden. Unter diesen Umständen schien es geboten, gerade den Priestern ihre Pflichten, und besonders auch die vielfach mißachteten Speisegesetze in's Gedächtniß zurückzurufen [1]).

Es ist allerdings nicht anzunehmen, daß das Verderben unter der persischen Oberhoheit über Israel schon so weit gediehen war, wie es später unter den syrisch-griechischen Herrschern in seiner ganzen Nacktheit auftrat; aber es war jedenfalls schon tief genug eingerissen, als Esra und Nehemia ihm Einhalt geboten, wie dies in den nach ihnen genannten Büchern hervortritt.

[1]) Uebrigens wird dies Verbot ja auch schon 3 M. 22, 8. den Priestern noch einmal besonders eingeschärft, offenbar wegen der durch ihre besondere Heiligkeit doppelt ihnen obliegenden Verpflichtung dazu. Daß der Ausdruck bei Ezechiel nicht ein wirkliches Aas, ein bereits todtes Thier, sondern ein dem Tode nahes bedeute, wie die alten Sadducäer, die Samaritaner und Karäer behaupten, (s. Geiger, Jüdische Zeitschrift I. l. S. 21, 22, und besonders Hechaluz VI. 19 ff.) bedarf für uns keiner Widerlegung. Auch daß Ezechiel (4, 14.) sich rühmt, von Jugend auf kein Aas gegessen zu haben, muß nicht nothwendig, wie es auch der Thalmud thut, auf ein „gefährdetes" (gefährlich krankes) Thier bezogen werden, im Widerspruch mit dem constanten einfachen Sprachgebrauch. Ezechiel war ein Priester und konnte sich wohl rühmen, sich nie einem sündigen Priesterthum angeschlossen zu haben, sondern seiner besondern Verpflichtung gemäß mit aller Strenge den Vorschriften des Gesetzes treu geblieben zu sein.

Nach zwei Seiten wirkten nun diese beiden wahrhaft großen Männer dem Uebel entgegen: durch gewaltsame Ausscheidung alles Fremden und Heidnischen und Entfernung der Priester, die ihm anhingen, dessen Gelingen besonders die unerschütterliche, vor keiner Consequenz, wie die Aufhebung langjähriger Ehen mit Heidinnen, zurücktretende Thatkraft Nehemia's bewirkte; sodann durch die Verbreitung der Gesetzeskenntniß unter dem Volke, eine Aufgabe, die besonders dem Priester und Schriftgelehrten (Sopher, γραμματεύς) Esra zufiel, und die dieser mit eiserner Beharrlichkeit und wunderbarem Erfolge löste. Es liegt daher eine tiefe Wahrheit in der Ueberlieferung, die Esra Moses gleichgestellt, und ihn den eigentlichen Restaurator des Gesetzes nennt [1]). Esra macht das Wort des Propheten, der unter Serubabel und dem Hohenpriester Josua schon dazu aufforderte: „Nicht durch Heere und nicht durch Gewalt, sondern durch meinen Geist, spricht der Gott der Heerschaaren" (Sech. 4, 6.) zur Wahrheit. Er schuf namentlich durch seine Verbreitung der Gesetzeskunde eine Gemeinde Gottes, die jede Erschütterung, die das Volk traf, überdauerte. Letzteres wurde zum zweitenmale aufgelöst und nach allen Richtungen der Windrose zerstreut, die Gemeinde, die im Geiste der Gotteslehre aufgebaut ward, war unzerstörbar wie der Geist selbst, der sie erfüllte. Er schuf ferner durch die Verbreitung der Gesetzeskunde einen unzerstörbaren Damm gegen verderbtes Priesterthum. Vom Priester allein forderte man nicht mehr Unterweisung im Gesetze: sie wurde Gemeingut; dem Priesterstand trat der Gelehrtenstand gegenüber, der sich aus dem ganzen Volke rekrutirte, wie wir später ausführlich nachweisen werden.

Es kann auch keinem Zweifel unterliegen, daß auch damals schon die den Umständen und neuen Bedürfnissen angemessene Erklärung und Erweiterung des Gesetzes begann, wie

---

[1]) Synh. 21, 6.

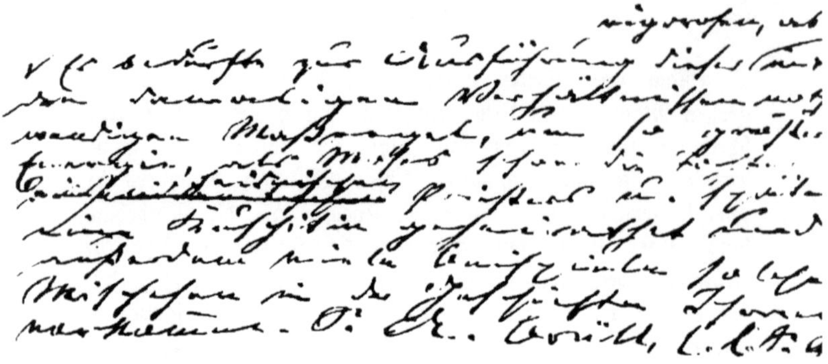

[illegible], ob
[illegible] bedürfte zur Ausführung dieser den
den damaligen Verhältnissen not-
wendigen Maßregel, um sie [illegible]
[illegible]
[illegible]
[illegible]
[illegible]
[illegible]
[illegible]

Ist der Sabbath ein jüdisch-nationales Gesetz so, dürfte noch sehr dem Zweifel unterliegen. Ich bin geneigt, dasselbe auf entsprechende Analogie [illegible] eigentlich [illegible] Gesetz [illegible] (2 M. 19), schon in der Schöpfungsgeschichte vorkommt, beweist [illegible] ebenso daß es im Dekalog eine Stelle gefunden, was bei den Dingen, die [illegible] Theil jüdisch-national sind, nicht der Fall ist, ferner daß ihn das Christenthum, das alles Nationale abgestreift hat [illegible] abstreifen mußte, beibehalten hat.

[illegible] bei den ~~[illegible]~~ [illegible] die Gelegenheit gegeben sein, diese zu [illegible] ~~[illegible]~~ [illegible] der gesetzl. Bedingungen, ~~[illegible]~~ [illegible] [illegible] Zuchtigungen [illegible] ~~[illegible]~~, [illegible] Sprache [illegible]. ~~[illegible] [illegible] Tradition [illegible]~~

Com. z. Thal. Jerus. Mischna Sota l. l.

[illegible]

ein Gegensatz zu Rabbinen [illegible]

[illegible] allerdings sehr [illegible] [illegible], [illegible]

[illegible] die [illegible] Gebräuchen im babyl. Thalmud ent-

gegen sind [illegible]

[illegible] oder bei der [illegible]

In bezug auf den Sabbat [illegible] [illegible] [illegible] noch [illegible] [illegible] [illegible] [illegible]

[illegible] selbstverständlich angenommen, daß [illegible]

[illegible] nur mit Verständniß [illegible]

[illegible] dann Erkenntniß

[illegible] nur bei dem [illegible], dann [illegible]

[illegible] Meinungsverschiedenheit [illegible] [illegible]

auch Rabbi [illegible] [illegible] ~~[illegible]~~ [illegible], die [illegible]

[illegible] [illegible] [illegible]

sich hatte.

beides in den Büchern Esra und Nehemia selbst deutlich genug ausgesprochen ist [1]), von der Ueberlieferung aber in ausgedehntem Maße auf Esra zurückgeführt wird.

Außer den eigentlich jüdisch-nationalen Vorschriften, die aber alle zugleich auch jene eigentlichen Ziele der Gottesoffenbarung beständig gegenwärtig zu erhalten und zu fördern bestimmt waren: den Tempelabgaben, den Tempel- oder Wallfahrtsfesten, dem ~~Sabbath~~, dem Brachjahre, der Enthaltung von unreinen Speisen, der Fernhaltung von ehelichen Verbindungen mit den Heiden, welche Esra und Nehemia besonders einschärften [2]), ~~außer diesen eigentlich jüdisch-nationalen Vorschriften~~ wandte Esra, in Verbindung mit seinem positiven Lehramt und seinem Streben, die Kenntniß der Lehre jedem zugänglich zu machen und so viel als möglich zu verbreiten, wohl schon damals, oder wandten wenigstens die in seinem Geiste nach ihm fortwirkenden Männer, die deshalb auch gleich ihm von der Ueberlieferung Sopherim, γραμματεῖς, genannt werden, das Augenmerk auf die Errichtung von Gebethäusern außer dem Tempel, in welchen Vorlesungen und Erläuterungen der g. Lehre stattfanden. „Die Einheit im Geiste“, sagt ein berühmter Forscher auf diesem Gebiete [3]), „war jetzt das Ziel alles Strebens.“ Dazu genügte nicht die Betheiligung aller auswärtigen Juden bei der Unterstützung des gemeinsamen Heiligthums, oder die möglichste Verherrlichung des Tempels und des Gottesdienstes, den nur der

[1]) Esra 7, 10. Neh. 8, 8.

[2]) Neh. 10, 31—38. Unrichtig ist es, wenn man hier bloß den Handel am Sabbath verboten und eine Beschränkung des Mosaischen Sabbathgesetzes finden will (so Jost, Gesch. d. Judenthums I. S. 36.). Im Gegentheil, es ist offenbar eine Erweiterung, indem der Handel keine Arbeit nach Mosaischen Begriffen ist. Dies beweist auch 13, 15. wo ja ausdrücklich das Keltertreten und Garbeneinbringen am Sabbath, also wirkliche Arbeiten genannt sind. Ueber unreine, ekelhafte Speisen s. Zach. 9, 7. und die oben angeführten prophetischen Stücke.

[3]) Jost l. l. S. 38.

kleinste Theil besuchen konnte, vielmehr erschien es nothwendig, dessen Geist in alle Gemeinden hineinzutragen. Das geschah durch das Schriftthum und die Lehre, oder vielmehr deren Auslegung. Es leidet keinen Zweifel, daß die Vorgänge in Judäa einen mächtigen Eindruck in allen entfernten Gemeinden hervorbrachten, und daß man sich immer mehr Abschriften der jetzt in festlichen Versammlungen vorgelesenen Bücher verschaffte und überall ähnliche Vorlesungen einführte; daraus bildete sich sehr bald ein regelmäßiger Besuch der Versammlungen sowohl an Festtagen, wie insbesondere an den zwei Markttagen in jeder Woche, dem zweiten und fünften, da die Landleute in Judäa ihre Früchte in die Stadt und zugleich ihre Streitigkeiten vor Gericht brachten, und in Nachahmung dieser Verhältnisse auch in andern Gemeinden, bis der Gottesdienst täglich in bestimmten Häusern, nachher Synagogen (Versammlungshäuser, hebr. Beth Hakhneseth) abgehalten ward. Stehende Gebete gab es nicht, man sang auch jetzt ohne Zweifel nur dieselben Psalmen, die im Heiligthum vorgetragen wurden, von denen wir eine kleine Sammlung noch besitzen. Die Ueberlieferung schreibt dem Esra und seinen Gefährten die Einführung stehender Gebetformeln zu, deren Kern wir auch jetzt im Gebetbuche haben. Es ist sehr wahrscheinlich, daß dieselben sich sehr früh Geltung verschafften, und daß der Synagogendienst bald nach Esra eine gleichmäßige Form angenommen hat, da wir wenige Jahrhunderte später eine durchgängig gleiche und unbestrittene Ordnung überall finden[1]), und die Formeln selbst durch Kürze

---

[1]) Maim. Thephilla 1, 4 sagt: Die große Vermischung der Juden unter Völker verschiedener Sprachen, welche ihre Kinder natürlich annahmen, so daß die hebräische bei ihnen fast ausstarb, haben die Mitglieder der großen Synagoge veranlaßt, bestimmte hebräische Formeln festzusetzen. J. Cf. § 1–3. Das. Th. Ber. 33, a. Meg. 17, b. wird das Gebet der 18 Segenssprüche (Schmone Esre) auf die Männer der großen Synagoge zurückgeführt. Sifre Deut. 33, 2. auf die frühern Weisen, was dasselbe sagen will. Die Form ist hier eine etwas andere als die unsrige.

und Reinheit des Ausdrucks ihr Alterthum beurkunden, während spätere Zusätze weder dieselbe Gleichmäßigkeit, noch dieselbe Strenge im Ausdruck, noch dieselbe allgemeine Geltung bewahren. Mit diesen Gebetformeln steht in enger Verbindung die jedesmalige Vortragung der Verse aus dem 5. Buch M. 6, 4—9; 11, 13—21 und vielleicht auch 4 B. 15, 37—41, welche die wesentlichsten unterscheidenden Ueberzeugungen und Erinnerungen Israels in Kürze enthalten, nämlich: die Anerkennung des einzigen wahren Gottes, die vollkommenste Liebe zu ihm und unbedingteste Hingebung in seinem Dienste, die Beobachtung des Gesetzes zu jeder Zeit und in jedem Verhältnisse, die gänzliche Hingebung des Wandels und Sinnes, das fleißige Forschen im Gesetz und das Unterrichten der Kinder darin, und die Aufrechthaltung beständiger Erinnerungsmittel an Kleidern, sowie besonderer Abzeichen an Hand und Stirn und Inschriften an den Thürpfosten" [1]).

Jedenfalls reichen die Synagogen in sehr alte Zeit zurück, und waren sie wenigstens zu den traurigen Syrerzeiten bereits

---

[1]) Es ist sehr zweifelhaft, ob diese Anordnungen, besonders der Phylakterien, Gebetriemen, so weit hinaufreichen. Jedenfalls müßte es dann sehr auffallend erscheinen, daß ihr Gebrauch noch in sehr später Zeit nicht allgemein verbreitet, ja als solcher sogar beanstandet war (s. he-Chaluz III, 16. V, 12. ff.), während die andern Einrichtungen, wie die ältesten Gebete, erwiesenermaßen seit undenklichen Zeiten in den fernsten Gemeinden Eingang gefunden und gar von einer Beanstandung der Einrichtungen Esra's nirgends die Rede ist. Uebrigens geht daraus auch für unsere Zeit die ernste Mahnung hervor, einmal daß es endlich Zeit wäre, eine Sichtung der Gebete vorzunehmen, um die alten, schönen, typischen Gebete von den spätern, oft ganz fremdartigen Einschiebseln zu reinigen, sodann aber auch, daß nicht jeder unberufene Ignorant liturgische Aenderungen sich erlaube. Nur eine geordnete, gesetzliche Organisation der Synagoge kann dem Uebel steuern, und diese muß überall mit allem Ernste angestrebt werden, wenn nicht hier durch Versumpfung, dorten durch gedankenlose Zerklüftung unser gottesdienstliches Leben dem völligen Verderben verfallen soll.

allenthalben verbreitet[1]). Eben ſo wenig kann es einem Zweifel unterliegen, daß an der Spitze derſelben, als Leiter und Ordner eine durch Gelehrſamkeit ausgezeichnete, urſprünglich wohl auch durch Volkswahl berufene Verſammlung von Männern beſtand, die deshalb die „Männer der großen Synagoge“ Kh'neseth ha-g'dolah' auch große Verſammlung) d. i. der *Geſammtſynagoge* hießen. Dies ſcheint uns die einfachſte *Erklärung des vielbeſprochenen, räthſelhaften Namens* zu ſein. Die Aufgabe und die Thätigkeit dieſer Verſammlung beſchränkte ſich aber ſicher nicht auf die gottesdienſtlichen Uebungen innerhalb der Bethäuſer, ſondern erſtreckte ſich auf das ganze religiöſe Leben, wie der Thalmud ausdrücklich bezeugt[2]), und wie der Ausdruck Kh'neseth, Synagoge, überhaupt nicht von dem Gebethauſe allein, wie der Name „*Haus* der Verſammlung“ (Beth ha-Kh'neseth) für letztere, und „Verſammlung Iſraels“ Kh'neset Israel für Iſrael überhaupt in ſeiner religiöſen Beziehung beweiſt, wie ja auch ecclesia und ſelbſt Kirche für die geſammte Religionsgemeinde gebraucht wird. Die „große Synagoge“ iſt daher keineswegs eine Fabel, wie man oft zu behaupten beliebte, ſondern eine beſtimmte Bezeichnung der religiöſen Behörde, ähnlich wie das ſpätere „Synedrion“, was ja ſelbſt dem Worte nach nichts Anderes bedeutet, und deren Attribute, wenigſtens was das eigentliche religiöſe Leben betrifft, ſicher weſentlich denen des letztern gleich waren. Dies beweiſen auch die in ununterbrochener Kette der Ueberlieferung tief in das Alterthum hinaufreichenden Einrichtungen[3]), deren allgemeine Geltung und einheitliche Geſtaltung ſich nur durch ihre Zurückführung auf eine Behörde, deren Autorität nirgends angezweifelt wurde, erklären läßt, ſowohl im gottesdienſtlichen, wie im übrigen religiöſen Leben ſowie die innere geſchichtliche Nothwendigkeit einer ſolchen Behörde ſchon unter Eſra, wofür

---

¹) Pſ. 74.
²) Ber. 33. a.
³) cf. Th. Ber. I 1. Meg. Init.

ohnedies Andeutungen in dem ihm zugeschriebenen Buche liegen[1]), wenn diese wirklich großen Männer, Esra und Nehemia, ihr mit so vielen Opfern und bedeutender Kraft durchgeführtes Werk nach ihrem Ableben nicht dem Zufall, und damit dem sichern Verfalle überlassen wollten. Jede Genossenschaft, mag ihre Aufgabe sein, welche sie wolle, erfordert eine Organisation, in welcher jedem Einzelnen seine Aufgabe zugewiesen und besonders eine, das Ganze ordnende und leitende Spitze bestellt ist, wenn sie nicht bald wieder in ihre frühere Atome sich auflösen soll. Diese Nothwendigkeit tritt um so mehr in religiösen Genossenschaften hervor, deren Ziele, ebenso wie noch mehr die Mittel zu deren Erreichung, weil sie mehr ideeller Natur sind und von dem Einzelnen selten klar erkannt werden, ewigem Widerspruche ausgesetzt sind. Gerade die Synagoge liefert in unserer Zeit nicht selten abschreckende Beispiele einer solchen Erscheinung. Männer mit diesen reinen Absichten, so frei von allem persönlichen Ehrgeiz, der freilich nur das eigene Hervortreten im Auge hat, mag auch die Sache, für die er zu wirken vorgibt, später wieder untergehen, Männer, die solche Opfer für die von ihnen mit heiliger Begeisterung ergriffene große Angelegenheit ihres Volkes und ihres Glaubens brachten, Männer endlich von so klarer Einsicht und so umfassenden Wissen, wie es namentlich Esra war, konnten das große Werk, das sie geschaffen, nicht ohne dauernde Organisation zurücklassen. Uebrigens muß schon hier zum Verständniß der

[1]) Jost glaubt, daß man die 85 Unterzeichner der Urkunde bei Nehemia für die ersten Männer einer solchen „Versammlung" zu halten habe. s. Mid. R. Ruth IV. Jedenfalls mußten diese ein besonderes Ansehen genießen und sind vielleicht von dem Volke und zwar zugleich zur Hut und Ueberwachung der Ausführung des Inhalts der Urkunde gewählt worden, woraus sich denn ihre Ergänzung und weitere Entwicklung ihrer Thätigkeit von selbst ergeben hätte. Jedenfalls waren die Unterzeichner „Aelteste" πρεσβύτεροι der Gemeinde, die für diese und in deren Namen sich verpflichteten und deshalb von selbst für die Ausführung sorgen mußten.

Wirksamkeit der spätern religiösen Behörden, deren Wurzel sicher hier zu suchen ist, darauf hingewiesen werden, daß Esra auf Grund der ihm vom Könige von Persien ausdrücklich ertheilten Vollmacht [1]) Richter einsetzte, deren Sitzungen ja nach der Ueberlieferung sogar an den beiden angegebenen Wochentagen stattfanden, und daß daher schon damals seine und seiner Schule Wirksamkeit nach den erwiesen geschichtlichen mit der Ueberlieferung übereinstimmenden Thatsachen drei Richtungen vorzüglich umfaßte: 1. Erklärung und den Verhältnissen angemessene Erweiterung des Mosaischen Gesetzes. 2. Verbreitung der Lehre und ohne Zweifel entsprechende Errichtung von Schulen und Synagogen, die wohl ursprünglich vereinigt waren, um den Geist zu pflegen, als unerschütterliches Bollwerk gegen unberechtigte Uebergriffe im Innern und gegen das Eindringen des Heidenthums von außen, und endlich 3. die Einsetzung von Gerichtsbehörden, die aber wieder, da das Gesetz hauptsächlich in der Offenbarung seine Quelle hatte, mit dem Lehren überhaupt zusammenfielen.

Es kann nach den gründlichsten Forschungen keinem Zweifel unterligen, daß die „große Synagoge“ als Religionsbehörde während der ganzen Perserherrschaft fortbestand, und im Wesentlichen obigen Grundsätzen gemäß ihrer Aufgabe zu genügen strebte. Im Ganzen war auch die persische Regierung tolerant gegen Juden und Judenthum, einestheils grundsätzlich, weil die Perser der Lehre Zoroasters folgten und damit dem Judenthum weit näher als dem Götzenthum standen, und anderntheils weil die kleine jüdische Colonie in dem ungeheuern Weltreiche kaum zählte, und daher in ihren innern Angelegenheiten wohl freie Hand hatte. Mit Ausnahme vielleicht einer kurzen Unterbrechung in Folge des Frevels des Hohenpriesters Johannes (Jochanan, Jonathan), der seinen Bruder Joschua (Jesus) weil sich dieser, auf den Antrieb des persischen Feldherrn Ba-

[1]) Esra 7, 25. 26.

goses, zum Hohenpriesterthum hinzudrängte, im Tempel ermordete, und des unter dessen Nachfolger Jaddua vorgekommenen Uebertritts seines Bruders Manasse zu den Samaritanern, nämlich der Gründung eines dem zu Jerusalem ähnlichen Tempels auf dem Berge Garizim [1]) durch denselben, folgte das Judenthum seiner ruhigen Entwicklung. Nur scheint während der innern Zerrüttung des Perserreiches und der darauf folgenden großen Kämpfe mit Griechenland schon vor der Invasion Alexanders die eigentliche Paschawürde, die Nehemia bekleidet, eingegangen zu sein und sich alle Autorität in der Person des Hohenpriesters vereinigt zu haben: er war wohl, wenn er auch sicher nicht die Herrschaft ganz, weder in Hinsicht der Religion, noch der Verwaltung, an sich gerissen hatte, der Vorsitzende der „großen Synagoge", und damit zugleich der Vorstand des Gerichtswesens [2]), wie später noch des „Raths der Alten", ein Umstand, der allein über den unbestrittenen Einfluß des Hohenpriesters gleich unter der Herrschaft der Griechen, wie über manche Erscheinungen in der Tradition genügenden Aufschluß zu geben vermag [3]).

Auch Alexander der Große, der, wie alle wahrhaft großen Geister, ein Cyrus, Cäsar und andere in den Gang der Weltgeschichte tiefeingreifende Männer der religiösen Toleranz ihr vollstes Recht angedeihen ließ, kein Staatsrecht von dem Recht, das irgend ein Bekenntniß an den Himmel zu haben glaubt, und den Mitteln, die seine Anhänger zur Sicherung dieses Rechtes anwenden zu sollen glauben, abhängig machte, sondern Jeden nach seiner Façon für seine Seligkeit sorgen ließ, so lange man nur seinen Staatspflichten nachkam, zeigte sich gnädig gegen die

---

[1]) Jos. Ant. IX. cap. 7 und c. 8, 1.

[2]) Die Nachklänge dieser Zustände finden sich in dem im Thalmud oft vorkommenden Gericht von Priestern ב"ד של כהנים und andern ähnlichen Bezeichnungen, die in Bezug auf das Gerichtswesen den Vorrang der Priester aus alten Zeiten bezeugen.

[3]) s. weiter, cf. Jos. Ant. XIII, 5, 8. Ἀρχιερεὺς . . . καὶ ἡ γερουσία . . . entgegenstehend dem Λακδημωνίων ἔφορος καὶ γερουσία . . .

Juden und bestätigte sie in allen ihren Rechten. Die Intoleranz gegen andere religiöse Meinungen ist überall, und war zu allen Zeiten, wo sie nicht einer natürlichen Bosheit des Herzens entspringt, die an der Qual Anderer ihre besondere Freude findet, nur der Geistesschwäche, oder der staatlichen Furcht, oder — der Heuchelei eigen. Der wahrhaft große, freie Geist, der sich zugleich seiner Stärke bewußt ist, sucht und braucht nicht diese Höllengeburt, die mehr Verderben in der Menschheit stiftete, als Gift und Dolch, die außerdem am meisten gerade im Dienste jener ihr trauriges Werk übten, je vermochten. Der Thalmud, der sich in der schweren Bedrängniß der spätern Zeit eine solche, über alle äußere Form sich erhebende Duldung nicht mehr zu erklären vermochte, schreibt Alexanders Gnade einer besondern wundervollen Einwirkung Gottes zu, und hüllet sie in den Schmuck einer Legende. „Alexander hatte bereits die Zerstörung des Tempels zu Jerusalem den Khutäern (Samaritanern) bewilligt. Dies wurde dem Hohenpriester Simon, dem Gerechten (ha-Zaddik [1]) berichtet. Da umhüllte sich dieser mit den hohenpriesterlichen Gewändern und zog Alexander mit den Vornehmsten in Israel, die alle Fackeln trugen, entgegen. Als Alexander des Hohenpriesters ansichtig wurde, stieg er aus seinem Wagen und warf sich vor ihm nieder. Seine Begleitung sprach zu ihm: Du, der große König, wirfst dich vor diesem Juden nieder? Er erwiderte: Das Bild dieses Mannes erschien mir im Traume, siegreich vor mir im Kriege einherziehend. Was ist euer Begehr? sprach darauf Alexander. O, antworteten sie, kannst du zugeben, daß das Haus, in welchem man stets für dein und deines Reiches Wohl betet, auf den Betrieb von Fremden zerstört werde? Wer sind diese? fragte Alexander.

[1]) Bekanntlich hat der Thalmud, der sich überhaupt die Thatsachen der früheren Geschichte, besonders chronologisch, nicht mehr zurecht legen konnte, den Besuch Alexanders zu Jerusalem, der unter Jaddua statt fand, unter dem Hohenpriester Simon dem Gerechten, den er überhaupt in verherrlichenden Mythus hüllt, statt finden lassen.

Antt. [illegible] 12, 4, 10.

1–3. Simon II der Gerechte. Josephus gibt den Namen
des Gerechten Simon I. s. aber Derenbourg
Essai S. 47 ff. 52. wo überhaupt über
Simon den Gerechten [illegible]

Diese Khutäer sind es, die jetzt dich umgeben, sagten sie. Sie sind in eurer Hand — schloß Alexander [1])."

Nicht mindere Toleranz gegen die Juden übten die Ptolmäer, die ihnen in Egypten, wohin sie in großen Massen zogen, völlig gleiche Rechte mit den griechischen Einwohnern, den Besiegern des Landes gewährten [2]), unter welchen Juden die ersten Feldherren, aber auch die ausgezeichnetsten Schriftsteller waren, so daß die von Esra und seinen Genossen herrührende Organisation sicher auch unter der Regierung dieser Herrscher keine Unterbrechung erlitt. Wird man sich übrigens klar, daß Esra und Nehemia, wie es nach genauer Vergleichung der geschichtlichen Quellen gar keinem Zweifel unterliegen kann, unter Artaxerxes I. gewirkt, von 460 resp. 447 und jedenfalls bis zum Anfang der Regierungszeit Darius II. c. 422, so daß die „große Synagoge" von da bis Alexander etwa 100 Jahre unter den vier Hohenpriestern Eliaschib, Jojada, Jonathan, Jaddua und von Alexander bis zum Hohenpriester Simon II., der nach der Ueberlieferung (Aboth 1, 2.) noch zu den letzten der „großen Synagoge" gehörte und zugleich der erste Mischno- (Thalmud-) Lehrer, ~~der erste also des eigentlichen Pharisaismus war~~, wieder nur vier Priestergeschlechter unter den Hohenpriestern Onias, Simon I., Elasar (darauf kurze Zeit Manasse, der Oheim der beiden vorhergehenden) Onias II. (Sohn Simon I.) wirkten, was wieder einen Zeitraum von höchstens hundertzehn Jahren bildet, also im Ganzen etwa 210 Jahre unter großentheils günstigen Verhältnissen und unter regelmäßig sich folgenden einflußreichen und tüchtigen Hohenpriestern bestand, so sieht man gar nicht ein, wie die Organisation und namentlich das historisch erwiesene Streben Esra's sich nicht hätte erhalten und fortentwickeln sollen, und wie man

[1]) Tb. Joma fol. 69. Ausführlicher noch, mit einiger Abänderung, erzählt Josephus Ant. XI, 8, 4, 5 dieses Ereigniß, der es aber richtig unter Jaddua zurück verlegt.

[2]) Jos. Ant. XII, 1, 1. XIV, 7, 2.

einer so natürlichen, geschichtlich fast nothwendigen, und durch das ganze traditionelle Judenthum tausendfach erhärteten Erscheinung volle geschichtliche Wahrheit je absprechen konnte. Daß aber die thalmudischen Lehrer, ihr ganzes Streben und Wirken, nur eine Fortsetzung der von Esra begründeten Einrichtung waren, wird nicht nur durch die berührte Thatsache, daß Simon der Gerechte der letzte der großen Synagoge zugleich der erste jener Lehrer, sondern auch noch anderweitig von der Ueberlieferung bezeugt. „Die Männer der großen Synagoge", heißt es[1]), „haben drei Lehren gegeben: Seid besonnen im Rechtsprechen, stellet viele Schüler aus und macht eine Umzäumung um das Gesetz." Es sind dies die drei Richtungen, die wir oben als die angegeben, die das Streben und Wirken Esra's umfaßten: Schul- und Synagogenwesen zum Aufbau des positiven Geistes, Erklärung und Erweiterung des Gesetzes zur Abwehr des Heidenthums nach Innen und nach Außen, und geordnetes Gerichtswesen. Und das Verbindungsglied zwischen der „großen Synagoge" oder Esra's Organisation und den Rabbinen bildet eben der obengenannte Hohepriester Simon II., und dieser hat ausdrücklich eben diese Lehren der Männer der großen Synagoge nur in andern Worten in allgemeine Grundsätze gekleidet. Er sagte: „Auf drei Dingen beruht die Welt: auf der Thora (der Lehre nach allen Richtungen), dem Gottesdienste und der thätigen Menschenliebe." Und wenn auch der Name der Pharisäer noch nicht genannt wird, so müssen wir doch jetzt schon bemerken, daß, wie hieraus klar hervorgeht, der Pharisaismus nur eine Fortsetzung der „großen Synagoge" ist, dessen tiefste geschichtliche Wurzel also in Esra und seiner Organisation zu suchen ist. Wir sehen daher auch hier schon die geschichtliche Grundlage der Thatsache, die wir im Verlaufe unserer Untersuchung klar darzulegen hoffen: daß das ganze Streben des Pharisaismus seinem innersten Wesen nach ganz dasselbe war,

---

[1]) Aboth 1, 1.

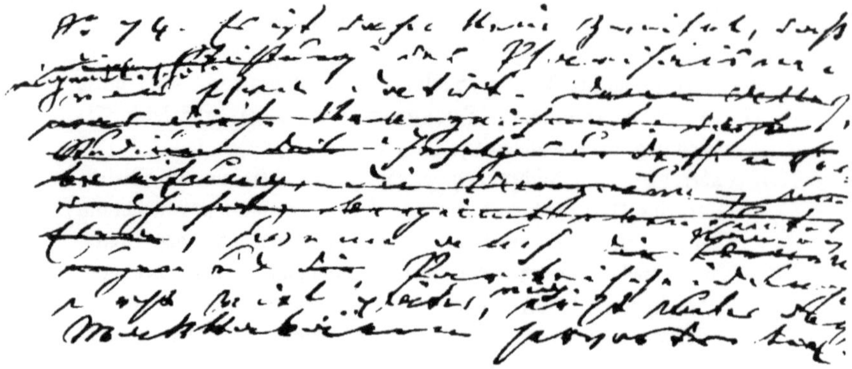
Nr. 74. Es ist doch kein Zweifel, daß

welches sich Esra zum Ziele gesetzt hatte, nämlich: die Erhaltung des Gottesgedankens dem Heidenthum gegenüber und der Kampf gegen entartetes Priesterthum. Zu diesem Zwecke wollen wir hier auch gleich bemerken, daß ebendaselbst (Aboth 1, 4.) als unmittelbarer Fortleiter der Ueberlieferung von Simon dem Gerechten und seinem Nachfolger Antigonos aus Socho, Jose, Sohn Joeser, genannt wird, der wiederholt unter den Mischnalehrern (den Pharisäern) [1]) hervortritt, und dieser Jose, Sohn Joeser, lebte noch zur Zeit der vollen syrischen Religionsverfolgung, nach der Ueberlieferung zu gleicher Zeit mit Alkimos, der sogar ein naher Anverwandter von ihm gewesen sein soll [2]).

Eine genauere Betrachtung des geschichtlichen Ganges der jüdisch-religiösen Verhältnisse wird uns aber die angegebene Entstehung und Bedeutung des Pharisaismus völlig klar legen. Unter der syrisch-griechischen Herrschaft sollten die Juden bald, obgleich ihnen Antiochus d. Gr., der Besieger des Ptolemäus Philopator, Anfangs wohl wollte [3]), mit List und Gewalt zu dem Heidenthum bekehrt werden. Manche gingen auf den Wunsch der syrischen Könige ein und begünstigten den Abfall: „sie erbauten ein Gymnasium zu Jerusalem nach dem Gebrauche der Heiden; sie fielen ab von dem heiligen Bunde; sie verbanden sich mit den Heiden und verkauften sich zu Schandthaten." „Sie opferten den Götzen und entweihten den Sabbath [4])." Es sind dies „die

---

[1]) Misch. Edujoth 8, 4. Chag. 2, 2.

[2]) Midr. Ber. Rab. c. 65. Siehe Geigers Urschrift S. 64.

[3]) Jos. Ant. III, 3.

[4]) 1 Makk. 1, 14. 15. 43. Die letztere Zusammenstellung beweist wieder die Wichtigkeit, die man dem Sabbath beilegte. Er galt als der Ausdruck des Gottesglaubens und seine Entweihung als Ableugnung Gottes. Nur dadurch läßt sich auch die außerordentliche Strenge seiner Feier erklären, so daß man sich im Anfang der syrischen Kriege, sogar der Vertheidigung des eigenen Lebens am Sabbath enthielt (1 Makk. 2, 34—38), bis man wenigstens die Vertheidigung bei dem An-

Frevler am Bunde, die sich durch Schmeicheleien zu Schandthaten verleiten ließen," „die verlassen den heil. Bund", „mit denen der Feind sich versteht", bei Daniel [1]). Der Gottesgedanken und mit ihm die Sittlichkeit stand wieder in Gefahr, von dem Heidenthum und seinem sittenlosen Wesen verschlungen zu werden. Und an der Spitze dieses neuen Verderbens und als die eifrigsten Helfershelfer stand wieder: ein verderbtes Priesterthum, ein Alkimos, Jason, Menelaos [2]), so daß das heidnische Wesen überhand nahm und die ausländischen Sitten sich immer mehr verbreiteten, „die Priester sich nicht mehr um den Dienst am Altare bekümmerten, sondern verachtend den Tempel und die Opfer vernachlässigend, an den ruchlosen Spielen in der Ringschule und an dem Werfen des Diskus Theil zu nehmen sich beeilten [3])". Es kann nach den Quellen keinem Zweifel unterliegen, daß unter dem reichen Patriziat Unterstützer des abtrünnigen Priesterthums waren [4]). Diese Religionsschändung fachte die Gluth der Begeisterung für den Glauben der Väter auf's Neue an. Nicht blos fromme Priester, wie die Hasmonäer, auch die angesehensten Lehrer des Volkes trotzten den ruchlosen Forderungen der heidnischen Tyrannen [5]) und gaben sich den grausamsten Martern für ihren Glauben hin. Diese Lehrer (Maskile Am, später Chachamim, γραμματεῖς) waren offenbar Mitglieder der bestehenden Religionsbehörde, wie ja einer der bedeutendsten Lehrer, der, wie wir gesehen, an der Spitze derselben stehend, tradirt wird, Jose b. Joeser, ausdrücklich im Streite mit

griffe ausdrücklich gestattete, über welche hinaus man auch in den Römerkriegen nicht ging. (Jos. Ant. XIII. 8, 4. Bell. Jud. I. 7, 3. u. s. w.)

[1]) 11, 30. 22.

[2]) 1 Makk. 7, 5. 9 54. 2 Makk, 4, 7. ff.

[3]) I l. v. v. 13. 14.

[4]) Es sind dies wohl die Dan. 11, 14. genannten „ausgearteten Söhne deines Volkes", ebenso v. 32., die durch Schmeicheleien gelockt worden. Jos. Ant. XII, 10, 1. ff. Makk. 1, 44, 2, 8. ff.

[5]) Dan. 11, 33. 2 Makk. 6, 18.

p. 77. Anm. 4. Die Bedeutung des ~~[illegible]~~ [illegible] geht auch deutlich daraus hervor, daß das Gegensatz [illegible] [illegible] ἐπιμιξία genannt wird, und die ganze Zeit des [illegible] Abfalls unter Alkimus ἐν τοῖς τῆς ἐπιμιξίας χρόνοις II. Makk. 14, 3. cf. v. 6. wo aber die, welche bis dahin [illegible] Bezeichnung nicht ~~[illegible]~~ [illegible] als „Apostasie" und Vermischungen(?) [illegible] der Makkabäer-büchern(?) bezeichnet(?) werden.

Alkimos von der Ueberlieferung angeführt wird [1]). Dennoch sind diese Maskhilim (die Verständigen) bei Daniel nicht blos als die Gelehrten aufzufassen; sie scheinen vielmehr in den Drangsalen der Syrerkriege dieselbe Rolle gespielt zu haben, welche die „Nibhdalim“, „die von der Unreinheit der Heiden sich absondernden Frommen“ unter Esra und Nehemia inne hatten, und mit den „Chasidäern“, den „Frommen“ in den Makkaerbüchern [2]), welche sich ja eben Juda anschlossen, gleich zu sein. Nimmt man nun, wie sich das später noch klarer herausstellen wird, die unter Hyrkan schon, also gleich nach den Syrerkriegen, hervortretenden Pharisäer, die ebenfalls nicht von ihrer Gelehrsamkeit, sondern von ihrer „Absonderung von der Unreinheit der Heiden“, wie wir sehen werden, ihren Namen hatten, und nicht allein Gelehrte waren, wie der ausgezeichnetste Forscher auf diesem dunklen Gebiete [3]), den Namen der Pharisäer, syr. Perischin „Abgesonderte“ in dem angegebenen Sinne dem der Nibhdalim gleich erklärt, so haben wir auch hier wieder dieselbe Erscheinung ununterbrochen in der Geschichte des Judenthums von Esra an aufgefunden: es waren überall dieselben Männer, die für dieselben Prinzipien: die Erhaltung des Gottesgedankens dem Heidenthum gegenüber und die Absonderung von dessen Unreinigkeiten [4]), Unsittlichkeiten

[1]) S. Geiger Urschrift l. l.

[2]) I. Makk. 7, 13. II. 14, 6.

[3]) Geiger, Urschrift. Auch Maim. Com. in Misch. Sota 3, 4. gibt eine ähnliche Erklärung des Wortes, nur daß er sie allgemeiner faßt und auf die alten „Abgesonderten“ nicht zurückführt.

[4]) Das Wort Nibhdalim erklärt die Schrift ausdrücklich in diesem Sinne. Esra 6, 21, 9, 1. u. s. w. Neh. 9, 2. 10, 29. LXX. *χωριζόμενος τῆς ἀκαθαρσίας ἐθνῶν.* Es scheinen jedoch zuerst die frommen Lehrer gewesen zu sein, die sich dem Heidenthum widersetzten, Maskhilim, denen sich dann die Frommen überhaupt anschlossen, und ganz ebenso später auch bloß Gelehrte zuerst und vorzüglich den Namen Pharisäer geführt zu haben, während die Nibhdalim bei Esra, wo das Gelehrtenwesen erst in der Entwicklung begriffen war, jedenfalls gleich Anfangs der Name für alle Frommen war.

gekämpft und unter verschiedenen Namen, aber mit derselben Grundbedeutung, wiederkehren: Nibhdalim, bei Esra und Nehemia, Maskhilim bei Daniel, Chasidäer in den Makkabäerbüchern, Perischin, Pharisäer, in den späteren Schriften. Merkwürdig, und ein weiterer Beweis für den geschichtlichen Zusammenhang aller dieser Benennungen und ihrer Vertreter, ist es auch, daß bei Daniel zuerst [1]) die Lehre von der Auferstehung der Todten in diesem Leben, die auch bei den spätern Pharisäern sehr hervortritt, vorkommt [2]) und zeigt dies auf's Neue den innern Zusammenhang wenigstens der Pharisäer mit den Maskilim bei Daniel. Indessen dürfte diese Uebereineinstimmung in der Natur der Dinge liegen. In den größten Drangsalen des Volkes ist eben dieser Glaube in den Vordergrund getreten, so hier in den Syrerkriegen, so später, als der Druck der Römer unerträglich zu werden begann. Dabei ist zu bemerken, daß die Auferstehung bei Daniel ausdrücklich den Maskhilin, den Frommen, verheißen wird, als Belohnung für „das Schwert, die Flammen, das Gefängniß und die Beraubung", die sie erduldet, und die nach der Auferstehung wie der Glanz des Himmels leuchten, in ewiger Seligkeit leben werden, während Andere, und gerade die größten Bösewichter, zur Ausgleichung ihrer Bosheit schon auf Erden zur ewigen Schmach und Schande erwachen [3]). Die Auferstehurg wäre also keine allgemeine, sie würde nur „Viele": die Besten zur Belohnung und die Schlechtesten zur Bestrafung umfassen. Aehnlich bei den Rabbinen [4]). Doch verlieren wir den Faden der Geschichte nicht aus den Augen, um den Spuren des Pharisaismus überall hin zu folgen, und seine Bedeutung immer mehr in geschicht-

---

[1]) Dan. 12, 2. Ez. c. 37. wird schon im Thalmud Synh. 92, b. als bloßes Bild für den Fall und die Wiedererhebung des Volkes erklärt.

[2]) Auch diese Stelle wurde jedoch von Spätern bildlich erklärt, s. Ikk. II, 35.

[3]) Dan. 12, 2. 3.

[4]) Tanith 7, a. cf. Ikkarim IV, 35. vgl. dagegen Ap. Gesch. 24, 15.

licher Klarheit zu erfassen. Das Judenthum hatte auch keinen Augenblick, selbst nicht während der syrischen Verfolgungen, wenn auch einige Jahre das Hohepriesterthum unbesetzt geblieben sein mochte, bis der syrische König Alexander Balas den Jonathan als Hohenpriester einsetzte[1]), der einheitlichen Leitung in einer gesetzlichen Religionsbehörde entbehrt. Aber es kann kaum einem Zweifel unterliegen, daß an der Spitze dieser Behörde als ihr Vorsitzender der Hohepriester stand, wie wir das oben schon bei der Besprechung der „großen Synagoge" erwähnten. Es hat dies wohl von Esra her datirt, der selbst Priester war und an der Spitze seiner Versammlung in Sachen der Religion und des Gerichtswesens stand. Aus der Zeit der syrischen Kriege tritt beides: der Bestand der Religionsbehörde und der hohepriesterliche Vorsitz ebenfalls klar aus den Quellen hervor, Die Behörde hieß zur Zeit der Syrer der „Rath der Alten"[2]), der aber sicher aus Gelehrten und Gesetzeskundigen bestand. Dies liegt in der Natur der Sache, da einmal im Judenthum alle Angelegenheiten sich mehr oder weniger im Gesetz concentrirten, und sodann jedenfalls speziell die religiösen Dinge und ihre Entscheidung dieser Behörde oblagen. Schon die Bibel verbindet keinen andern Sinn mit dem Worte S'kenim, „Alte" überall, wo es in dem Sinne gebraucht wird, daß sie an der Spitze des Volkes stehen, wie die Tradition die Autorität der Religionsbehörde auch auf den biblischen Ausspruch: „Frage deine **Alten**, sie sollen dir es sagen[3]), stützt, und die Ueberlieferung des Gesetzes schon **vor** der „großen Synagoge" durch die „Alten" (S'kenim) geschehen läßt[4]), der Thalmud aber diesen Ausdruck geradezu für „Schriftgelehrte" Soph'rim (γραμματεῖς) braucht und das Wort ausdrücklich in

---

[1]) 1 Makk. 10, 20.

[2]) *γερουσία τοῦ ἔθνους, πρεσβυτέροι* I Makk. 12 6. 13, 36. 14, 20. II Makk. 11, 27 u. s. w. Jos. Ant. XII, 3, 3. S'kenim bei den Rabbinen.

[3]) Deut. 32, 7.

[4]) Aboth 1, 1.

diesem Sinne erklärt und besonders für die Zeit nach dem Aufhören der großen Synagoge anwendet [1]). Es dürfte demnach die Reihefolge der Namen von Esra an folgende gewesen sein: Zuerst die Männer der großen Synagoge, welche wie Esra Sophrim hießen bis Simon II., dann die „Alten" S'kenim, dann die Weisen Chachamim doch so, daß die frühern Namen, besonders den erstern, auch die spätern „Weisen" erhielten (siehe weiter). Die schon frühe aus dem Beginne der syrischen Kriege, bald nach dem Hohenpriester Simon II., der jedenfalls noch allein den Vorsitz führte, genannten „Paare" (Sugoth) waren nichts Anderes, als die Vorsteher der „Alten" (γερουσία), von welchen nach der Tradition [2]) der erste Nasi, Fürst, der zweite Gerichtsvorsteher Abh Beth din hieß [3]). Jener Name „Fürst" Nasi wurde eben dem an der Spitze aller Angelegenheiten stehenden Hohenpriester gegeben [4]). Aus dieser Einrich-

---

[1]) איזהו זקן זה שקנה חכמה Wer heißt ein Saken, der, welcher Weisheit erwirbt. Vgl. Th. Sabb. 64, 6. „Die frühern Aeltesten זקנים הראשונים mit Bezug auf Gesetzesbestimmungen. Sukba 46, a. Ueberall ist es klar, daß unter den S'kenim πρεσβυτέροι nur die Gelehrten verstanden werden. Misch. Seb. 1, 3.

[2]) Misch. Chag. 2, 2.

[3]) Die Sugoth heißen auch Eschkholoth אשכולות, nach Rapaport Erech Millim. s. v. v. schola Nach der Mischna Sota 9, 9. ist das Wort zusammengesetzt aus Isch khol bo, ein Mann, in welchem Alles vereinigt ist: Gelehrsamkeit, Gottesfurcht, Tugend, oder es stammt aus Eschkhol Traube, weil er so herrliche Früchte bringt. Letzterer Ausdruck von dem Frommen ist im Thalmud nicht selten. Zu dem biblischen Spruch (Spr. 12, 30.): „Die Frucht des Gerechten ist ein Baum des Lebens" (gleich dessen Früchten s. Comm.) heißt es im Midrasch: „Die Früchte des Gerechten sind Leben: die Uebung der g. Gebote und guter Werke." Dies die Wurzel des neutestamentl. Spruchs: „An ihren Früchten sollt ihr sie erkennen." Auch die Propheten vergleichen die Werke des Frommen mit den Früchten des edlen Baumes. cf. Jer. 17, 7.

[4]) Geiger Urschrift S. 27. Anm. weist nach, daß sich das biblische נדיב (Nadibh, Fürst) und Malkhi-Zedek, Fürst der Gerechtigkeit, auf den Hohenpriester bezieht.

Ueber [illegible] vgl. Joma 28, b. [illegible]
[illegible]

die früheren Schüler Hillel's u. Schammai's heißen [illegible] Frankel Hodeg. in Mischn. S. 43. Th. Jer. [illegible] [illegible] 5, 6. [illegible] von den ~~drei~~ Gefangenen nach Rom unter Domitian: R. Gamaliel, R. Eleasar, R. Josua u. R. Akiba. Mischna Aboda Sara IV, 7. u. Bar. [illegible] l. c. S. 339. #

Ueber [illegible] die [illegible] Sifre Hakadim [illegible]

# [illegible] die späteren Weisen [illegible] Zecenim [illegible] mit den früheren in Parallele gebracht sind.

Zu [illegible] wichtige [illegible] nach Schriften [illegible] heute [illegible].

vgl. [illegible] Mid. Koh. 7, 7. [illegible] Keth. 14, a.

cf. Mid. Jalkut zu 4 M. 11, 16.

tung bildete sich dann schon unter Simon, dem Hohenpriester und Fürsten, das Synedrion, dessen erster Vorsteher dann auch erwiesen Nasi hieß. Es steht aber auch fest, daß noch dessen Sohn Johann Hyrkan an der Spitze des Synedrion stand. Die Tradition schreibt diesem nämlich sehr wichtige und tief eingreifende Aenderungen in der Liturgie und im religiösen Leben zu, so die Aufhebung des Bekenntnisses bei dem Darbringen des Zehnten, weil die Priester sich diesen zugeeignet, der gesetzlich blos den Leviten gehörte, und man also nicht mehr beten könne: „Ich habe ihn dem Leviten gegeben“ [1]), wodurch der hohepriesterliche Fürst also nicht blos diesen Gewaltakt sanctionirte, sondern wohl auch das ihm entgegenstehende Gesetz dem Gedächtnisse des Volkes entziehen wollte; ferner die Entfernung des Verses: „Erwache, warum schläfst du, Herr! wach auf, verwirf uns nicht auf immer [2])! aus der Liturgie des Tempels, weil ein solches Gebet in der glücklichen Lage, in welcher sich Israel damals befand, nicht mehr passend sei [3]), und andere bedeutende Anordnungen und Bestimmungen [4]), was er Alles nur als Vorsitzender des Synedrion und in Uebereinstimmung mit diesem, nicht als Fürst vermochte. Und jetzt

---

[1]) Deut. 26, 13.

[2]) Ps. 44, 24.

[3]) Th. Sota 47, a. ein Grundsatz, der auch für unsere heutige Liturgie von weit tragender Bedeutung werden könnte. Der Thalmud gibt hier auch den Grund der Abschaffung des Zehentgebetes in der veränderten Situation an, und will die gesetzliche Entziehung der Zehnten den Leviten gegenüber auf Esra zurückführen, der sie gestraft habe, weil sie nicht mit ihm aus Babylon gezogen seien, Jeb. 86, b. Es kann sich dies nur auf Neh. 10, 39. gründen, beruht aber sicher auf unrichtiger Auffassung, wie der vorhergehende Vers zeigt, und wie sich an sich nicht annehmen läßt, daß die Männer, welche sich den Neubau des Judenthums zur Aufgabe gestellt, eine ausdrückliche Vorschrift des Mosaismus abrogirt hätten. Die mangelnde Theilnahme der Leviten ist bloße Voraussetzung.

[4]) S. Misch. Maaser Scheni Ende, Sota 9, 10. c. Gem.

tritt auch der Name „Pharisäer" in der Geschichte auf[1]), ebenso wie der des Synedrion. Es kann daher gar keinem Zweifel unterliegen, daß die Pharisäer in ihrer wahren Bedeutung nur die Fortsetzer der „Abgesonderten vom Heidnischen" bei Esra und der „Verständigen" bei Daniel waren, und als Lehrer, deren Mittelpunkt eben das Synedrion war, die Fortsetzer der großen Synagoge und des Raths der Alten, wie dieser innere Zusammenhang auch wieder daraus hervorgeht, daß die spätern „Weisen" (Chachamim) in den thalmudischen Schriften ebenso wie die frühern den Namen Sophrim (γραμματεῖς) tragen[2]). Und jetzt unter Hyrkan tritt auch die andere Seite des Kampfes, der Kampf um das allgemeine Priesterthum, der Kampf gegen herrschendes Priesterthum, die eigentlich demokratische Seite des Pharisaismus immer stärker hervor. Der Hohepriester war wirklicher Fürst geworden und blieb dabei Vorsitzender der obersten Religionsbehörde, eine doppelte Aufforderung, ihm die Beherrschung der letztern aus den Händen zu winden. Es genügte nicht mehr, dem Priesterthum als regierendem Geschlechte, dessen Gefährlichkeit an der Sanction der Gewalt der Priester, den Zehnt an sich zu reißen, wie wir sahen, schon für die religiösen Angelegenheiten hervortrat, entgegenzutreten, sondern es mußte ihm die Bevorrechtung, an der Spitze der Religionsbehörde zu stehen, auf immer entrissen werden, und dieses scheint bald gelungen zu sein. Die Tradition hat eine Ahnung davon, wenn sie die „Herrschaft", was nach dem Bisherigen auch vor den Hasmonäern mit dem Hohenpriesterthum gleich ist, nur bis auf Jose b. Joeser reichen läßt[3]). Die fürstlichen Hohenpriester und Synedrialvorsteher werden nicht gerechnet, da

[1]) Jos. Ant. XIII, 5, 9. Κατὰ δὲ τὸν χρόνον τοῦτον τρεῖς αἱρέσεις κ. τ. λ.

[2]) cf. Kidd. 30. a. c. Tos. mit Ber. 45, b. Ab. Al. 17, b. Sota 16, a. u. s. w.

[3]) S. Th. Jer. Sota 9, Hal. 10. „Die Paare bis auf Jose b. Joëser, der bekanntlich Priester war, führten zugleich die Herrschaft, die späteren nicht." אלו שמשו פרנסות ואלו לא שמשו פרנסות

es sich von diesen von selbst versteht, und man sie offenbar nicht zu den Eschkholoth [1]) rechnen wollte; Antigonos aus Socho, der Jose b. Joëser vorangeht, war daher wohl auch Priester, wodurch vielleicht die spätere Notiz [2]), daß Zadok und Boëthus ihre Schüler waren, ihren tiefern Hintergrund erhält, besonders wenn man unter dem erstern die Sadducäer, womit man ursprünglich jedenfalls die vornehmen Priester bezeichnet hat, und unter dem letztern die Boëthusen überhaupt versteht. Zur Erreichung dieses Zieles aber: dem Priesterthum die Beherrschung des religiösen und Rechtslebens, den Vorsitz im hohen Rathe, Synedrion, und in den Gerichten zu entwinden, genügte nicht mehr der bloße Kampf gegen das Heidenthum: nach dem Siege der Hasmonäer war der Gottesgedanke für den Augenblick gerettet, Alle, die es mit den Griechen und ihren Sitten hielten, lagen machtlos zu Boden; das zur Herrschaft gelangte Priestergeschlecht, wie Alle, die sich ihm im Kampfe gegen die Syrer angeschlossen, hielt ebenso fest an der Reinheit des Gottesgedankens, wie die, welche sich vorzugsweise die vom Heidenthum Abgesonderten, die „Pharisäer" hießen. Es mußte vielmehr, zur Erreichung jenes Zieles, dem Priesterthum sein Nimbus bei dem Volke genommen werden, und dies konnte nicht anders geschehen, als indem man den zweiten Grundgedanken der göttlichen Offenbarung von der Heiligkeit des ganzen Volkes, von dem allgemeinen Priesterthum wieder hervorkehrte und ihn in der Weise ausdehnte, daß man die priesterlichen Reinigkeitsgesetze, die eben die Priester als besonders heilig und rein erscheinen ließen, soweit möglich auf das ganze Volk ausdehnte. Besonders ausgezeichnete, durch Gelehrsamkeit und Frömmigkeit hochstehende Priester hatten selbst die Bahn dafür geebnet, indem sie schon ihrerseits den Reinigkeitsgesetzen eine die ursprünglichen Vorschriften weit überschreitende Ausdehnung gegeben, wie dies namentlich von dem erwähnten

[1]) S. oben.

[2]) Aboth d'R. Nathan c. 5.

hochberühmten Priester und Schulvorsteher Jose b. Joëser berichtet wird[1]). Und da dieser zugleich ein „Chasidäer" unter dem Priesterthum genannt wird, so kann es kaum einem Zweifel unterliegen, daß die „Chasidäer", die „Frommen" überhaupt, an die sich die Pharisäer unmittelbar anschlossen schon frühe, ehe jenes Streben gegen das herrschende Priesterthum hervorgetreten war, einen großen Theil der priesterlichen Reinheitsgesetze auf sich genommen hatten. Die Reinheitsgesetze hatten sich schon frühe, zum Theil wenigstens, ausgedehnt: die Frommen genossen auf den Grund des biblischen Ausspruchs: „Heiligt euch, so werdet ihr heilig sein[2]) Gemeines, wie die Priester das Heilige, blos in Reinheit[3]), es war reine Frömmigkeit, Chasidaismus, der sie zu dieser Selbstbeschränkung bestimmte und daran knüpfte sich dann später leicht der Gedanke, diese Heiligkeit und Reinheit auf das ganze Volk auszudehnen, und dies als Waffe gegen das herrschende Priesterthum zu benützen, um es von dem angemaßten Rechte des Vorsitzes in den Schulen und Gerichten auf sein eigentliches Dominium, den Tempel, zurückzubringen. Dadurch erklärt es sich auch, daß der Thalmud den Namen der Pharisäer eben von dieser „Absonderung" zur priesterlichen Reinheit herleitet. Indessen war das ursprünglich sicher nicht die Aufgabe des Pharisaismus, ebensowenig wie die der Nibdalim, der Abgesonderten bei Esra, oder der „Chasidäer", der Frommen der Hasmonäer, sondern die oben angegebene, der Erhaltung des Gottesgedankens nach allen Richtungen. Dies geht auch daraus hervor, daß die Ausdehnung der Reinheitsgesetzte sich erst sehr langsam entwickelte, bis sie alle Verhältnisse umfaßte[4] und nur noch die Rücksicht auf die dringendsten Lebensverhältnisse Halt gebot[5]).

---

1) Mischna Chagiga 2, 7.
2) 3 M. 11, 44. 20, 7.
3) אוכלין חולין בטהרה. 4) cf. Th. Tos. Sab. I, 4.
5) cf. Tos. Chol. 35, b. sig. צבא u. s. w. Mischna Jad. 4, 6. 7.

S. 85, Anm. 2. Vgl. Pes. fol. 49. der Am-Haarez wird hier als ein sittenloser Rohheit verfallener Mensch geschildert, der die Heiligkeit der Familie nicht achtet und selbst des Mordes verdächtig ist. Solche Begriffe konnten natürlich nur in Zeiten tiefer Verkommenheit Platz greifen. Nach Rabbi[illegible] ist übrigens jeder ein Am-Haarez, der die Lehre (Thora) nicht studirt. Diese Ansicht, die sich bis heute erhalten hat, gibt vielleicht den Schlüssel zu der verschiedenen Auffassung, insofern man aber die Thora als die nothwendige Bedingung alles religiösen u. sittl. Lebens ansah (Th. Kid. fol. 40.), und man diesen Rechnung allen brachte, was zu irgend einer Zeit für wichtig galt, ~~[illegible]~~ und wieder alle möglichen Folgen an die Unwissenheit knüpfte. Die Quellen dafür [illegible] in Th. Pes. ~~[illegible]~~ [illegible] nur eine solche mögliche Folge [illegible] sein.

Vgl. Ber. 47, b. Sota 22, a. [illegible] [illegible] [illegible] zu constatiren.

In Bezug auf d. Reinheit beim Nichtgewissen[illegible] s. Elia Rabba c. 15 [illegible]

[illegible]

Hätten die Pharisäer ursprünglich schon diese Gesetze übernommen, und davon ihren Namen hergeleitet, so mußten sie sie auch gleich in ihrem ganzen Umfange übernehmen und mit aller Strenge bei ihren Anhängern darauf bestehen. Daß aber der Pharisaismus ursprünglich seine auszeichnende Thätigkeit darein nicht setzte, und es daher nicht richtig ist, davon seinen Namen herzuleiten, sondern die geistige Thätigkeit und die Erhaltung des von Esra ererbten Geistes im Volke seine eigentliche Aufgabe war, geht schon daraus hervor, daß der Pharisäer, in so fern er sich mit dem Studium des Gesetzes und mit der Erklärung und Erläuterung desselben befaßte, an und für sich noch gar nicht zu jener sich abschließenden Strenge durch die Reinheitsgesetze verpflichtet war: er mußte es erst ausdrücklich auf sich nehmen, ein Chaber (Genosse, der die Reinigkeitsgesetze im gewöhnlichen Leben Beobachtende) zu sein [1]), wobei allerdings nicht übersehen werden darf, daß ein Pharisäer, der an der Spitze der Schule stand, als ein solcher „Genosse" an und für sich selbst galt [2]).

Indessen haben die Pharisäer allerdings die Entwickelung der äußern Gesetze immer weiter ausgesponnen, besonders als nach der Zerstörung des Tempels und noch mehr nach dem Bar Chochba'schen Kriege die Römer zu wirklichen, und zwar den schwersten, schrecklichsten Religionsverfolgungen übergingen und diese die Sorge um die Erhaltung des geistigen Erbes in Mit-

---

c. Bert. Die von Jos. B. J. II, 8, 2. ff. den Essäern allein zugeschriebenen Bräuche finden sich zum Theil ganz bei den spätern Pharisäern. Der Thalmud nennt übrigens auch die, welche sich von Personen absondern, Pharisäer. So Pes. 70, b. Gelehrte, die sich von den übrigen Lehrern absondern. cf. Aruch s. v.

[1]) cf. Misch. Demoi 2, 3. Boraitha Bech. fol. 30, b.

[2]) S. Th. l. l. woraus hervorgeht, daß man in dieser Beziehung zu verschiedenen Zeiten verschiedenen Principien folgte. Einzelne gingen allerdings sogar so weit, Jeden, der das Gemeine nicht in Reinheit genoß, zu dem rohen Landvolke, Am Haarez, zu rechnen, s. Th. Ber. 47, b. u. Paral., was aber jedenfalls erst spät geschehen konnte.

ten des von allen Seiten die Juden bedrängenden und beherrschenden Heidenthums den Fanatismus auf das Höchste steigerte und Tausende dem Märtyrertod zuführte. Erst in dieser Zeit haben auch die Reinheitsgesetze ihre außerordentliche Ausdehnung erhalten. Aber alles dieses war nur secundär, aus dem Boden, auf den man sich einmal gestellt, fast mit Nothwendigkeit sich entwickelnd. Der Grundgedanke des Pharisaismus blieb immer derselbe: Der Kampf gegen das Heidenthum zur Erhaltung des reinen Gottesgedankens, und für die Heiligkeit des ganzen Volkes, das allgemeine Priesterthum.

Es ist merkwürdig, daß um dieselbe Zeit, als der Pharisaismus in seiner Weise den Kampf am stärksten führte, dieser Kampf noch weit schärfer, wenn auch in sehr verschiedener Weise von den durch Bildung und staatliches Ansehen so sehr hervorragenden egyptischen Juden geführt wurde. Dabei erscheint als charakteristisch, daß in Egypten, wo das Priesterthum der Regierung des Landes und ebenso der hohen Bildung der Juden überhaupt gegenüber sicher nie zu einer eigentlichen Herrschaft gelangen konnte, von einem Kampfe nach dieser Richtung sich auch keine Spur findet, dagegen der Kampf gegen das Heidenthum um so schärfer hervortritt. Der Pharisaismus verhielt sich in dieser Hinsicht mehr abwehrend; die egyptischen Juden, die sich Anfangs auch in diesem Geleise hielten, wagten es bald, allerdings unter fremden, sogar altgriechischen Namen, angriffsweise gegen das Heidenthum aufzutreten, und haben nach dieser Richtung Ausgezeichnetes geleistet. Der Pharisaismus suchte mehr durch das Leben selbst, durch Abschließung vom Heidenthum, durch Schranken, die er zwischen Juden und Heiden aufführte, das Heidenthum abzuwehren, was dieses an sich fast unberührt ließ; die egyptischen Juden schleuderten nach Art der alten Propheten ihre Geistesblitze gegen dasselbe und erschütterten es in seinen eigenen Grundfesten. Als eines der merkwürdigsten Erzeugnisse auf diesem Gebiet erscheinen Sibyllinen, be-

S. 86. s. den Brief des Aristeas Weber u. Holtzmann Bd. II. S. 69.

In dieser ganzen Periode ist [jedenfalls] überhaupt mehr aus dem Wesen der jüdisch-alexandrinischen Religions-Philosophie: Aristobul, Philo etc. eingegangen, s. obiges Werk l. c. S. 69 ff.

In Bezug auf Septuaginta s. Thalm. Lex. 49, b. wo alle Schmach auf ihn gehäuft wird.

ren jüdischer Ursprung nicht mehr angezweifelt werden kann [1]). Wir wollen aus den letztern zum Nachweis des dem Grundwesen nach mit dem Pharisaismus nach dieser Richtung gleichen Geistes der Juden in dieser Zeit auch in ihrem Heimathlande, einige ihrer sibyllinischen Verse hier anführen. Gleich im Anfange ruft der Dichter den Heiden zu [2]):

„Sterbliche Menschen, fleischlich gesinnte und nichtige Wesen,
Wie überhebt ihr so bald euch und schauet nicht auf's Ende des Lebens?
Zittert ihr nicht und fürchtet ihr Gott nicht, euern höchsten
Herrscher, der Alles als Schöpfer ernährt, welcher pflanzte den süßen
Geist in Alle hinein und zum Herrn aller Menschen ihn machte?
Ein Gott ist, ein einiger Gott, unendlich und ewig,
Herrscher des All, unsichtbar, selbst jedoch Alles erblickend;
Aber er selbst wird nimmer gesehen von sterblichen Wesen! —
Ja, ihr werdet gebührenden Lohn für die Thorheit empfangen:
Denn den wahren und ewigen Gott nach Gebühr zu verehren
Ließet ihr nach; statt ihm Hekatomben, hehre zu opfern,
Habt den Dämonen ihr Opfer gebracht, den Geistern im Hades.
Und in Dunkel und Wahn geht ihr, von ebenen, geraden
Pfaden abweichend zieht ihr hin auf dornigen Wegen,
Ueber Gestein irrt ihr. Hört auf denn, Sterbliche, Thoren,
Die ihr tappet in Nacht, in lichtlos finsterm Dunkel."

Den in Folge der Verehrung des wahren Gottes sich bildenden Sinn für das Gute, im Gegensatz zu der heidnischen Lasterhaftigkeit, schildert die Sibylle in folgender Weise:

„Denn verständigen Rath hat die Gottheit gegeben
Ihnen allein und Treue und trefflichen Sinn in dem Herzen;
Sie, die nicht mit eitlem Trug die Gebilde der Menschen,
Goldene oder von Erz, von Elfenbein oder von Silber,
Und die Bilder von Holz oder Steinen hinfälliger Götzen,
Oder von Thon, mit Mennig gefärbt, thierähnliche Bilder
Ehren, wie immer der Mensch in eitlem Sinne es treibet:
Sondern welche zum Himmel die reinen Hände erheben
Früh vom Lager, und stets rein waschen mit Wasser die Hände;
Welche verehren den Herrn, die ewig allmächtige Gottheit,
Die unsterbliche; dann ihre Eltern, und darnach vor Allem

[1]) S. Grätz, Gesch. d. Jud., Bd. III, Note 3.
[2]) Nach der Uebersetzung von Friedlieb; s. Grätz l. l. S. 804.

Denken an Menschen, die ein keusches Lager besitzen;
Auch sich nicht unkeusch vermischen mit männlichen Kindern,
Wie die Phönicier thun, die Aegypter und auch die Lateiner,
Griechenland auch, das gedehnte, und sehr viele andere Völker,
Perser und Galater und ganz Asien; die überschreiten
Gottes heilig Gesetz, des unsterblichen, das sie verachten."

Man sieht hier auch in Bezug auf die äußeren Bräuche, die innige Beziehung zu dem Pharisaismus, und so läßt sich auch aus dem Geist, der in diesen alexandrinischen Schriften und Dichtungen in so eminenter Weise als ein wahrhaft sittlicher und göttlicher hervorleuchtet, auf den gleichen Geist im einheimischen Pharisaismus schließen. Daß dieser göttliche, alle Menschen umfassende sittliche Geist auch in dieser spätern Zeit in dem wohlverstandenen Judenthum, gleichwie bei den Propheten, herrschend war, geht auch aus der folgenden messianischen Weissagung der jüdischen Sibylle hervor:

„Elendes Hellas, so höre doch auf, dich stolz zu erheben:
Zu dem Unsterblichen flieh', dem Hochherzigen, und nimm in Acht dich.
Sende zur selbigen Stadt das Volk, unkundig des Rathes,
Das aus dem heiligen Land des großen Gottes abstammet.
Diene dem mächtigen Gott, auf daß dir einstens ein Theil wird,
Wenn auch dies sein Ende erreicht, und der Tag der Bestimmung
Kömmt zu den Menschen heran, den Guten nach Gottes Befehle.
Denn den Sterblichen wird in Menge die nährende Erde
Geben die trefflichste Frucht an Weizen, an Wein und an Oliven.
Auch das süße Getränk des lieblichen Honigs vom Himmel,
Bäume und Früchte vom Baum und auch gemästete Schafe;
Ochsen und Lämmer von Schafen und auch von Ziegen die Böcke.
Quellen fließen sie läßt von Milch, der weißen und süßen.
Auch werden sich wiederum mit Gütern die Städte anfüllen;
Und der Boden ist fett, weder Krieg ist auf Erden noch Schlachtlärm.
Auch wird nicht mehr tief aufstöhnend die Erde erschüttert.
Nicht wird Krieg mehr sein, nicht Trockenheit fürder auf Erden;
Nicht mehr Hunger und nicht der Früchte zerstörende Hagel:
Sondern ein großer Friede herrscht auf der sämmtlichen Erde,
Und bis ans Ende der Zeit wird Freund sein ein König dem andern;
Und nach Einem Gesetz wird die Menschen auf friedlicher Erde
Der unsterbliche Gott im gestirnten Himmel regieren;

Ein Gesetz, für was immer gethan die elenden Menschen,
Denn er selbst ist ein einiger Gott, es gibt keinen andern[1]).

Was ein geistreicher jüdischer Geschichtschreiber von der griechischen Uebersetzung der Mosaischen Bücher, der sogen. Septuaginta sagt: „Durch das griechische Gewand wurde das Judenthum den Griechen, den Trägern der Weltbildung, zugänglich und verständlich, sie lernten es allmälig kennen, und wie sehr sie sich auch gegen dessen Aufnahme sträubten, ehe ein halbes Jahrhundert abgelaufen war, war der Inhalt des Judenthums den herrschenden Völkern geläufig. Die griechische Uebersetzung war der erste Apostel, den das Judenthum an die Heidenwelt ausgesandt hat, um sie von ihrer Verkehrtheit und Gottesvergessenheit zu heilen; sie war das Mittel, welches die zwei einander gegenüberstehenden Weltanschauungen, die jüdische und die hellenische, näher brachte. Durch die Verbreitung, welche die Uebersetzung später durch den zweiten Apostel des Judenthums an die Heiden, das Christenthum, erhielt, hat sie sich tief in die Denkweise und Sprache der Völker eingeprägt und es gibt jetzt keine ausgebildete Sprache, welche nicht Vorstellungen und Wörter vermittelst dieser Uebersetzung aus der jüdischen Literatur aufgenommen hätte“ [2]): Das gilt Alles in fast noch unmittelbarerer Weise von den eigentlichen jüdisch-alexandrinischen Schriften, den meisten Apokryphen, wie dem Buche der Weisheit, den Weisheitssprüchen des Ben Sira und jenen pseudonymen jüdischen Dichtungen, die in griechischer Sprache, zum Theil unter berühmten griechischen Namen, wie die Pseudorphica, Pseudophoklea, die jüdischen Grundlehren der griechischen Welt unmittelbar verkündeten. In erster Reihe aber gehört das größte Verdienst dem Pharisaismus: denn ohne ihn, der die „Absonderung“ vom Heidenthum zum Gegenstande Jahrhunderte langen Kampfes machte, wäre der Gottesgedanke unter

---

[1]) Also auch hier gleiche Seligkeit für die Frommen, auch der Heiden, und gleiche Strafen für alle Bösen.

[2]) Grätz, l. l. S. 43.

den Juden vom Heidenthum absorbirt worden, und es hätte von „Aposteln" zur Verkündigung jenes Gedankens an die Heidenwelt unter welcher Form immer keine Rede sein können.

Diese eine und bedeutendste Seite des wesentlichsten Strebens des Pharisaismus: sein Kampf gegen das Eindringen des Heidenthums und für Erhaltung des reinen Gottesgedankens tritt überall klar hervor und wird vom Thalmud selbst von mehreren thalmudischen Ritualgesetzen als Grund angegeben. Der ganze thalmudische Traktat, der von dem Götzendienste handelt, und dessen Gesetze zum Theil tief in das praktische Leben eingreifen, gibt Zeugniß von jenem Streben. So verboten sie den Wein der Heiden, auch den, welcher nicht zu Opfern diente, das Oel, selbst das Brod derselben, blos um eine um so stärkere Scheidewand zwischen Juden und Heiden aufzuführen [1]). Nicht minder zieht sich durch den ganzen Pharisaismus der Kampf gegen das Priesterthum. Mit diesem letztern Kampfe verband sich bald der Kampf gegen die vornehmen vom Volke sich hochmüthig abschließenden Geschlechter, und auch nach dieser Richtung vertritt der Pharisaismus den in der Offenbarung schon aufgestellten demokratischen Grundsatz von dem allgemeinen Priesterthum, von der gleichen Berechtigung und Heiligkeit Aller in seiner Consequenz. Die vornehmen Geschlechter, die vom Volke sich abschließenden Aristokraten, die Sadducäer, (später die Boëthusen) waren, wenn sie auch ursprünglich blos vornehme Priestergeschlechter bezeichneten, doch, wie aus Josephus [2]) und thalmudischen Berichten [3]) hervorgeht, nämlich die erstern, jedenfalls schon unter den Hasmonäern, ein

---

[1]) S. Sabb. 18, b. cf. Tosaf. sig. ועל בנותיהן משום ד״א.

[2]) Ant. XIII, 10, 6. *Τῶν μὲν Σαδδουκαίων τοὺς εὐπόρους μόνον πειθόντων, τὸ δὲ δημοτικὸν οὐχ ἑπόμενον αὐτοῖς ἐχόντων, τῶν δὲ φαρισαίων τὸ πλῆθος σύμμαχον ἐχόντων.* Ebenso XVIII, 1, 4. *Εἰς ὀλίγους τε ἄνδρας οὗτος ὁ λόγος (Σαδδουκαίων) ἀφίκετο, τοὺς μένοι πρώτους τοῖς ἀξιώμασι.*

[3]) Freilich das spätere Aboth d'R. Nathan c. 5.

Über Verdichtungen und Schwingungen
Weber u. Holtzmann Bd. II. S. 124

gewisses Patriziat ohne Unterschied ihrer Abstammung von Priestern oder Israeliten. Die Ansicht hat viel für sich, daß es die Männer waren, welche in den Hasmonäerkriegen sich hervorgethan und dem herrschenden Priesterthum auch in politischer Hinsicht, in Bezug auf die Verbindungen mit auswärtigen Völkern, sich anschlossen [1]) und daher gegen die starre Abschließung vom Heidenthum waren, weshalb sie den ursprünglich von dem vornehmen Priestergeschlechte allein gebrauchten Namen mit diesem gemeinschaftlich erhielten. Daß die Sadducäer nicht gegen die Tradition überhaupt waren, sondern nur gegen die allzugroße Ausdehnung des Ritualismus von Seiten der Pharisäer, und daß der Streit dieser beiden großen Parteien im Judenthum ferner hauptsächlich in dem Kampfe gegen bevorrechtetes Priesterthum wurzelt, bezeugt die großentheils unter priesterlicher und sadducäischer Leitung sich entwickelnde alte Halacha (Ritualgesetz), welche die Tradition an sich nicht minder heilig hält als die neuere, durch den Kampf gegen das Priesterthum [2]) und durch größere Abschließung vom Heidenthum sich kennzeichnende Richtung. Jedenfalls ist klar, daß damals noch von Sekten in Bezug auf diese Richtungen nicht die Rede sein konnte, wie Josephus annimmt, daß diese sich vielmehr erst in der späteren Form des Sadducaismus, dem Karaismus, bildete, aber auch hier, eben so wenig wie dorten, nicht eigentlich principiell, da auch der Karaismus weder die Grundlehren

---

[1]) Grätz, Gesch. d. J.

[2]) Den Unterschied in der Erklärung der Schrift zwischen den „ersten“ und spätern Gesetzeslehrern hat schon der geistreiche Krochmal in s. More (Pforte 13) nachgewiesen. Später hat Frankl in s. Hodog. in Mischn. die Frage behandelt und zuletzt diese für die geschichtliche Erforschung des Judenthums so höchst wichtige Unterscheidung zwischen der alten und neuen Richtung im jüdischen Ritualgesetze (alte und neue Halacha) besonders Geiger verwerthet und klar dargelegt. Dieser hat auch in vielen einzelnen Streitfällen den Grund in dem Kampfe gegen die priesterlichen Vorrechte nachgewiesen. Vgl. außer der Urschrift besonders auch die angeführten Abhandlungen in der Zeitschrift und im He-Chaluz.

des Judenthums, noch auch nur die Tradition als solche läugnet, sondern in dem noch schärfer hervortretenden Gegensatz gegen den eigentlichen Rabbinismus. Wir sind der Ansicht, daß auch die Differenzen zwischen dem Sadducaismus und dem Pharisaismus in Bezug auf Glaubenswahrheiten in jenem Princip, das sie mehr als Parteien im Leben, wie in den religiösen Grundsätzen trennte, ihre tiefste Wurzel haben. Wir meinen zuerst die Differenz in Bezug auf den Einfluß des menschlichen Willens auf seine Angelegenheiten. Die Sadducäer sollen Alles vom menschlichen, die Pharisäer dagegen Alles vom göttlichen Willen abhängig gemacht, ein gewisses Fatum (εἱμαρμένη) anerkannt haben [1]). Allein es kann schon von vornen herein ebensowenig angenommen werden, daß jene die göttliche Einwirkung bei den menschlichen Erfolgen, als daß diese die freie menschliche Thätigkeit als Mitursache des Erfolges im Leben hätten läugnen sollen. Beides wäre gegen die ausdrückliche biblische Lehre, die ebensowohl die menschliche Thätigkeit als Bedingung des Anfangs, möchte man sagen, wie den Willen Gottes als Bedingung des Erfolges lehrt [2]). Dies bezeugt auch die Geschichte. Die Frommen, sowohl die früheren Chasidäer, als die späteren Pharisäer, ~~haben~~ zu allen Zeiten, in den Syrerkämpfen wie in den Römerkriegen mit ihrer eigenen Kraft überall begeistert und aufopferungsvoll eingestanden zum Schutze des Vaterlandes und der väterlichen Religion, und niemals auf den faulen Schluß blinder, göttlicher Gnade bei eigener Unthätigkeit sich berufen. Der Thalmud lehrt ausdrücklich dasselbe. Sogar natürliche Schmerzen und Tod (frühzeitiger jedenfalls) führt er auf des Menschen eigene Schuld großentheils zurück [3]).

[1]) Jos. Bell. Jnd. II, 8, 14. Ant. XVIII. 1, 4.

[2]) Diese in der Bibel und bei den Rabbinen feststehende Annahme wird auch von Josephus wenigstens in Bezug auf die Pharisäer zugegeben. Ant. XIII, 5, 9. Οἱ μὲν Φαρισαῖοι τινὰ καὶ οὐ πάντα τῆς τῆς εἱμαρμένης, τίνα δὲ ἐφ ἑαυτοῖς . . .

[3]) Tr. Sabb. fol. 55. a.

Zu S. 93, Anm. 1. Vgl. Jes. 2. d. B., welche zum Ausgleich mit dem [illegible] [illegible] ([illegible]) ~~[illegible]~~ 30, a. d. Quelle.) den Unterschied machen zwischen ~~[illegible]~~ den Frommen, die [illegible] d. Geburt des Menschen schon über ihn bestimmt sein, wie s. geistigen u. körperlichen Vorzüge, aber nicht die Tugend (ob er nun weise oder dumm geboren sei) u. die Gottesfurcht, ([illegible] [illegible]) [illegible] [illegible] [illegible] bei [illegible] eigenen [illegible] [illegible] [illegible] [illegible] [illegible] d. [illegible], die d. Menschen im Leben [illegible] u. die [illegible] ~~[illegible]~~ [illegible] v. Gott [illegible] sein, [illegible] d. Mensch [illegible] nicht [illegible] [illegible] [illegible] (vgl. Jes. [illegible] l. c.) [illegible] ~~[illegible]~~ [illegible] Mensch [illegible] [illegible] auf Erden nicht [illegible], er [illegible] dann v. Himmel [illegible] [illegible] [illegible] [illegible] [illegible] [illegible] [illegible] [illegible] [illegible] Vgl. die Stelle: ~~[illegible]~~ [illegible] [illegible] [illegible] Judentum [illegible] [illegible] [illegible] von Menschen, [illegible] [illegible] [illegible] [illegible] auf d. [illegible] [illegible], [illegible] u. [illegible] nicht [illegible] [illegible] [illegible] [illegible].

Die [illegible], welche wir oben [illegible] [illegible] [illegible] [illegible] [illegible], wird [illegible] [illegible] [illegible] [illegible] [illegible] [illegible] [illegible] [illegible] [illegible] [illegible] ~~[illegible]~~ [illegible] [illegible] 30, a. [illegible]. [illegible] [illegible] [illegible] [illegible] [illegible] [illegible] [illegible] [illegible] [illegible] [illegible] [illegible] [illegible] [illegible] 22, [illegible] [illegible] [illegible] [illegible] [illegible] [illegible] [illegible] d. Mensch [illegible] [illegible] [illegible] [illegible] [illegible] [illegible] [illegible] [illegible] [illegible] [illegible] [illegible] [illegible] [illegible] [illegible] [illegible] [illegible] [illegible] [illegible] [illegible] [illegible] [illegible] [illegible] [illegible] [illegible] [illegible] [illegible] [illegible]

Der Ausspruch: „Alles ist von Gott außer Gottesfurcht“ [1]), widerspricht dem nicht, da er nichts weiter sagen will, als daß in Bezug auf die Uebung religiöser und sittlicher Pflichten der freie Wille des Menschen allein entscheide, während bei den Lebensschicksalen der göttliche Einfluß mitwirke. Es dürfte daher kaum einem Zweifel unterliegen, daß der Streit ~~auch~~ hier mehr einen besonderen politischen, als allgemeinen religiösen Grund hatte, und es sich dabei mehr um die Frage der Verbindung mit heidnischen Nationen in den nationalen Kämpfen gegen auswärtige Unterdrücker handelte. Die demokratischen Pharisäer wollten sich mehr auf die eigene Nationalkraft und den göttlichen Beistand stützen, während die sadducäischen Aristokraten lieber auswärtige Hilfe suchten, als sie der Volkskraft sich und den Staat anvertrauten, und dies in die Formel kleideten, daß eben menschliche, politische Klugheit den Ausschlag gebe. Auf demselben Grunde ruhend glauben wir die andere, im N. T. so oft hervorgehobene, aber auch im Thalmud nicht selten berührte Differenz in Bezug auf die Auferstehung der Todten. Die Sadducäer sollen diese geläugnet haben, während sie bei den Pharisäern ein wichtiger Glaubensartikel war. Josephus behauptet, die Sadducäer hätten die Unsterblichkeit der Seele geläugnet [2]). Dies ist sicher nicht richtig. Wollte man auch die betreffenden Bibelstellen nicht ausdrücklich als Zeugniß für die Unsterblichkeit gelten lassen, so lag dieser Glaube doch zu sehr in deren Geiste und in dem des ganzen Alterthums, als daß diese Annahme gerechtfertigt erschiene. Auch scheinen sowohl die thalmudischen wie die neutestamentlichen Stellen einer solchen Annahme zu widersprechen [3]). Der Streit bezog sich sicher nur auf die leibliche Auferstehung, welche die Pharisäer, wie Josephus schon richtig andeutet, zur Ausgleichung der göttlichen Gerechtigkeit bei dem oft vorkommenden Leiden

---

[1]) הכל בידי שמים חוץ מיראת שמים — Meg. 25, a. Nid. 16, b.

[2]) B. Jud. II, 8. 14. Ant. XVIII. 1, 4.

[3]) S. jedoch Ap. Gesch. 23, 8.

des Frommen schon hienieden für nöthig hielten, während die Sadducäer eine solche nicht für nöthig erachteten. Es spiegelt sich also auch hier die verschiedene Stellung im Leben ab. Das herrschende Priesterthum und die luxuriösen Aristokratengeschlechter fühlten sich sowohl unter dem früheren Drucke wie später unter den im Glanze der Römergunst sich sonnenden Herodäern befriedigt, während die Frommen schon in der Mißachtung des religiösen Geistes sich unglücklich fühlen mußten. Bedenkt man aber, daß dieser Auferstehungsglaube, wie wir bereits erwähnten, gerade zu den Zeiten, da das Volk im tiefsten Drucke schmachtete, besonders in den Vordergrund trat, so begreift man leicht, daß derselbe sich bei den Pharisäern mit dem Messiasglauben verbinden[1]) und die Hoffnung auf eine Auferstehung des ganzen leidenden Volkes in sich schließen konnte. Wir begreifen, wenn die Sadducäer und noch mehr die spätern Herodianer (Boëthusen), die mit den staatlichen Verhältnissen zufrieden waren, eine solche staatliche Auferstehuug nicht zugeben mochten. Und so sehen wir auch diesen Streit ganz in demselben Grunde wie die übrigen Differenzpunkte wurzeln. Von diesem Gesichtspunkte aus erhält auch der Streit Jesu mit den Sadducäern eine ganz andere, weit wichtigere, sociale und politische Bedeutung, und wir begreifen, warum die Sadducäer gerade an ihn herantraten: sie begriffen wohl den eigentlich socialen und politischen Gedanken, den er damit verband und der bei ihm gerade eine um so größere Wichtigkeit hatte, als er seine Verwirklichung in nicht langer Zeit verkündete, die ihnen an Leben und Existenz griff. Die Zustimmung der Pharisäer bezog sich natürlich nur auf den auch von ihnen so hoch gehaltenen Gedanken, der einst ihre schönsten Hoffnungen erfüllen sollte, nicht auf die spezielle, persönliche Deutung durch Jesus. In diesem Kampfe des Pharisaismus gegen das herrschende Priesterthum ist uns auch der Schlüssel zum Verständ-

[1]) Diese Verbindung der Messiasidee mit der Auferstehung steht jedenfalls bei den Rabbinen fest, s. Ikk. IV, 30.

u. s. w. bei einer ganz andern Veranlassung gesprochen.

Zu S. 94. Anm. 1. Diesen Zusammenhang zwischen der
Auferstehung und der Messiaslehre ist auch Matth. 12, 40.
zu verstehen. v. 41. steht damit in gar keinem Zusammenhang.
Es ist hier allerdings bloß die Bußpredigt gemeint, die aber
kein „Zeichen" (σημεῖον [illegible]) genannt werden kann, wie sich in
der That Jesus selbst, trotz seiner vorhergehenden Predigten
Marc. 8, 12. ausdrückt: daß diesem Geschlechte „kein
Zeichen" werde gegeben werden. In ganz gleicher Weise
ist Matth. 12, 40. mit Lucas 11, 29. 30. aufzufassen. Alles,
was hier Schenkel (S. 96. u. Anm. dazu) sagt, beruht
auf völliger Verkennung des Begriffes (σημεῖον „Zeichen"
אות) wie er in den alttestamentl. Schriften, wo das
Wort in der Regel in Verbindung mit מופת Wunder
vorkommt, und wie er gewiß im Munde des Volkes
gebräuchlich war. Die Auferstehung war allerdings
erst ein späteres Zeichen, auf die sich Jesus verwies,
aber eben dieses Zeichen wird die jetzigen Zweifler
um so gewisser von Jesu Messianität überzeugen. [illegible]
mit der wiedererstandenen Auferstehung [illegible]
gekommen seien? der erwartete Auferstandene auch
der Messias sein. Daß Marcus von dieser Hinweisung
Jesu auf die Auferstehung und dem Zeichen [illegible], das
sie für Jesu Messianität bilden sollte, nichts weiß, kann
höchstens zu der Annahme berechtigen, daß d. Verbindung erst
später aufgestellt wurde, nicht aber, um sie in den beiden andern
Evangelisten zu bringen, um so weniger als diese Verbindung auf
Ursprünglichkeit schließt. Allerdings konnte Jonas nur uneigentlich
lich als ein Auferstandener bezeichnet werden: er war
nicht todt; aber dieser Vergleich mit Jonas mag aus dem
Vergleiche mit der Wirkung von der Predigt Jonas's herüber-
genommen worden resp. entstanden sein. Das „Zeichen" der
Auferstehung für d. Messianismus bleibt dasselbe in beiden
durch d. Ausfall. Dieser Vergleich nicht an sich einem
Wahrheit. Indessen tritt doch aus diesem Zusammenhang
zwischen d. Auferstehung und der Messiaslehre schon bei
Marcus hervor. Dies bildet d. natürliche Verbindung
zwischen v. 31. u. 29. 30.* cap. 8. Marc. [illegible] u. nur
dadurch findet der Schluß: „und über drei Tage auferstehen" die [illegible] für gar keine Berechtigung hat, wenn er
ihm nicht [illegible] einen bloß leidenden, sich opfernden Messias,
im Gegensatz zu d. gewöhnlichen Meinung über Mess. [illegible]
[illegible] und gerade [illegible] darstellte, s. Begründung vergl.
Luc. 9, 21. 22. Matth. 16, 21.

* s. Schenkel S. 92 ff. [illegible] v. 38. Matth. 16, 27.
9, 9. ff. 31. [illegible]

Ueber die Verbindung der Auferstehung mit der Messianischen Idee s. auch Weber u. Holtzmann l. c. l. Bd. II, S. 191 ff. – besonders auch S. 204. – – beide aber, Auferstehung und Weltgericht, stehn im Dienste der Verinnerlichung des messianischen Begriffs.

Die Auferstehungslehre kann erzeugt sein jedenfalls erst von den Persern zu den Juden – s. Schoor Ewald VII S. 14. 15. Ebenso ihre Verbindung mit der Messiaslehre s. das. ~~[struck through]~~ über d. Streit der Schwärmerei, ob alle d. Israeliten, oder bloß d. Gerechten auferstehen sollen [illegible] vgl. S. 23.

daß diese urspr. fremde Lehre eine so große Bedeutung erlangen konnte, liegt ebenso in ihrer Verbindung mit d. Messiaslehre.

s. Wiedemann Ethik Synt.

niß des sowohl von Josephus wie vom Thalmud erzählten ersten Streites der Pharisäer mit Hyrkan gegeben. Der Thalmud versetzt nur die Geschichte in eine spätere Zeit, weil ihm Hyrkan noch in voller Uebereinstimmung mit den Pharisäern erscheint [1]). Der Streit kennzeichnet genau das pharisäische Streben nach dieser Seite hin, und wir wollen ihn daher nach dem Berichte des Josephus, mit welchem der des Thalmuds im Wesentlichen übereinstimmt, kurz hier anführen. „Die glücklichen Erfolge, erzählt Josephus [2]), hatten dem Hyrkan den Neid der Juden zugezogen und besonders der Pharisäer. Diese waren von so großem Ansehen bei dem Volke, daß Alles angenommen ward, was sie gegen den König oder den Hohenpriester sagten. Auch Hyrkan gehörte zu ihnen und war ihnen besonders werth. Bei einem Mahle fragte er sie einst, ob sie ihm nicht eingeständen, daß er ganz in ihrem Sinne handle, nämlich Gerechtigkeit übe und Alles thue, was Gott wohlgefällig sei; sie möchten es ihm aber offen sagen, wenn sie einen Makel an ihm wüßten. Da sprach einer der Gäste zu ihm: Wenn Du in der That gerecht sein willst, so entkleide Dich des Hohenpriesterthums und laß Dir an der fürstlichen Krone genügen. Auf Befragen gab er als Grund seiner Forderung ein Gerücht an, wornach Hyrcans Mutter eine Gefangene der Heiden gewesen (wodurch ihm das Hohenpriesterthum zu begleiten nicht gestattet gewesen wäre, da sie als solche in Bezug auf jungfräuliche Reinheit als Verdächtige galt). Daraus entstand nun, wie Josephus weiter erzählt, der von jetzt an sich immer mehr erweiternde Riß zwischen Hyrkan und den Pharisäern, weil diese den Calumnianten — denn das Gerücht hatte sich als unwahr erwiesen — blos zur Geißelung und nicht zum Tode verurtheilten.

---

[1]) Kidd. fol. 66, a. Ber. 29, a. wird jedoch auch Hyrkan genannt; Einzelne hielten sogar Hyrkan und Alex. Jannai für eine Person.

[2]) Ant. XIII, 18.

Diese ganze Erzählung wäre unbegreiflich, sowohl daß einer der Pharisäer, zu welchen der Ankläger als geladener Gast des Königs doch wohl gehörte[1]), auf ein vages Gerücht hin, die unerhörte Forderung: daß Hyrkan dem Hohenpriesterthum entsagen solle, gestellt habe, als daß Hyrkan allen Pharisäern so feindselig gesinnt worden, weil sie nicht die Todesstrafe gegen den Ankläger ausgesprochen, da Hyrkan als Koryphäe des Pharisäerthums, zu welchem er sich selbst bekannt, wissen mußte, daß eine andere Strafe als die Geißelung gesetzlich über denselben gar nicht verhängt werden konnte. Betrachtet man aber den Bericht des Josephus genauer und vergleicht man damit den thalmudischen Bericht, so wird es bald klar, daß es sich hier um etwas ganz Anderes handelt, nämlich um den beginnenden Kampf der Pharisäer gegen das herrschende Priesterthum. Zuerst sieht man, daß der Bericht des Josephus nicht nur unwahrscheinlich ist, sondern auch an einem innern Widerspruch leidet. Unwahrscheinlich oder vielmehr sicher unrichtig ist die Angabe: daß die Pharisäer neidisch auf die Siege des Hyrkan geblickt hätten. Einmal waren es Gelehrte, die ihren Ruhm in dem Wissen suchten und gewiß gerne Andern den Kriegsruhm überließen, sodann dienten Hyrkans Siege zur Verherrlichung des Reiches und des Judenthums, deren sie sich als gute Patrioten nur freuen konnten, und wegen deren sie gegen Hyrkan ebensowenig Neid empfinden konnten, wie gegen seinen Vater und dessen große Brüder. Ein innerer Widerspruch aber ist es, wenn Josephus von diesem feindseligen Neide der Juden spricht, und in demselben Athem erzählt, welch ein Freund Hyrkan von den Pharisäern gewesen, und zugleich deren Milde rühmt und wie sie das ganze Volk hinter sich hatten bemerkt. Betrachtet man aber den thalmudischen Bericht, so wird Alles klar. Hier erscheint die Ursache des Streites nicht in dem Neide der Juden,

---

1) Der Thalmud nennt ihn ausdrücklich einen „Alten“ Saken, was wohl mehr sagen will, als daß er von hohem Alter war.

[illegible]

+ S. 97. Anm. 5. findet. Die sehr schlechte ~~Begriff~~ will nicht der Ausdruck [illegible] gesagt werden. Daß [illegible] ([illegible]) sie mit [illegible] ausstoßen hätte. Allein der Ausdruck [illegible] ~~[illegible]~~ [illegible] ausstoßen [illegible] wie Num. 16, 21. Es wird freilich auch in [illegible] gebraucht, [illegible] abgesondert werden, [illegible] ausstoßen werden, [illegible] ~~[illegible]~~ [illegible] angedeutet, obgleich [illegible] angegeben ist καὶ πρὸς αὐτὸν Ἐλεάζαρος παρεγένετο, καὶ πάντες οἱ Φαρισαῖοι ἀγρίως ἠγανάκτησαν.

(פרש) heißt überhaupt nicht den [illegible] Schriftgelehrten, [illegible] abgesondert von Unreinem, von Unreinheit im Gegensatz von der Vermischung (Ps. 106, 35. Esra 9, 2.), oder auch aber von 1 Chr. 23, 13. zur Heiligung abgesondert werden. ~~[illegible]~~ [illegible] ~~[illegible]~~ [illegible] ([illegible] von Unheiligen sich Absondernden zu sagen: daß sie sich von [illegible] abgesondert), da sie aber [illegible] Herrschaft den [illegible] zuwider hielten, [illegible], daß sie durch [illegible] von ihm abgesondert also ausgestoßen wurden.

Es könnte auch [illegible] ~~[illegible]~~ [illegible]

591 b. [illegible] Esra 10, 8.

S. 312. [illegible]

sondern zunächst in der Aufhetzerei eines elenden Denuncianten[1]), der dem Hyrkan die Pharisäer als dessen heimliche Feinde denuncirte, und ihm rieth, sie dadurch auf die Probe zu stellen, daß er an der Tafel mit einem der ausgezeichnetsten Theile des hohenpriesterlichen Schmuckes, dem Stirnbleche mit dem heiligen Gottesnamen, erscheine und so sie vor diesem Schmucke aufstehen ließe[2]). Das that Hyrkan, und das mußte die Pharisäer aus doppeltem Grunde gegen ihn aufbringen. Einmal mußte es ihnen als eine Profanirung des hohenpriesterlichen Schmuckes erscheinen, den er wohl nur im Tempel bei seinen hohenpriesterlichen Verrichtungen tragen sollte[3]), und sodann, und das war wohl die Hauptsache, hatte jenes Stirnblech nach Josephus Angabe, der als Zeitgenosse in Bezug auf die Form des Schmuckes mehr Glauben als der Thalmud verdient, der nicht einmal die Ordnung der Inschrift mehr genau kennt, die Form einer Krone[4]), in welcher Form wohl die Herrschaft des Hohenpriesters über die übrigen Priester angedeutet werden sollte, womit der Streit noch einen weit tiefern Hintergrund erhielte, indem die Pharisäer in dem Tragen der Priesterkrone außerhalb des Tempels und dem Zwange sich hier vor jenem erheben zu müssen, die beabsichtigte Ausdehnung der Priesterherrschaft auf das Leben erblickten, was auch wohl die Absicht Hyrkans und seiner Rathgeber war. Nun erst verstehn wir auch den weitern Bericht im Thalmud. Die Weisen Israels, heißt es, entfernten sich in der höchsten Aufregung, indem sie Hyrkan zuriefen: „Laß dir genügen an der Königskrone, und überlaß die Priesterkrone einem Andern"![5]) Der Bruch war jedenfalls un-

[1]) איש לץ לב רע ובליעל, „ein Spötter, ein böser, niederträchtiger Mensch."

[2]) הקם להם בציץ cf. Raschi.

[3]) S. Tos. z. St.

[4]) B. Jud. V, 5, 7. Ant. III, 7, 7.

[5]) ינאי המלך רב לך כתר מלכות הנח כתר כהונה .... ויבדלו חכמי ישראל בזעם Im Thalmud ist es, wie bemerkt, Alexander Jannai. Der im Thalmud angegebene Grund dieser Forderung, weil Hyrkans

heilbar geworden. Hyrkan (Alex. Jan.) fiel vom Pharisaismus ab und verfolgte die Pharisäer auf's Grausamste — darin stimmen, mit dem Unterschiede der Namen, beide Berichte überein — und diese vergalten ihm sicher seine Feindseligkeit, wo sie es vermochten, und kämpften um so heftiger gegen die Priesterherrschaft. Wie ein rother Faden zieht sich dieser Kampf durch die ganze Geschichte, bis in die fernsten Enden des ritualgesetzlichen Gewebes, und wenn er auch nach dem Tode des Hyrkan, durch den Sieg des Pharisaismus im Gerichte und in der Leitung der religiösen Angelegenheiten, äußerlich nicht mehr so heftig entbrannte, so wirkte er doch im Stillen fort und tritt endlich unter Herodes gegen die Boëthusen, die eben wieder ihren priesterlichen Hochmuth und ihre Herrschsucht überall hervorkehrten, mit erneuter Gewalt auf.

Das Streben des Pharisaismus, die Macht des Priesterthums für das Leben zu brechen, wurde, wie bereits angedeutet, bald mit dem vollständigsten Siege gekrönt und die Gleichheit des Volkes in allen Verhältnissen des Lebens nach dem Geiste des Mosaismus immer mehr zur vollen Wahrheit. Die Beherrschung des Gerichtswesens wurde den Priestern entrissen; die Vorrechte, welche sie früher im Leben offenbar besaßen, wurden immer mehr auf leere Höflichkeitsformen beschränkt, wie z. B. daß der Ahronide zuerst zur Thora vorgerufen ward, und selbst darin wurde wenigstens der Gelehrte dem unwissenden Priester vorgezogen [1]).

Mutter eine Gefangene gewesen, zeigt sich schon dadurch als unrichtig, daß die Aufregung, der Zorn (Saam) fortdauert, nachdem sich die Angabe als falsch erwiesen.

[1]) Misch. Hor. fine, wo sogar der gelehrte Bastard dem unwissenden Hohenpriester vorangeht, cf. Tr. Meg. 28, a. Der Gebrauch, auch den unwissenden Ahroniden vor dem gelehrten Israel zur Thora vorzurufen, wird schon von Maim. Com. in Misch. Gittin 59, a. als ein arger Mißbrauch bezeichnet, den er gar nicht zu begreifen vermöge. Auch R. Ascher z. St. räumt auch in unserer Zeit nur dann dem Priester den Vorzug ein, wenn er mit dem Nichtpriester auf gleicher Stufe des Wissens steht (כשוין). Daß übrigens auch diese Frage in dem Kampfe gegen das Priesterthum ihren Grund hat, geht daraus hervor, daß

S. 98. Anm. 1) Die Stelle des Maim. Com. z. Misch.
Gittin 9, a. ist ganz hierhergehörig. Sie zeigt
sich aber [illegible] Gebrauchs [illegible] nur.
Indessen ist auch zu bemerken, daß Tos. Gittin
9, b [illegible] [illegible] nur dann
gelten lassen, wenn d. [illegible] aus [illegible]
ist, d. h. also daß nur dann der Israel ihm
vorangeht, wenn jener [illegible] [illegible]; ist
er dagegen [illegible], wenn auch ein geringerer [illegible]
als d. Israel, so sollte der [illegible] [illegible] der
[illegible] geht dem Israel vor. Vgl. [illegible] Tos.
Meg. 28, a. [illegible]
Auch in ~~andern~~ Hinsicht auf die Priester,
gaben selbst die doch durch d. Mosaischen
Gesetze den Priester ~~[illegible]~~ [illegible] Gebühr
gehören, hat man dann [illegible] des Rechts
abgeschwächt, ~~[illegible] selbst [illegible]~~.
~~[illegible] [illegible]~~ cf. Synh.
fol. 90. [illegible]

Noch unter Alexander Jannai, der sicher nie selbst mehr den Vorsitz führte, denn es wird erzählt, daß er mit der Königin den Sitzungen oft beiwohnte, an welchem Vorsitz er übrigens auch jedenfalls durch seine langen auswärtigen Kriege verhindert war, wie dies sicher aus diesem Grunde auch schon unter Hyrkan nicht selten vorkam, scheint das ganze Synedrion in den Händen der Priester gewesen zu sein, die diese Priesterfürsten jedenfalls begünstigten. Doch hat schon unter jenem der geistreiche, energische Gelehrte Simon b. Schetach, der wohl ein naher Anverwandte der Königin Salome Alexandra gewesen, und besonders nach dem Tode des Königs während der Regentschaft der Salome, den Vorsitz im Synedrion selbstständig inne gehabt, und mochte damit wenigstens diese Würde des Priesterthums ihr Ende erreicht haben. Welche Wichtigkeit der Pharisaismus diesem Siege des Geistes über Priesterbevormundung beilegte, geht schon daraus hervor, daß er den Siegestag als ein Festtag einsetzte, der bis in das dritte Jahrhundert unsrer Zeitrechnung gefeiert ward[1]. Die Priester als solche wurden nicht ausge-

R. Jsmael, der, selbst Priester, auch sonst der besondern Heiligkeit der Priester das Wort redet, cf. Oholin 49, a. auch diese Bevorzugung biblisch darauf zurückführt.

1) In dem sehr alten, in seinen Hauptpunkten ein Jahrhundert vor der jetzigen Zeitrechnung entstandenen Buche Megillath Thaanith, in welchem dies erhalten ist, wird die Nachricht von folgender Bemerkung begleitet: מפני כשהיו צדוקין יושבין בסנהדרין ינאי המלך ושלמינון המלכה יושבת אצלו ולא הי׳ אחד מישראל יושב עמהן חוץ משמעון בן שטח והיו שואלין תשובות והלכות ולא היו יודעין להביא ראיה מן התורה עד שנסתלקו כלן . . . „Als die Sadducäer das Synedrion inne hatten und der König Jannai mit der Königin Salome anwesend waren, und kein „Israel“ außer Simon b. Schesach an den Sitzungen Theil nahm, konnten sie die an sie gerichteten religiösen Fragen nicht beantworten, so daß sie nach und nach alle entfernt wurden . . .“ Man sieht hier deutlich, daß „Israel“ den Sadducäern gegenüber steht, und diese hier mit den Priestern identificirt werden und daß das Synedrion unter ihrer Herrschaft nur aus Priestern (und Leviten) bestand. Es liegt darin zugleich ein Beweis dafür, daß die Sadducäer in der That ursprünglich nur die Zadokiten, die vornehmen Priestergeschlechter waren.

schlossen, man hat sogar noch später ein Theil der Synedrialmitglieder nur aus diesen genommen und war darauf bedacht, daß der Gerichtshof aus Priestern (Khohanim), Leviten und Israeliten aus guten Familien bestand, wohl aber waren die Sadducäer, die dem abschließenden Kastenwesen huldigten, ausgeschlossen, und wurde besonders von Hillel an, in dessen Hause das Synedrial-Präsidium herrschend ward, vielleicht eben aus diesem Grunde, kein Priester mehr Vorsitzender des Synedrion und begünstigte dies eben die Herrschaft des Hillel'schen Hauses. Wohl bildete sich daraus unter den spätern Nachfolgern Hillel's ein neues Patriziat: der Synedrial-Vorsitzende, Patriarch (Nasi), hielt strenge auf seine Autorität, was nicht selten zu Reibungen mit den Gelehrten führte, dennoch aber, da es erste Bedingung des Patriarchen war, daß er auch an Geist, Wissenschaft und Tugend hervorragte — selbst die Mitglieder des Synedriums mußten durch reiche Sprachenkunde sich auszeichnen, damit sie Jeden ohne Vermittlung eines Dritten in seiner Landessprache verstehen konnten — so wurde die feste Organisation des Religionswesens, ohne welche es überall der Auflösung oder völligen Stagnation entgegen geht, besonders in jenen traurigen Zeiten, in welchen die Verfolgungen der Römer immer gewaltiger wurden, von unberechenbarem Segen. Das Kastenwesen war dadurch jedenfalls für immer gebrochen, an seiner Stelle war die Intelligenz zur Herrschaft gelangt. Nur da, wo der individuelle Ehrgeiz, ohne Rücksicht auf Geist und Wissen an die Spitze tritt, wo die Ignoranz auf ihre bloße Standesbevorzugung gestützt, die Aristokratie der persönlich verdienstlosen Geburt, oder die noch schlimmere des Besitzes, die Plutokratie sich anmaßlich hervordrängt, wird die Freiheit des Geistes bedroht und werden die höchsten geistigen nnd sittlichen Gedanken dem verbrecherischen Ehrgeiz zum Opfer gebracht. Wo dagegen die Intelligenz, die Geisteskraft, der sittliche Gedanke Bedingung der obersten Leitung auch in religiösen Dingen bildet, da wird eine sclavische Unterwerfung unter blinde Autorität ebenso wenig wie die Verläugnung der höchsten Grundgedanken Wurzel fassen können. Es ist das eben der Triumph der Wahrheit, daß sie das Licht des Geistes nicht zu scheuen hat, und am Ende immer nur gewinnt, wo die Geister recht lebendig auf einander platzen. Mit dem Siege des reinen Pharisaismus nahm die Intelligenz, die geistige Arbeit ihr nicht blos angeborenes, sondern auch durch die Offenbarung gewährleistetes Recht gegen usurpirte Standesvorrechte und ein träges, herrschsüchtiges Priesterthum wieder in die Hand, wie dies überall mit unwiderstehlicher Gewalt geschehen wird, wo der Geist aus seiner Lethargie erwacht. Und wenn auch die Lehre des Pharisaismus von der „Auferstehung" der Leiber nach dem Tode zur Ausgleichung der Leiden der Gerechten im gegenwärtigen Leben eine Geburt der traurigen Zeit war, in dem Siege ihrer Lehre selbst feierten sie die wahre Auferstehung, die Auferstehung des Geistes, die zu allen Zeiten gefeiert wird, durch welche überall die „Denkenden (Maskhilim) glänzen wie der Glanz des Himmels, wie die Sterne immer und ewig"; die Auferstehung, die der Prophet verkündigt, die dem todten Gerippe wieder Leben gibt, wenn „Gott, der Herr, seinen Geist ihm einhaucht".

Das eigentliche Lehramt war schon früher immer mehr von den Priestern auf die Gelehrten, d. i. auf das Volk übergegangen, und war dies ohne Zweifel die hauptsächlichste Waffe gegen die Priesterherrschaft, wie es überhaupt überall erste Bedingung des Sieges über ein herrschsüchtiges Priesterthum ist, ihm den Jugendunterricht zu entwinden, da diese Herrschaft überall aufhören muß, wo die Intelligenz im Volke sich ausbreitet. Dem alten, von ihren Vorbildern, den Männern der großen Synagoge, ihnen als heiliges, bedeutungsvolles Erbe überkommenen Grundsatz[1]: „Stellt viele Schüler aus!" getreu, eröffneten die Pharisäer immer mehr Lehrhäuser, und zogen so das ganze, nach Wissen strebende Volk in ihre Kreise; durchdrangen, verarbeiteten, lehrten mit lebendigem Geiste das Gesetz,

[1]) Aboth, 1, 1.

bildeten seine Anwendung, wenn sie es allerdings auch oft gewaltsam und übertrieben ausdehnten, für das Leben aus, und erhielten deshalb auch den Namen Soph'rim, γραμματεῖς, den auch Esra und seine Nachfolger, die „große Synagoge", führten und zwar, wie bei Esra, in dem Sinne der „Gesetzeskundigen, der Lehrer der Worte der Gebote Gottes und seiner Satzungen für Israel"[1]), neben den Namen: „Schriftgelehrte" (νομοδιδάσκαλοι, νομικοί Chachamim, Thalmide Chachamim), welche Benennungen durchaus nicht verschieden aufzufassen sind, als sollten sie etwa, wie man schon annahm, die verschiedenen Beschäftigungen und Richtungen der einzelnen Gelehrten ausdrücken, da wohl Einzelne auf den besondern Gebieten: der Rechtskunde, der Ritualgesetze mehr hervorragten, alle aber das ganze Gebiet des Gesetzes umfaßten und praktisch übten. Jeder Chacham, Schriftgelehrte, war ebenso befähigt Beisitzer im Gerichte zu sein, wie rituelle Entscheidungen zu geben. Durch die zu Tausenden und aber Tausenden zählenden Schüler, die sich unter das ganze Volk zerstreuten, hatten sie eben so viele Wächter und Lehrer des Gesetzes ausgesandt, das Lehramt an sich genommen und an die Stelle des priesterlichen und aristrokratischen Einflusses, die Aristrokratie des Geistes gesetzt und immer mehr zur Geltung gebracht. Und nun erst wurden die priesterlichen Reinheitsgesetze, welche die „Frommen" zum Theil wenigstens schon früher[2]) auf sich genommen, immer mehr auf alle Nichtpriester ausgedehnt, so daß dadurch sogar die Verbindung mit dem „Landvolke" „Am ha-Arez", das sich diesen Beschränkungen nicht fügen wollte, gestört ward, und wurde jene Ausdehnung als Waffe benützt gegen die Herrschaft des Priesterthums, dem letztern sein Nimbus genommen und damit gleichsam die Gelehrten umgeben, was freilich wieder eine neue Kluft im Volke selbst bildete, aber auch ein mächtiger Antrieb für Alle werden mußte, der Bildung, dem Wissen sich zuzuwenden, da schon zur Beobachtung jener

[1]) Neh. 8, 1. 4. ff.

[2]) S. oben.

Gesetze eine gewisse Kenntniß vorausgesetzt ward, was aber den demokratischen Gedanken nicht störte, da einmal, wie bereits bemerkt, die Herrschaft des Geistes, die nicht auf Standesvorrechten beruht, nur fördernd im gesellschaftlichen Leben wirkt, und sodann Jeder das Wissen erringen, nicht aber dem Priestergeschlechte sich einfügen konnte. Und gegen das letztere, das seine bevorzugte Stellung so oft mißbraucht, galt es den Männern des Geistes vor Allem Front zu machen. Wie daher die Speise- und andere Gesetze immer mehr ausgedehnt wurden, um das Volk von jeder Berührung mit dem Heidenthume fern zu halten und dadurch den Gottesgedanken in seiner Reinheit zu bewahren, so wurden die priesterlichen Reinheitsgesetze auf alle Nichtpriester gesetzlich ausgedehnt, um dem Priesterthum seine kastenmäßig sich überhebende Besonderheit zu nehmen und den andern Grundgedanken der Offenbarungslehre: das allgemeine Priesterthum, immer mehr zur Geltung zu bringen. Mit unwiderstehlicher Gewalt schreitet dieser Gedanke durch das ganze geschichtliche Leben. Ganz wie unter Moses, dem Hohenpriester Aron gegenüber der Ruf laut ward: „Die ganze Gemeinde ist heilig!" „warum erhebt ihr euch über die Gemeinde Gottes?" so tritt wieder in den Makkabäerkriegen, wo fromme Priester selbst gegen die entarteten in den Plan traten, dieser Grundgedanke hervor: daß Gott Allen das Erbe und das Königreich und das Priesterthum und die Heiligkeit gegeben[1]), und so wird später als Grund der Ausdehnung der Reinheitsgesetze, der übrigens aus den Gesetzen selbst hervortritt, ausdrücklich die Heiligkeit des ganzen Volkes, das allgemeine Priesterthum angegeben. R. Gamaliel sagte: „Auch das Gemeine (nicht bloß das Heilige) muß in Reinheit genossen werden. Nicht den Priestern allein, sondern ganz Israel wurde die Heiligkeit vom Sinai gegeben, wie es heißt: „Rede zu der ganzen Gemeinde der Söhne Israels und sage

[1]) 2 Makk. 2, 17.

ihnen: Heilig sollt ihr sein"[1]). Möge man daher die außerordentliche, das Leben wie mit einem Netze umgebende Strenge und Ausdehnung der äußern Formen tadeln: eine gedankenlose Askese waren sie nie und sollten sie nie sein, sondern die Förderer der tiefsten göttlichen Offenbarungsgedanken.

Auch hieraus also wird es wieder klar, daß bei den Pharisäern von einer Sekte nicht die Rede sein kann: sie vertraten vielmehr das Judenthum in seinen tiefsten Grundlehren und hatten daher auch das Volk hinter sich, so daß die Sadducäer selbst nicht wagten, öffentlich nach ihren eigenen Ansichten zu handeln[2]), und die Könige selbst vor ihrem Einflusse auf das Volk sich fürchteten, den sie auch oft genug, trotz der Grausamkeit, mit welcher sie nicht selten gegen die Pharisäer auftraten, schwer empfinden mußten. In dieser Hinsicht hatten die Pharisäer gleichsam ein Doppelgesicht (wie Janus bifrons): den Frieden und seine das sociale Leben fördernden Beschäftigungen, mit der ganzen, den Staat und das Leben des Einzelnen in Theologie und Jurisprudenz umfassenden Wissenschaft, und den unversöhnlichen Krieg, kühn den Kampf aufnehmend gegen jede heidnische Sitte, den eigenen Königen den Fehdehandschuh hinwerfend, wo sie den väterlichen Glauben gefährdet sahen[3]). Auch darin also waren sie die eigentliche Volkspartei, die Demokratie, die gegen jede Tyrannei, die den innern Adel des ganzen Volkes herabdrücken wollte, sich erhob, mochte sie von Königen oder Priestern oder vornehmen Geschlechtern ausgehen.

Das also war der Pharisaismus und muß als Resultat unserer von der Hand der Geschichte von Esra an bis zur Tempelzerstörung und darüber geleiteten Forschung festgehalten werden:

---

[1]) Tana d'be Eliahu in Jalkut Khi Thisa.

[2]) Jos. Ant. XVIII, 1, 4. Th. Joma 19, b.

[3]) Jos. Ant. XIII. 15, 5., besonders aber VII. 2, 4. *φαρισαῖοι . . . βασιλεῦσι δυνάμενοι μάλιστα ἀντιπράσσειν, προμηθεῖς, καὶ τοῦ προὔπτου εἰς τὸ πολεμεῖν τε καὶ βλάπτειν ἐπηρμένοι.*

1. Der Pharisaismus kämpfte für die Reinhaltung des Gottesgedankens dem Heidenthum gegenüber; daher auch gegen jede heidnische Unsittlichkeit mit unerbittlicher Strenge.
2. Er kämpfte mit derselben Strenge im Innern gegen **herrschendes** Priesterthum.
3. Eben daher auch für den zweiten Grundgedanken der Offenbarung: das allgemeine Priesterthum und die Heiligkeit und Gleichberechtigung des ganzen Volkes.
4. Er vertritt darum im staatlichen Leben auf den Grund der Intelligenz und des Wissens den wahrhaft demokratischen Gedanken nach allen Richtungen.

Es darf deshalb allerdings auch nicht bezweifelt werden, und muß zum Verständniß der ganzen Geschichte klar bleiben, daß die Pharisäer auch den Geist vorbereitet und gepflegt haben, der später den Römern mit demselben bewundernswerthen Muthe und begeisterter Todesverachtung wie einst den Syrern gegenüber trat. Was sie im eigenen Staatsleben bekämpften, ohne Rücksicht der Person, von der es ausging: die Bedrohung des Gottesgedankens, das mußten sie um so mehr den fremden Tyrannen gegenüber im Auge behalten. „Ihr Gut und Blut, sagt daher auch mit vollem Rechte ein hochachtenswerther, neuerer christlicher Forscher[1]), gehörte dem Vaterlande, sobald es das Opfer forderte, oder ihm damit geholfen war. Aus ihren Reihen stammte jene Heldenschaar der Makkabäer, welche die Macht der Seleuciden brach, und zuerst wieder die Fahne der Freiheit auf Zions Mauern pflanzte. . . Später als ihre Führer Könige geworden und dynastische Interessen die der freien Gottesherrschaft überwogen, da ging von ihnen ein hart-

---

[1]) Reuß, l. l.

näckiger und oft blutiger Widerstand gegen die verkommenen Erben der Befreier aus. Und wiederum nahmen sie für diese Partei, als für die letzten Vertreter des ächten Volksthums, als die Fremdherrschaft in hassenswürdiger Gestalt es zu erdrücken drohte. Sie störten unaufhörlich die derselben dienstbare Regierung des Herodes; sie waren unermüdlich und kühn genug, den römischen Koloß herauszufordern, und wichen auch dann nicht, als er die eiserne Keule hob, es zu zerschmettern. Ueberall und immer erschien ihnen die bürgerliche Unabhängigkeit, die es galt zu erobern oder zu wahren, als der erste Schritt zur Verwirklichung der glänzenden Hoffnungen, welche tief in ihrem religiösen Glauben wurzelten. Eine jeder Probe gewachsene Ueberzeugungstreue bekundete die Redlichkeit ihrer Absichten und Wirkungen, die noch heute dauern nach mehr denn zwanzig Jahrhunderten, beweisen die Spannkraft und Zähigkeit ihres Strebens. Aber die Unzulänglichkeit ihrer materiellen Mittel den heidnischen Mächten gegenüber, machte ihren Widerstand auf die Dauer zu einem Kampfe der Verzweiflung, verbitterte die Herzen statt sie zu heben, grub die Kluft zwischen den Völkern immer tiefer ohne Gewinn für die gute Sache und bereitete dieser überall, wo sich der aus allem dem entstandene Haß geltend machte, Hindernisse und Gefahren ohne Ende. So wurde der jüdische Nationalsinn, soweit der pharisäische Einfluß reichte, zuletzt zum politischen Fanatismus, und seine unzerstörbaren, durch keine Klugheit geregelten Antipathien verstrickten ihn immer tiefer, und ohne Zuwachs an innerer Kraft, in den immer ungleichern, aussichtslosen Kampf, welcher die politische Auflösung herbeiführte."

So treffend und vorurtheilslos der gelehrte Verfasser aber auch das Streben des Pharisaismus beurtheilt, so ist er doch darin, daß er „die Verwirklichung der glänzenden Hoffnungen, welche tief in dem religiösen Glauben wurzelten", als den eigentlichen Grund der Kämpfe der Pharisäer besonders gegen die Heiden annimmt, sicher im Irrthume, und darum kann auch

S. 107. R. Akiba, der freilich unter Bar Chochba lebte, hält diesen für den Messias. Hall. Jer. Taanith c. 4. Hal. 5. Midr. Echa [illegible] [illegible]

Zweiter Abschn. z. der Wahrheit Derenbourg's Essai von S. 65. ff. daß auch in Bezeichnungen unter den Makkab. die Gelehrten am Kriege keinen Theil mehr nahmen, als die Gefahr für die Religion aufhörte, ist höchst interessant.

sein späterer Tadel gegen diese Kämpfe nicht gebilligt werden. Die Hoffnungen auf Verwirklichung des Messiasreichs, die der Verf. hier im Auge hat, waren so wenig der Grund der Kämpfe des wahren Pharisaismus, als die Erfüllung dieser Verheißungen nach der Annahme eines Thalmudisten sogar schon unter dem Könige Chiskias, nach Andern unter dem zweiten Tempel stattgefunden[1]), und, wieder nach der Lehre des Thalmuds, in keinem Falle Hand oder Fuß dafür geregt werden darf[2]). Auch während des Mittelalters waren immer die bedeutendsten Rabbinen gegen jeden Messianischen Schwindel, der, in Folge des furchtbaren Druckes, bisweilen durch verblendete oder betrügerische Abenteuerer das Volk ergriff. Der eigentliche Grund alles Strebens der Pharisäer, auch da, wo sie ins politische Leben eingriffen, war immer nur die Erhaltung der Grundlehren des Glaubens, wie wir sie oben hervorgehoben, nach innen und nach außen: die Lehre von dem einig einzigen Gott und des allgemeinen Priesterthums. Dafür opferten sie sich oft genug auf, aber sie retteten die höchsten Gedanken der Menschheit.

Wichtiger aber ist jedoch die Anklage „des politischen Fanatismus und seiner unzerstörbaren, durch keine Klugheit geregelten Antipathien“ (gegen das Heidenthum) von Seite der Pharisäer. Allein diese Anklage ist womöglich noch irrthümlicher, als die erstere. Im Gegentheil, es ist geschichtlich erwiesen, daß gerade die bedeutendsten Häupter des Pharisaismus den Kampf gegen die Römer zur Zeit der Tempelzerstörung nicht wollten, und zwar hauptsächlich aus dem Grunde, weil sie gerade jene Grundgedanken der Religion damals nicht in Gefahr wußten und ein Kampf um politische Hoffnungen, besonders

[1]) b. Synh. fol. 98. cf. Albo, Ikkarim IV, 9, 42.

[2]) cf. Th. Synh. fol. 97. ff. Khet. 110, b. vgl. Midr. Hoh. L. zu 2, 7. „Gott legte Israel die Verpflichtung auf, sich nicht gegen die Regierung aufzulehnen, der sie unterthan sind, und nicht gewaltsam die Länder zu verlassen, sondern ruhig und ohne Auflehnung den Messias zu erwarten; aber verpflichtete auch die Regierungen, Israel nicht zu unterdrücken.“

da sie die Erfolglosigkeit voraus sahen, ihnen nicht geboten schien. Der Schüler Hillel's, des größten und angesehensten Mischnalehrers, R. Jochanan b. Sachai, berief sogar während der Belagerung durch Titus eine Volksversammlung in Jerusalem, der er die Uebergabe der Stadt empfahl[1]). Und sicher lagen doch diesen Lehrern die Grundgedanken des Judenthums und ihre Erhaltung nicht weniger am Herzen, als ihren zelotischen Gegnern, oder selbst ihren Vorgängern in den Syrerkriegen. Aber noch war Rom nicht so weit gegangen, als die Syrer und später es selbst, wenigstens wurde es nicht faktisch durchgeführt: die Aufstellung von Götzenbildern im Tempel und die Uebertretung der wichtigsten Religionsgesetze zu erzwingen. Einzelne Ausschreitungeu römischer Statthalter in dieser Beziehung wurden schließlich von Rom aus immer wieder desavouirt, und selbst Caligula's Versuch, sein eigenes Bild zur Anbetung im Tempel aufzustellen, wurde bald als das erkannt, was es war, als die thörichte Laune eines wahnsinnigen Tyrannen. Die besonnenen Pharisäer, die eben **keine** politischen Fanatiker gewesen, waren daher, und wohl mit Recht, des festen Glaubens, Rom begnüge sich mit der einfachen Unterwerfung und werde unter dieser Bedingung Tempel und Stadt und die Glaubensfreiheit erhalten. „Es verlangt nur die Auslieferung der Waffen und wird euch dann Tempel und Stadt erhalten[2]), sprach R.

---

[1]) Aboth d'R. Nathan c. 4. ff.

[2]) l. l. בני כפני מה אתם מבקשים להחריב את העיר הזאת ואתם מבקשים לשרף את בית המקדש . . . הא אינו מבקש מכם אלא קשת אחת או חץ אחת וילך לו מכם.

Auch der berühmte Synedrialvorsteher zur Zeit des jüdischen Krieges mit den Römern, R. Simon b. Gamliel, der so fest auf der Seite seines Volkes stand, daß er seinen Posten nie verließ, war doch ein Gegner der zelotischen Eiferer und mißbilligte laut ihre unsinnigen Unternehmungen. cf. Jos. B. J. IV, 3, 9. Auch unter Hadrian hat R. Josua b. Chananjah mit Zustimmung der übrigen pharisäischen Lehrer einen Aufruhr zu ersticken gesucht, s. Mid. Rab. c. 64. Erst das Wüthen dieses Tyrannen gegen die wichtigsten Religionsgesetze konnte die Phari-

S. 104. [illegible] [illegible] nicht wiederholt [illegible], daß er den Lehrern wie um die politische Herrschaft zu thun war, daß sie im Gegentheil vollkommen zu finden waren, wenn d. [illegible] der [illegible] der Städte des [illegible] eingeschaltet war, [illegible] und auch unter fremder Herrschaft genossen.

S. 108. Wenn z. [illegible] [illegible]. [illegible] [illegible], so erscheint der von [illegible] [illegible] [illegible] als Aufgabe [illegible] in jeder Hinsicht geschilderte hochgepriesene Mann zu derselben Zeit [illegible] ist [illegible] als entschiedenen Freund der Freiheit und eifrigen Verfechter der Demokratie, der das Gemeinwohl höher achtete, als den eigenen Vortheil (wodurch derselbe künftig [illegible] [illegible] seine ~~[illegible]~~ bezüglich Seite 39 von [illegible] Sinne des Mannes selbst verurtheilt; der aber darnach die [illegible] mit Recht [illegible], weil er von der [illegible] des Königs und dessen [illegible] [illegible] des Staates und des Volkes, wenn er fortgeführt würde, überzeugt war.

S. 109. Nur einmal erwähnt Pausanias die Messeni-
schen Festzüge der Mitspielenden bei den Tänzen
cf. Welcker d. Götterl. II. S. 211.

Jochanan zu dem versammelten Volke. Er hatte wohl sichere Nachrichten über die Dispositionen des Feindes, wie die Geschichte auch anderwärts lehrt, und wurde ihm ja selbst auf seine Bitte gestattet, ein neues Lehrhaus in Jamnia (Jabneh) zu errichten, eine That, durch welche er das Judenthum und seine Aufgabe aus dem Schutte des Staatswesens rettete, die aber auch den Beweis liefert, daß es den Römern damals noch nicht um die Vernichtung des Glaubens zu thun war, wie überhaupt das römische Heidenthum im Grunde von Glaubensverfolgungen nichts wußte, und auch später in der Unterdrückung der jüdischen Lehre nicht den Glauben, sondern den Geist tödten wollte, aus welchem die politischen Unruhen nach seiner Meinung die Nahrung sogen, oder man wollte die Bildung überhaupt vernichten, um die stupide Masse desto sicherer nach seinem Willen lenken zu können. Völlig falsch, nicht nur in der Auffassung des Grundes, wonach man an die Stelle der aufwirbelnden Gluth der Vaterlandsliebe und des Kampfes um die heiligsten Güter der Menschheit, die abgeblaßten messianischen Hoffnungen setzen will, die gerade in dem furchtbaren Kampfe mit den Römern zur Zeit der Tempelzerstörung weder bei einem der Führer, noch bei dem Volke hervortreten, sondern auch gerade von blinder Feindseligkeit dictirt ist die Behauptung eines andern Schriftstellers, als ob die Friedenspartei der Pharisäer von Feigheit geleitet worden sei[1]). Diese Friedenspartei wußte, wie bemerkt, daß damals die höchsten Güter nicht bedroht waren und kannte auch zu wohl den Unterschied zwischen den syrischen Heeren und ihren Anführern zur Zeit der Makkabäer und den römischen Legionen und ihren weltunterjochenden Feldherren, als daß sie sich ohne die höchste religiöse Noth in den so ungleichen Kampf mit den allmächtigen Welteroberern hätten stürzen,

---

säischen Lehrer zur Begünstigung des Bar Chochba'schen Aufstandes bestimmen, S. Rapaport Erech Millin, Art. Adrianus.

[1]) Gfrörer, Vorrede zu seiner Uebersetzung d. Jüd. Krieges v. Josephus, die überhaupt von ungerechten Vorwürfen und Insinuationen sprudelt.

oder ein billiges Abkommen nicht hätten annehmen sollen. Es läßt sich überdies nachweisen, daß die vorzüglichsten, gefeiertesten Häupter des Pharisaismus ursprünglich überhaupt gegen die hermetische Absperrung von den Heiden im Leben durch unbegrenzte Ausdehnung ritualgesetzlicher Verbote entschieden auftraten, wovon wir noch zu sprechen haben werden. So oft Rom die Religion selbst bedrohte, stellten sich die bedeutendsten pharisäischen Häupter an die Spitze des so ungleichen Kampfes, ja selbst das um diese Zeit wieder herabgekommene Hohepriesterthum hielt doch jetzt in solchen Fällen entschieden zu dem Volke, wie sie eben bei Gelegenheit von Caligula's wahnsinnigem Versuche bewiesen[1]), und traten unter Bar Khochba sogar mit ihrem decimirten Volke dem römischen Koloß furchtlos entgegen[2]). Und jetzt erst entwickelte sich auch ein tiefer Haß gegen die barbarische, alles menschliche Gefühl verhöhnende römische Zwingherrschaft, die allerdings in der immer mehr anwachsenden Ausdehnung der Gesetzesumzäunungen, um die Abschließung vom Heidenthum durch das ganze Leben zu bewirken und selbst in einer mit dem ganzen Charakter des Pharisaismus und seiner Milde im Leben, wie wir nachher sehen werden, in Widerspruch stehenden Verbitterung gegen Alles, was Rom und seine Anhänger betrifft, seinen Ausdruck findet und ist darin, keineswegs aber in religiösen Anschauungen, der Grund so mancher Aussprüche der Thalmudisten in dieser Beziehung, wie wir dies an seinem Orte im Einzelnen nachweisen werden, zu suchen.

Das Verhältniß der Italiani zu den Tedesci, nämlich zu Oesterreich und noch mehr der Polen zu den Russen in unserer Zeit kann nur einen schwachen Vergleich bieten, da selbst die Behandlungsweise der Russen gegen die Polen in den allerschlimmsten Zeiten eine wahrhaft väterliche im Vergleich zu der

[1]) Jos. Ant. XVIII. 8, 2. zeichnet genau die Gefühle der Juden, oder, was dasselbe sagen will, des Pharisaismus in dieser Hinsicht.

[2]) Von den größten Lehrern des nachfolgenden Geschlechts, von R. Akiba und Andern, ist dies geschichtlich erwiesen.

p. 111. Ueber d. Versammlung der Athleten[illegible]
in Rom s. Weber u. Holtzm. Bd. II. S. 246.
247. Die [illegible] wurden in großer Anzahl
Athleten u. Gladiatoren [illegible]
[illegible]
~~[illegible]~~ v. [illegible] [illegible]
[illegible]
[illegible]
[illegible] II. S. 134–150 [illegible]
[illegible] S. 148 [illegible] 150. [illegible]
zum [illegible]

Grausamkeit des siegreichen Rom gegen die armen Juden genannt werden muß. Wo das Vaterland von fremden Unterjochern unterdrückt wird, da mag der Patriot, je tiefer er seine Hoffnungen sinken sieht, von glühendem Fanatismus, vom tiefsten Hasse gegen den Unterdrücker erfüllt werden. Wo aber das Heiligthum, das höchste Palladium, die Gott geweihte Stätte, wie es von Rom geschah, seiner seit Jahrhunderten gesammelten reichen Schätze und frommen Stiftungen beraubt und endlich ganz zerstört wird, da muß der fromme Sinn auf's Tiefste verletzt und zur Rache aufgestachelt werden. Wo dazu noch ferner, wie es wieder bei dem barbarischen blut- und beutegierigen Rom unter so vielen seiner entarteten Herrscher und ihrer Präfekten in den entlegenen Provinzen Asiens geschah, das Volk im Einzelnen beraubt, ausgeplündert wird, und, wie bei den Juden, Frauen und Kinder zu Tausenden der Gefangenschaft, der Schande preisgegeben, die Besten im Volke bei jeder Regung eines vaterländischen Gefühles den grausamsten Martern, erbarmungslosem Tode geweiht werden; ja, wo man, wie wieder Rom gegen die Juden, noch weiter geht und die heiligsten G e f ü h l e des Glaubens, j e d e Aeußerung des Bekenntnisses, des am höchsten gehaltenen Gesetzes der Religion mit dem Scheiterhaufen, mit Galgen und Schwert bestraft, da mag man die unglücklichen Opfer beweinen, nimmer aber den Stab brechen über ein hartes Wort, das gerade im tiefsten, sittlichen Abscheu der gepreßten Brust entfährt. Und mit blutigem Griffel sind jene Grausamkeiten auf jedem Blatte der damaligen jüdischen Geschichte tausendfach im Einzelnen eingegraben. Drastisch und kurz werden sie in einer der ältesten thalmudischen Schriften im Allgemeinen dargestellt[1]): „Warum führt man Dich zum Richtplatze?" (fragt ein Israelite den andern). „Weil ich meinen Sohn beschnitten habe." „Warum wirst Du verbrannt? Weil ich in der hl. Schrift gelesen". „Warum führt man Dich zum

---

¹) Mechiltha, Jithro c. 6. Ende.

Galgen? Weil ich Mazza gegessen (das Osterfest gefeiert) habe". „Warum wirst Du gegeißelt? Weil ich den Lulabh genommen (das Hüttenfest gehalten) habe" [1]).

Schon deshalb, aber auch nach den bestimmtesten Zeugnissen müssen wir auch dem Urtheile des jedenfalls von persönlichen Vorurtheilen freien, würdigen Verfassers des Artikels „Pharisäer in Herzogs Real-Encylopädie" in Bezug auf den *sittlichen* Sinn der Pharisäer überhaupt entschieden widersprechen. Derselbe bemerkt nämlich weiter: „Die Verwendung der Kraft durch die Pharisäer für hohle Formen hatte noch den beklagenswerthen Nachtheil, daß sie den *sittlichen* Kern des Judenthums, die schönste Errungenschaft aus der Prophetenzeit, schwächte und verderbte; daß ferner das *gemüthliche* Element der Moral gänzlich fehlte, vielmehr sich eine starke Neigung zeigte, sich von Rücksichten des Nutzens leiten zu lassen." „Eine äußerliche Ascetik förderte das innere Erkalten, und eine leicht mit dem Gewissen sich abfindende Casuistik wurde, wie überall, der wahre Krebsschaden der Sittenlehre."

Wir bekennen zwar offen, nicht zu verstehen, was der Verfasser mit dem Vorwurfe meint, daß sich die Pharisäer in religiöser Hinsicht von „Rücksichten des Nutzens" hätten leiten lassen; jedenfalls konnte er bei seiner ganzen Schilderung, wenn ihm nicht hier noch die *überkommenen* Vorstellungen das sonst klare Auge getrübt haben, nur die *falschen* Pharisäer im Auge haben, die der Thalmud selbst so sehr geißelt, und manche geistesschwache Epigonen oder verschmitzte Heuchler, die heutzutage unter einem todten Formalismus die innere geistige oder sittliche Leere verhüllen wollen. Man kann das Ueberwuchern religiöser Vorschriften beklagen, muß aber nichts desto weniger zugestehen, daß der wahre Pharisaismus dennoch den tiefsten *sittlichen* Kern nie aus den Augen verlor. Selbst bei der am höchsten geachteten Vorschrift, dem Thorastudium,

[1]) Vgl. auch Th. Ab. Al. 17, b. Wahrhaft schaudererregend ist die Grausamkeit Roms gegen die Gesetzestreuen geschildert, Midr. Hoh. L. 2, 7.

Zu S. 112. Schenkel. Charakteristik der Geschichte ... in Bezug auf d. Gesetz [illegible]
diese Kritik noch viel schärfer ... S. 91
„d. Begriff des alttestamentlichen Gottesreiches war ein äußerer
u. äußerlich Verfassung auf Satzungen u. Gesetzeszwang;
darum bezogen sich s. Gebote u. Verbote auf d. äußere
Verhalten des Menschen, den bundesgesetzl. Gehorsam.
Das neutestamentl. Gottesreich ist e. inneres u. geistiges
u. beruht darauf auf ~~sittlicher~~ persönl. Freiheit. Darum
beziehen sich s. Satzungen auf das innere Verhalten d. Mensch.
d. sittliche Gesinnung. Im alten Bunde war d. Mord
verboten; im neuen ist es auch der Zorn, weil er d.
innere Quelle des Mordes ist. Im alten Bunde bewirkte
das gesetzgemäß dargebrachte Opfer als solches Sühne;
im neuen Bunde hat das Opfer nur dann sühnende
Kraft, wenn es mit e. versöhnlichen u. versöhnten
Gemüthe dargebracht wird. Im alten Bunde war der
Ehebruch lediglich als vollzogene Handlung untersagt,
im neuen Bunde gilt schon d. begehrliche Blick nach dem
fremden Weibe als Ehebruch. (X. Gebot?) . .
D. pharisäische Gerechtigk. begnügte sich mit d. correcten
Beobachtung des ~~[illegible]~~ Gesetzesbuchstabens, wer sich gegen
diesen nicht verfehlt, ist e. Gerechter vor Gott, d. innere
Gesinnung, die Heiligung d. Seele vor Gott ist dieser Gerech-
tigk. gleichgültig. Aber d. Schein der Gerechtigk. vor den
Menschen bewahrt, wer vor menschlichen Gesetzes-
übertretungen sich zu hüten versteht, der hat in d. Augen
der Pharisäer Gottes Gebot erfüllt. Auf diesem
Wege untergräbt der Pharisäismus das Gewissen, zerstört Religion u. Moral in ihrer Wurzel u. schlägt
den Nerv des Volkslebens u. d. Volksthums durch
Verflüchtigung der sittl. Charaktere. Es ist d. Religion des
Scheins u. hat d. Moral der gleißenden Oberflächlichkeit.
Es ist der pharisäische [illegible] verkommener [illegible] vorschrift. etc."
Jeder Satz, der hier von der alten Lehre ausgesagt wird,
ist nur ein Zeugniß von der vollkommenen Unkenntniß des Verfassers, wie der neue Opfer, v. d. Gerechtigkeit, v. Zorn
Gesagte ist durch Vergleich zu widerlegen; mit Anderen, und
namentl. mit dem allgemeinen Ausspruche der sittl. Gedanken
ist es hier bewußt geschehen. (S. weiter bei S. 116.)
Was Schenkel S. 181 f. v. d. Pharisäern aus dem [illegible]
anführt, ~~[illegible]~~, so weit es Grund hat, nur auf d. falschen [illegible]

der Schwerpunkt wesentlich von dem alttestamentl. Gottesreiche liegt, so, daß dessen Begriff ein äußerlicher war u. durchaus auf Beziehung der Gesetzgebung beruhte, & muß er ihn als längst überwundenen, durchaus veralteten Standpunkt begriffen werden. Alle wirklichen Schriften des N. T., welche die Schüler zu Jesu stellen, stimmen u. [illegible] geben ein ganz anderes Bild davon. Wir verweisen in dieser Hinsicht auf das neueste Werk von ~~[struck]~~ u. Holtzmann, in welchem die Resultate jener Forschungen, besonders auch von Keim, den man gewiß keine ~~[struck]~~ eine allzugroße Liebe zum Judenthum zum Vorwurf machen kann, niedergelegt sind ~~[struck]~~ führe in dieser Hinsicht nur den neuen Satz an, ~~[struck]~~ worin das gerade Gegentheil ausgesprochen ist. ~~[struck]~~ „Mit rücksichtslosem Kühnheit, heißt es Bd. I S. 449. entfaltet er (Jeremia) die Schäden des Staats, der Religion und der Gesellschaft, trat den Königen u. Vornehmen kühn entgegen, ungebeugt durch d. Verfolgungen, die ihn unaufhörlich umschwebten; und als endlich d. Verderben, das er verkündigt, über Volk u. Land hereinbrach, da verzagte er nicht kleinmüthig; unter den Trümmern der Stadt weissagt er die Rückkehr der Frommen u. e. schönere Zukunft unter Jehovah's königlicher Führung (c. 30–33). Dann werde ein neuer Bund aufgerichtet werden, & nicht mit Erz u. Griffel in Stein gegraben, sondern mit [illegible] ins Herz der Menschen geschrieben; ein Bund der Gesinnung nicht des äußern Gesetzes, „wo man der Bunde lade nicht mehr gedenke und ihn nicht mehr vermisse."

Auch Josephus bekennt sich zum Pharisäismus. der aber, wie er von Johannes d. Täufer berichtet, rühmt er gerade an ihm, daß er sich mit der Äußerlichkeit nicht begnügte, sondern von der Taufe die Tugend und die Gerechtigkeit der Gesinnung verlangt hätte (Ant. XVIII, 5, 2. κελεύοντα ἀρετὴν ἐπασκοῦντας καὶ τῇ πρὸς ἀλλήλους δικαιοσύνῃ καὶ πρὸς τὸν θεὸν εὐσεβείᾳ . . . . ἅτε δὴ καὶ τῆς ψυχῆς δικαιοσύνῃ προεκκεκαθαρμένης. – Der Rabbinische 1312 fehlt: 1416.

ist es der sittliche Gedanke, den er dabei am meisten hervorkehrt. Der berühmte Lehrer Hillel sagt in dieser Hinsicht: „Wer sich der Krone (der Thora) zu selbstsüchtigen Zwecken bedient, schwindet dahin [1])“. Das alte Schulhaupt Antigonos lehrt im Namen Simon II.: „Seid nicht wie Knechte, die dem Herrn um des Lohnes willen dienen“ [2]). In einer Boraitha [3]) wird der Vers: „Gott, deinen Herrn, zu lieben“, dahin erklärt: der Mensch sage nicht: „Ich will die heilige Schrift lesen, damit man mich einen Weisen nenne; ich will die Mischna studiren, damit man mich Rabbi heiße, damit ich Schulvorsteher werde, sondern aus Liebe zu Gott, das dir Gebührende wird sich schon finden.“ Der Thalmud geht sogar so weit, den, der dem bloßen Studium der heil. Lehre obliegt, ohne thatsächliche Liebe zu üben, einem Solchen zu vergleichen, „der keinen Gott habe“ [4]). Schärfer kann der Formalismus gewiß nicht verurtheilt werden. „Zwei Lehrer“, fährt der Thalmud fort, „wurden von den Römern gefangen gesetzt, weil sie sich mit dem göttlichen Worte beschäftigt, der eine wurde gerettet und zwar deshalb, weil er mehr thatsächliche Liebe geübt.“ Und diese Ansicht: daß das Sittengesetz über den rituellen Geboten steht, wurde von den bedeutendsten Lehrern des Mittelalters festgehalten. Der berühmte Bachia b. Josef (Bechai) im eilften Jahrhundert vergleicht in seinem Buche: „Die Herzenspflichten“ (Choboth ha-Lebaboth) die heiligen Schriften mit einem Seidenbündel von drei an Qualität außerordentlich verschiedenen Seidenarten: Die feinste Gattung sei der innere Geist und die Sittengesetze, eben die „Herzenspflichten“; die zweite, weit unter der erstern stehende Gattung

---

[1]) Aboth I, 13.

[2]) Das. I, 3.

[3]) Ned. fol. 62. Boraitha's sind die in die Mischna-Sammlung R. Jehuda's nicht aufgenommene Gesetze und Aussprüche alter Lehrer.

[4]) Abod. Al. 17, 6. Aehnlich Jalkut im Namen des Siphre zu Deut. 15, 9. „Wer kein Erbarmen übt, ist dem Götzendiener gleich geachtet.“

enthalte die Ceremonialgesetze, die „Gliederpflichten"; die dritte endlich umfasse die geschichtlichen Nachrichten. Dieser sittliche Grund des religiösen Lebens tritt sogar im Pharisaismus, man möchte fast sagen, in der ängstlichsten Weise hervor. Nicht bloß die unsittliche That, jedes unsittliche Wort gilt ihm als die höchste Sünde. „Wer seinen Mund durch unzüchtige Reden schändet, den trifft Mißgeschick, wenn er auch zum höchsten Glück bestimmt wäre" [1]). „Wer seinen Mund durch unzüchtige Reden entweiht, dem wird die Hölle tiefer gemacht" [2]). Diese umfassende Sittlichkeit erstreckt sich auf alle Gebiete des Lebens. Vier Menschenklassen, sagt ein thalmudscher Lehrer, werden die Gottheit nicht schauen (nicht selig werden): die Spötter, die Schmeichler, die Lügner, die Verläumder [3]). Die Liebeshandlung oder die Frömmigkeit des Herzens (Chasiduth v. Chesed) ist den alten Thalmudlehren die Stufe, welche zur menschlichen Vollendung führt, oder auch die Demuth, die Bescheidenheit. „Das Studium der Thora", sagt der durch seine außerordentliche Frömmigkeit berühmte Lehrer R. Pinehas b. Jair, „führt zur Zurückhaltung von der Sünde, diese führt zur Vorsicht, diese zur Unschuld, (N'kiuth Sittenreinheit), diese zur Absonderung, diese zur Reinheit, diese zur Heiligkeit, diese zur Scheu vor Sünde, diese zur Demuth, diese zur Herzensfrömmigkeit (Chasiduth), diese zum heiligen Geiste" (Ruach Ha-Kodesch); der berühmte Lehrer R. Josua b. Levi hält die Demuth für die höchste Tugend [4]). So wird überall gerade jede sittliche Tugend als das Ziel der Thora und ihres Studiums und als erste und nothwendige Bedingung des religiösen Lebens bezeichnet. Und was die Religion lehrt, das bezeugt die Geschichte als Thatsache. Nicht blos die alten Heroen des Pharisaismus im Thalmud, auch in den finstersten, traurigsten Zeiten des

---

[1]) Th. Khet. fol. 5.

[2]) Mez. fol. 33.

[3]) Sota, fol. 42.

[4]) Ab. Al. fol. 20, b. cf. Midr. Hoh. Lied, Abschn. 1.

S. 114. die Lüge ~~[illegible]~~ d.
verschafft, und sie sogar
[illegible] zu versprechen
zu geben, weil man es
geweihet (~~[illegible]~~ Luc. 4.

[illegible]
[illegible]
[illegible]
Synh. 108, a. [illegible]
[illegible]
[illegible]
[illegible]
[illegible]
[illegible]
[illegible]
[illegible]
[illegible]
[illegible]
[illegible]
[illegible]
[illegible]
[illegible]
[illegible]

[illegible]
[illegible]
[illegible] Thal. [illegible] 401, [illegible]
[illegible]
[illegible] Dek. [illegible] No. 141. [illegible]
[illegible]
B. Maria, [illegible]
[illegible]
[illegible]
[illegible]

[illegible]
[illegible]
[illegible]
[illegible]
[illegible]
[illegible]

Gegen Schenkel's [illegible] aufgestellte Behauptung der Weltbeglückungskraft des christlichen Glaubens ist die Bemerkung, welche die kleine [illegible] C. L. Zeitschrift von den Kaffern bringt:

"Alle die Kaffern, welche von den Missionaren bekehrt sind, erweisen sich als unbrauchbare Leute, sind unehrlich, träge zu der Arbeit und allen Lastern ergeben. Man kann jedem Kaffer ungetauft sein Hab und Gut anvertrauen, er wird nichts veruntreuen. Nur vor den christlichen Kaffern muß man auf der Hut sein." —

Ähnlich spricht sich G. F. Kolb in seiner Culturgeschichte der Menschheit Theil II. S. 12 ff. aus in Bezug auf die alten Franken. Vgl. die Stellen [illegible] die in der Anmerkung aus Herder's Briefe zur Beförderung der Humanität angeführten Stellen.

[illegible] Seiten unter F. [illegible] wohl zu [illegible], [illegible] Ignorierung der Glaub. [illegible] als bei Schenkel. [illegible] [illegible] Beurtheilung d. [illegible] hätte er [illegible] besser [illegible] geschrieben, so [illegible] als [illegible] Vertheidigung bezeichnet werden. Auf [illegible] in d. [illegible] d. Begriffs [illegible] weniger als d. [illegible] der den Satz: [illegible] d. Zweck heiligt d. Mittel [illegible] als [illegible] [illegible] 130.

Mittelalters, als die Rohheit und selbst die entartetste Sittenlosigkeit oft ungestört die Welt beherrschte, hat eine wahrhaft aufopfernde, Geist und Herz noch jetzt erhebende, alle Lebensverhältnisse wie mit einem poetischen Hauche durchströmende Sittlichkeit und reinste Tugend die großen Lehrer des Rabbinismus ausgezeichnet, und hat sich von ihnen ein sittlicher Sinn in die jüdische Familie gepflanzt, der selbst von den erbittertsten Feinden der Juden immer anerkannt werden mußte.

Daß aber der pharisäischen Moral auch das „gemüthliche Element" nicht fehle, muß dem unbefangenen Kenner des jüdischen Schriftthums nicht minder klar sein. Dies tritt zunächst in der Auffassung der Familie, in welcher das tiefste Gemüth sich offenbaren konnte, klar zu Tage. Zuerst die Ehe selbst. Sie wird im Pharisaismus als des Mannes höchste Verpflichtung und zugleich als die einzige Quelle wahren Glückes, wahren Segens, wahren Friedens betrachtet, ja der Thalmud erklärt den Menschen erst durch die Ehe des wahrhaftigen Menschenthums fähig [1]). Dabei kann nur von der Monogamie die Rede sein. Denn wenn auch der Mosaismus die Vielweiberei nicht geradezu verbietet, so geht doch schon aus der Schöpfungsgeschichte in den Mosaischen Büchern hervor [2]), daß die Heiligkeit der Ehe in der Monogamie beruht, und spricht auch das Gesetz [3]) nur höchstens von zwei Frauen und dies nur als Ausnahme. Wir kennen kein Beispiel bei den pharisäischen Lehrern von mehr als Einem Weibe. Die Sitte hatte jedenfalls geheiligt, was das Gesetz, das im Anfang wohl auch hier nur reformirend, mildernd auftreten konnte, nicht geradezu verboten hatte. Ohne diese Sitte und ohne dieses Beispiel des Phari-

[1]) Jeb. fol. 63. 64.

[2]) Bes. 1 M. 2, 24.

[3]) Deut. 21, 15. Nach Maim. Erklärung v. d. verbot. Ehen 17, 13, zieht der Thalmud, Jeb. 59. a. aus 3 M. 21, 13. „Er soll ein Weib in ihrer Jungfräulichkeit nehmen", den Schluß, daß dem Hohenpriester schon mosaisch die Bigamie verboten gewesen sei.

saismus möchte auch die desfallsige Verordnung des berühmten Rabbinen R. Gerschom im zehnten Jahrhundert in ganz Europa kaum so siegreich bei den Juden durchgedrungen sein. Allerdings kommen im Thalmud in Bezug auf die Ehelichung des Weibes und seine Scheidung von dem Manne ganz äußerliche Bestimmungen vor. Allein die Erklärung einer solchen Erscheinung wird uns durch den Vergleich mit der Bibel selbst leicht. Nichts geht über die tief gemüthliche Weise, in welcher in der Schöpfungsgeschichte die Ehe als die höchste, von Gott selbst geweihte Einheit und Zusammengehörigkeit des Gatten und der Gattin dargestellt wird [1]), und dennoch konnte der Mosaismus das zu seiner Zeit in Bezug auf die Ehelichung herrschende Verhältniß nicht ganz beseitigen; er mußte vielmehr auch hier nur mildernd, die früher in dieser Beziehung wohl herrschende Gewalt nur beseitigend, wirken, im Uebrigen aber die Ehelichung wie einen bürgerlichen Kaufakt bestehen lassen. Es scheint, daß diese äußere Erwerbung an der Heiligkeit des innern Verhältnisses nichts änderte. Ganz ebenso muß dieses Verhältniß im Thalmud aufgefaßt werden. Es kann keinem Zweifel unterliegen, daß auch hier die äußere Erwerbung nur das bürgerliche Verhältniß, gleichsam das Civilrecht darstellte, daß aber nichts desto weniger die innere Heiligkeit der Ehe in ihrer ganzen Größe festgehalten ward. Das gleiche Verhältniß

---

[1]) Interessant ist die Deutung der alten Rabbinen von der Schöpfung des Weibes aus der Rippe des Mannes, wie sie zugleich auch wieder Zeugniß von dem tief sittlichen Gefühle ablegt, das sie überall leitet. „Gott sprach: Ich will das Weib nicht von dem Haupte des Mannes erschaffen: sie sei nicht hochmüthig; nicht von dem Auge: nicht coquett blinzele sie mit dem Auge; nicht vom Ohre: sie sei keine Horcherin; nicht vom Munde: sie sei nicht plauderhaft; nicht vom Herzen: sie sei nicht begehrlich; nicht von der Hand: sie betaste nicht Alles; nicht vom Fuße: sie schlendere nicht müssig umher; sondern ich schaffe sie von einer Stelle, die immer bedeckt ist, daß sie keusch und züchtig sei; und bei jedem Gliede, daß Gott ihr schuf, sprach er: „Sei keusch und züchtig! Sei keusch und züchtig!“ (Mid. Ber. Rab. c. 18.)

Vergl. [illegible] 6. S. 112.

Zur Widerlegung dient ein [illegible] an d. [illegible] [illegible] in den [illegible] Theilen [illegible] überall herrschen. [illegible] von [illegible] nicht d. [illegible] d. [illegible], [illegible] nicht einige Theilen. [illegible] dieser Richtung aufmerksam [illegible] [illegible] [illegible] d. ganzen [illegible] für [illegible] Theilen. 6. B. Bakk. fol. 88. „Die Sünden, welche gegen d. [illegible], sind schwerer als [illegible] gegen d. Sittlichkeit".

Mit ängstlicher Strenge [illegible] derselbe die Abend-[illegible] gesetzt, d. auch mit Strafe, selbst mit [illegible]-käufern u. Verkäufern [illegible] Übertretung der Maße u. Ge-[illegible] gewarnt, ein kleines zu irgend welcher [illegible] [illegible] sogar verboten, [illegible] oder kleinerer Maß als das andere gebräuchliche im Handel damit kein Mißbrauch [illegible] macht.

Das Verbot des [illegible] [illegible] in [illegible] sogar für [illegible] [illegible]! Jemand [illegible] den nicht [illegible] sollte, [illegible] [illegible] [illegible] [illegible] (A. [illegible] S. 98.).

[illegible] ist [illegible] [illegible] den [illegible] [illegible] [illegible] als selbst [illegible] [illegible]

S. 117. Ueber die Scheidung nach rabbinischen Satzungen. [illegible] [illegible] auch der Talmud (kein [illegible] nöthig z. Maim. [illegible] [illegible]) [illegible] [illegible] zu dem richtigen Punkt:

Anzuführen über Buße sind auch die Stellen: [illegible] –

אלה [illegible] [illegible]

על [illegible] [illegible] [illegible]

[illegible]. [illegible]

רבי [illegible] כשם שהזהיר הקב"ה על העריות כך הזהיר

על הגזל [illegible] שגם העולם [illegible] וכו'

[illegible]. [illegible] [illegible] על [illegible] [illegible]

s. Beilage.

Die Zusammenstellung eigener Schriften bringt in den [illegible] Grundlehren der Juden: Einheit Gottes, Menschenliebe, Sittlichkeit, s. Abraham [illegible] Hechaluz IV. S. 24 ff.

Eigener Abschnitt ist auch anzuführen:

אליהו רבא פ' [illegible] בה' דברים העולם חרב [illegible] [illegible]

העולם [illegible], [illegible] דברים העולם [illegible] בג' דברים

העולם חרב: על הדין ועל ע"ז ועל גלוי עריות ועל

שפיכות דמים ועל חלול השם ועל דברים [illegible] [illegible]

[illegible] ועל [illegible] [illegible] ועל לשון הרע [illegible] [illegible]

ובג' דברים העולם [illegible]: מתוך הדין ומתוך [illegible]

[illegible] [illegible] ומתוך השלום

[illegible] ist folgendes, [illegible] [illegible] [illegible] [illegible] [illegible] [illegible] [illegible] [illegible] [illegible] [illegible] [illegible] [illegible] [illegible] [illegible] [illegible] [illegible] [illegible] [illegible] [illegible] für [illegible] [illegible] [illegible] [illegible] [illegible]

[illegible]

tritt bei der Scheidung hervor, wo sicher einzelne Thalmudisten auch nur der Sitte eine Concession machten. Aber gewichtige Autoritäten lassen die gezwungene, ohne Einwilligung des Weibes stattfindende Scheidung doch auch, conform dem einfachen Bibelworte, nur bei wirklich vorkommender Unsittlichkeit von Seiten des Weibes zu und diese Ansicht wird schließlich zum Gesetz erhoben. Dennoch wird die Trauer um eine stattfindende Scheidung besonders des Jugendweibes ganz allgemein tief gemüthlich in den Worten ausgedrückt: daß „selbst der Altar Thränen darob vergieße.“ Die thalmudischen Lehrer, d. h. die Pharisäer, das geht aus Allem hervor, erkennen die ganze Heiligkeit der Ehe mit innerstem Gemüthe an, und selbst in den Fabeln, die sie um die Schöpfung des Weibes dichten: daß es ursprünglich sogar in Einen Körper mit dem Manne vereinigt gewesen sei u. dgl., drückt sich die Innigkeit des Verhältnisses aus, das sie zwischen Mann nnd Weib anerkennen. Man muß die Sprache dieser alten Lehrer nur verstehen, den Kern aus der Schale loszulösen, die Form der Einkleidung nur von dem wirklichen Inhalte zu sondern wissen. In der Behandlung des Weibes von Seiten des Mannes empfehlen die Rabbinen die äußerste Rücksicht. „Jeder, sagen sie, halte seine Frau in Ehren, denn der Segen des Hauses ist nur ihr zu verdanken“ [1]). „Wer seine Frau liebt wie sich selbst, und sie mehr ehrt, als er sich selbst ehrt, und wer seine Söhne und Töchter auf die Bahn der Tugend leitet, von dem heißt es: Wisse, daß Frieden ist in deinem Hause (Job. 4, 24)[2]). „Der Mensch esse und trinke weniger, als sein Vermögen gestattet, kleide sich nach seinem Vermögen, und ehre sein Weib und seine Kinder über sein Vermögen; denn sie sind von seiner Güte abhängig, wie er selbst von der Güte dessen, der da gesprochen und die Welt entstand.“ „Jeder sehe mit allem Ernste darauf, daß er seine Frau nicht betrübe, denn ihre Thränen dringen zu

[1]) Mez. fol. 59.
[2]) Jeb. fol. 62.

Gott." „Der Mensch hieß zuerst Adam, weil er aus Fleisch und Blut (Dam) besteht, erst nachdem das Weib geschaffen, ward er Mann (איש) genannt und sie Männin (אשה), in beiden zusammen steht der Name Gottes (יה). Wenn sie in meinen Wegen wandeln und meine Gebote beobachten, so ist mein Name in ihrer Mitte, ich bewahre und rette sie vor jeder Noth und Drangsal, wenn nicht, so nehme ich ihn weg und es bleibt nur Feuer (אש), das sie gegenseitig verzehrt" [1]).

Was die Verehrung der Eltern betrifft, so wird sie ganz der Verpflichtung gegen Gott gleichgestellt [2]). „Wenn Jemand seine Eltern betrübt, so spricht Gott: Ich that wohl daran, nicht in eurer Mitte zu wohnen, denn wohnte ich unter euch, ihr würdet auch mich betrüben [3]). „Ja, mehr noch als Gott muß der Mensch seine Eltern ehren; denn die Ecken des Feldes, die abgefallenen Aehren den Armen zu lassen, Hebe und Zehnten den Priestern und Leviten zu geben, bist du verpflichtet, wenn du Grundstücke besitzest; von Thüre zu Thüre aber mußt du betteln, wenn du nichts besitzest, um das Bedürfniß der Eltern zu befriedigen." Was namentlich das letztere, die Art der Verehrung der Eltern betrifft, so ist sie nach den thalmudischen Lehren wahrhaft grenzenlos. Man gebe ihnen zu essen, zu trinken, kleide sie an und aus, geleite sie überall: das heißt Ehre, sagt der Thalmud; die Ehrfurcht fordert, daß du nicht auf ihrem Stuhle sitzest, in ihrer Gegenwart schweigest, ihnen nicht widersprichst. Nur wo sie die Uebertretung eines göttlichen Gebotes fordern, sollen wir ihnen nicht gehorchen, in allen andern Fällen sind wir ihnen den strengsten Gehorsam schuldig. Wahrhaft rührend sind die Züge, die in dieser Hinsicht von den bedeutendsten Thalmudisten erzählt werden. Die Mutter Rabbi Tarphon's ging an einem Sabbath in ihrem

[1]) Pirke R. Elieser c. 13. im Namen des R. Josua.
[2]) Kidd. fol. 30.
[3]) Das. Jer. Kid. cap. 1. Hal. 7.

[illegible] Es heißt nämlich weiter:

ואמרו, רבי [illegible] שנאמר [illegible] [illegible] [illegible]
[illegible] [illegible] [illegible] [illegible] על [illegible] [illegible]
ואמרו [illegible] על [illegible] [illegible] על [illegible] [illegible]
[illegible] [illegible] וכו' ע"ש

Hierher gehört auch folgende Stelle c. 28:

ואהבת את ה' אלהיך [illegible] [illegible] שם שמים [illegible]
[illegible] על ידך [illegible] Joma.

86, a.

[illegible]:

ולא נתנה תורה אלא על מנת לצרף
[illegible] [illegible] [illegible] [illegible] [illegible] מן [illegible]
[illegible] [illegible] [illegible] מן העורף, וכו'.

Hofe spazieren und verlor ihren Lederschuh, da legte ihr Sohn ihr die Hände unter die Füße und sie ging darauf bis sie zu ihrem Polster gelangte, und dennoch sprachen die Weisen zu ihm: „Noch hast du die Hälfte nicht gethan von dem, was du der Mutter zu thun schuldig bist.“ Ja derselbe R. Tarphon soll, so oft seine Mutter auf ihren Polster oder heruntersteigen wollte, sich niedergeworfen und ihr als Schemel gedient haben. Ein Anderer, Abbimi, hatte fünf erwachsene Söhne und nie ließ er seinem Vater, wenn dieser zu ihm kam, durch einen seiner Söhne die Thüre öffnen, er selbst mußte es thun[1]).

Dieselbe tiefe Empfindung und Gemüthlichkeit tritt aber auch in der Art, wie die thalmudischen Lehrer die Uebung der übrigen Gebote anordnen, hervor. Ein besonders merkwürdiges Beispiel liefert der Sabbath, von dem wir oben schon sprachen. Das Ruhen von der Arbeit genügt natürlich nicht; der Sabbath muß, wie der Prophet lehrt, eine Wonne sein. „Der Sabbath ist die Braut (Khalla), die mit dem glänzendsten Schmucke geziert werden muß, der wir selbst geschmückt entgegen gehen müssen. Wie eine Königin müssen wir ihn (im Hebr. ist Schabbat weiblich, daher die Namen Braut, Königin) gerüstet erwarten[2]). Am Freitag Abend, mit welchem der Sabbath beginnt, muß die Wohnung festlich erleuchtet, Tisch und Bett mit reinen Linnen gedeckt werden, auch der Aermste sein bestes Kleid anziehen, und es mußte, wenigstens nach einer gewichtigen Autorität, das Beste, das die Woche brachte, auf den Sabbath aufgespart werden; der große Lehrer Hillel hielt zwar letzteres nicht für nöthig, aber nicht, weil er den Sabbath weniger ehrte, sondern weil im Gegentheil seine Vorstellung von der hohen Bedeutung des Sabbaths selbst in den Augen Gottes und sein Gottvertrauen so überschwenglich war, daß er sprach: „Gelobt sei Gott Tag für Tag“, und damit die Ueberzeugung ausdrückte, der Herr werde uns schon ohnedies „auch am letzten

[1]) Th. b. Kidd. fol. 31. Jer. l. l.

[2]) Sabb. 119.

Werktage, das Schönste finden lassen, um seinen heiligen Sabbath würdig zu begehen". „Zwei Engel, sagt eine Bpraitha, begleiten den Israeliten am Freitag Abend aus der Synagoge nach Hause, ein guter und ein böser. Treffen sie das Haus erleuchtet, den Tisch festlich bereitet, reine Linnen auf der Lagerstätte, so spricht der gute Engel: Möge es Gottes Wille sein, daß wir es auch am nächsten Sabbath also finden, und der böse Engel muß wider seinen Willen Amen sagen; im entgegengesetzten Falle sagt der böse Engel: Möchte es doch auch am künftigen Sabbath also sein, und der gute Engel muß wider seinen Willen Amen sagen" [1]).

Welche tiefe Gemüthlichkeit, welcher umfassende religiös-sittliche Sinn sich bei den Pharisäern offenbart in den über Alles hochgehaltenen und fort und fort empfohlenen Pflichten des **Almosengebens**, der **Milde** und **Wohlthätigkeit** mit den geistigen und körperlichen Kräften überhaupt, nicht bloß mit Geld und Gut, der **Gastfreundschaft**, der **Beerdigung der Todten**, der **Bräuteausstattung** und all den tausend Verzweigungen, in welchen die Uebung jener Pflichten im Leben vorkommen kann, vermag nur der zu ermessen, dem das ganze umfassende Gebiet der thalmudischen und midraschischen Literatur offen liegt. Schon Abraham, der seinen Nachkommen überall als Muster dienen muß, sagen die alten Lehrer, hat die Pflicht der Gastfreundschaft und der Wohlthätigkeit im umfassendsten Maße geübt. Der Eschel (אשל), den er nach 1 M. 21, 33. angelegt, war nach dem einen ein großer Garten, in dessen Schatten die Fremden sich erholten und an dessen Früchten sie sich laben sollten, nach dem Andern war es sogar ein Haus, in welchem sie beherbergt und mit Speise und Trank versehen wurden. Durch Metathesis des Wortes אשל finden sie sogar שאל „fordern" darin. „Fordere nur", sprach Abraham zu dem Fremden; und so spreche jeder

---

[1]) Sabb. fol. 118 119, wo noch vieles andere von tiefem Gemüthe Zeugende in dieser Richtung vorkommt.

die rabb. Rätselhaften Charakteristik
auch der wichtigen Lebensverhältnisse im
Leben, das sie von den Gelehrten fordern.
Wir führen nur die Stelle Pes. 49, a.
an, wo sie den Verkehr und die traurigen
Folgen der an jedem Tisch herumweilenden
Gelehrten nicht genug aussprechen
können: er zerstört sein Haus, macht
s. Frau zur Wittwe, s. Kinder zu Waisen
(durch Verarmung), vergisst s. Wissen
zieht sich Streit u. Widersacher zu
bewirkt sich der Achtung u. des Ansehens
entweiht d. Namen d. göttl. Namens
macht seinem Vater Schande und seiner
lässt Schimpf u. Schmach s. Kindern.

Ueber den Gründung der Menschen
der Menschen [illegible]
s. Jalkut [illegible] 7 [illegible].
Alle [illegible].
Alle [illegible].
[illegible] Namen Gottes, [illegible]
[illegible]
[illegible]
[illegible]
[illegible]
auch d. Stelle Jebamot. 79, a.
[illegible]
[illegible]

S. 121. Anm. 1. Vgl. ~~[illegible]~~ Keim, Gesch. Jesu von Nazara I. S. 259. der aus Tobit 4, 16. die Regel anführt: ὃ μισεῖς μηδενὶ ποιήσῃς. und Philon. ἅ τις παθεῖν ἐχθαίρει μὴ ποιεῖν αὐτόν.

Als Beweis der Strenge der Rabbinen in Bezug auf d. Sittengesetz dürfte auch das Verbot gelten, nicht bloß thatsächlich, sondern auch nur durch d. Wort zu täuschen, oder einem Andern seine früheren Sünden, oder auch nur die s. Eltern zum Vorwurf zu machen, man sage zu kränken, das böse Wort: „Gedenke deiner früheren Handlungen", oder zu dem Sohne von Proselyten: „Gedenke des Verhaltens deiner Eltern". S. die Mischna B. Mezia 58, b. u. besonders die Baraitha daselbst. Letztere verbietet es ganz scharf gesagt zu werden. Ferner daselbst: „Wer seinen Nebenmenschen öffentlich beschämt, der hat keinen Antheil an d. künft. Welt". vgl. Aboth 3, 15. Neben die öffentl. Beschämung des Nächsten s. d. weiteren Ausspruch das. S. 59. Es stürze sich der Mensch lieber selbst in einen glühenden Ofen.

Dagegen ist freilich die Vorschrift des [illegible] (Tellen Zeit 2), dass das Gebot der [illegible] etc. nur auf den, welcher mit uns den Geboten der Thora unterworfen sei, Bezug habe [illegible] d. h. nur den Frommen. Indessen ist [illegible] ausdrücklich auch gegen Heiden u. Proselyten verboten s. den [illegible] Choschen Mischpat 228, 6. ~~und~~ Nahm. Diese scheint also nur bestimmt [illegible] unter den Israeliten u. Andersgläubigen [illegible] Gunsten.

ihm nach: „Fordere nur, was du wünschest, und es soll dir gereicht werden“. Freilich verband Abraham, wie ebenfalls in jenem Verse angedeutet sei: „er rief da den Namen Gottes, des Herrn der Welt an, „noch den weitern Zweck damit, seine Gäste für die Anbetung Gottes zu gewinnen. Denn als sie gegessen und getrunken hatten, wollten sie ihm danken. Er aber sprach: „Nicht mir habt ihr zu danken, sondern Gott, dem Schöpfer, dem Herrn der Welt.“ „Nur zur Verherrlichung des göttlichen Namens, fügen aber eben deshalb die alten Lehrer hinzu, nicht zum eigenen Ruhme übe der Mensch das Gute“.

Wie Hillel, der bereits erwähnte große Thalmudlehrer, dieses bedeutende Haupt der Pharisäer und Vorsitzender des Synedrions, das schöne, später so berühmt gewordene Wort sprach: „Was dir nicht lieb ist, daß dir geschehe, das thue auch einem Andern nicht, das ist das ganze Gesetz (Thora, Lehre) alles Andere ist nur Erklärung“[1], wie dieser wahrhaft große Mann und Lehrer also, der dem Pharisaismus eigentlich erst seine sichere Grundlage schuf, indem er die Ueberlieferung nach gewissen hermeneutischen Regeln großentheils auf das geschriebene göttliche Wort zurückführte und bestimmend für alle Zukunft auf die Gestaltung des Judenthums wirkte, wie dieser große Lehrer die thätige Menschenliebe als Grund des ganzen Gesetzes auffaßte, so erklärt der Thalmud die einzelnen Liebeshandlungen: Wohlthätigkeit, Gastfreundschaft, Krankenpflege, Beurtheilung der menschlichen Handlungen nach der besten Seite, als solche Tugenden, die außer der Belohnung im Jenseits schon auf Erden Segen bringen.[2]) Selbst der strenge, mit unendlich scrupulöser Gewissenhaftigkeit jedes Ceremonialgesetz in seiner äußersten Cosequenz übende Schamai, der mit Hillel Vorsitzender des Synedrions war, lehrte: „Sprich wenig und thue viel, und nimm jeden freundlich auf.“ „Dein Haus“ wird ferner in den Sprüchen der Väter gelehrt, „sei weit ge-

[1]) Sabb. fol. 31, a.

[2]) Mischna Pea 1, 1. Th. Sabb. 127, a. b.

öffnet und die Armen müssen deine Familie bilden" [1]). „Wer über die Menschen (הבריות die Geschöpfe) sich erbarmt, der findet Erbarmen bei Gott; wer über Menschen sich nicht erbarmt, findet auch bei Gott kein Erbarmen", heißt es in einer alten Boraitha [2]). Und welches tiefe Gefühl spricht sich in der thalmudischen Vorschrift aus, daß dem herabgekommenen reichen Manne sein gewohntes Bedürfniß verabreicht werden müsse, selbst ein Pferd und ein Diener [3]). Es wird dies allerdings aus dem Bibelwort 5 M. 15, 8: Du sollst dem Armen deine Hand aufthun . . . so viel als hinreicht für sein Bedürfniß, was ihm gebricht, hergeleitet. Aber wie vieldeutig ist das Wort Bedürfniß! wie kann es so leicht auf das Allernothwendigste beschränkt werden! Daß ihm der Pharisaismus eine solche Ausdehnung gibt, es mag übertrieben sein, aber es legt das Zeugniß ab vom tiefsten Mitgefühle, das ihn beseelte, es bezeugt, daß man nicht bloß das äußere Gesetz, sondern das Herz befriedigen wollte.

Von der Milde der Pharisäer zeugt auch, daß sie überhaupt den Buchstaben der Bibel nicht bloß zur Erschwerung, sondern aus Rücksichten für die Bedürfnisse des Lebens, und besonders aus Rücksichten der Milde, eben so erleichternd gedeutet haben. So haben sie namentlich auch selbst bei dem Sabbathgesetz, das sie sonst allerdings bis auf's Kleinlichste ausgedehnt, um eine absolute Ruhe zu schaffen, zu Gunsten der Noth und der Gesundheit Alles nicht bloß gestattet, sondern geradezu geboten, und sich dadurch in mancher Beziehung von ihren Gegnern, den Sadducäern, und später von deren Nachtretern, den Karäern, aufs Vortheilhafteste ausgezeichnet. Nicht bloß, daß die Wohnung am Sabbath erleuchtet werden muß, während die Karäer, welche das Verbot des Feueranzündens absolut nehmen, im Dunkeln sitzen, gestatten sie, am Sabbath

[1]) Spr. d. Väter 1, 5. 15.
[2]) Sabb. fol. 151, b. f. weiter.
[3]) Siphre Reë. Kethub. fol. 67, b.

Als Beweis d. allgem. Menschenliebe ist auch anzuführen b. Meg. 10, b. [illegible] 2 Chr. 20, 21. [illegible]

[illegible]

[illegible] findet sich in [illegible]

[illegible]

[illegible]

---

Ueber Zinsen (Wucher), Februar [illegible]13.

Zur Schulgeschichte dürfte auch die Ansichten der Lectionen der Rabbinen; daß [illegible] kein [illegible] Stellvertreter für den [illegible] verstorbenen [illegible] [illegible], gezeichnet werden. Die Schulstrafen [illegible] eine Erwähnung. Vgl. über dieses Thema Tos. B. Mez. 58, b. [illegible] das Feuer in den Wohnungen unterhalten zu lassen, weil für den Kranken dergleichen gestattet sei, und „der Kälte gegenüber Jeder als Kranker zu betrachten ist“, ein Grundsatz von der weittragendsten Bedeutung in unsern heutigen Verhältnissen. In Feuer- und Wassergefahr ist Hilfe und Arbeit Pflicht; dem Kranken in seiner Noth Hilfe zu bringen, besonders dem gefährlich Kranken ist ebenfalls Pflicht [1]). Die Ev. Marc. 2, 34 ff [2]). erzählten Thatsachen von dem Auftreten Jesu [3]) in Bezug auf den Sabbath waren daher sicher in ihrer ursprünglichen Gestalt nicht im Widerspruch mit den Lehren der Pharisäer. Dies geht schon daraus hervor, daß die Schriftgelehrten und Pharisäer nach den eigenen Worten des Berichterstatters darauf ausgingen, „eine Anklage wider ihn zu finden.“ Eine bessere Gelegenheit wäre ihnen aber nie geboten gewesen, gegen Jesus wegen praktischer Ausführung seines Widerspruchs gegen bestimmte Gesetze der Ueberlieferung eine Anklage zu erheben, da auf solches Verfahren der Tod stand [4]). Es müßte denn wirklich Jesus, nach Renan'scher Auffassung, kein Gelehrter gewesen sein, in welchem Falle allerdings aus einem solchen Grunde eine Anklage wider ihn nicht erhoben werden konnte [5]). Eine solche Annahme steht aber mit den Berichten, wornach man wohl aus religiösen Gründen eine Anklage gegen ihn zu suchen schien ebenso, wie mit Jesu unläugbarer Bekanntschaft mit den pharisäischen Lehren, die aus fast allen seinen Aussprüchen hervorgeht, und mit der Wichtigkeit überhaupt, die man seinen Aussprüchen jedenfalls beilegte, nicht im Einklange. In jener

[1]) Or. Ch. 328. 329.

[2]) Vgl. Matth. 12, 1. ff. Lucas 6, 1. f. weiter.

[3]) Jesus ist der griechische Name des hebräischen Jeschua oder Josua. So heißt Josua, der Diener Mose's in der griech. Uebersetzung Jesus. Ebenso der Hohepriester Josua (Jeschua) b. Jezadak und viele andere, auch schlechte Hohepriester, wie Jason, woraus hervorgeht, daß der neutestamentlichen Deutung des Namens kein Werth beizulegen ist.

[4]) Mischna Synh. 11, 2. Th. fol. 87.

[5]) l. l. f. weiter.

Zeit der höchsten Blüthe der pharisäischen Gelehrsamkeit, in welcher überdies der Unwissende, der Am-Haarez, keinerlei Ansehen genoß, wäre der Einfluß eines solchen, selbst auf die unterste Volksklasse, völlig unbegreiflich; die Pharisäer selbst würden jedenfalls nur mit tiefster Verachtung auf ihn herabgesehen haben, ohne ihn irgendwie zu behelligen.

Es lohnt übrigens die Mühe, gerade die Erzählung in Bezug auf den Sabbath einer nähern Betrachtung zu unterziehen, indem sie uns Gelegenheit bietet, einerseits die Grundsätze des wahren Pharisaismus auch in dieser Hinsicht, und anderseits die ursprüngliche Fassung der neutestamentlichen Schriften in diesem Punkte, oder den wahren Sachverhalt zu erkennen und über die Natur der casuistischen Streitigkeiten Licht zu verbreiten. Im Marcus-Evangelium, jedenfalls das älteste und ursprünglichste, lautet Jesu Ausspruch, nachdem er die Handlungsweise der Jünger mit dem Beispiele David's, der in der Noth mit seinen Leuten die Schaubrode im Heiligthum gegessen, gerechtfertigt hatte, folgendermaßen: „Der Sabbath ist um des Menschen willen geworden, nicht der Mensch um des Sabbath's willen." Dieser Ausspruch kommt aber wörtlich schon in einem der ältesten thalmudischen Schriftwerke vor. Es wird hier die Frage aufgeworfen: „Woraus wissen wir, daß Lebensrettung über dem Sabbath steht (das Sabbathgesetz beseitigt)?" Nach einigen andern Gründen, die herangebracht werden, sagt R. Simeon b. Menasia:" Es heißt in der Schrift: „Ihr sollt den Sabbath beobachten, denn er ist euch ein Heiligthum" (2 M. 31, 14.), euch ist der Sabbath gegeben, ihr aber nicht dem Sabbath [1]). Im Thalmud selbst [2]) wird derselbe Ausspruch im Namen des R. Jonathan b. Joseph angeführt. Diese Ungewißheit über den Autor des Ausspruchs beweist aber, daß er auf ältere Zeiten zurückzuführen ist und nur von verschiedenen Lehrern tradirt ward, so daß er jedenfalls zu Jesu Zeiten schon

[1]) Mech. Khi Thisa לכם שבת מסורה. ולא אתם מסורים לשבת.
[2]) S. Joma 85, b.

S. 124. Joh. 7, 15. [illegible] wo von Jesus gesagt wird, daß er die Schriften nicht gelernt habe (γράμματα .. μὴ μεμαθηκώς) hat offenbar, wie der Zusammenhang zeigt, den Zweck, Jesus als den unmittelbar von Gott Empfangenden darzustellen v. 16: „Meine Lehre ist nicht mein, sondern dessen, der mich gesandt hat"; cf. 8, 28. 12 u. s. f.

Zu S. 124. Unbegreiflich wird man, wenn man glaubt, die Rabbinen hätten nie zu erschweren gesucht in rel. Dingen. Im Gegentheil, der, welcher u. Erleichterung einführen wollte, mußte den Beweis bringen. Mischn. Jadajim IV, 3. „Wer erschweren will, muß den Beweis dafür herbeibringen" [illegible]. Bekannt ist auch der häufig vorkommende [illegible].

s. Holtzmann II. 381 ff.

[illegible] Jesus v. Nazara.

bekannt war. Daraus wird klar, daß der weitere Ausspruch im Marcus: „So ist des Menschen Sohn auch ein Herr des Sabbath's", nichts weiter sagen will, als daß der Mensch überhaupt (בן אדם „Menschensohn", ein geläufiger Ausdruck bei den Rabbinen für Mensch) über dem Sabbath stehe. Ebenso klar muß es jedem Unbefangenen sein, daß eben dieser Bericht bei Marcus der ächte und ursprüngliche ist, und daß gerade die Weglassung des ersten Ausspruchs bei den andern Berichterstattern nicht den Menschen überhaupt, sondern eben nur Jesus als Herrn des Sabbaths darstellen wollte. Durch die Weglassung des Beweises, der natürlich auf alle Menschen paßt, sollte dem nun isolirt stehenden letzten Theile des Ausspruchs der ganz neue Sinn beigelegt werden: daß Jesus über dem Gesetze stehe und es ohne alle weitere Begründung aufheben könne. Die ganze Differenz kann höchstens nur darin beruhen, daß Jesus dem alten Ausspruche eine freiere Deutung gibt, ihn auf alle Fälle der Noth ausdehnt, und ihn nicht blos wie die Rabbinen auf wirkliche Lebensgefahr beschränkt[1]), wie es die Rabbinen selbst, ja, wie wir gesehen, in anderer Beziehung, wie bei'm Feueranmachen in der Kälte, auch thaten.

Die Milde des Pharisaismus tritt aber ganz besonders im Gerichtswesen hervor. Ein peinlich Angeklagter durfte nur vor einem Gerichtshofe von 23 Mitgliedern processirt werden, von welchen sich 13 für seine Verurtheilung aussprechen mußten, während für die Freisprechung die einfache Majorität von 12 Mitgliedern genügte. Selbst ein Zuhörer durfte an der Verhandlung theilnehmen, wenn er Milderungsgründe vorzubringen wußte, nicht aber, wenn er zum Nachtheil des Angeklagten sprechen wollte. Ein zum Nachtheil des Angeklagten gefälltes Urtheil durfte wieder aufgehoben werden, nicht aber ein freisprechendes[2]). Die Todesstrafe wurde von den Pharisäern so verclausulirt, mit so vielen Formlichkeiten umgeben, daß sie trotz den Bestimmungen

[1]) S. jedoch weiter.
[2]) Mischna Synh. 4, 1. und Gem. das.

des Mosaischen Gesetzes fast als aufgehoben betrachtet werden konnte. Ein Gerichtshof, der in einem Zeitraum von sieben Jahren mehr als ein Todesurtheil fällte, wurde ein mörderischer genannt, nach einer Ansicht sogar, wenn dies in einem Menschenalter geschah. Die berühmten Gesetzeslehrer R. Tarphon und R. Akiba sprechen es geradezu aus: „Wären wir im Synedrion gewesen, es wäre niemals ein Mensch hingerichtet worden [1])", d. h. sie hätten die Todesstrafe geradezu abgeschafft. Bei criminellen Processen mußte deßhalb immer einer der jüngeren Richter zuerst seine Ansicht aussprechen, damit sich Niemand scheue, gegen die vielleicht zur Verurtheilung neigende Ansicht eines älteren Lehrers oder des Vorsitzenden sich auszusprechen. Man ging sogar soweit, Greise und Kinderlose gar nicht zu Richtern in peinlichen Sachen zuzulassen, weil man beiden, da der erstere sich nicht mehr mit Kindern zu beschäftigen hat, der letztere nie in dem Falle war, das volle Gefühl der Milde nicht zutraute [2]).

Die Milde und das sittliche Gefühl des ächten Pharisaismus überhaupt könnten wir noch in unzähligen Aussprüchen und Beispielen nachweisen, was uns aber hier, wo es uns blos darum zu thun ist, dessen allgemeinen Charakter klar zu legen, um für die nachfolgenden Nachweise über deren sittliches Rechtsverhältniß zu andern Bekenntnissen den wissenschaftlichen Grund zu gewinnen, zu weit führen würde. Nur noch einige ganz allgemeine thalmudische Aussprüche in dieser Richtnng mögen hier einen Platz finden. So sagt der Thalmud, anknüpfend an den Bibelvers: „Gott, deinem Herrn, sollst du nachwandeln [3]), wandele ihm nach in seinen Eigenschaften: „Wie er die Nackten kleidet, so sollst auch du die Nackten kleiden, wie er die Kranken

---

[1]) Mischna Makkb. 1, 10. R. Simon b. Gamliel erwidert freilich: „Sie würden die Mörder in Israel vermehrt haben", also ganz der Streit, wie er in unserer Zeit noch besteht.

[2]) Mischna Synh. l. l. c. Com. Th. Synh. fol. 36, b. c. Raschi.

[3]) Deut. 13, 15.

pflegt, so pflege auch du sie; wie er die Trauernden tröstet, so tröste auch du sie, wie Gott die Todten einsammelt, so begleite auch du sie zur letzten Ruhestätte und sorge für ein würdiges Begräbniß [1]). Zu dem Verse: „In seinen (Gottes) Wegen sollst du wandeln, heißt es im Thalmud: „Wie er ist gnädig, so sei auch du gnädig, wie er ist barmherzig, so sei auch du barmherzig, wie er ist heilig (rein), so sei auch du es." Schöner noch wird dieser Gedanke in einem andern thalmudischen Schriftwerke gegeben (Siphre all. Jalkut): Es heißt (Joël 3, 5.): Wer mit dem Namen Gottes (sich) ruft [2]), wird gerettet werden." Kann denn der Mensch sich mit dem Namen Gottes rufen? Allein (der Sinn ist): Gott heißt der Barmherzige, so übe du auch freiwillige Wohlthaten; Gott heißt gerecht, so sei auch du ein Gerechter u. s. w., dann wirst du gerettet werden (in der Noth). Ferner: „Neid, Wollust und Ehrgeiz bringen den Menschen aus der Welt." [3]). „Jedes unsittliche Wort zieht unwiderruflich die Strafe Gottes nach sich [4]). Besonders ist es der Hochmuth, den der Thalmud auf alle mögliche Weise geißelt. „Der Hochmüthige leugnet Gott" [5]): das ist nur eins von den vielen Verdammungsworten, welche die Rabbinen gegen den Hochmüthigen aussprechen. „Die Opfer konnten nur bestimmte Sünden sühnen, Demuth und Bescheidenheit sind aber die schönsten, allgemeinsten Sühnopfer." „Wer, wenn er verspottet wird, nicht wieder spottet; wer Gottes Gebote aus Liebe erfüllt, und seine Fügungen freudig hinnimmt, von dem heißt es: die Gott lieben, sind wie der Sonnenaufgang in seiner Herrlichkeit (Richter 5, 31.) [6]).

---

[1]) Th. Sota c. I. fine. Natürlich werden nach thalmudischer Weise alle diese Lehren mit Bibelstellen belegt. Vgl. ad l. m. l. das. 9, b.

[2]) So wird die Stelle nach dieser Erklärung aufgefaßt. S. Maim. Hilch. Deoth.

[3]) Spr. d. V.

[4]) Th. Sabb. 31, a.

[5]) Sota, f. 5 ff.

[6]) Sabb. fol. 88, b.

Besser, der Mensch stürzte sich in einen glühenden Ofen, als daß er seinen Nächsten beschämt [1]). „Nur der kann wirklich fromm genannt werden, der gegen Gott und Menschen gut ist [2]).

Auch Josephus läßt, wie wir gesehen, Hyrkan bei den Pharisäern seiner Gerechtigkeit sich rühmen, und daß er das thue, was Gott wohlgefällig sei, um ihnen zu gefallen, und fügt hinzu, daß sie selbst es also lieben [3]). Dieselben edlen Eigenschaften schreibt Josephus den Pharisäern auch sonst zu: „sie leben mäßig, verwerfen die Verweichlichung und was die Vernunft als gut empfiehlt, dem allein folgen sie. Sie ehren die Alten, und maßen sich nie an, ihnen zu widersprechen. Wegen dieser Lehren und Grundsätze hing ihnen das Volk so sehr an, daß Alles in göttlichen Dingen ihren Aussprüchen gemäß geordnet ist. Ein solches Zeugniß der Tugend haben ihnen die Städte gegeben, daß sie nur das Beste in Wort und That anstreben [4]).“

Zum Beweise der Milde der Gesinnung des Pharisaismus wollen wir das oben angedeutete Verfahren, häretischen Lehren gegenüber, etwas näher besprechen. Die Mischna Synhedrin, Cap. 11., 2, spricht sich deutlich darüber aus. Nachdem 11, 1. ausgesprochen ist, daß ein Weiser, der sich gegen die Entscheidung des Synhedrin aufgelehnt (Saken Mamre), des Todes schuldig sei, heißt es dann weiter wörtlich: „Ein gegen die Entscheidung des hohen Gerichts widerspenstiger Gelehrter (verdient den Tod) nach (Deut. 17, 8.): „Wenn dir ein Rechtshandel zu schwer fiele vor Gericht“ u. s. w. Drei Gerichtshöfe waren dort (in Jerusalem), einer hielt seine Sitzungen am

[1]) Laſ. fol. 43, b.

[2]) Kidd. fol. 40.

[3]) *ὡς ἴσασι μεν αὖτον βουλόμενον εινεῖ δίκαιον καὶ παντα ποιοῦντα ἐξ ὧν ἀρέσειεν ἄν τῷ θεῷ, καὶ αὐτὸ δὲ Φαρισαῖοι φιλοσοφοῦσιν.* Ant. 13, 10, 5.

[4]) Ant. XVIII, 1, 3. 4. cf. XIII, 15, 5. 16, 2.

Eingange des Tempelberges, einer am Eingange des Tempelvorhofs, und einer in dem aus Quadersteinen aufgeführten Saale (Lischchath Hagasith). Die Anfragenden kamen zu dem, welcher am Eingange des Tempelbergs seinen Sitz hatte, und der Anfragende sagt: So habe ich, und so haben meine Collegen erklärt, so habe ich, und so haben meine Collegen gelehrt. Hat nun das Gericht eine Tradition für den fraglichen Fall, so sagt es ihnen die Entscheidung, wo nicht, so kommen sie vor das Gericht am Eingange des Vorhofes, und der Gelehrte legt abermals seinen Fall vor, hat das Gericht eine Tradition darüber, so gibt es die Entscheidung, wo nicht, so kommen die Streitparteien, sammt den Gerichtsmitgliedern, vor das hohe Gericht („hohen Rath") in den aus Quadersteinen erbauten Saal, von wo die Gesetzeslehre über ganz Israel ausgeht, wie es heißt (das. v. 10.): „Von dem Orte, den der Ewige erwählen wird." Kommt nun Jener in seine Stadt zurück und lehrt wiederholt, wie er früher gelehrt, so ist er frei, hat er aber seine Lehre in Anwendung bringen lassen, so ist er schuldig, denn es heißt (das. v. 12.): „Der Mann, welcher sich vermißt, zu thun", er ist also nicht eher schuldig, bis er eine That veranlaßt. Ein Schüler (ein noch nicht zur Entscheidung reifer Mann), der eine Lehre verbreitet und darnach handeln läßt, ist nicht schuldig. Demnach ist das, worin er schwer gefehlt (daß er unbefugt entschieden hat), für ihn erleichternd."

Es bedarf kaum einer Erwähnung, daß es sich hier nicht blos um Rechtsfragen, sondern um alle religiösen Fragen handelt, die in zweifelhaften Fällen von dem obersten Gerichtshofe zu entscheiden waren.

Das Verfahren aber ist klar. Die Lehrfreiheit war völlig unbeschränkt. Man suchte Den, der anderer Meinung, als die Mehrheit der Gelehrten war, nach welcher die Entscheidung, die gesetzliche Bestimmung getroffen ward, zwar auf alle mögliche Weise zu belehren; aber so lange er nicht zum thatsächlichen Widerstand aufforderte, war ihm seine Lehre völlig frei gegeben, und jeder Gelehrte konnte in allen Gesetzen, die nicht ausdrücklich im Mosaischen Gesetze standen [1]), anderer Meinung, als der höchste Gerichtshof und alle andern Gelehrten sein, wie dies auch in der That in allen thalmudischen Gesetzen vorkommt. Ebenso war dem jugendlichen Geiste, d. h. der noch nicht als zum Lehramte befähigt anerkannt war, völlig freier Spielraum gelassen, sich ganz nach seiner Ansicht zu bewegen, und war er für Diejenigen, die sich durch seine Aufforderung verleiten ließen, nicht verantwortlich. Es sind das Grundsätze, die zum Theil heute noch in unserer vorgeschrittenen Zeit in den meisten Staaten vergeblich angestrebt werden. Indessen kann nicht geläugnet werden, daß die letztere Freiheit, die weit über die Freiheit der Lehre hinausgeht, alle Autorität gefährden kann. Nur da, wo das Gesetz zugleich Religion ist, und das Religionsgesetz so tief in den Herzen wurzelt; wo die Lehrer und Vertreter des Gesetzes mit einer Autorität umgeben sind, die Niemand ernstlich anzutasten auch nur wagen durfte, wie bei den Juden zur Zeit des entwickelten Pharisaismus, kann dem noch nicht zur selbstständigen Lehrfähigkeit herangereiften und anerkannten jungen Gelehrten für die mit dem Feuer der Jugendbegeisterung erfaßte Ansicht thatsächliche Propaganda im Leben zu machen gestattet sein, weil die Menge dem das bestehende Religionsleben negirenden jungen Manne, den erprobten, tief verehrten alten Lehrern gegenüber, in ihrer Masse sicher dennoch nicht folgen wird. Die Lehrfreiheit an sich war aber jedenfalls ganz bedingungslos auch dem anerkannten, im Amte befindlichen Lehrer gestattet, ein Grundsatz,

[1]) S. Maim. Com. ad Misch. Synh. 11, 23. wo genau auseinandergesetzt ist, in welchen Fällen ein Gelehrter wegen Widersetzlichkeit gegen das hohe Gericht verurtheilt ward. Immer mußte er aber in letzterem Falle die Lehrfreiheit überschreiten und zur ungesetzlichen That auffordern.

der unsern Zeloten, die doch sonst auf jedes Wort des Thalmuds schwören, und dennoch gleich mit ihrem: „Steiniget ihn!“ zur Hand sind, wo sich nur irgend eine Ansicht gegen die herkömmliche Form vernehmen läßt, sehr zu empfehlen wäre. Diese beiden Gedanken, sowohl der: daß das thalmudische Judenthum dem jungen, noch nicht zur Lehrfähigkeit herangereiften Manne völlig freie Bewegung im Leben, dem reiferen Gelehrten aber wenigstens bedingungslose Lehrfreiheit gestattete, müssen festgehalten werden, wenn man einestheils die Person Jesu und anderntheils das Verhältniß der Pharisäer zu demselben, das wir, zur völligen Lösung unserer Aufgabe, zu besprechen haben, richtig erfassen und aus den in den neutestamentlichen Schriften so verworren hervortretenden Berichten über jenes Verhältniß zu einem klaren Urtheil gelangen will. Es wird daraus auch klar, daß Jesus kein Schüler, kein unreifer Mensch sein konnte, man würde sich sonst gar nicht mit ihm befaßt haben: die Menge wäre ihm nicht gefolgt, und der Pharisaismus hätte sich um sein Thun gar nicht bekümmert. Doch kehren wir zum Pharisaismus zurück, dessen volle Erkenntniß hier unsere nächste Aufgabe ist.

Die Milde der Pharisäer im Gerichtswesen tritt uns auch in der wichtigen Thatsache entgegen, daß sie das Wiedervergeltungsrecht bei Körperverletzungen (jus talionis), das nach dem einfachen Wortsinne der Bibel [1]), conform mit dem Gesetze der übrigen alten Völker, dieselbe Verletzung als Strafe fordert, die der Thäter zugefügt hat: Auge um Auge u. s. w., aus Gründen der Humanität in andere Strafen umgewandelt haben: Entschädigung für den Verlust, den Schmerz u. s. w. [2])? Dieser Grund wird ausdrücklich angegeben: weil man nicht wissen könne, ob der Mensch nicht durch die Zerstörung eines Gliedes sterben

[1]) 2 Mos. 21, 24. 26. 3 M. 24, 20. Deut. 19, 21.

[2]) B. Kama VIII. 1. Th. fol. 83. 84. Ebenso änderten sie die Todesstrafe, 2 M. 21, 29. in eine Geldstrafe um, Mechil. z. St. Synh. 15, b. u. s. w.

werde, wodurch man über das von der Bibel angesetzte Strafmaß noch hinausgehe. Die Sadducäer sollen nach einer spätern Notiz auch dieses Gesetz wörtlich genommen haben [1]). Es scheint zwar diese Erklärung nie in's praktische Leben übergegangen zu sein, selbst nicht unter den Priester- und Sadducäergerichten, weil es an irgend einer Nachricht darüber in den alten Quellen kaum fehlen würde, wie es doch der Fall ist. Das aber kann keinem Zweifel unterliegen, daß jedenfalls die wörtliche Erklärung bestanden hat, was schon die thalmudische Discussion darüber beweist, die immer von dieser Voraussetzung ausgeht, und daß man daher auch jedenfalls in Bezug auf die Anwendung geschwankt hat und ihre Ausführung nahe lag, wie denn in der That selbst noch ein berühmter pharisäischer Lehrer [2]) die Ansicht vertritt, daß bei einer boshaften, absichtlichen Verletzung das Wiedervergeltungsrecht buchstäblich geübt werden müsse [3]). Sicher ist, daß die Pharisäer das strenge Vergeltungsrecht rechtlich und gesetzlich aufgehoben und dafür aus der Bibel selbst Beweise erbracht haben. Auch sonst tritt nach den Berichten die weit mildere Praxis der pharisäischen Gerichte hervor, als sie bei den sadducäischen üblich war [4]), was auch von Josephus bestätigt wird. Selbst bei der Vollstreckung der Todesstrafe an Verbrechern wollten die Pharisäer die Menschenwürde geachtet wissen und gestatteten keine unnöthige Beschimpfung des Delinquenten [5]). Man hat ferner das Gesetz der Menschenliebe dabei nicht aus den Augen gelassen und durfte

[1]) Schol. zu Meg. Taan. c. 4.

[2]) cf. Maim. v. d. Verw. u. Besch. 1, 6.

[3]) R. Elieser B. K. fol. 84, a; Mechil. Mispat. 8, cf. den Com. aus Jalk. In unsern Mechiltha-Ausgaben wird R. Jizchak genannt, nach welchem aber überhaupt auch bei dem Todtschlag die Absicht zu tödten allein nicht genügt, sondern auch auf die wirklich getödtete Person gerichtet sein mußte, was jedenfalls auch hier angenommen werden muß, wodurch vielleicht die L. A. sich erklären läßt.

[4]) S. Geiger, Urschr. S. 119 ff.

[5]) Synh. 45, a.

p. 133 sig. + cf. Jos. bell. Jud. IV, 5, 2.

daher den Sterbenden nicht lange leiden lassen; ein Beispiel vom Gegentheil wird daher auf ein sadducäisches, d. h. hartes Gericht, zurückgeführt[1]). Deshalb war ein lebendiges Ans-Kreuzschlagen strenge verpönt und durfte von keinem jüdischen Gerichte ausgesprochen werden. Erst mit dem Hingerichteten durfte das geschehen[2]). Daß aber auch der Leichnam nach der Bibel noch an demselben Tage wieder herabgenommen werden mußte, wird tief gemüthlich damit begründet, daß auch in diesem das göttliche Ebenbild im Menschen nicht beschimpft werden dürfe[3]). Die Todesstrafe mußte sogar kurz vor Sonnenuntergang vollzogen werden, um selbst den Leichnam nur noch einen Augenblick, um dem Mosaischen Gesetze zu genügen, an's Kreuz zu schlagen und ihn nicht lange einer solchen Beschimpfung preisgeben zu müssen. Die demokratischen Pharisäer haben eben bei dem Volke, dem sie, in seiner Ganzheit, die Heiligkeit vindicirten, die Annahme böser Neigungen grundsätzlich verworfen, ein Gedanke, der durch das ganze thalmudische Schriftthum sich hindurchzieht[4]). Die sadducäischen Aristokraten glaubten es nicht strenge genug beurtheilen und nicht strenge genug gegen dasselbe verfahren zu können.

Indessen haben wir schon bemerkt, und wiederholen es hier, daß wir mit dieser Anerkennung des tiefen, sittlichen Sinnes und der Reinheit des Strebens des ächten Pharisaismus zur Erhaltung des Gottesgedankens und der großen Wahrheiten,

---

[1]) Synh. VII, 2. Th. fol. 52, b.

[2]) Der Beweis dafür aus der Bibel wird daher entnommen, daß es Deut. 21, 22. heiße: „Wenn er hingerichtet ist, werde er an ein Holz genagelt."

[3]) Siphre z. St. cf. Th. Onk. u. Jon. Th. Synh. 46, b. In letzterer Stelle wird sogar ausdrücklich auf das grausame Verfahren der Römer hingewiesen, die den Verurtheilten lebendig an's Kreuz schlügen.

[4]) Sogar Moses, Jesaias und Elias werden bestraft, weil sie das Volk in seiner Gesammtheit als Sünder bezeichnen, Midr. Hoh. Lied zu v. 6. Jalkut, Proph. 218.

die mit ihm in innigster Verbindung stehen, mitten in dem auch sittlich verderbten, ungebundenen Heidenthum, der maßlosen Ausdeutung und Erweiterung des Gesetzes bis in die minutiösesten Formen und die verzweigtesten Lebensverhältnisse hinein, wodurch sie der Bewegung im Leben ein Bleigewicht an die Ferse hingen bis auf unsere Zeit, durchaus nicht das Wort reden wollen. Auch war dem falschen Pharisaismus allerdings damit eine Handhabe gegeben, sich bei innerer, sittlicher Leere bei dem unwissenden Volke in einen Heiligenschein zu hüllen, wie noch heute die niedrigste Heuchelei sich hinter die Fratze des übertriebensten Formalismus oft versteckt, um hinter diesem, nur allzu sicheren Verstecke, der Unsittlichkeit oder dem Eigennutze zu fröhnen. Allein alles Dieses kann wesentlich dem ächten Pharisaismus nicht zur Last gelegt werden: ihm waren die Formen erwiesenermaßen selbst die Träger der höchsten Wahrheiten. Dabei hat er, so lange er schöpferisch in das Leben griff, dieses und seine Bedürfnisse nie aus den Augen verloren, und dabei in der geschichtlich erwiesenen Bildung [1]) seiner Formen selbst die Handhabe geboten, die Kluft zwischen dem Leben und der veralteten, ihm nicht mehr zusagenden, religiösen Form durch neues lebendiges Schaffen immer wieder auszufüllen. Das sollte eben das mündliche Gesetz sein, das deshalb ursprünglich nicht einmal an die Schrift gebunden werden durfte, sondern traditionell von den Lehrern den Schülern überliefert wurde, um es nicht wieder zum starren Buchstaben gerinnen zu lassen. Der alte, ächte Pharisaismus konnte daher nicht ahnen, daß eine so sterile Zeit kommen werde, in welcher die Bedürfnisse der Gegenwart nicht mehr zu Rathe gezogen

[1]) Das Verfahren unserer „Frommen", das nur die Erschwerungen aus den verschiedensten Zeiten dilletantisch zusammen zu klauben versteht, ohne die Zeit und die Geschichte zu kennen und ihren Zusammenhang mit der religiösen Form auch nur zu ahnen, sollte endlich in seiner ganzen Blöße, da es das religiöse Leben sicher ganz zu zerstören geeignet ist, zur allgemeinen Erkenntniß gebracht werden.

+ ~~[illegible]~~ [illegible] geworden während des Kampfes gegen d. Römer in d. letzten vier Jahren vor der Zerstörung des Tempels, wie Graetz III. nota 26 erweist; ~~[illegible]~~ aus Zeit [illegible]

Zu S. 135. Im Talm. Jerusch. Sabb. I. Hal. 4. werden in einer (Baraitha im Namen des R. Simon b. Jochai (1te Vorschr. [illegible] 2. Jh.) [illegible] dafür gemeldeten, im Widerspruche mit der ganzen Schule Hillels eingeführten Anordnungen erwähnt, die [illegible] [illegible] nach aufgeführt: Wein, ~~Öl~~ (nicht zum [illegible]) [illegible], Brod, ~~verbotene~~ [illegible], daß durch Heiden gekochte Speisen, ~~[illegible]~~ das Verbot, ihre Sprache zu sprechen, Zeugnisse von ihnen anzunehmen u. s. w. daß diese Anordnungen gerade zu jener Zeit der grausamsten Verfolgungen getroffen wurden ++ ~~[illegible] Ab. S. 2, [illegible] Gem. fol. 35 a.~~) diese Zeit [illegible] sowie die Natur dieser Anordnungen lassen also keinen Zweifel, daß sie nur in der Rücksicht auf volle Sonderung von den Heiden ihren Grund hatten (vgl. Derenbourg Essai S. 275, wo die durch Hillel angestrebte Verschmelzung mit d. Heidenthum als Reaction gegen [illegible] jeder Verbindung [illegible] dargestellt wird). [illegible] daß ein großer Theil dieser Anordnungen, wie d. [illegible] der betreffenden Sprache, auch von der Orthodoxie nicht mehr beachtet wird, obgleich sie [illegible] Wiederholung [illegible] Anordnungen z. B. in Betreff der [illegible] verbotenen [illegible] Speisen.

++ in welcher [illegible] [illegible] [illegible] [illegible] [illegible] Zusammenhange hervorgeht, [illegible] [illegible] Mischna [illegible] vgl. Mischna [illegible] 2 mit [illegible] Abod. Sar. [illegible] diese Zeit auch nach Gem. 35, a. [illegible] Posen, die im ersten Viertel des 2. [illegible] [illegible] noch ganz neu [illegible] werden, [illegible] die Anordnungen [illegible] in d. [illegible] [illegible] [illegible] Mischn. [illegible] gehabt [illegible] und ihre eigenen Schöpfungen zu einer solchen Verknöcherung sich verhärten könnten, daß alles lebendige, frische Wachsthum gerade in ihnen verkrüppeln werde. Und dennoch gab es auch damals schon Männer, welche in der maßlosen Ausdehnung der Form die Gefährdung des Geistes in der Zukunft befürchteten. Die ganze Schule Hillel's war entschieden gegen allzu große Ausdehnung der Reinheitsgesetze und gegen das Verbot jedes Genusses bei den Heiden, selbst ihres Brodes und ihres Oeles. Nur rohe Gewalt von Seiten der Schule Schammaï's, welche die Anhänger der Schule Hillel's großentheils von dem Versammlungshause fern hielt, in welchem jene Beschlüsse gefaßt wurden, konnte der rigorosen Ansicht den Sieg verschaffen. Und dieser Tag wurde als ein Trauertag betrachtet, wie der Tag, an welchem das goldene Kalb in der Wüste gemacht wurde [1]). Ob wegen der nun vollendeten Trennung von den übrigen Völkern, die allerdings manche schwere Trauer über Israel brachte, oder wegen der den innern Geist gefährdenden Ueberhäufung des äußeren Gesetzes, oder wegen der Gewalt, die sich in Fragen des Geistes geltend machte, ist aus dem Zusammenhange nicht klar. Die Trauer war nach allen Richtungen gerechtfertigt.

~~Aber auch~~ noch in späterer Zeit ~~trat~~ der berühmte Lehrer R. Josua ben Chananiah der Formenüberhäufung entgegen, und zwar ausdrücklich, weil sie ihm den innern Geist zu bedrohen schien. Er verglich die Formenanhäufung mit dem Zugießen von Wasser in ein mit Oel gefülltes Gefäß: „Das Oel werde ausströmen und das Wasser an seine Stelle treten [2])." Er wollte auch für die Werktage nur ein ganz kurzes Gebet, um es desto mehr mit Andacht beten zu können [3]).

---

[1]) Toseph. Sabb. 1. Th. Jer. Sabb. Hal. 4.

[2]) Tos. l. l. Th. Jer. l. l. b. Sabb. 153, b. c. Raschi.

[3]) Misch. Ber. IV, 4. Selbst R. Akiba will nur dann das längere Gebet, wenn der Betende volle Gewandtheit besitzt. Gewiß Aufforderung genug auch für uns, wenigstens die ursprüngliche Form wieder herzustellen. S. Zunz, G. V.

Derselbe R. Josua stellte noch einen andern Grundsatz auf, der von nicht minder hoher Bedeutung ist, dessen Mißachtung sich nie mehr als in der Gegenwart an dem religiösen Leben gerächt hat, die ihm Wunden schlug, die, in unserem Zeitalter wenigstens, nicht mehr geheilt werden können. „Man darf", sagte R. Josua, „keine religiöse Anordnung treffen, bei welcher der größte Theil der Religionsgemeinde nicht bestehen kann", d. h. die Religion und ihre Vorschriften dürfen nicht blos den Einsiedler im Auge haben, der von der Welt und ihren Bedürfnissen sich abgeschlossen hat, sondern sie müssen die berücksichtigen, die mitten in die Bewegung des Lebens hineingezogen werden [1]).

R. Josua stellte daher die Selbstgeißelungen der falschen Pharisäer (der Scheinheiligen) als das Verderben der Welt dar. Er sagte: „Ein bis zur Narrheit Frommer (Chasid Schoteh), ein listiger Bösewicht, eine scheinheilige Frau („Ischah Peruschah", Betschwester?) und die Selbstgeißelungen der Pharisäer sind Vernichter des Menschengeschlechts." Ueberhaupt werden im Thalmud die falschen Pharisäer, die Heuchler und Scheinheiligen, in einer Weise gegeißelt, wie es schärfer nirgends geschehen ist. Den Alexander Jannai läßt er seine Frau auf dem Todbette vor denselben warnen. Hüte dich vor den Gefärbten, sprach er, die wie Simri (unsittlich) leben, und den Lohn wie Pinehas fordern, als eiferten sie, wie dieser, mit aller Aufopferung für die reinste Sittlichkeit [2]).

[1]) B. Bathra fol. 60, b. Interessant ist das Gespräch, das hier R. Josua mit den übertriebenen Pharisäern führt. Diese wollten nach der Zerstörung des Tempels sogar kein Fleisch und keinen Wein mehr genießen, weil die Thier- und Weinopfer aufgehört hatten. Dann dürften wir auch kein Brod essen und kein Wasser mehr trinken, erwiderte ihnen R. Josua, weil die Schaubrode und die Wasserlibationen aufgehört haben. Es scheint, daß diese frommen Pharisäer doch das nicht wollten, denn es wird von einer Antwort ihrerseits nichts berichtet. Er wandte den Vers Mal. 3, 9. auf sie an. Wie paßt dieser Ausspruch auch auf unsere heutigen Zeloten!

[2]) Th. Sota 22, b.

[illegible] [illegible], [illegible] [illegible] [illegible]
[illegible], [illegible] [illegible] [illegible] [illegible] [illegible]. [illegible]
[illegible] [illegible], [illegible] [illegible] [illegible]
[illegible] [illegible], [illegible] [illegible]
[illegible], [illegible] [illegible] [illegible] [illegible]
[illegible] [illegible] [illegible] [illegible] [illegible]
[illegible] cf. Gnesis?, [illegible]
[illegible] [illegible] [illegible] [illegible] [illegible]

[illegible] [illegible] [illegible] [illegible] [illegible] Pharisäer
[illegible], [illegible] [illegible] [illegible] [illegible],
[illegible] [illegible] [illegible] [illegible], [illegible] [illegible]
[illegible] [illegible] [illegible] [illegible] [illegible]
[illegible], [illegible] [illegible] [illegible] [illegible]
[illegible] [illegible] [illegible]. [illegible] [illegible]
[illegible] [illegible]. [illegible] 9, [illegible] [illegible]
[illegible] [illegible] 21, 14. [illegible] [illegible]
16, a. [illegible].

Der Thalmud zählt überhaupt sieben Arten von Pharisäern auf, von denen er fünf als falsch und heuchlerisch bezeichnet, die sich noch vermehren, wenn man die Bezeichnungen und Erklärungen im Jerusalem'schen und Babylonischen Thalmud zusammenstellt. Im Jerusalem'schen Thalmud lautet die Aufzählung folgendermaßen[1]). „Sieben Arten von Pharisäern gibt es: der Schulterpharisäer, („der seine Verpflichtungen auf der Schulter trägt, um deren Erfüllung jedem zu zeigen", wie das Holz zur Laubhütte. Comm.); „der Leihpharisäer", („der Andere um Geld anspricht, um die religiösen Gebote erfüllen zu können"); „der Rechenpharisäer", („der etwas Gutes thut, dann wieder Böses und beides gegenseitig in Rechnung bringt"); „der, welcher fragt: Soll ich mein Hab und Gut ganz zu wohlthätigen Zwecken verwenden? („um sich den Schein außerordentlichen Edelmuths zu geben"); „der welcher kühn auffordert: Sagt mir ein Böses, das ich gethan, ich werde sofort Gutes dagegen üben", („um sich als völlig makellos hinzustellen"). Dann folgen die ächten Pharisäer, „die ihre Pflichten aus Ehrfurcht und Liebe gegen Gott erfüllen". Prägnanter in Bezug auf die Erklärung, die Namen sind fast dieselben, sind die falschen Pharisäer im babylonischen Thalmund aufgezählt[2]). Die erste Art ist die, welche wie Schechem (Sichem 1 Mos. C. 34. Schechem heißt Schulter und ist auch der Eigenname dieses Khananiters) handelt, nicht zur Ehre Gottes, Raschi; was jedoch auch dahin erklärt werden kann, daß er wie dieser Khananiter öffentlich fromm ist und im Geheimen die Unschuld verführt[3]); die zweite Art wird hier als die Schleicher bezeichnet (s. Raschi); die dritte die Duckmäuser, die öffentlich keine Frau ansehen; die vierte die Gebeugten, die immer gekrümmten Rückens einhergehen; die fünfte, die mit ihrer Pflichterfüllung prahlt. Die ächten Pharisäer sind auch

[1]) Berach. Hal. IX. zu Misch. 5.

[2]) Sota l. l.

[3]) S. Aruch s. v. פרש.

hier nur die, welche aus Liebe und Ehrfurcht gegen Gott handeln.

Es kann demnach keinem Zweifel unterliegen, daß der ächte Pharisaismus die bloße Werkheiligkeit, die durch äußere Formen von den sittlichen Verpflichtungen sich gleichsam loskaufen und die „Heuchelei", die unter dem Scheine äußerer, übertriebener Frömmigkeit ihre sittliche Leere verhüllen will, selbst als den falschen Pharisaismus, der die Welt zerstört, bezeichnet.

Auch der Sadducaismus hatte seine Heuchler, ob völlig Ungläubige, die unter dem Scheine der Aufklärung und des Eifers für Gott und sein reines Wort nur für ihren Materialismus noch Sinn hatten, oder solche, die auch den Sadducäern gegenüber, die in gar manchen Fällen noch strenger als die Pharisäer waren, blos diese Strenge heuchelten, ist nicht klar. Der Thalmud läßt in dem angeführten Spruche des Alexander Jannai auf seinem Todbette seine Frau vor beiden warnen: „Fürchte Dich nicht vor den Pharisäern und vor denen, die es nicht sind (den Sadducäern), sonden vor den Gefärbten (auf beiden Seiten) [1]." Diese Heuchler auf beiden Seiten sind es auch, die Jesus im Auge hat, wenn er zu seinen Jüngern spricht: „Hütet euch vor dem Sauerteig der Pharisäer und Sadducäer [2]." Die Erklärung in Matthäus [3]), die sonst nirgends vorkommt, ist offenbar eine spätere, mit dem übrigen Gesammtinhalte in Widerspruch stehende Glosse. Lucas [4]), welcher die Worte: „welches ist die Heuchelei" hinzugefügt, hat hier offenbar die

[1]) Sota 22, b. s. oben.

[2]) Matth. 16, 6. Marcus 8, 15. In letzterer Stelle steht statt „Sadducäer" „des Herodes", es sind dies die Herodianer oder Boëthusen, welche Herodes erhoben und mit welchen sich die vornehmen Geschlechter, die Sadducäer verbunden hatten (s. weiter.) Bei Lucas 12, 1. fehlt beides: es war dem Paulinischen Jünger darum zu thun, die Pharisäer allein herabzuziehen.

[3]) 16, 12.

[4]) 12, 1.

zu der Möglichkeit der Vereinbarung des Christenthums (der griechisch-jüdischen Sittenlehre)

S. 139 ff. Die Ausführungen in Bezug auf die Lehre vom Christus wollen bloß das Factische hervorheben. Wir Paulus wollen [illegible] damit der Begründung nicht entgegen, welche diese Lehre z. B. in dem [illegible] philosophisch denkenden [illegible] Werke von Weber und Holtzmann II. S. 553 ff. gesagt ist. Selbst die Aufstellung, daß Paulus zum Zwecke der Heidenbekehrung die bedeutenden Differenzen gegen das ursprüngliche Christenthum eingeführt, widerspricht nicht nothwendig jener tiefen Auffassung. Mag Paulus auf speculativem Wege, durch seinen Begriff vom Christus zu jenen Differenzen gelangt sein, oder umgekehrt das praktische Bedürfniß auf jenen Begriff und damit zu jenen Differenzen [illegible]: die Differenzen [illegible] sich [illegible], da wir in dem historischen Christus Jesus und in den Synoptikern diesen Lehrbegriff durchaus nicht zu finden vermögen, wenn auch der Christusbegriff, wie ihn Paulus lehrt, a posteriori durch den leidenden Christus sich leicht entwickeln konnte, vielleicht entwickeln mußte. Diese Nothwendigkeit des leidenden Christus aber gerade, die bei Paulus nach der Auffassung von Weber u. Holtzmann zum Wesen des ganzen Begriffs gehört, und auch der Vorstellung von Jesus selbst a priori erkannt werden mußte, tritt in den Synoptikern nicht hervor, [illegible] wie der Jubel Jesu [illegible] hier der letzte Todesschrei: Mein Gott, wo möglich, diese Lehre vor ihm verborgen bleiben möge, wie sein Klagen am Kreuze: Mein Gott, warum hast du mich verlassen! unbegreiflich. Ich bitte damit [illegible] ganze Andeutung aufzugeben, [illegible] der Theil des ganzen Aufsatzes nicht [illegible] können.

Daß P. überhaupt der vollendetste Gegensatz gegen das Christenthum [illegible] ursprüngl. [illegible] ist, wird [illegible], und der neuen Geiste [illegible]. Wenn man zugiebt, daß der [illegible] Christus der Gedanke, daß das Christenthum eine neue, vom Judenthum völlig verschiedene Religionsform sei, völlig fremd war, und daß jene deshalb in so entschiedene Opposition gegen Paulus traten (vergl. Weber u. Holtzm. II. S. 574.), so kann damit auch jener Gegensatz [illegible] gelangen, wie [illegible] Judenthum. Wenn man demnach wieder Paulus [illegible] mit Jesus selbst setzen will, so scheint mir dieses nicht bloß [illegible] [illegible] Jacobus, die Meister verschwinden sollte.

richtige Erklärung, mag sie Jesus seinem Ausspruche beigefügt gehabt haben oder nicht. Dadurch ist uns auch zur Erklärung der widersprechenden Beurtheilung, welche über die Pharisäer von Jesu in den neutestamentlichen Schriften zu Tage tritt, der Weg geebnet, eine Erklärung, die zur Lösung unserer Aufgabe um so nöthiger erscheint, als es keinem Zweifel unterliegt, daß gerade die unrichtige Auffassung dieser Aussprüche ein Hauptgrund der Vorurtheile gegen Juden und Judenthum ist. Wir sehen dabei natürlich ab sowohl von den Paulinischen Schriften, als von dem erst nach diesen entstandenen Johannisevangelium. Paulus ist der vollendetste Gegensatz gegen das Christenthum, wie es in den ursprüuglichen Evangelien niedergelgt ist, und tritt mit vollem Bewußtsein in Gegensatz zu den wesentlichsten Principien des Judenthums, nicht etwa blos darin, daß er das äußere Gesetz ganz abrogirt: dazu mochte er sich aus doppeltem Grunde berechtigt halten, einmal um die Sittenlehre des Christen- (Juden-)thums bei dem Heidenthum einzuführen, dessen tiefe sittliche Versunkenheit er selbst in so grellen Farben schildert, und das Niedere dem Höheren, das Mittel dem Zweck zum Opfer fallen mußte [1]), indem er die Heiden niemals unter das Joch des Gesetzes hätte bringen können, und nach dieser Richtung war seine That ebenso kühn und groß, wie sie weltbeherrschend und beglückend wirkte; sodann weil das Gesetz nie für andere Völker gegeben war, wie der gelehrte Rabbiner sich selbst auch ausspricht [2]). Aber er trat in bewußten entschiedenen Widerspruch auch mit den Grundprincipen des Judenthums. So schon indem er, wie er das allerdings für seine Lehre mußte, den Glauben so scharf betont, während den alttestamentlichen Schriften und besonders dem Mosaismus dieser Begriff fremd ist und immer nur die Erkenntniß Gottes in

---

[1]) Röm. c. 1. Gal. c. 5. Eph. 4, 17—19. u. s. w. Auch die Andern stimmen darin mit ihm überein. Ap. Gesch. c. 15. bes. v. v. 19. 19.

[2]) Röm. 2, 14.

Natur und Geschichte empfohlen wird[1]). Daß in Aman[2]) und Emuna[3]) nicht der Begriff des Glaubens im gewöhnlichen Sinne, und wie ihn Paulus versteht, liegt, wie man schon annehmen wollte, sondern das „Festhalten" an etwas, dann „Treue" und ähnliche Begriffe, kann bei einer genauen Vergleichung der biblischen Stellen gar keinem Zweifel unterliegen. Wird ja derselbe Ausdruck von Gott selbst gebraucht, werden ja die g. Gebote, ja leblose Dinge, wie ein fester Ort, ein dauerhaftes Haus, beständig fließendes Wasser mit diesem Ausdruck bezeichnet[4]). So ist es ferner gegen alttestamentliche Principien, wenn Paulus die Erlösung der Menschheit von der Sünde durch den Christus hervorhebt[5]), was die Grundlehre des Judenthums, wornach Jeder durch seine selbsteigene Thatkraft sein eigener Erlöser werden muß, weshalb seine bedeutendsten Lehrer den frommen, sittlich tüchtigen Heiden dem Hohenpriester gleichstellen, während jene Lehre mit nothwendiger Consequenz zu dem Begriff der allein selig machenden Kirche führen mußte, geradezu auf den Kopf stellt. Die Lehre von der Erbsünde und der Gnade auch in moralischen Dingen (praedestinatio), dieser weitere entschiedene Gegensatz gegen die alte Lehre, hat Paulus zwar nirgends so weit ausgedehnt, wie die spätere Kirche und namentlich Augustin sie lehrt, die alle Willensfreiheit aufgehoben und damit in weiterer Folge nothwendig auch alles Verdienst für die guten und allen Tadel für die bösen Handlungen, also auch die Belohnung und Bestrafung, d. h. die Berechtigung dazu und den Menschen zum geistigen Sclaven (servum arbitrium) herabgedrückt, alle sittliche Kraft gebrochen und eine Passivität,

---

1) Deut. 4, 32–41. 7, 9. 1 Chr. 28, 9. Jes. 40, 12 ff. v. 25. 4. 20. 42, 5 ff.

2) 1 M. 15, 6.

3) Hab. 2, 4. was Paulus zum Beweise Ep. Röm. 1, 17. anführt.

4) Vgl. auch Jes. 55, 3. und Paulus Rede selbst. Ap. Gesch. 13, 34.

5) Röm. 3, 24. 25. 5, 15. 8, 32. Gal. 1, 4. Col. 1, 22.

S. 140. Zu bezug auf d. praedestinatio siehe Johann Gerhard loci theol. Tom. II. loc. XI. de libero arbitrio) Cap. 2, 22

„Si ergo quaeratur de illa libertate rectitudinis seu de δύναμει illa ad alterutrum, bonum puta vel malum eligendum vel repudiandum aequaliter se habente, dicimus eam periisse. Homo enim male utens libero arbitrio et se perdidit et ipsum. Cum enim libero arbitrio peccaretur victore peccato amissum est et liberum arbitrium, a quo enim quis devictus est, huic servus addictus est". Verba sunt Augustini in Enchir. c. 30. Atque hoc respectu idem vocat „arbitrium hominis non amplius liberum," sed servum," lib. 2. cont. Julian. Ebenso

23. Postquam enim per peccatum imago Dei amissa est, simul etiam δύναμις illa bonum eligendi amissa est. Joh. 8, 34. Qui facit peccatum, servus est peccati. cf. 2 Pet. 2, 19.

Gegen d. [illegible] d. Sophia Haasin [illegible]:

[illegible]

[illegible]

[illegible]

[illegible] praedestinatio [illegible] Sirach [illegible] 7, 6 ff. 14, 2. [illegible] Maleachi 1, 2. [illegible] cf. Sirach 31, 7–14. cf. c. 17. c. 39, [illegible]

p. 141. ende des ersten Abs. cf. Joh. 14, 28.

Zu Anm. die Unterscheidung bei Weiß u. Holtzm. II. p. 564 ff. zwischen Israel als ganzem Volke, [illegible] das [illegible] mit [illegible] ewigen [illegible] Gottes [illegible] u. den Einzelnen, [illegible] in Folge ihres Unglaubens sich selbst [illegible] der Zeit gebracht haben; dürfte sich nicht [illegible] lassen, wenn vgl. die von uns angeführten Stellen. [illegible] [illegible] nach.

Zu der Änderung des göttl. Einheitsbegriffs durch Paulus:

P. hat allerdings die (spätere) Dreieinigkeitslehre noch nicht. Allein der Keim dazu liegt schon in ihm, u. der (ursprüngliche) Grundsatz des Judenthums von der absoluten, geistigen Einheit Gottes war schon durch ihn [illegible] und [illegible] durch die volle Ausprägung jeder [illegible] [illegible] zu [illegible] Christenth. u. [illegible] der Grund gelegt. Dies erkennt dem Wesen nach, wenigstens was d. Sache betrifft, auch d. neuere christl. Theologie an. So heißt es etwa bei [illegible] u. Holtzm. II. p. 607. [illegible], [illegible] Christus [illegible] göttl. Persönlichkeit [illegible] [illegible] Gottesbegriff [illegible] [illegible] wollte. [illegible] [illegible] Gottes [illegible] [illegible] Christenth. [illegible] beider Seiten [illegible] [illegible]. Bei Paulus [illegible] Sohn Gottes, [illegible] [illegible] [illegible] Johannes dagegen ist, [illegible] Gott u. s. Wort [illegible] [illegible] [illegible] [illegible] [illegible] göttl. [illegible] drei [illegible] heil. Geist [illegible] [illegible] Dreieinigkeitslehre [illegible] [illegible] Christenth. auf d. [illegible] göttl. Personen [illegible] [illegible] Religion [illegible] [illegible].

die zur Ertödtung führt, begünstigt hat, in dieser Ausdehnung hat Paulus zwar die Erbsünde und die Gnade nicht gelehrt und konnte er sie nicht lehren, weil ihm dazu sowohl in seinen rabbinischen Ueberlieferungen aller Anhaltspunkt fehlte, wie sein scharfer, philosophischer Geist sich dagegen sträuben mußte; aber indem er die Erlösungsbedürftigkeit des Menschen durch den Christus so scharf betont und eine willkürliche Auswahl Gottes zu dieser Erlösung annimmt, hat er doch damit den Grund dazu gelegt und eine starke Handhabe dafür geboten [1]) und wurde dadurch auch nach dieser Richtung die Veranlassung zu dem sich immer mehr erweiternden Riß zwischen Christenthum und Judenthum. Dieser Riß mußte unheilbar werden dadurch, daß Paulus sogar an die Stelle des ersten alttestamentlichen Grundsatzes, den Jesus selbst ausdrücklich an die Spitze stellt und als die Hauptlehre des Glaubens verkündet, des Grundsatzes der reinen, absoluten, geistigen Einheit Gottes zu Gunsten der Bekehrung der Heiden, die allerdings einen solchen Gott nicht zu fassen vermochten, einen neuen, wenigstens der Form nach seine Grundanschauung aufhebenden Begriff setzte, der nach Art der Alexandriner, verschiedene Personen in Gott setzte, aber in ganz anderer Weise, nicht wie bei diesen in Gott verharrend, sondern als Besonderheit gesetzt und aus ihm herausgetreten, einen obern Gott, Zeus, und einen untern, seinen eingebornen Sohn, denn auch bei Paulus steht der Vater über dem Sohn.

So hat Paulus allerdings Großes gewirkt, indem dieser scharfe, energische Geist mit seinen kühnen Griffen in das Judenthum das Götzenthum besiegte und die heidnische Unsittlichkeit zerstörte, aber er mußte auch eben durch den Compromiß, den er mit dem Heidenthum geschlossen, nothwendig den Bruch

[1]) Röm. 5, 12. cf. 7, 14. 9, 18. 11, 5—7. Eph. 2, 8. u. s. w. Stellen, die freilich in Bezug auf die Willensfreiheit mit andern, wie Eph. 4, 21 ff. in Widerspruch stehen, und daher jedenfalls sehr eingeschränkt verstanden werden müssen, aber doch den Keim zum Mißverstand in sich tragen.

mit dessen vollendetstem, ausgesprochenen Gegensatz, dem Judenthum herbeiführen, ein Bruch, der in dem spätern Kirchenglauben immer größere Dimensionen annahm. Allein es liegt eben darin auch wieder der Keim zur Heilung dieses Bruches. Denn indem Paulus seine dem Judenthum entgegengesetzten Principien ausdrücklich als Heidenapostel lehrt, müssen sie nothwendig mit der immer größere Kreise beschreibenden Besiegung des Heidenthums, mit der Erfüllung ihres Zweckes wieder zurücktreten, und wird in der reinen, Gott in seiner absoluten Einheit und Geistigkeit und den Menschen in seiner unbeschränkten sittlichen Freiheit verkündenden alten Lehre die Versöhnung der Geister sich vollziehen, wie sie schon heute unter allen Denkenden so herrliche Triumphe gefeiert hat. Der Gegensatz von Paulus gegen das Judenthum war eine geschichtliche Nothwendigkeit, um das Heidenthum zu besiegen, was durch das Verharren im absoluten Gegensatz gegen das letztere kaum je hätte erreicht werden können. Jener Gegensatz aber muß wieder zur Einheit führen, wenn der alte Gegensatz völlig gebrochen ist, und wird gerade durch die tiefe Auffassung auch wieder altjüdischer Lehren, die in Paulus hervortritt, sich um so mehr vollziehen, wenn diese einerseits der besondern Beziehung des Christus zum Heidenthum in dem allgemeinen Menschenthum sich entkleidet, und andrerseits das äußere Gesetz eben dadurch vielfach gegenstandslos geworden. — Aber man begreift es leicht, wie nicht nur diejenigen, welche Jesus am nächsten standen und jedenfalls von dem innersten Kerne seiner Lehre und seines Strebens am Besten unterrichtet sein konnten, Paulus auf's Entschiedenste bekämpften[1]), sondern auch die ersten und bedeutendsten Kirchenlehrer sich noch weit entschiedener dagegen aussprachen[2]). Wir aber, die wir es hier nur mit dem ersten Stifter des Christenthums und speziell mit dessen Verhältniß zum Pharisaismus

---

[1]) Vgl. Eph. Jak. 2, 20—24. Gal. c. 5. u. s. w.

[2]) Origenes, Eusebius, Just. Mart. s. Grätz IV. Note 10.

[illegible] wieder lebendig

Anm. 2.

S. 143. Wunderthaten wie sie im N. T. von Jesus
u. den Aposteln erzählt werden, ~~kommen~~ werden in ganz
ähnlicher Weise von den Thalmudisten berichtet.
Sie heilen Kranke, sie erwecken Todte, ja
sie ~~[illegible]~~ [illegible] sogar, wenn sie in Noth sind, ihren
Gott [illegible] ganz gemüthlich; sie tödten aber
auch mit ihren Blicken, mit einem Worte, sie
beschwören böse Geister auch, sie hatten sogar
[illegible]
solche Geister zu ihrer Bedienung. Von ganz [illegible]
Wundern ist voll von solchen Erzählungen
(vgl. z. B. [illegible] Pesach. fol. 65, 6 ?. Cholin 105, b. f.
Meg. 7 b. [illegible]
die Wunder von Erzählungen von R. Simon b. Jochai.)
Unsere ungläubige Zeit betrachtet aber ~~diese~~
dergleichen Berichte gerne als Märchen; als diese
nun aber selbst als [illegible] aufgenommen wurden, hat man sie doch nie als Beweis
für die Wahrheit einer Lehre gelten lassen. Damit
hat sich doch die ausschweifendste Phantasie niemals
verirrt (s. Th. Baba Mezia 59, b.). Ueber die
Grundlosigkeit der Wunder etc. Uebrigens haben
schon die ältesten nachthalmudischen Lehrer
alle dergleichen Wunder als Märchen erklärt, so der berühmte R. Hai Gaon (s.
Jost Gesch. d. Judenth. II. S. 291. 92.

zu thun haben, sehen um so mehr von den Paulinischen Schriften ab, als wir uns zu einer nähern Besprechung der christlich-kirchlichen Dogmen weder berechtigt noch berufen fühlen.

Was das Johannes-Evangelium betrifft, so berichtet auch dieses, abgesehen davon, daß es gar nicht von einem Juden verfaßt ist, worüber Heutzutage kaum mehr ein Zweifel besteht, also an sich schon jedenfalls eine getrübte Quelle auch in Bezug auf das Historische ist, nicht sowohl Thatsachen, als es, wenn auch in alexandrinischer Färbung, nur die Philosophie über das Paulinische Christenthum ist, oder wenigstens ein Versuch, diese neue Lehre philosophisch zu sublimiren. Aus demselben Grunde haben wir auch das Lucas-Evangelium und die Apostelgeschichten weniger in Betrachtung ziehen zu sollen geglaubt, da sie vom Paulinischen Christenthum abhängig sind, und außerdem das dogmatische Interesse besonders verfolgen. Wir haben es nur mit der Geschichte, mit den Thatsachen zu thun, wie sie in den zwei ersten Evangelien, in Mathäus und Markus, offenbar am reinsten hervortreten. Es versteht sich dabei von selbst, daß wir uns auch hier nicht zu einer Kritik berufen fühlen können, und lassen wir daher die Wunder, welche Jesus zugeschrieben werden, ganz außer Betrachtung, um so mehr, als sie, ihre volle Wahrheit vorausgesetzt, Jesus selbst sicher nicht als Beweis für die Wahrheit seiner Sendung wollte gelten lassen. Er selbst warnt seine Jünger vor falschen Messiassen und falschen Propheten, übereinstimmend mit der Bibel[1]), die sie durch Zeichen und Wunder zu Irrthümern verführen könnten[2]). Die Wahrheit muß ihre Bürgschaft in sich selbst tragen: ein Grundsatz, zu dem auch Jesus sich bekennt (Math. 7, 16, 17, u. s. w.) Ganz läßt sich freilich eine Kritik wenigstens der Be-

---

[1]) Deut. 13, 2—4.

[2]) Matth. 24, 24. Marc. 13, 22. Ueber die Grundlosigkeit des Glaubens durch Zeichen und Wunder, s. auch Maim. von d. Grundlehren des Gesetzes c. 8. Albo Ikk. I, 18.

richte bei einer unparteiischen Auffassung und Besprechung derselben bei dem besten Willen nicht vermeiden.

Was nun die Lehre Jesu betrifft, so wollen wir die Erhabenheit derselben in Bezug auf Alles umfassende Gerechtigkeit und Liebe durchaus nicht bezweifeln: sie fand ihre Stützen schon in der unbefangenen Betrachtung der hl. Schrift, auf welche er sich in der That oft berufen und ebenso in dem Pharisaismus, der nicht weniger erhaben die Sittenlehre predigt, wie wir bereits nachgewiesen, wie sich aber sogar mit Jesu Aussprüchen selbst belegen läßt. Selbst die berühmte Bergpredigt findet fast durchgängig ihre Analogie in rabbinischen Aussprüchen. Aus der Betrachtung dieser Aussprüche wie der historischen Thatsachen überhaupt, wird uns bis zur Evidenz klar, daß alles Nachtheilige, was in den neutestamentlichen Schriften von dem Pharisaismus berichtet wird, so weit es überhaupt eine historische Berechtigung hat, nur von dem falschen Pharisaismus gelten kann, daß dagegen Jesus selbst wenigstens, sowohl in Bezug auf den Glauben wie auf das Sittengesetz, bis auf den einen Punkt, den in seiner Person sich verkörpernden Messianismus, in voller Uebereinstimmung mit den Pharisäern stand.

Wir wollen, um uns kurz zu fassen, zum Beweise beider Behauptungen: der Gleichheit des Glaubens und der Sittenlehre nur Einzelnes hervorheben. Der Satz: „Selig sind die Barmherzigen; denn sie werden Barmherzigkeit erlangen“ [1]), ist fast wörtlich der angeführte Ausspruch R. Gamaliels: „Wer sich der Menschen (בריות Geschöpfe, also noch umfassender), erbarmt, findet Barmherzigkeit bei Gott, und wer sich der Menschen nicht erbarmt, findet bei Gott kein Erbarmen“ [2]). Was den Ausspruch über den Frieden betrifft, so kann er in der That nur ein schwacher Nachhall der wahrhaft grenzenlosen Beseligung, die die Rabbinen demselben zuschreiben, genannt

---

[1]) Matth. 5, 7. cf. 6, 14. 15. More, 11, 25.
[2]) Sabb. fol. 151, a. Rosch. Hasch. fol. 16.

S. 144. daß d. harmonistische Versuch die verschiedenen Redactionen der Bergpredigt bei Matth. u. Lucas (Matth. 5,1. ff. Luc. 6,20 ff. vgl. 16,17. 11,1. 9. ff.; Marc. 4,24. 9,50. 11,25.) keinen wesentlichen Werth habe, steht längst fest. Niemand kann, wenn er die zerstreuten, in den verschiedensten geschichtlichen Zusammenhang vorkommenden, theils umgestalteten, theils beschränkten Aussprüche, keinem Zweifel unterliegen, nämlich, daß die Redaction bei Matthäus eben eine Zusammenstellung vieler einzelner Jesus zugeschriebenen Aussprüche bildet, Zweitens, daß aber auch Manches in die Tradition mitunterlief, was Jesus nie gesprochen. Dagegen dürfte z. B. der Satz von der Ewigkeit(?) des Gesetzes (Lucas 16,17.) um so weniger als von Jesus ausgegangen zu bezweifeln sein, als er 1, gleichmäßig von Matth. u. Lucas berichtet wird, 2, was man auch sagen möge, ganz mit den übrigen Worten Jesu, seiner der äußerlichen(?) Auffassung seiner Verhältnisse zu den Pharis. übereinstimmt, 3, später nach d. ganz als etwas neues, und im Widerspruch mit den übrigen Jüngern, die Aufhebung des Gesetzes für die Juden verkündet. Jesus lehrt allerdings die Nothwendigk. des innern Gottesdienstes(?). aber diese lehrt er ganz gleicher Weise auch den Pharisäer, die welche sie nur die vollendetste Anerkennung(?) für Gesetzeserfüllung(?) kennen, und er verkennt ebenso wenig wie der Pharisäismus das Bedürfniß zu äußern Werken, oder einer äußern die Regelung des ebenso in Augen stehenden Gottesdienstes wobei überdies nicht vergessen werden darf, daß man noch lange nicht über das Bedürfniß einer Symbolik des innern Gottesdienstes(?) gegen Gott zu einer Vergegenwärtigung u. Unterhaltung hinaus war, wie man selbst heute noch noch nicht ganz hinausgekommen.

Vgl. Erzeugniß(?) in der Darstellung der Pharis.
Unter auch Weber u. Holtzm. Bd. 2. II, S. 390(?)
" die Gerechtigkeit der Schriftgelehrten u. Pharisäer.

steht darin, daß man z. B. dem Verbot der Tödtung wörtlich nachkam, ohne sich deshalb des Lästerns u. der Beraubung insgeheim zu enthalten. Zu den sittl. Unreinheiten [illegible] begründeten der Lügner, Lästern u. Tödten nur drei Punkte, welche in derselben Ebene u. in gleicher Richtung liegen, drei Äußerungen eines u. desselben, auf d. Vernichtung oder Verminderung eines andern Geschöpfes gerichteten Gemüthszustandes".
Es ist nun nicht nachzuweisen, daß dies genau so in d. Pharisäismus der Fall war.

Ebenso steht es zu dem Satze desselben: „Es ist besser nicht genug, nicht falsch zu schwören, sondern des einfachen Ja u. Nein solle schon der Mensch sich nur [illegible] fühlen", der schon nach [illegible] nachgesucht wurde.

Wo hier es sich hebt, heißt der Gesetz eigentlich ergänzende Schrift das oft betonte Ausspruch: „Barmherzigkeit will ich u. nicht Opfer" ist doch nur die Wiederholung von Hos. 6, 6. [illegible]

Und ein schwacher Ausdruck der herrlichen [illegible] Aussprüche von Jesus die sittliche Ursache [illegible] lassen sich auch nach [illegible] Stellen zurückführen. So der Satz Matth. 23, 12 (cf. 20, 26. 27) vgl. Luc. 14, 11. 18, 14. „Wer sich selbst erhöht, wird erniedrigt, u. wer sich selbst erniedrigt, wird erhöht", findet sich wörtlich in einer Baraitha (Erubin 13, b) mit folgenden Worten: „Wer sich selbst erniedrigt, den erhöht Gott, u. wer sich selbst erhöht, den erniedrigt Gott"; dazu kommt [illegible] Satz: „Wer der Herrschaft nachjagt, den flieht d. Herrschaft, u. wer d. Herrschaft flieht, dem jagt sie nach"; [illegible] erklärt den Sinn des v. 26 u. 27 cap. 20 des Matth. näher. Ueber andere Stellen zu diesen Aussprüchen vgl. Geiger in Geigers Zeitschrift VI. S. 316.

werden. Der Satz: „Selig sind die Friedfertigen, denn sie werden Gottes Kinder heißen“, ist nur eine Umschreibung des thalmudischen Satzes: „Groß ist der Friede; denn der Name Gottes ist: Friede (Schalom[1]). Der Ausspruch: „Ihr seid das Licht der Welt“ ist eines der vielen herrlichen Bilder, mit welchen die Thalmudlehrer die göttliche Lehre und die sich mit ihr Beschäftigenden vergleichen[2]). Von der Sünde der Feindseligkeit gegen den Nebenmenschen und der bösen Zunge[3]) sind die Schriften des Pharisaismus voll. Die Aengstlichkeit, möchte man sagen, den Frauen gegenüber, die Strenge der Zucht und Sitte, tritt im Pharisaismus noch in weit höherm Grade hervor[4]). Der Scheidungsgrund der Ehe, der hier angegeben wird, ist der zum Gesetz erhobene Schamai's[5]). Das absolute Eidverbot, die völlige Verachtung irdischer Güter und die Gütergemeinschaft, die allerdings der Ehe nicht günstigen Aeußerungen[6]) sind offenbar essenisch[7]), krankhafte Uebertreibungen einer durch den äußern Druck und die vielfache Zerklüftung des Lebens in das innere Leben allein sich zurückziehenden Askese. Es dürfte daher noch sehr zu bezweifeln sein, ob diese Ansichten in Jesus selbst ihren Ursprung haben.

Jesu Antwort auf die Frage des Pharisäers: „Welches ist das vornehmste Gebot von allen?“ „Höre Israel, der Herr unser Gott ist Ein Herr. Und du sollst den Herrn, deinen Gott, lieben von ganzem Herzen, und von ganzer Seele und von

---

[1]) Richter 6, 24. in der Deutung: Gott (ist, heißt) Friede.
[2]) Sota fol. 21. u. s. w.
[3]) Matth. 5, 22. ff.
[4]) Erubin fol. 18. Sabbath fol. 64. und s. oft. s. oben.
[5]) S. Th. Gittin Ende. Maim. v. d. Scheidungen 10, 21. Ebn Haëser 119, 3. Das absolute Verbot der Scheidung Marc. 10, 9. ff. steht damit in Widerspruch. Uns scheint hier Matth. das Ursprünglichere und Richtigere zu enthalten.
[6]) Matt. l. l. v. 28.
[7]) S. Jos. B. Jud. II, 14.

ganzem Vermögen. Das ist das vornehmste Gebot" [1]), beweist seine volle Uebereinstimmung mit der **Grundlehre** des Judenthums. Und welcher Pharisäer hätte das nicht unterschrieben? Der Thalmud sagt ausdrücklich: „Wer die Götzen läugnet, heißt Jude [2]), kann und will ja nichts Anderes sagen, als wer sich zu der Lehre von der Gotteseinheit bekennt, hat sich zu der wesentlichsten und vornehmsten Lehre des Judenthums bekannt. Und was Jesus weiter sagt: „Und das andere ist ihm gleich: „Du sollst deinen Nächsten lieben, wie dich selbst". „Es gibt kein anderes größeres Gebot als dieß", hat ja der berühmte, Jesus fast um ein halbes Jahrhundert vorangegangene, Synedrialvorsteher Hillel dem Heiden, der sich zum Judenthum bekehren wollte, noch weit prägnanter gesagt: „Es ist die **ganze Lehre**, d. i. das Ziel der ganzen Lehre (Thora), alles Andere ist nur Erklärung" [3]). Der Pharisäer war auch vollkommen mit diesen Grundsätzen einverstanden. Er gab ihm die schöne Antwort: „Wahrlich, Lehrer, du hast recht geredet: **denn es ist Ein Gott, und ist kein Anderer außer ihm, und denselbigen lieben von ganzem Herzen, von ganzem Sinn, von ganzer Seele und von ganzer Kraft, und lieben seinen Nächsten, wie sich selbst, das ist mehr**

[1]) Marc. 12, 29. Dies ist ohne Zweifel die ursprüngliche Antwort Jesus', da die Liebe zu Gott ohne Glauben an ihn ohne Grund wäre. Schon im **Matthäus** 22, 37. ist **die erste wichtigste Hälfte ausgefallen**, bei Lucas ohne Zweifel absichtlich.

[2]) כל הכופר בע״א נקרא יהודי Meg. 13, a. cf. Hor. fol. 11, a. wo der, welcher dem Götzendienste verfällt, Zadduki, hier gleich Nichtjude, Gottesläugner, heißt, wie die Parallelstelle Ab. Al. 26, b. zeigt, wo derselbe Min genannt wird. cf. Siphre Br. Schlach: „es ist, als hielte er das ganze Gesetz."

[3]) Berach. 30, b. u. f. Der Ausdruck: „Was dir nicht lieb ist, das thue nicht einem Andern", will offenbar bloß den Inhalt kurz angeben und die negative Fassung den Heiden vorerst einmal wenigstens vom Bösen ferne halten. S. weiter die Sprüche R. Akiba's und ben Asai's.

schein [illegible] bei Matth. 19, 17 [illegible]
die richtige sein. [illegible]
ist gut, [illegible]
[illegible]
[illegible] Theile der [illegible], das übrige
[illegible] nicht [illegible], da der Mensch
selbst nicht [illegible] durch [illegible]
wird. ~~[illegible]~~
Zu Matth. 5, 21. ist zu vergl. Th. B[illegible]
61, a. [illegible]
[illegible]
[illegible]
vergl. d. [illegible]
[illegible] 6, 7. [illegible] Eccl. 5, 1, [illegible]
Bab. 61, a. [illegible]
[illegible]
Zu Matth. 15, 5. ist zu vergl. Thalm.
Pea Tal. I. [illegible]
[illegible]
[illegible]

S. 147. Nach Abs. 1. Hier ist nun auch d. Uebereinstimmung von Jesu Lehre mit d. Pharis. in Bezug auf d. Tugendmittel hervorzuheben.

1. Werth des Gebets. Es ist falsch, was Schenkel (S. 128–131.) in dieser Hinsicht vom Pharis. sagt. Auch ihnen steht d. [illegible], welche d. Mensch Gott d. Herrn durch Heiligung s. Namens in s. Herzen errichtet, weit über Opfer und d. äußern Tempel. [illegible] cf. Sota fol. 5, a. [illegible] — Auch ihnen war es [illegible] um d. geistigen u. sittl. Erhebung des Betenden; nicht um [illegible] gewohnheitsmäßiges Wortgeklingel zu dulden. [illegible] cf. Matth. 6, 5 ff. – auch d. Inhalt d. Gebets cf. Luc. 11, 2 ff.

2. Über Fasten. Es stand den Pharis. [illegible] nicht so hoch. Im Gegentheil [illegible]. Es war ihm jedenfalls nur ein Mittel, [illegible]

3. d. Wohlthätigkeit. [illegible] Sittenlehre der Ph. [illegible] Schenkel S. 134. [illegible] d. irdischen Güter [illegible] in unserer Pharis. [illegible]. Nämlich 1, der Besitz u. Genuß d. irdischen Güter darf niemals Lebenszweck sein. 2, das höchste Streben soll [illegible] d. Erwerb u. Besitz d. himml. Güter, d. Weisheit, Frömmigkeit etc. [illegible] 3, d. irdischen Güter sollen im Dienste Gottes, als Mittel zur Erwerbung der höchsten Güter [illegible] 4, wo Erwerb u. Besitz der höchsten Güter selbst bedroht ist, da müssen d. irdischen Güter willig u. freudig zum Opfer gebracht [illegible]

4. Gottvertrauen. Vgl. Matth. 6, 34. [illegible] v. 25–28. Luc. 11, 9 ff. [illegible] d. göttl. Ordnung [illegible] in d. Natur [illegible]

S. über d. Gebet Synh. 43. Ber. 33. Taan. 2.

S. 147. [illegible] daß Jesus sich wirklich für Gott gehalten habe, [illegible]

Vgl. auch Megilla fol. 17 u. 18. [illegible] in Bezug auf d. [illegible] d. Gebets [illegible] vgl. [illegible] fol. 25, a. Berach. fol. 30 [illegible] Mischna.

denn alle Brandopfer und Schlachtopfer[1]). Es wäre daher sicher mehr als Zeichen des verblendetsten Vorurtheils, diesen Pharisäer mit denjenigen zu identificiren, die Jesus so schonungslos geißelte, und unter den letzteren nicht eben die falschen, vom Thalmud selbst nicht weniger getadelten Pharisäer zu verstehen, und überhaupt an der vollen Uebereinstimmung Jesu mit der Grundlehre des Glaubens von der absoluten Einheit Gottes auch nur einen Augenblick zu zweifeln. Der Satz: „Du willst den Splitter aus dem Auge deines Bruders ziehn, und siehst den Balken nicht im eigenen Auge", ist wörtlich der Ausspruch des berühmten Lehrers R. Tarphon, der zum Theil noch unter dem Tempel lebte, also jedenfals vor dem neutestamentlichen Referenten[2]). Ein späterer Thalmudist, Resch Lakisch, hat den Gedanken noch weit schöner ausgedrückt: „Schmücke dich zuerst, sagte er, ehe du Andere schmücken willst"[3]).

Was aber Jesu Aussprüchen ein so großes Aufsehen und einen so tiefen Eindruck verschaffte, mochte, wenn die desfallsigen Berichte überhaupt über den Kreis seiner nächsten Umgebung und des die Aussprüche der pharisäischen Lehrer nicht kennenden gemeinen Volkes hinausgingen, oder nicht bloß der spätern, verklärenden Zeit angehören sollten, die Art des Vortrags selbst gewesen sein. Seine Aussprüche erscheinen originell, kurz, schlagend, während die Thalmudisten seiner und der spätern Zeit diese wie alle ihre Lehren großentheils mit einer, oft ungenügenden, gezwungenen Erklärung des Bibelworts verbinden, und indem die letztere oft in ihrer Haltlosigkeit sofort hervortritt, auch die ersteren abschwächen. Das, wodurch sie ihrer schöner Sentenz eine Stütze zu verleihen glaubten, raubte ihr das Schlagende, Zündende. Nehmen wir als Beispiel nur den einen Satz bei Jesus: „Selig sind die Barmherzigen; denn sie werden Barmherzigkeit erlangen", und vergleichen damit den wieder-

[1]) Marc. 12, 32, 33. Auch diese Antwort fehlt bei den Andern. —.
[2]) Arachin 16, b.
[3]) B. Bathra 60, b.

holt angeführten dem Sinne nach sonst gleichen Ausspruch R. Gamaliels [1]), so beginnt dieser gleich mit einer Schrifterklärung, die seinem Satze als Stütze dienen soll. „Es heißt", sagt R. Gamaliel, „Gott wird dir Barmherzigkeit geben, und wird sich deiner erbarmen [2]): „Wer sich der Menschen erbarmt, der findet Erbarmen im Himmel, und wer sich der Menschen nicht erbarmt, der findet kein Erbarmen im Himmel". Er substituirt also dem einfachen Sinne des Bibelwortes, das jedoch nichts Anderes sagen will, als daß „Gott ihnen sein Erbarmen schenken und sich ihrer erbarmen und sie vermehren werde, wie er ihren Vätern zugeschworen, wenn sie der Stimme Gottes gehorchen und seine Gebote halten" [3]), die Erklärung: Er wird dir Erbarmen geben (gegen Andere) und wird sich dann deiner erbarmen. Wie gezwungen dem Worte und dem Zusammenhang nach ist diese Erklärung und wie schleppend und, in so fern er darauf sich stützte, wie zweifelhaft wird dadurch sein an und für sich selbst so schöner Ausspruch.

Der Hauptgrund des tiefen Eindrucks, den Jesu Aussprüche gemacht haben sollen, liegt aber jedenfalls, das kann kein Unbefangener leugnen, ganz besonders in dem Umstande, daß sie meist an die unwissende Menge sich richteten, welcher alle seine Aussprüche als neu und unerhört erscheinen mußten. Die pharisäischen Sprüche, die wahrhaft verschwenderisch in großartigster Weise mit der reichsten Fülle tiefster Sittlichkeit und strahlendster Gedankenblitze im Thalmud zerstreut sind, setzten zu ihrem rechten Verständniß, eben weil sie großentheils an Stellen der h. Schrift anknüpften, eine gewisse Kenntniß der letztern voraus, Jesu Sprüche, die ohne alle Belege, als unmittelbare Sentenzen sich an die Zuhörer wandten, setzten gar nichts voraus: es waren absolute Befehle eines absoluten Herrschers, die als solche von Jedem verstanden wurden. Von dem Mangel an Wissen in

1) S. oben.
2) Deut. 13, 18.
3) v. 14.

S. 140 f letzte Linie. In diesem Sinne dürften auch die Worte Marc. 1, 22 .. Und sie entsetzten sich über s. Lehre; denn er lehrte als der da Gewalt hatte, u. nicht wie d. Schriftgelehrten ihre einfachste Erklärung finden. Er lehrte eben nicht in Bezug auf d. j. Thora, wie die d. Schriftgelehrten thaten, sondern er bedurfte keiner solchen, weil er aus eigener Machtvollkommenheit lehrte. Es ist jedenfalls d. griech. Text zu vergleichen

S. 148. Aus d. ersten Absatz. Es ist hier zu vergleichen, was Stade u. Holtzmann Bd. II. S. 3[illegible] ff. über d. Bilder, d. Jesus aus Natur u. Menschenleben verwendete, und diese Parallelen aus d. Talmud, den Apokryphen, u. der Midraschischen Literatur nachzuweisen.

Auch die Anwendung der Ausdrucksweise: die selbst nicht berühren auf den Zoll wegen d. Besuch. S. 238 findet der ersten Absch. hat ihr Analog. z.: [illegible]

B. Mez. fol. 55.

Die Meinung, der liebt nicht unter den Diensten zu stellen, ist wesentlich der ~~Bab. Mez~~ Sanh. f. 99. [illegible]

[illegible] Matth. 7, 16 [illegible] Röm. 16. [illegible]

Ueber d. Missachtung der Agada s. auch Jer. Sabb. c. 16. Hal. 1. S. 46 meiner Ausgabe [illegible]

Es ist zu bemerken, daß Jesus selbst ungewöhnlich mehr zu den Agadisten gehörte, welche durch scharfsinnige moralische Auswertung der bibl. Sprüche und sinnige Gleichnisse zu begründen den sittl. Lebenswandel anzuspornen [illegible], ~~gewöhnlich aber in dem gesetzlichen Theil (Halacha) keine grossen Kenntnisse zu messen~~; zu welchen (wie bekannt) in der That gehörte, wie die von ihm herrührenden schönen Gleichnisse beweisen. Diese Agadisten genossen aber in Bezug auf den gesetzlichen Theil (Halacha) kein grosses Ansehen, wie man überhaupt ~~bei~~ die Tüchtigkeit im letzteren weit höher anschlug und mit einer gewissen Geringschätzung auf die ersteren blickte. Vgl. Jer. Maaseroth Cap. 3. fine: [illegible]

R. Sirra schalt die Agadisten und nannte sie Zauberbücher, nichts Kennende, und als einer derselben ihn durch s. Kenntnisse befriedigen wollte, sprach er: [illegible] wie du siehst, er hat keinen Werth, als die Halacha bietet einen solchen [illegible] *

Daraus mag wohl auch ein Grund liegen, daß allerdings die ~~Schulweisen~~ Rabbinen, besonders die berühmten, schon mit einer gewissen Geringschätzung auf diese Wirken herabgesehen zu haben scheinen.

* Diese Geringschätzung der agadischen Schrift beruht sich wohl auch in der Bemerkung, welche R. Eleasar b. Asarja dem auch in dieser Richtung ausgezeichneten großen Lehrer R. Akiba gab: „Lehrer Akiba, was hast du mit der Agada zu thun, beschäftige dich mit der Halacha." Th. Bab. Chag. 14, 1. Von Judas ist auch [illegible] R. Abuh Ab. Sara 4, 1. Anhänger der neuen Lehre [illegible] hervorgeht, dass diese sich mit den agadischen Erklärungen der Schrift abgeben u. sich weltheitlich den Halachisten fremd lag. R. Jacob [illegible]

der pharisäischen Lehre liefern uns die angeführten Beispiele der vollen Uebereinstimmung derselben mit den Aussprüchen Jesu, und die dennoch zum Theil sogar als im Gegensatz zu ihr referirt werden, wie der Ausspruch in Bezug auf das Schimpfen der Nebenmenschen [1]), oder der Nothwendigkeit der Versöhnung mit demselben, ehe man Vergebung der Sünde hoffen kann [2]), oder des Verbrechens des Ehebruchs sicheres Zeugniß. Der letzte Ausspruch beweist auch, daß die Geschichte mit dem Weibe, das im Ehebruch ergriffen worden sei [3]), unmöglich also geschehen sein konnte. Eben so wenig hätte Jesus, im Widerspruch mit dem ausdrücklichen Gesetz [4]), eine wirkliche Ehebrecherin frei gesprochen, wie die Pharisäer und Schriftgelehrten sich bei seinem Ausspruche beruhigt hätten.

Einen noch schlagendern Beweis aber von dem Mangel an Wissen bei Jesu Zuhörern, oder wenigstens bei dem Referenten, liefert der auffallende Ausspruch: „Ihr habt gehört, daß gesagt ist: „Du sollst deinen Nächsten lieben und deinen Feind hassen" [5]). Wo in aller Welt ist je ein solcher Satz in der Bibel oder von einem Rabbinen ausgesprochen worden? Heißt es nicht im Gegentheil unmittelbar vor dem Gebote: „Du sollst deinen Nächsten lieben, wie dich selbst": „Du sollst deinen Bruder nicht hassen in deinem Herzen; zurechtweisen sollst du deinen Nächsten, damit du nicht seinetwegen eine Sünde tragest; Du sollst dich nicht rächen und nicht Zorn halten gegen die Söhne deines Volks"? Das Alles kann doch nur dem Feinde gegenüber einen Sinn haben; dem Freunde gegenüber wäre das Verbot des Hasses und der Rache mindestens gegenstandslos. Es

---

[1]) Matth. 5, 21. 22. wobei Luther noch das bezeichnende Wort: vergeblich εἰκῆ nicht übersetzte.

[2]) l. l. v. 23 ff. vgl. oben.

[3]) Joh 8, 3 ff. Es liefert eine eigenthümliche Illustration, daß die andern Evangelisten nichts davon wissen.

[4]) 3 M. 20, 10.

[5]) Matth. 5, 43.

kann hier nur von wirklichen Feinden die Rede sein, und wenn es dann, offenbar im Gegensatze dazu [1]), sofort heißt: Liebe deinen Nächsten, wie dich selbst, so kann dies nichts Anderes heißen, als daß die Liebe auch gegen die Feinde geboten wird, soweit eine solche Liebe positiv möglich ist, nämlich durch Thaten. Solche Liebesthaten gegen den Feind befiehlt aber das Mosaische Gesetz ausdrücklich [2]). Das Gefühl läßt sich nicht befehlen. Denselben Mangel an Wissen, wenigstens in der pharisäischen Lehre, verräth sich da, wo Jesus die Proselytenmacherei der Pharisäer tadelt [3]). Nichts lag dem Pharisaismus ferner, als das Streben Proselyten zu machen. Er ist im Gegentheil der entschiedenste Gegner eines solchen Strebens. Er geht sogar so weit, die Aufnahme von Proselyten geradezu zu verbieten, wenn Israel in Glanz und Macht sich befinde, damit Niemand aus weltlichen Rücksichten zum Judenthum übertrete [4]). Es heißt ferner im Thalmud: „Drei Eigenschaften müssen den Israeliten kennzeichnen: Barmherzigkeit, Demuth, thätige Liebeshandlungen; nur wer diese Eigenschaften besitzt, verdient in das Judenthum aufgenommen zu werden [5]). Also auch hier wieder der vollendetste Gegensatz zu dem Ausspruche, der Jesus in den Mund gelegt wird.

Es bestand sicher in der Grundlehre des Glaubens und in der Sittenlehre durchaus kein Gegensatz zwischen Jesus und dem ächten Pharisaismus. Aber es bestand dieser Gegensatz auch nicht in dem eigentlichen Gesetz. Jesus selbst spricht sich darüber ganz unzweideutig aus: „Ihr sollt nicht wähnen, daß ich gekommen bin, das Gesetz oder die Propheten aufzulösen. Ich bin nicht gekommen, aufzulösen, sondern zu erfül-

[1]) Das Vav ist hier offenbar V. adversativum, wie oft.
[2]) 2 M. 23, 4. 5.
[3]) Matth. 23, 15.
[4]) Jeb. fol. 48, a. b. 87, a. cf. Maim. v. d. verbotenen Ehen, 13. 14. 15.
[5]) Jeb. 79, a.

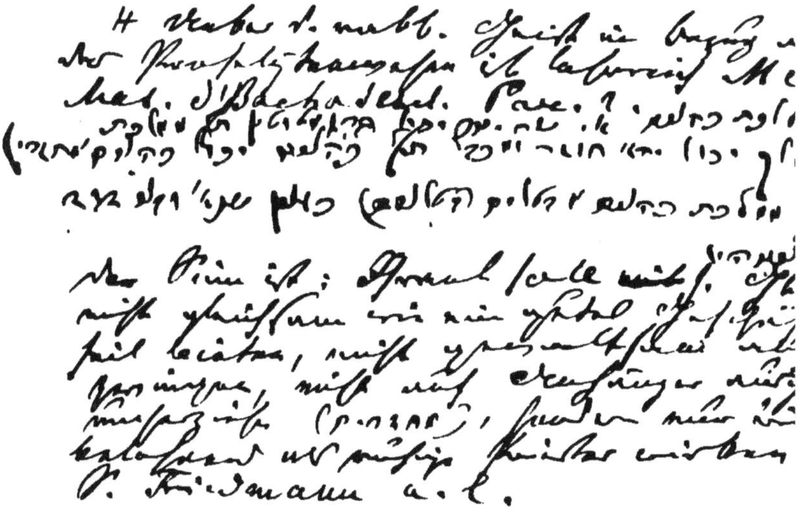
M. Friedmann

len. Denn wahrlich, ich sage euch, bis daß Himmel und Erde vergehen, wird nicht ein Jota oder ein Strich vom Gesetz vergehen, bis daß es Alles geschehe. Wer nur eins von diesen kleinsten Geboten auflöset, und lehret die Leute also, der wird der Kleinste heißen im Himmelreich; wer es aber thut und lehret, der wird groß heißen im Himmel" [1]). Die zwei letzten Verse beweisen klar, daß unter dem Erfüllen in dem ersten nicht etwa ein ideelles Erfüllen in Jesus, oder ein geistiges Erfüllen bei dem Aufhören des äußern Gesetzes, sondern eben nur die rechte Erfüllung des äußern Gesetzes mit dem geistigen Inhalte gemeint sein könne. Ein anderer Sinn scheint allerdings dem Ausspruche anderswo [2]) beigelegt zu sein; aber hier erscheint er nur wie versprengt, wie Matth. 11, 11. 12. beweist, und zeigt die Stelle nur, daß der Ausspruch an sich von Jesus tradirt war, wohl im Gegensatz zu der bei der niedersten Hefe des Volkes, die er aber, gerade um sie zu erheben, und für Gesetz und Sittlichkeit zu gewinnen, an sich herangezogen hatte, gewohnten laxen Uebung alles Religiösen! In diesem Sinne spricht sich Jesus selbst aus. Auch er hält die Zöllner für Sünder [3]), aber er antwortete denen, welche ihn wegen seines Zusammenseins mit denselben tadelten: „Die Starken bedürfen des Arztes nicht, sondern die Kranken; ich bin nicht gekommen, die Gerechten, sondern die Sünder zur Buße zu rufen [4]).

Und dennoch hat auch Jesus die von den Thalmudisten in so grellen Farben geschilderte sittliche Versunkenheit des niedern Landvolkes zu jener Zeit in nicht minder starkem Maße als jene selbst erfahren müssen, wenn anders das Verhalten seiner Jünger bei seiner Gefangennehmung, nicht blos des Verräthers Judas

[1]) Matth. 5, 17—19.

[2]) Luc. 16, 17.

[3]) Matth. 5, 46. 47. cf. Luc. 6, 32. wo freilich statt der Zöllner die Sünder genannt sind. S. Matth. 9, 10., wo die Zöllner und Sünder offenbar als gleichbedeutend genannt werden.

[4]) Matth. l. m. l. v. 12 13. Mar. 2, 17.

Ischarioth, sondern auch der übrigen Jünger, und besonders des Petrus, der ihn dreimal unter falschen Eiden und Selbstverfluchungen verrieth, eine größere Berechtigung auf Wahrheit haben, als die übrigen Vorgänge, welche die neutestamentlichen Schriften in Beziehung auf Jesu Anklage und Verurtheilung berichten, von welchen wir noch zu sprechen haben.

Ein weiterer Beweis, daß Jesus das Gesetz nicht aufheben wollte, liegt in seinem ganzen Leben, in allen von ihm berichteten Streitigkeiten mit den Pharisäern. Diese betreffen niemals den Kern des Gesetzes, sondern nur untergeordnete Fragen, rabbinische Ausdehnungen oder Bräuche. Das Aehrenausraufen am Sabbath[1]) hat Jesus sich nicht selbst zu Schulden kommen lassen. Daß es die Jünger thaten, kann uns nach den obigen Andeutungen nicht Wunder nehmen, ebensowenig daß er die Vertheidigung derselben übernahm, abgesehen davon, daß hier streng genommen von einer Sabbathschändung im Sinne des Mosaischen Gesetzes kaum die Rede sein kann[2]). Das Heilen der Kranken am Sabbath stand, wie wir bereits gesehen, nicht im Widerspruch mit den Lehren des Pharisaismus, um so weniger, als seine Heilungen, wie es scheint, wirklich solchen galten, deren Krankheit nicht ohne Gefahr war. Wenigstens sagt er selbst denen, welche ihn deßhalb anklagen zu wollen scheinen: „Soll man am Sabbath das Leben erhalten oder tödten"[3])? Gegen den Sabbath selbst, oder auch nur die eigentlichen Arbeitsverbote spricht er nie ein Wort[4]). Selbst gegen die

---

[1]) Matth. 12, 1. ff. und Parallelstellen.

[2]) Vgl. jedoch Th. Sab. 73, b. Maim. 7, 8.

[3]) Marc. 3, 4

[4]) Dabei darf nicht übersehen werden, daß die Rabbinen die Furcht vor Lebensgefahr außerordentlich ausdehnen, und sogar ein Zahngeschwür dazu rechnen, sogar was nicht unmittelbar zur Heilung, sondern nur zur Erleichterung gehört, ist zu thun geboten. Interessant ist, was Maim. zu dem thalm. Ausspruch: „Denn es heißt: ihr sollt im Gesetz leben, und nicht sterben", bemerkt: „Die göttliche Lehre will Liebe und Erbarmen, und nicht Härte und Rache." (v. d. Sabb. II, 3.)

S. 152. Anm. 1. Schenkel, Charakterbild Jesu
(Wiesbaden, C. W. Kreidel's Verlag) S. 62. 63.
findet, daß Marc. 2, 23. im Gegensatz zu
Matth. 12, 1. Luc. 6, 1. wo die Sabbathschändung
als durch das Essen der Ähren dargestellt sei,
dieselbe ~~durch~~ auch die Anbahnung eines Feldpfades [illegible]
[illegible] ist übersetzt des griech. Textes zu vergleichen [illegible]
Aus der Uebersetzung Luther's geht dieser Unter-
schied nicht hervor. Schenkel hat übersetzt
aber, wie es scheint, den Gang falsch aufgefaßt. Weder im Essen der Ähren, noch im Durch-
gehen durch dieselben (i. e. Anbahnung eines Feldpfades)
sondern im Abstreifen und Zerreiben derselben
besteht die Uebertretung des Sabbathgesetzes,
und zwar in den drei Berichten in gleicher Weise
angegeben. s. Th. Sabb. ~~[illegible]~~ [illegible] Maim. zu
Sabb. VIII, 3. [illegible Hebrew]
das Zerreiben [illegible] s. Raschi Sabb. 73, b.
Das Abreißen der Ähren von der noch in der Erde
stehenden Pflanze ist ~~[illegible]~~ unter den in d. Mischna als Hauptarbeit bezeichneten Ernten ([illegible]) begriffen
Hn. Sabb. ~~[illegible]~~ 8, 3. 21, 6. (s. Maim. Comm. in Mischn. wo übersetzt die
hierher gehörigen Geschäfte zu 12 in die [illegible]
[illegible] Weise [illegible] zusammengestellt sind). Ob das Zerreiben der Früchte in
der Hand als Hauptarbeit ([illegible]) unter ~~[illegible]~~
([illegible]) der ~~[illegible]~~ übersetzt der Zertheilen großer Stücke
in kleinere bezeichnet (s. Maim. l. c.) ist nicht
klar. ~~[illegible]~~ ~~[illegible]~~ [illegible]
[illegible] unter den Hauptarbeit Dreschen ~~[illegible]~~ subsumiert
(Maim. zu Sabb. 8, 7 [illegible] R. Ascher zu
[illegible]. Diese Subsumption steht fest, [illegible]
[illegible] Raschi [illegible] [illegible] ~~[illegible]~~ [illegible]
Sabb. 74 b. [illegible] unterliegen (s. Tos. Sabb. 74 b. [illegible])
[illegible] [illegible] Stelle eine Zeichen einfach erklärte das Abreißen

um im Augenblick zu essen,

die Aehren, isst kein [illegible], der Zerreiben in d. Hand kein Dreschen, überhaupt keine Arbeit im Mischnischen Sinne, wenn, der Pharisäer, [illegible] eine unbarmherzige Auslegung der Sabbathgesetze, so könnte man von Reformen hier sprechen, von einem neuen Geiste, den er dem Gesetze einhauchen wollte. Indem er aber nicht thut, sondern die Handlung der Jünger mit der augenblicklichen Noth und mit dem alten Ausspruche: dass der Mensch über d. Sabbath, nicht der Sabbath über d. Menschen stehe, rechtfertigte, hat er sich überhaupt kaum über das gewöhnliche Niveau erhoben. Letzteres tritt um so klarer hervor, wenn man den Jerusalem'schen Thalmud (Moëd Katon II. Hal. 4.) vergleicht. Hier heißt es ausdrücklich:

[illegible]

„Wenn man nichts zu essen hat, darf man ärndten, Garben binden u. dreschen, nur [illegible] nicht mit der Kuh dreschen, letzteres jedoch nur, wenn man die einzelnen Aehren bedarf, tritt aber das Bedürfniss für Viele heran, so darf man selbst mit der Kuh dreschen." Der Zusammenhang lässt keinen Zweifel zu, dass ~~[illegible]~~ v. Sabbath d. Rede ist. Es ist aber nur die Anwendung des Grundsatzes: „der Sabbath ist euch gegeben — —"

Welche [illegible] aber überhaupt die Uebertretung der Sabbathgesetze hier in dem Aehrenraufen [illegible] durch die Jünger, also im [illegible] des [illegible] finden will, beweist nur seine, wie so [illegible], auffallende Unkenntniss des rabbinischen Judenthums, die nur von der Kühnheit übertroffen wird, mit welcher er über dasselbe aburtheilt. Die von ihm angenommene Uebertretung ist nämlich [illegible] Jesus' Jünger [illegible] selbst. Alle [illegible] die [illegible], sind nicht schuldig ([illegible]) Mischna Sab. 13, 3. ist ein jedem halbwegs Kundigen bekannter Grundsatz. Was wenn d. Jünger die Aehren gerauft resp. die Frucht ausgedroschen hätten, um [illegible], wenn sie schuldig gewesen, nicht einmal [illegible] Frucht zu benutzen [illegible] s. Maim. v. Sab. 1, 17. Th. fol. 106. S. 153. Mit den Reinheitsgesetzen scheint allerdings eine Übertreibung

[illegible]

wirklichen Ueberlieferungen scheint Jesus nicht gelehrt zu haben, weil es sonst leicht gewesen wäre, eine Anklage wider ihn zu finden, sondern nur ähnlich wie andere alte Lehrer gegen die übertriebene Ausdehnung der Gesetzesbestimmungen, und mag dies unter dem Ausdruck: „Menschensatzung[1]) zu verstehen sein. Aussprüche, wie: „Was zum Munde hineingeht, macht den Menschen nicht gemein“[2]), sind nicht von den wirklich Mosaischen Speisegesetzen zu verstehen, wie der Ausspruch: „Alle Pflanzen, die mein himmlischer Vater **nicht** gepflanzt hat, werden ausgereutet werden“[3]), und wie jedenfalls dieses aus dem Ausdruck: „Menschensatzung“, gegen welche allein er sich ausspricht, mit Sicherheit folgt. Das Eifern gegen die Reinigung der Trinkgefäße nach empfangener Unreinheit[4]) kann, wenigstens in dieser allgemeinen Fassung, nicht von Jesus ausgegangen sein, da die Reinigung solcher Gefäße dem Wesen nach mosaisch ist[5]). Jesus war nicht gegen das Gesetz, er war nicht gegen den echten, wahren Pharisaismus; er war vielmehr in Bezug auf das Gesetz ebenso, wie in seinen Sittensprüchen ein echter Sohn seines Volkes im ganzen vollen Sinn des Wortes. Bei ihm war auch noch keine Rede von Juden- und Heidenchristen, von Juden- und Heidenaposteln; im Gegentheil, er faßte seine Sendung nur für die Juden auf, und der Ausspruch, der ihm

---

[1]) Matth. 15, 9. Marc. 7, 7. *ἐντάγματα ἀνθρώπων*. Der Ausdruck *παράδοσις τῶν πρεσβυτέρων* v. 3. scheint eben nur das Herkommen zu bezeichnen. Die eigentliche Ueberlieferung dibhre Sof'rim, Masoreth Has'kenim wurde dem Mos. Gesetze gleichgestellt. Ueber letztere s. noch Misch. Syn. 1, 3. c. Com. Tr. Fol. 13, b. s. oben S. 79.

[2]) Matth. 15, 11. *κοινοῖ*. *κοινός* ist das thalm. חולין und handelt bloß von der **Verunreinigung**. Der Ausspruch sollte also wohl jedenfalls, wenn ihn Jesus gethan, bloß den übertriebenen rabb. Reinigkeitsgesetzen entgegentreten, nicht wesentlichen Speisegesetzen, was aber dann freilich nicht mehr in den berichteten Zusammenhang paßt; es müßte ein Mißverständniß des Referenten angenommen werden.

[3]) l. l. v. 13.

[4]) Marc. 7, 8.

[5]) 4 M. 31, 20. ff.

in den Mund gelegt wird, als das griechische Weib, Hilfe flehend für die kranke Tochter, an ihn herantrat: „Es ist nicht fein, den Kindern das Brod zu nehmen und es den Hündlein vorzuwerfen[1]), zeichnet seinen Geist und sein Streben ganz genau. Die Pharisäer sind ihm die echten Repräsentanten des Glaubens: „sie sitzen auf Mosis Stuhle“, rief er dem Volke und seinen Jüngern zu, und wenn er auch gegen übertriebene Ausdeutungen, und besonders gegen die falschen Pharisäer eiferte, die mit dem Aeußern genug gethan zu haben glauben, so ermahnte er doch Volk und Jünger, „Alles zu beobachten und zu thun, was Schriftgelehrte und Pharisäer lehren[2]). Er lehrte mit Nachdruck auch die Auferstehung, wie der Pharisaismus, und trat den Sadducäern in dieser Richtung auf's Entschiedenste entgegen[3]). Alles, was daher in dieser Richtung, im Gegensatz zu den echten Lehren des Judenthums, angenommen wird, beruht auf falschen Voraussetzungen, oder in Berichten, die entweder in Unwissenheit oder in absichtlicher Täuschung ihren Grund haben. Dies gilt selbst von der Lehre, die man gerne als vorzüglichste Unterscheidungslehre gelten lassen wollte: daß Gott im Judenthum ein Gott des Zornes und der Rache, und erst von Jesus als Gott der Liebe und Barmherzigkeit, als Vater der Menschen gelehrt worden sei. Das Unrichtige dieser Annahme, soweit sie die heilige Schrift betrifft, ist durch unsere Nachweise in der ersten Abtheilung bereits dargethan. Unzählige thalmudische Aussprüche beweisen dasselbe für den Pharisaismus. Auch die Frevler, lehrt Hillel, werden von Gott nicht verdammt; in der Fülle seiner Liebe läßt er die Wage zur Gnade neigen[4]). „Moses traf Gott im Himmel das Wort

[1]) Matth. 15, 26. Marc. 7, 27. Dasselbe folgt jedenfalls auch aus Ap. Gesch. c. 11., da auch die Apostel Anfangs „das Wort zu Niemanden redeten, denn allein zu den Ju[illegible] 1. 17, 1. 2. u. s. w.

[2]) Matth. 23, 1—3. ff.

[3]) Matth. 22, 23 ff. Marc. 12, 1[illegible]

[4]) R. Hasch. 1[illegible] b. vgl. Th. Jer. [illegible]

* vgl. Joseph. Joma cap. 2. Th. Jer. ch. 2. Hal. 2.

in gewissen Fällen selbst der heiligen Schrift [illegible] Missbrauch getrieben worden zu sein. Dies geht [illegible] Thalm. Joma fol. 23.* erzählten Geschichte hervor. Es stritten sich dann zweie, da ihnen [illegible] Beendigung der Tempeldienste nachgelaufen war, [illegible] Massen in der Syn. ~~Allgemeinheit~~ [illegible] Raume erfüllte [illegible] erstochen. Als nun der Rabbi der anwesenden Priester Zadok [illegible] sich selbst, indem [illegible] noch leben und der Messer also nicht unrein werde sei. Der Thalmud [illegible] zeigt aus diesem Vorgange selbst den Schluss, dass ihnen die [illegible] des Heiligtums höher stand, als selbst das Menschenleben [illegible] überhaupt [illegible], aber auch [illegible] Hebr.(?) geht hervor, dass das nicht [illegible] sondern [illegible] die [illegible] Schrift [illegible] noch die Begriffe der Schrift [illegible]
[illegible]
וגם דם נקי שפך מנשה הרבה מאד עד אשר מלא את ירושלים פה לפה (2 Kön. c. 21.), wo also die Beschuldigung [illegible] nur aufgestellt, sondern auch aus der Bibel zu [illegible] gestützt wird.* Im Jerusalemischen Thalmud [illegible] diese Begriffsverwirrung wirklich getadelt, wird nur deutlich ~~[illegible]~~ zu der Bemerkung [illegible] fol. [illegible] es sollte diese Bemerkung einen Tadel [illegible] solche Vorgänge konnten auch sehr wie [illegible] gefunden haben, da sein Tadel [illegible] gemildert [illegible]

S. 154. Anm. 1. [illegible] (S. 94.) in Bezug auf [illegible] bemerkt, [illegible] Mission auch an die Heiden [illegible] (sic!) [illegible] nur widerlegt.

* Das [illegible] ist [illegible] Gesetz, [illegible]

S. 155. Anm. 2. Vgl. [illegible] I. S. 261. [illegible]

[illegible] (vgl. Deut. 32, 6.) [illegible] (Gottes) [illegible] v. Midr. [illegible] z. Ps. 22 u. 119. [illegible]

Vgl. Jer. Taanith c. 2. [illegible]

[illegible]

[illegible] Megilla [illegible] fol. 15. [illegible]

„langmüthig" niederschreiben, und er fragte Gott den Herrn: Gilt dies blos für die Gerechten? Nein, erwiderte der Herr, auch für die Frevler[1]. So wird in einer alten Boraitha die Gnade Gottes dem menschlichen Rechte gegenüber — denn Moses habe geglaubt, es müsse die Frevler ihre Strafe treffen — lebendig dargestellt. Auch die Benennung: Vater für Gott ist nicht blos in der hl. Schrift, sondern auch bei den Thalmudisten sehr häufig, und zwar ganz wie in dem Gebete, das Jesus seinen Jüngern lehrt: „Unser Vater im Himmel"[2]).

Selbst darin, daß Jesus die **Sittenlehre** der Religion **über** die äußere Satzung stellt, spricht er sich durchaus nicht stärker aus, als der wahre Pharisaismus. Hillels Ausspruch: daß die Nächstenliebe das Ziel des ganzen Gesetzes sei, dem alles Andere nur als Mittel diene, der Hauptinhalt, für welchen die einzelnen Gesetze nur die Erklärung bieten, haben wir bereits angeführt. Wir haben oben auch schon weitere Beweise für diesen unbestrittenen Grundsatz des Pharisaismus: daß das Sittengesetz, der geistige Inhalt der Offenbarung über dem äußern Gesetz stehe, herangebracht und wollen hier nur noch als weitern Beweis folgende merkwürdige Stelle anführen: „Das Mosaische Gesetz enthält sechshundert und dreizehn Ge- und Verbote. Diese führte David im fünfzehnten Psalm (der nur Sittengesetze enthält) auf eilf zurück. Jesaias faßt sie im fünfzehnten Verse des drei und dreißigsten Kapitels (wieder nur Sittengesetze) in sechs zusammen. Micha faßt sie in drei Pflichten zusammen: „Er hat dir kund gethan, o Mensch! was gut ist, und was Gott fordert von dir: Einzig und allein Recht thun und Liebe zum Wohlthun und bescheidenen Wandel mit Gott, deinem Herrn[3]). Dann führte sie Jesaias wieder auf

---

[1]) Synh. 111, a.

[2]) So lautet sogar der Anfang eines der alten täglichen Gebete: „Unser **Vater** im Himmel, sei uns gnädig" אבינו שבשמים עשה עמנו חסד ganz wörtlich dort, πάτερ ἡμῶν ἐν τοῖς οὐρανοῖς.

[3]) Micha, 6, 8.

zwei zurück: „Beobachtet das Recht und übet Liebe"[1]), und endlich faßte sie der Prophet Habakuk sogar in dem einen Wort zusammen: „Der Gerechte lebt in seiner Treue gegen Gott[2]). Der Sinn dieser Stelle kann aber kein anderer sein, als daß das Sittengesetz das eigentlich Gewollte in der göttlichen Offenbarung sei, die Seele, deren Hülle nur, mithin untergeordnet, das äußere Gesetz ist[3]).

Und dennoch wurde Jesus angeklagt? Dennoch wurde er zum Tode verurheilt? Wir wollen absehn von den Schwierigkeiten und Widersprüchen, mit welchen die ganze Geschichte behaftet ist, die sie an sich als sehr zweifelhaft erscheinen lassen, es wenigstens schwer machen, Wahrheit und Dichtung hier zu sichten, von welcher letztern das Leben von bedeutenden Männern, auch wenn sie nicht mit solcher Alles erschütternden Macht in die Geschichte eingegriffen haben, von dem aufgeregten Volke in trüben, düstern Zeiten immer ist umhüllt worden. Schwierig und widerspruchsvoll ist schon der Bericht, wonach Jesus schon deshalb, weil das Urtheil aus Furcht vor dem am Passafeste zusammenströmenden Volke[4]), aber auch nach ganz bestimmten Berichten vor diesem Feste gekreuzigt worden sein[5]), und daß er dennoch mit seinen Jüngern das Passamahl, das erst am ersten Abend dieses Festes stattfand[6]), abgehalten haben soll[7]). Die Aushilfe, daß Jesus, weil er seinen Tod voraussah, am Abend vorher das Passamahl mit seinen Jüngern genommen

---

1) Jes. 56, 1.

2) Hab. 2, 4. f. Th. Makkh. fol. 23. b.

3) Von einer Abrogation des äußern Gesetzes oder eines Theils desselben, etwa aus Nachgiebigkeit gegen die Schwäche der Geschlechter, kann nach thalmudischen Grundsätzen, die auch dem Propheten solche Neuerung nicht gestatten, keine Rede sein. S. dagegen Raschi z. St.

4) Matth. 26, 5. Marc. 14, 2.

5) Marc. 15, 42. Matth. 27, 62. Luc. 23, 54.

6) 2 M. 12, 8.

7) Matth. 26, 17 ff. Marc. 14, 12 ff.

[illegible] zu folgender Zeit

Wohlthätigkeit ablegen konnte. Denn gerade die Ausübung v. s. messianischen Berufs [illegible], wie wir [illegible] werden, [illegible] noch zu machen für den Durchbruch, [illegible] zu solcher Kraft [illegible] [illegible] offen [illegible] [illegible] nicht [illegible]. Es mag sein, daß er persönlich mehr die geistige Seite des Messianismus ins Auge faßte, [illegible] die Erwartung [illegible] in [illegible] u. in seinem [illegible] [illegible] [illegible] [illegible] mehr d. äußere Seite ins Auge gefaßt; das Volk, das um ihn sich schaarte, hatte am wenigsten einen Begriff v. d. geistigen Ideal.

Zu S. 157. Zeile I. Die Lösung der Schwierigkeit besteht einfach darin, daß Josephus Kaiphas der Schwiegersohn Hannas, der frühere Hohepriester war, u. d. Bedeutung eben in dem Zusatz Hannas [illegible] [illegible]. S. Derenbourg, Essai I. p. 467. s. Strauss, Leben Jesu I. 350.

Nach Jos. Ant. 18, 2, 2 scheint [illegible] Josephus Kaiphas unter Valerius Gratus Hohepriester geworden zu sein, welcher aber erst a. 18. [illegible] [illegible] der Kaiphas auch von Vitellius abgesetzt wurde (Jos. Ant. 18, 4, 3), so hätte er also noch 7 Jahre unter Valerius Gratus u. 10 Jahre unter Pilatus (l. l. 4, 2.) geherrscht, also 17–18 Jahre Hohepriester sein müssen. Ob dies wahrscheinlich ist, ist zu untersuchen. Wenn er wirklich so lange Hohepriester war, was von den vorhergehenden allen nicht berichtet wurde, so würde der nächste Name beweisen, welch ein geschickter [illegible] den Römern er war. [illegible] die [illegible] [illegible] in anderem Lichte auf d. [illegible] [illegible] [illegible] zu d. [illegible] des [illegible] u. [illegible] Pilatus [illegible] [illegible] [illegible].

Unter den Hohepriestern kommt man [illegible] Hohepriester, den פסח, b. [illegible] [illegible] [illegible] b. Th. Jom. fol. 72. ff. Taanith fol. 30, b. vgl. [illegible] פסח

[illegible]

Eine u. d. [illegible], jedoch mehr in späterer Zeit – zu der Zeit, von welcher es sich hier handelt, scheinen [illegible] die [illegible] mehr in d. Hintergrund getreten zu sein, wie die 18 gegen [illegible] erhobenen [illegible], gegen welche bereits R. Jochanan b. Sakkai sprach. – Die beiden Punkte, die man wesentlich im Auge hatte, waren: die Abwehr des Heidenthums und [illegible] des herrschenden Priesterthums [illegible] glaubte man nämlich [illegible] durch die [illegible] der Ceremonialgesetze zu erreichen, indem man damit einerseits gegen das Heidenthum einen „Zaun" errichten, und andrerseits, besonders durch die Ausdehnung der Reinheitsgesetze, das Priesterthum des ganzen Volkes [illegible] darstellen wollte.

Eine unbefangene Betrachtung des von Jesus berichteten Wirkens scheint uns allerdings zu dem Resultat zu führen: dass er die Principien des Judenthums, den Kampf gegen das Heidenthum für d. Erhaltung des Gottesgedankens und der mit ihm verbundenen, in ihm wurzelnden reinen Sittlichkeit, sowie gegen das [illegible] Priesterthum festhielt, und dem gemäss auch das die Darstellung jener Principien im Leben und ihre praktische Anwendung regelnde Gesetz in seiner [illegible] u. in s. innersten Kerne erhalten wissen wollte. Aber während der strenge Pharisäismus das Gesetz zu diesem Zwecke ausdehnte, den Ritualismus zu einem Riesenleib gleichsam ausbaute, wollte Jesus in göttliche Geist, der [illegible] das Gesetz nur als [illegible] der Sittenlehre ansah, und besonders in [illegible] R. Jochanan b. Sakkai den weitern Schritt des Lebens [illegible] und [illegible] Ausdehnung der Ritualgesetze u. besonders auch der Reinheitsgesetze [illegible] [illegible], wie R. Jochanan [illegible] u. [illegible] der innere Geist unter der Masse der Formen erstickt zu werden; er [illegible], wie jene, die [illegible] Pharisäismus [illegible] Masse [illegible] und den innern Geist der Offenbarung, den sie [illegible] der Gesetze anbauen wollte, [illegible]. An diesem Grundgedanken [illegible] die weitern Consequenzen: [illegible] die Abrogation des ganzen Gesetzes, [illegible] [illegible] Paulus gezogen, [illegible] als [illegible] festhalte, das Heidenthum abzuwehren, sondern, wie es [illegible] Schriften der alexandrinischen Juden jener Zeit [illegible] der Heidenwelt [illegible] zu [illegible] Symbol [illegible]. Dies [illegible] die Pharisäer [illegible], und [illegible] [illegible] sich allerdings in scharfen Gegensatz [illegible] [illegible] wirklich u. [illegible] Messias [illegible] u. s. w.

habe, stimmt weder mit den bestimmten Berichten [1]), noch mit der Sache an sich, da das Mahl mit der vom Gesetze bestimmten Zeit innig zusammenhängt und nur in den bestimmt vom Gesetz bezeichneten Fällen zu einer andern, jedoch wieder nur an demselben Abend im nächsten Monat genommen werden durfte. Daß die desfallsige Nachricht bei Josephus [2]) unecht ist, muß jedem Unbefangenen auf den ersten Blick klar sein, und bedarf keines Nachweises [3]). Nicht unbeachtet kann auch bleiben, daß bei der Anklage immer von Hohenpriestern [4]) die Rede ist, in der Mehrzahl, während es geschichtlich fest steht, daß es zu keiner Zeit mehr als Einen Hohenpriester gab. Und wenn diese Schwierigkeit auch damit gelöst werden wollte, daß etwa auch frühere Hohenpriester den Titel beibehielten, wie es nach Josephus [5]) und andern Quellen allerdings angenommen werden dürfte, so bleibt es doch unerklärlich, daß sogar zwei Hohepriester, Anan und Kaiaphas, zusammengenannt werden [6]), die unmöglich zu gleicher Zeit oder auch nur kurz nacheinander im Amte gewesen sein können. Anan der Aeltere wurde unter dem Statthalter Quirinus zum Hohenpriester ernannt und von Valerius Gratus im ersten Jahre seiner Statthalterschaft wieder vom Priesteramte entfernt [7]), (a. 17.). Zwischen Anan und Kaiphas waren nicht weniger als drei Hohepriester: Ismael Sohn Phabi, Eleasar und Simon [8]). Joseph Kaiphas wurde erst am Ende von Gratus Verwaltung, oder erst unter Pontius Pilatus, elf Jahre später, Hohepriester. Noch weniger kann es der jüngere Anan

[1]) l. l.
[2]) Ant. XX, 3,
[3]) Man vergleiche nur XX, 9, 1. Ιησοῦς τοῦ λεγομένου Χριστοῦ, dorten: ὁ Χριστὸς οὗτος ἦν. Indessen trägt abgesehen davon jener Bericht die Zeichen der Unechtheit an der Stirne.
[4]) Marc. 15, 1. Matth. 27, 1. sogar: alle Hohepriester.
[5]) Bell. Jud. IV, 3, 9. Vita 38. vgl. auch Misch. Hor. III, 4.
[6]) Luc. 3, 2.
[7]) Jos. Ant. XVIII. 2, 1. 2.
[8]) Jos. l. l.

gewesen sein; denn dieser erhielt mit der Ernennung des Albinus zum Statthalter das Hohepriesteramt (a. 62.), das er kurze Zeit verwaltete, derselbe, der gegen die Apostel wüthete: Jakobus hinrichten, Paulus schlagen ließ [1]), den Aerger des Volkes gegen Paulus wegen dessen Mißachtung des Gesetzes benützend. Indessen, wie bereits erwähnt, abgesehen davon, so viel steht nach den neutestamentlichen Berichten jedenfalls fest, einmal daß Jesus nicht aus religiösen Gründen und zweitens, daß er nicht von den Pharisäern angeklagt und noch weniger verurtheilt wurde.

Jesus wurde von seinem Anhange als der Messias, der Erlöser, der „Heiland" der Juden verehrt, und er selbst hat sich als solchen angekündigt: das war der Gegenstand der Anklage und der Grund seiner Verurtheilung. Diese Thatsachen stehen in den neutestamentlichen Schriften unzweifelhaft fest. Es ist dies der Kern des ganzen geschichtlichen Inhalts dieser Schriften, der damit steht und fällt, und bedarf eigentlich keines besondern Nachweises. Dennoch wollen wir Einzelnes heranbringen, für den, dem sie nicht allzu geläufig sind. Noch hatte der Glaube, daß Jesus der Messias sei, nirgends Anklang gefunden. Etliche sagten, er sei Johannes der Täufer, Etliche hielten ihn für Elias, Andere für einen Propheten, da antwortet auf seine Frage an die Jünger, für wen sie ihn hielten, schon Simon Petrus im Namen derselben: „Du bist der Messias [2]), des lebendigen Gottes Sohn". Und Jesus selbst hielt diese Antwort des Petrus für eine unmittelbare Offenbarung Gottes und sprach ihn dafür selig. Ja, Jesus erkannte sogar das Gefährliche dieser Stellung, die ihm seine Jünger und er sich selbst gaben, und verbot ihnen es weiter zu sagen [3]). Daß er sich zu seinem Einzuge in Jerusalem eine Eselin bringen läßt,

[1]) A.-G. c. 23.

[2]) ὁ Χριστός.

[3]) Matth. 16, 13—20. cf. 14, 2. 17, 5. ff. Marc. 8, 27—30. Luc. 9, 20. 21. u. s. w.

S. 158. nach erstem Absatz.

~~Zunächst wollen wir jedoch hinbemerken, daß Sie~~ damit nicht behaupten wollen, daß die Halacha nicht in Gegensatz zu den Schriftsinn getreten ~~[illegible]~~ zugeben ~~daß diese Gegensatz [illegible] principiell [illegible]~~, aber konnte, ~~[illegible]~~ nachgewiesenermaßen ~~[illegible] zu [illegible]~~, auch den Gesetzen über die Hörnerbildung nicht gänzlich angeklagt werden, wenn er sich mit seinen Lehren auch den Zorn der strengen Schriftkundigen zugezogen hatte, obgleich er bei der Anwendung der von den bedeutendsten Lehrern, wie von Hillel, d. h. von den Häuptern d. Gemeinde aufgestellten Grundsätze von denselben [illegible] stand.

Es läßt sich nämlich nicht leugnen, daß ~~[illegible]~~ durch unsere ganze Darlegung klar geworden, daß die Pharisäer mit den letzten Schritt, den nach seinen Grundsätzen und Zielen folgen sollte, nicht gethan hatte. Er wollte offenbar das Gesetz mit dem Leben in Verbindung erhalten, er wollte das Leben in seinen von den früheren Zeiten ganz verschiedenen Forderungen mit dem Gesetze aussöhnen. Darin allein finden die vielfachen wesentlichen Änderungen des mosaischen Gesetzes, wie ~~[illegible]~~ das jus talionis, die schon von Hillel getroffene Einrichtung zur Umgehung der Vorschriften des Schuldenerlasses (προσβολ βουλευταῖς [1]) ihre, ~~[illegible]~~ wie es ausdrücklich heißt, dem höheren Zwecke: daß den Armen die Darlehen nicht vorenthalten werden, nicht zu gefährden, u. a. ihre Erklärung. ~~[illegible] mündliche Gesetz [illegible]~~ darum über das mündliche Gesetz, das sich dem schriftlichen in Wahrheit gewissermaßen gegenübergestellt. Dagegen war das ~~mündliche~~ mündliche Gesetz durch die Lehrerfahrungen, die man allerdings auf +

1) Mischn. Schebi. 10, 3. Th. Gitt. 36, a. vgl. [illegible], Beiträge II. S. 70.

+ d. Entwickelung d[illegible]

früher [illegible] auf den [illegible] zurückgeführt

159 cf. Dan. 7, 13.14.: Mit den Worten des [illegible] kam er [illegible] ein Menschensohn, u. dem Menschensohn wird Gewalt, Ehre u.
Herrlichkeit u. Königthum gegeben, daß
alle Völker u. Nationen u. Zungen ihm
dienen. Also der weltl. Messianismus war
ein ausgesprochener Traum, wenn auch hier
v. eigentl. Weltherrschaft keine Vorstellung werden dürfte, da dieselbe in d.
Schilderungen nie ausgemalt wird, sondern
[illegible] d. eigene Beziehung ein Gottesreich
in der [illegible] d. [illegible] d.
Evangelium [illegible] Juden [illegible].
Der [illegible] der Völker ist ihm durch d.
Bekehrung der [illegible] gesichert.
Die Deutung v. 27. kann deshalb [illegible]
werden, als höchstens eine ideelle Herrschaft
des Gottesgedankens [illegible] der 3½
Zeiten. Die 3½ Jahre der [illegible] bis zum
Evangelium aber kein anderes Resultat,
als d. eigene Beziehung [illegible] d. [illegible]
des Gottesgedankens gegen die Herrschaft
des Heidenthums, oder [illegible]
bedeuten können!
In dem Werke von Weber u. [illegible] II S. 109
wird jedoch bemerkt: „Uebrigens bildeten auch,
[illegible] d. [illegible] Drangsale [illegible]
ohne ihren Abschluß in d. [illegible] des Messias zu finden
nicht nur die danielischen Weissagungen, welche [illegible] in schweren
Drangsalsstunden, den Blick auf d. Endkatastrophe u. die auf sie
[illegible] Zeit offen, sondern d. jüd. Geist [illegible]
auch zum Versuche, den Weltlauf zu construieren [illegible]
geschichtl. [illegible] Vorbereitung der Endentwicklung
u. seiner [illegible] über das Judenthum u. [illegible]
zu [illegible]. So entstanden im Anschluß an Daniel d. Apokalypsen
des Henoch u. Esra.“ (Es ist [illegible] zu untersuchen, ob diese
[illegible] eine [illegible] im Messianismus [illegible]
[illegible].

und zwar, wie eine der ältesten Quellen berichtet, mit ausdrücklicher Berufung auf die Verkündigung eines solchen Einzugs durch den Propheten [1]), beweist wieder deutlich seinen Glauben. Wenn die andern Quellen diese Stelle zur Begründung auch nicht anführen, so gibt ihre Schilderung dieses Ereignisses denselben Grund für diese Art des Einzugs dennoch deutlich zu erkennen [2]) und beweist ebenfalls seinen und seiner Jünger Glauben in dieser Hinsicht. Auf diesen Punkt allein wurde nun ausdrücklich die Anklage gegen Jesus gegründet. Der Hohepriester resumirte diese in der an Jesus gerichteten Frage: „Bist du Christus" (Messias [3]). Und Jesus antwortete auf diese Frage sogar ganz bestimmt: „Ich bin's" [4]), ganz ebenso wie er sich im Kreise seiner Jünger aussprach. Wenn diese Antwort in andern, jedenfalls spätern Berichten etwas gemildert erscheint [5]), so zeigt doch der gleiche Zusatz: „Ihr werdet sehn des Menschen Sohn sitzen zur Rechten der Kraft und kommen mit den Wolken des Himmels", daß kein anderer Sinn damit zu verbinden ist. Jesus zeigte sich übrigens auch gerade durch diesen tiefen, lebendigen Messiasglauben, dessen Wahrheit so gewaltig in ihm lebte, daß ihn am Ende die Ueberzeugung: er sei selbst der Berufene, wie ein unwiderstehliches Feuer ergriffen zu haben scheint, als einen echten Sohn seines Volkes. Es

[1]) Matth. c. 21.

[2]) Marc. 11, 9, 10. Luc. 19, 37. ff.

[3]) Matth. 26, 63. Marc. 14, 61. Die Worte: „der Sohn Gottes, oder bloß „der Sohn des Gelobten ὁ υἱὸς τοῦ εὐλογητοῦ, sind offenbar späterer Zusatz, um, wie das Nachfolgende zeigt, das religiöse Element herein zu ziehen. Einmal wurde der Messias bei den Juden nie als Sohn Gottes, sondern einfach als „ein Zweig aus dem Stamme Isai's" (Jes. 11, 1.) betrachtet; sodann ist schon der Ausdruck: „der Gelobte" הברוך allein, nicht jüdisch. Selbst der Ausdruck: „der gelobte Gott" als Attribut, kommt nirgends bei den Alten vor, und beweist den spätern Ursprung der Gebete, in welchen er auch gebraucht wird, sondern bloß prädikativ: „gelobt sei Gott" u. dgl.

[4]) Marc. 14, 62. Ἐγώ εἰμι.

[5]) Matth. 26, 64. vgl. Luc. 22, 70. ff.

war der Gedanke, der wie ein Himmelslicht alle tiefern Gemüther in jener gedrückten, finstern Zeit durchleuchtete, und seit einem halben Jahrhundert blitzartige Zuckungen im jüdischen Staatskörper hervorrief, **und gar manchen Märtyrer dieses Glaubens den Kreuzestod durch die Römer sterben ließ**[1]).

Von welcher Natur daher eigentlich auch der jetzt auftretende Messianismus war, kann dem kein Zweifel sein, der die Zeit und die ihr bereits vorangegangenen Bewegungen ins Auge faßt. Jedenfalls geht aus den Aeußerungen von Jesu Feinden noch nach seinem Tode hervor, wie derselbe aufgefaßt wurde. „Der Christus, der König Israels“[2]), sagten sie, wenn auch spottend von ihm. Auf die Frage des Pilatus: „Bist du der König der Juden“? antwortete Jesus: „Du sagst's“[3]), weshalb der ganze nachfolgende Bericht über das Benehmen des Pilatus und, „daß er nichts Uebles an ihm finden konnte“, dem Unbefangenen unbegreiflich erscheinen müßte, wenn die Absicht nicht zu klar hervorträte, die Schuld des „Volkes der Juden“, welches das spätere Christenthum im Widerspruch mit allen andern, ältesten Berichten als Jesu eigentlichen Verfolger substituiren wollte, um so greller hervortreten zu lassen. Doch diese Darstellung der Unschuld des Pilatus ist längst als unhistorisch und im Widerspruche mit der ganzen Geschichte wie mit dem Charakter und allem sonstigen Verfahren desselben zu klar nachgewiesen, als daß es hier einer neuen Stütze dafür bedürfte[4]).

---

1) S. Grätz, Gesch. d. Juden, Bd. III. S. 258 ff. Geiger: Das Judenthum und seine Geschichte, neunte Vorlesung.

2) Marc. 15, 32. משיח מלך ישראל.

3) Marc. 15, 2. Matth. 27, 11. u. s. w.

4) Strauß in seinem berühmten Buche: „Das Leben Jesu“, weist in jedem einzelnen Zuge des Verhörs vor Pilatus das Widersprechende und Absichtliche, das Vorwalten der Parteinahme und der geflissentlichen Uebertreibung gegen die Juden nach, und macht dabei die gewiß richtige Bemerkung: Entweder war Pilatus von der Schuld Jesu überzeugt, oder hat es für vortheilhaft gehalten, den Juden diesmal ihren Willen

Zur vorhergehenden Seite.

Zu S. 159. Anm. 2. Es wäre demnach schon deswegen der Beweis, der mir durch die Antwort Jesu auf die Frage des Hohenpriesters für die Gottheit Christi vorzuliegen, daß sich Jesus selbst als Gottes Sohn, also als Gott erklärt, ohne Bedeutung. Aber auch die Echtheit der Worte: du sagst des "Gottes" zugegeben, so beweist doch die Zusammenstellung mit Christus, und ebenso die Beziehung in der weiteren Antwort: Von nun werdet ihr sehen, des Menschen Sohn sitzen zur Rechten der Kraft und kommen in den Wolken des Himmels", daß wir es hier nur mit einer Beziehung auf den Messias nach damaliger Sprachweise zu thun haben, entweder als "Gottes Sohn", wie schon dessen Sohn heißt Ps. 2,7. [gezeugt] oder als des Menschen Sohn, der in den Wolken des Himmels kommt, wie er bei Daniel 7,13 heißt.

Wäre es auch nicht der vollendetste Widersinn, den Hohenpriester, den Richter, die Frage aufstellen zu lassen, bist du Gott? Menschen der Jetztzeit die Verkörperung Gottes nach eigener Erfahrung vorgesetzt, und jenen, welche diesen Sinn in die Frage hineinlegen wollen, selbst aufstellen, ~~durch Christus~~ darauf gerade wegen dieser Gotteslästerung ~~zum~~ dem Tode übergeben worden sei. Der Hohepriester hätte doch nur die Frage an Jesus richten können, ob es wahr sei, daß er für Gottes Sohn, für Gott, ausgegeben, nicht aber direkt fragen dürfen: bist du Gott? womit er die Möglichkeit, daß das überhaupt möglich sei, schon zugegeben hätte.

1. auch eine Benennung des Sohnes Gottes und entsprechend der Gottesschaft durch das Buch der Weisheit 2,16.18.

S. 161. den messianischen Sinn, den man später mit dem wiedererscheinenden Jesus verbinden wollte, findet Schenkel schon in den ältesten Evangelien S. 104. Ihm ist alles „Glanz himmlischer Herrlichkeit", ~~alle~~ äußerliche Hoheit des erscheinenden Messias, alle „heiligen Engel", in deren Begleitung er wieder kommen will, Marc. 8, 38. Matth. 16, 27. nur die Schale, in welche der geistige Kern verhüllt liege. Alles erscheine ~~mit~~ im Widerspruch mit d. einfachen Wortlaut, mit d. Charakter der Zeit, mit der Fassungskraft, die Jesus bei seinen Jüngern und bei dem Volke, das er gerade zu dieser Erklärung zu sich berief Marc. 8, 34. voraussetzen konnte.

Es kann gar keinem Zweifel unterliegen, daß Pilatus Jesus wirklich verurtheite, und zwar aus politischen Gründen. Dies beweist auch das Benehmen der römischen Kriegsknechte, die ihn mit dem Gruße: „Der Juden König" verhöhnten und schlugen, wozu sie außer dieser Anschuldigung keinen Grund hatten, da sie sicher nicht für die religiösen Satzungen der Juden geeifert haben, und was sie überdies nicht gewagt hätten, wenn der Statthalter so liebevoll gegen ihn aufgetreten wäre und öffentlich seine Unschuld bezeugt hätte. Dieser Grund seiner Verurtheilung war auch über seinem Kreuze eingeschrieben: „Dies ist Jesus, der Juden König", oder bloß: Dieses ist „der Juden König", und zwar, wie ausdrücklich berichtet wird, als die Ursache seiner Verurtheilung, „was man ihm schuld gab" [1]), was freilich der spätere Berichterstatter, wohl nicht ohne Absicht, wegläßt [2]). Jesus hat zwar nicht zu augenblicklichem gewaltsamen Widerstande aufgefordert, und bewährte sich auch hierin vom Geiste des Pharisaismus erfüllt, dessen ausgezeichnete Vertreter ja bisher schon immer beschwichtigend aufgetreten waren; er sprach vielmehr immer bloß von einer Zukunft, wenn des Menschen Sohn „in den Wolken des Himmels kommen werde". Aber es ist begreiflich, daß der römische Statthalter, besonders bei der bereits bedrohlich angewachsenen Aufregung des Volks kein Gewicht darauf legte, und auch dieser „Zukunft", deren mystischen Sinn er ohnedies nicht begriff, vorbeugen wollte [3]). Daß der Grund von Jesu Anklage nicht religiöser, sondern politischer Natur war, und daß die Verurtheilung durch den römischen Statthalter

---

zu thun. That er dies, und bezeugte doch öffentlich seine Ueberzeugung von [illegible] Unschuld des Angeklagten, so erklärt er sich damit öffentlich für [illegible] schwach, und verdiente sich dennoch den Dank der Juden nicht, [illegible] sie ohne Noth in ein so schlechtes Licht setzt.

[1]) Marc. 15, 26. Matth. 27, 37.

[2]) Luc. 23, 38.

[3]) Vgl. auch A.-G. 17, v. 7.

selbst geschah, geht auch daraus hervor: daß Jesus im andern Falle nothwendig vor dem Synedrion und in der, zur Giltigkeit seiner Urtheile damals unbedingt nöthigen, „Quaderhalle“[1]) hätte vernommen und verurtheilt werden müssen, wovon aber kein Bericht etwas weiß; im Gegentheil, es wird als Ort seiner Vernehmung und Anklage, ehe er vor Pilatus gebracht ward, das Haus des Hohenpriesters genannt, dieses Günstlings des Pilatus, so daß es gar keinem Zweifel unterliegen kann, daß das jüdische Gericht, „der hohe Rath“, בית דין הגדול Beth Din ha-Gadol wie auch כהן הגדול Khohen ha-Gadol mit Hohepriester gegeben wird, an der Anklage und Verurtheilung Jesu durchaus nicht Theil nahm, und es daher mindestens eben so ungerecht wäre, diesen oder gar die Juden dafür verantwortlich zu machen, als wenn man das Christenthum oder die Christen für die Marter und den Tod irgend eines der Tausende in den Inquisitionskerkern zu Grunde gegangenen Opfer der combinirten Priester- und Herrschergewalt des finstern Fanatismus verantwortlich machen wollte. Wenn dennoch auffallenderweise gerade in dem sonst getreusten und ursprünglichsten Berichte allein, im Marcus[2]), auch der ganze hohe Rath[3]) als gegenwärtig bei der Berathung über die Anklage und der desfallsigen Beschlußfassung genannt wird, so muß hier, wenn man nicht blos einzelne fanatische und übereifrige Pharisäer darunter verstehn will, die allerdings wegen Jesu freier Auslegung gewisser gesetzlichen Bestimmungen gegen ihn agitirt haben mögen, um so mehr eine Interpolation angenommen werden, als die Worte mit dem unmittelbar darauf folgenden Bericht, wo nur die Hohenpriester als dessen Ankläger erscheinen[4]), in direktem Widerspruch stehn. Sodann liefert schon die Todesart selbst den sichersten Beweis, daß die Ver-

[1]) S. Th. Synh. 14, b. c. Tos. Maim. v. d. Widerspenst. 3, 7.
[2]) 15, 1.
[3]) ὅλον τὸ συνέδριον.
[4]) v. v. 3. 11.

S. 162. ebendaselbst; Essai S. 465. – ~~[illegible]~~ findet die ~~[illegible]~~ dass
obige ~~[illegible]~~ Sache im Hause des Hohenpriesters ganz in
Uebereinstimmung mit der talmudischen Ueberlieferung
(Sabb. 15, a.) dass das Synedrium 40 Jahre vor
der Zerstörung des Tempels seine Sitzungen nicht mehr
in d. Quaderhalle des Tempels, sondern ~~aber~~
in den ~~[illegible]~~ Verkaufshallen der Priester (~~Chanujoth~~
([illegible]) abgehalten habe. Da aber auch
dieselben das eigentliche Synedrium der Pharisäer
zu diesen ~~Sitzungen~~ nicht berufen, sondern aber nur
ein Priestersynedrium und den Hohenpriester,
als Vorsitzenden, u. s. Anwalten, den Königen
(Essai S. 177), so bleibt dies für das Resultat unserer Forschung ohne Einfluss. Da wir
auch ferner nicht übersehen werden, dass nach
den übereinstimmenden Berichten des Josephus und des
Talmuds (b. Sabb. l. c. Jer. Synh. I Hal. 1. VII, 2.)
die peinliche Gerichtsbarkeit ~~[illegible]~~ den Juden ~~[illegible]~~
40 Jahre vor der Zerstörung des Tempels ge-
nommen ward, dass ferner zur Verurtheilung
eines widerspenstigen Gelehrten jedenfalls
der Sitz des Synedriums in der Quaderhalle
(~~Synh. 14b~~ [illegible])
des Tempels nothwendig war, dass diese Verurtheilung also, wenn sie aus diesem Grunde geschah, schon deshalb im Hause des Hohenpriesters
nicht hätte geschehen können (das Beth Phagi, welches
an anderer Stelle genannt wird, ist vielleicht
gerade das Haus des Hohenpriesters Ismael
b. Phabi,* so einer der Zellen, welche die alten
Namen ausgelassen, vielleicht überhaupt die Wohnung
der Hohenpriester genannt), so kommen wir
nur wieder zu demselben Resultat. #

* Mischn. Para III, 5. heisst er Ismael b. Phiabi; demnach
ist an beiden Stellen statt פאבי Phabi zu lesen ist.

\# Damit wären ferner die Gericht bei Marcus gerechtfertigt
ohne dass d. [illegible] [illegible] [illegible] [illegible].

zu S. 163. vgl. Derenbourg in s. Essai S. 203. Die Worte

ist. um nur den unverfänglichen Ausdruck der Sota

47, a. jerus. 107, a. b. s. der Schrift derselben

nachgeführt ist, daß Jesus in der That wegen

Zauberei und Verleitung zur Abgötterei [illegible]

u. Sünde nach Deut. 13, 1. ff. Lev. 24, 16.) ge-

steinigt worden sei. Allein da die Zeitgenossen

selbst die größten Ungereimtheiten von Jesus aussagten,

für das Judenthum nicht ersehen konnten, scheint

uns der ganze Bericht gar nicht [illegible],

so dürfte in Bezug auf die Todesart die

Schrift der Evangelien, ~~jeden~~ theils weil die

Kreuzigung derselben in eigener Weise jeden-

falls [illegible] ist, theils weil die

Auferstehung nur dadurch eine genügende Erklärung

finden kann, vorzuziehen sein. Uebrigens

leidet auch die Schrift der Evangelien auch in

dieser Hinsicht an Widersprüchen und Schwierigkeiten

s. Derenbourg l. c. S. 471. Anm. 2.

~~Zur vorhergehenden Seite.~~

Zur vorhergehenden [illegible] Hase

1, 7 [illegible]

[illegible]

2. 43, [illegible]

urtheilung von dem römischen Statthalter ausgegangen sein muß: denn die Kreuzigung d. h. die Tödtung durch Aufhängen des lebenden Verbrechers am Kreuze ist, wie wir bereits nachgewiesen, dem jüdischen Criminalgesetze völlig fremd [1]).

Und wer waren die Ankläger Jesu? Sicher nicht die Pharisäer, wenigstens nicht ihre anerkannten Lehrer, die zu den Sitzen im Synedrium befähigten, durch sittliche Integrität ebenso, wie durch Gelehrsamkeit ausgezeichneten Männer. Der Messianismus war eine ihrer süßesten Hoffnungen, der Trost, der sie mit dem ganzen Volke aufrecht erhielt, als Rom seinen gewaltigen Fuß immer fester auf seinen Nacken setzte. Gerade dieser Messiasglaube, der so tief und so mächtig in Jesus lebte, daß er sich immer mehr mit dem Gedanken vertraut machte, er selbst sei der Berufene — und eine unbefangene Betrachtung zeigt deutlich, daß dieser Gedanke erst nach und nach zur vollen Reife in ihm gedieh [2]), — gerade dieser mit so tiefen Wurzeln in Jesus wirkende Messiasglaube kennzeichnet ihn nicht blos, ~~wie wir bereits bemerkt~~, als einen treuen Sohn seines Volkes, sondern auch nicht minder wie seine Sprüche und Lehren, als einen echten Jünger des Pharisaismus, da die Herodianer, Sadducäer und Boëthusen, eine Veränderung der gegenwärtigen Lage nicht wünschten, — um so weniger wenn ein Zweig aus dem Hause Davids zur Herrschaft gelangen sollte, was ihrer Herrschaft nothwendig ein Ende machen mußte.

Diese durch die Berichte klar gestellte Annahme: daß sich in Jesus erst nach und nach die Ueberzeugung von seinem eigenen Messiasberufe gebildet, erklärt allein schon seine Antwort

[1]) Mischna Synh. 7, 1. Maim. v. Synh. 14, 1.

[2]) Matth. 16, 21. „Von der Zeit an" begann Jesus (ἀπὸ τότε ἤρξατο) seinen Jüngern zu zeigen, daß er nach Jerusalem ziehen und viel leiden müsse u. s. Auch Marc. 8, 31. heißt es, daß er, nachdem seine Jünger ihn als den Messias bezeichnet, „begann" sie zu lehren, daß des Menschen Sohn viel leiden &c. und nach drei Tagen auferstehen müsse. Gerade dieser charakteristische Zug fehlt bei Lucas! —

auf die an ihn gerichtete Frage: „ob es erlaubt sei, (ἔξεστι) daß man dem Kaiser den Census gebe, oder nicht?“ Es ist bekannt, wie verhaßt der ~~gerade zu Jesu Zeit~~[1]) neu eingeführte Census bei den Juden war, wie sie ihn so sehr als Zeichen völliger Sclaverei betrachteten[2]), daß sich das Volk von einigen Eiferern, an deren Spitze gerade ein Galiläer mit Namen Juda stand, zu Gewaltthaten hinreißen ließ und damals schon der Aufruhr gegen die Römer in hellen Flammen aufgelodert wäre, wenn nicht gerade die gemäßigten Pharisäer Alles aufgeboten hätten, um die Flamme des Aufruhrs zu ersticken. Auch sie waren zwar nicht minder als ihre gewaltsamen Gegner von der Ungerechtigkeit, von der Sündhaftigkeit, möchte man sagen des Census überzeugt, wie viele Stellen im Thalmud beweisen; aber sie kannten die Unzulänglichkeit der Mittel, dem römischen Koloß mit Gewalt entgegen zu treten. Dadurch allein erklärt sich auch die Frage: Ist es erlaubt, den Census zu geben? Auch Jesus war sicher principiell gegen den Census und nennt die „Zöllner“, die eben über dessen Eintreibung gesetzt waren, und sich als die Schergen der Gewalt gebrauchen ließen, ebenso gut „Sünder“, wie die Pharisäer, wie er sie deutlich mit diesen zusammenstellt, wenn er sie auch, im Gegensatz mit den übrigen Lehrern, an sich heranzog; er spricht es sogar deutlich aus, daß er sich nur der Gewalt in dieser Hinsicht füge, indem er die Ungerechtigkeit des Zinses ausdrücklich tadelt[3]), und weiter liegt sicher auch nichts in seiner Antwort auf jene Frage, indem er ihnen das Bildniß des Kaisers auf der Münze zeigte und sie damit klugerweise, ohne sich weiter auszusprechen, auf die bestehende Gewalt hinwies und auf die Vergeblichkeit jedes Widerstandes. Er zeigte sich auch hier als ein echter Hillel'scher Pharisäer, der den Umständen Rechnung trägt, so lange der

[1]) Luc. 2, 2. cf. Jos. Ant. XVIII, 1.

[2]) Jos. Ant. XVIII. 1, 1. u. s. w. und an vielen Stellen des Thalmuds.

[3]) Math. 17, 24—27.

Gottesgedanke nicht unmittelbar in Gefahr steht, was er sicher mit dem mit der Frage sonst in gar keinem Zusammenhang stehenden Zusatz: „Gebt Gott, was Gottes ist", andeuten wollte, womit er eben nichts Anderes sagen konnte, als daß die Sache anders liegen würde, wenn man die Uebertretung göttlicher Gebote von ihnen fordern sollte. Die Idee der eigenen Messianinität mit ihren Consequenzen war offenbar noch nicht zum Durchbruch in ihm gekommen, sonst würde er jedenfalls in seiner Antwort auf die Hoffnungen hingewiesen haben, die er selbst an seine Wiederkunft später so offen anknüpfte, und die ihn dann seinen Anklägern, wie dem Pilatus gegenüber in ganz anderer Weise auftreten läßt; noch war, wie er sich später ausdrückte, „seine Zeit nicht gekommen". Als diese Zeit gekommen und er offen als der Messias hervorgetreten war, mochte er allerdings in Gegensatz zu den Pharisäern getreten sein, aber sie konnten ihn deßhalb nicht anklagen, um so weniger, als er nicht zu gewaltsamem Widerstande aufforderte, wie sein Landsmann Juda, sondern nur auf das „Himmelreich" oder Gottesreich[1]) hinwies, wenn „des Menschen Sohn", eben der Messias, er selbst, „kommen werde auf den Wolken des Himmels mit großer Kraft und Herrlichkeit". Dann sollte freilich eben durch diese Kraft und Herrlichkeit alle Gewalt besiegt werden. Die Differenz bestand daher nur soweit sie die Person Jesu betraf; in den Hoffnungen selbst waren sie mit ihm einverstanden. Gleich Jesus sehnten sie sich mit aller Gluth der tiefsten Empfindung nach einer bessern Gestaltung der Dinge, an deren Herbeiführung sie für den Augenblick allerdings verzweifeln mußten, um so mehr, als der Messiasglaube allein ohne unmittelbare Bedrohung des väterlichen Glaubens ihnen keinerlei gewaltsames Auftreten gestattete. Dabei darf nicht aus den Augen gelassen werden, daß der Pharisaismus, wenn er auch einen persönlichen Messias aus dem David'schen Hause zur Be-

---

[1]) מלכות שמים.

freiung Israels von äußerer Unterdrückung erwarten mochte [1]) — wenigstens war damals unter den furchtbar zerrütteten Verhältnissen der Glaube in dieser Weise allgemein unter dem Volke verbreitet, obgleich unter den Häuptern der Pharisäer, wie bereits erwähnt, keineswegs Uebereinstimmung darüber herrschte, indem Einzelne diesen Theil der messianischen Verkündigungen bereits unter Chiskia, Andere unter den Makkabäern erfüllt glaubten — wenn aber auch der Pharisaismus im Ganzen den Glauben an einen persönlichen Messias festhielt, so hat er doch immer den wesentlichsten Inhalt des Messiasglaubens eben in der Herstellung des Gottesreichs auf Erden, in der allgemeinen Erkenntniß und Verehrung Gottes und der Herrschaft der Gerechtigkeit angenommen, und es kann ihm in jener allgemeinen Fäulniß, in jener schrecklichen Zeit der Herrschaft brutalster Gewalt nicht übel genommen werden, wenn er an die erfolgte Ankunft des Messias nicht glauben konnte. Jesus glaubte an seine Sendung in dieser Hinsicht, er und seine Anhänger hatten am Ende kein Hehl mehr daraus, und das ohnedies mit blinder Wuth gegen das arme Volk verfahrende Rom

[1]) Die banale Phrase von einer messianischen „Universalmonarchie", die die Juden erwarteten, beruht auf einer völligen Verkennung schon der biblischen messianischen Weissagungen und auf totaler Unkenntniß des Rabbinismus. „Zwischen der Gegenwart und der Messiaszeit ist kein Unterschied, als daß Israel keine Unterdrückung mehr zu erdulden hat", heißt es im Thalmud (Synh. 91, b.) conform mit den biblischen Weissagungen von dem allgemeinen Frieden und dem Aufhören aller Feindseligkeit. Wenn es daher Juden gab, welche gegen die volle politische Gleichberechtigung waren, so kann ihre Bornirtheit vom strengsten rabbinischen Standpunkte nur mit der Verschmitztheit einer bekannten politischen Muckerpartei verglichen werden, welche dieselbe Behauptung im Namen der strenggläubigen Juden zur Beschönigung ihrer boshaften politischen Bedrückungen aufzustellen wagt. Wenn Gott „einen Zweig aus dem Hause Isaïs" sendet zur Gründung eines palästinenschen Reiches, so kann es diesen nur freuen, wenn er bereits vom Drucke befreite und daher zur Bildung eines neuen Staats um so befähigtere Bürger vorfindet. —

S. 166. Wenn man sich bemüht zu bezeichnen die weltliche Seite der Messiaserwartung, jedenfalls ~~[illegible]~~ ~~[illegible]~~ nicht weiter als die [illegible] ~~[illegible]~~ ~~[illegible]~~ ~~[illegible]~~ lebte aber damals nur als früher im König Herodes die Gewalt eine Hinterlistige des Volkes. Er konnte also, wenn von der Wiederherstellung seines Thrones die Rede war, überhaupt nur seine Herrschaft über Israel, nicht einen Nationalitätenkampf gemeint sein, so trat die Erinnerung an diesen Zustand überhaupt immer mehr in den Hintergrund (s. oben S. 56.) so schnell nimmt sich jedes Gewand kleidet bis schon deshalb immer mehr der gewöhnlichen Messias- u. weltgeistliche bis in die Hoffnung eines himmlischen allgemeinen Gottesreiches u. Menschenlebens, den ersten Heiden [illegible] u. seinem gemeinsamen Güter gegenüber. Man war also wieder auf den ursprünglichen wesentlichen Inhalt der prophetischen Verkündigung in dieser Beziehung zurückgekommen, auf den Kreis der Juden, wo „alle Menschen Gott einmüthig dienen", es war also überhaupt von einer weltlichen Herrschaft, wenigstens ~~der~~ eines Volkes über das andere nicht mehr die Rede sein kann, sondern „jeder friedlich unter seinem Feigenbaum und seinem Weinstock leben wird", [illegible] man den andern. Auch ~~bei~~ Daniel (cap. 7.) findet seine Auffassung Erklärung in der Beziehung der himmlischen Erscheinung des Menschensohnes", der menschlich klein u. göttlich. Dies geht unzweideutig aus v. 13. 18 ff. wo das Reich den Heiligen „dem Volke der Heiligen des Höchsten", gegeben wird, ~~die~~ offenbar dem vorher genannten „Menschensohn" substituirt werden, u. unter dessen Herrschaft[illegible]

die erste [illegible] Vergewaltigung der Völker
unter den unter dem Bilde der verschiedenen Raub-
tiere dargestellten Reiche aufstehen wird und
der Höchste herrschen wird, „dessen Reich ist ein
ewiges Reich, dem „alle Herrschaften (כל שלטניא, [illegible]
[illegible]) dienen und gehorchen werden“.
Dem Verfasser des Daniel, der [illegible] nach der
[illegible] [illegible] der
Tempel durch fremde Machthaber [illegible]
[illegible]
[illegible] die Befreiung [illegible] Allgemeinen [illegible]
[illegible] bei der [illegible]
die keine [illegible], sondern [illegible]
den [illegible] der [illegible]
[illegible] nicht [illegible]
[illegible]
dieser Doppelgedanke [illegible]: die
Befreiung des Volkes von dem [illegible]
[illegible] des Gottesgedankens über [illegible]
[illegible], die Zukunftshoffnung [illegible]: [illegible]
dieser Doppelgedanke scheint aber auch [illegible]
[illegible] zu haben: der [illegible] Messias-
[illegible] und der religiös-sittliche
Zukunftshoffnung [illegible] in dieser Doppelstellung, [illegible]
[illegible]
[illegible]
[illegible]
[illegible]
[illegible]
[illegible]
[illegible]

[illegible] Messias [illegible] im Wesentlichen, bei aller
[illegible] II. S. 584
[illegible]
[illegible]
[illegible]
[illegible]
[illegible]
[illegible]

freute sich des neuen blutigen Exempels, das es hier an einem Juden statuiren konnte. Das Jesus in den Mund gelegte Wort: „Mein Reich ist nicht von dieser Welt“[1]), steht nicht nur mit allen übrigen Berichten, sondern auch mit sich selbst in Widerspruch. Faßte Jesus das Messiasreich als bloße Idee der Verbreitung allgemeiner Gotteserkenntniß und Menschenliebe auf, so hat eine Persönlichkeit überhaupt nichts damit zu thun, und seine eigene Mission, die er doch festhält, ist ohne Boden.

Die Ankläger Jesu aber waren Priester und besonders der Hohepriester Joseph Kaiaphas, diese Kreatur des Pilatus, und die vornehmen Geschlechter: die Boëthusen und die Sadducäer, welche alle die neutestamentlichen Schriften unter dem Namen der Herodianer begreifen, die sich eben mit ihren Herren Rom und seinen Interessen verschrieben hatten. Diese waren es, welche die Anklage wider den Volksmann erhoben, der die Hoffnungen des Volkes so gewaltig aufgeregt und sie aus ihrer gemächlichen Ruhe aufzustören drohte. Gerade bei der politischen Frage von der Abgabe des Zinsgroschens, die ihn bei den Römern compromittiren sollte, werden auch die Herodianer genannt, während sie bei den eigentlich religiösen Fragen nirgends vorkommen. Auch die Frage von der Auferstehung der Todten, bei welcher die Sadducäer ebenfalls genannt werden, hat, wie wir bereits bemerkt, ihren tiefen, politischen Hintergrund. Sollte dies nicht eine alte Erinnerung sein, daß die ganze Anklage keinen religiösen Charater hatte, und daß bei der politischen Anklage, die allein seine Verurtheilung herbeiführte, die königliche Partei, die Römlinge, besonders thätig war, und daß die Pharisäer und Schriftgelehrten nur mitgenannt werden, weil man sich eben die ganze Sache ohne Mitwirkung der letztern nicht mehr denken konnte? Nach dem Berichte im Josephus[2]) soll Jakobus, Jesu Bruder, von dem Hohenpriester Anan (d. J.)

[1]) Joh. 18, 36.
[2]) Ant. J. 9, 1.

hingerichtet worden sein, und dieser wird ausdrücklich als ein Anhänger der Sadducäer bezeichnet, „welche vor allen andern Juden hart, grausam im Gerichte seien", womit unzweideutig anerkannt wird, daß die Pharisäer mit ihren milden Ansichten im Gerichte gegen diese Verurtheilung waren, wie Josephus überdies ausdrücklich hinzufügt, daß die eifrigsten Gesetzesanhänger, welches doch eben die Pharisäer waren, wie er selbst oft von ihnen berichtet, sich dagegen erhoben und deshalb sogar die Absetzung Anan's bei Albinus bewirkt hätten. Es läßt sich also kein Grund denken, warum sie bei Jesus das gerade Gegentheil gethan haben sollen. Auch von den Aposteln überhaupt wird berichtet, daß der Hohepriester und die Sadducäer Hand an sie gelegt und sie ins Gefängniß geworfen haben[1]). Daß gegen Ende des zweiten Tempels, nämlich von der Zeit an, da Herodes die Tochter des Simon b. Boëthus zur Frau genommen und diesen zum Hohenpriester ernannte[2]), die „Boëthusen" das System der frühern Sadducäer annahmen, mit ihrer Exclusivität, ihrem Hochmuth und ihrer Härte geht aus dem thalmudischen Schriftthume klar hervor, wo eben die Gegensätze gegen den Pharisaismus, die sonst den Sadducäern zugeschrieben werden, von den Boëthusen berichtet werden[3]). Dadurch, daß Herodes selbst diesen Simon wieder des Hohenpriesterthums entsetzte, nachdem er dessen Tochter, seine Frau, entlassen und deren Sohn von der Nachfolge ausgeschlossen hatte[4]), folgt nicht, daß diese Familie ihren hervorragenden Einfluß ganz wieder einbüßte. Wir finden, daß noch Agrippa I. vielleicht um sich

[1]) Apostelgesch. 5, 17. Nicht deshalb, weil die Sadducäer die richterlichen Aemter inne hatten, wie Geiger Urschrift S. 107 annimmt; sie hatten zu dieser Zeit längst ihre bevorzugte richterliche Stellung verloren. Von der Milde der Pharisäer zeugt noch, daß sie auch die Deut. 25, 12. angegebene Strafe in Geldentschädigung umwandelten. So viel als möglich suchten sie überall blutige Vergeltung fern zu halten.

[2]) Jos. Ant. Jud. XV. 9, 3.

[3]) S. Tosephta Joma c. 1. Th. Jer. Joma 1. Hal. 5. u. s. w.

[4]) Jos. l. l. XVII. 4, 2.

von vollem Bewußtsein. Entschiedenheit an sich trugen. Schon davon verlangen wir in diesem Moment der menschlichen Entwicklung, der Medicinalen, der geistigen in Selbstbewußtsein [illegible]!!

S. 516. vgl. „Das erste christl. Dogma lautete einfach dahin: ‚Jesus von Nazareth ist der Messias'. Er wird also das Reich Israel wieder aufbauen', ‚auf David's Throne sitzen' und das Volk erretten von s. Feinden'. Damit war das Christenthum aber vollständig eingetreten in den volksmäßigen Vorstellungskreis des Judenthums!

Zu S. 168. Anm. 1. Siehe oben zu S. 162. aus Derenbourg Essai. Demnach wäre also das hier in der Anm. gegen Geiger bemerkte zu berichtigen, indem um diese Zeit die Priester (Boëthusäer, Sadducäer) allerdings wieder das Synhedrion innehatten. Allein danach und aus dem Berichte der Apostelgesch. c. 5. wonach Gamaliel auf Veranlassung der hochgestellten pharisäischen Lehrer Gemeinde aus dem Gefängniß befreit und vor gewaltsamen Tode (cf. 12, 2.) geschützt wurde, wonach Derenbourg l. c. S. 214. Anm. 3.) mit [illegible] mit andern Lehrern [illegible] mit Schrift und Schärfe [illegible] führt, daß aber zu dieser Zeit (c. 44.) die Pharisäer durch die Königin Cypros, Gemahlin Agrippa's I., wieder Einfluß im Synedrion gewonnen, und zur Zeit der Anklage gegen [illegible] der Stephanus, nicht der Tullianus, [illegible] mit unbändigem [illegible], daß diese Verurtheilung nicht nur ohne, sondern gegen den Willen der Pharisäer geschah, die [illegible] in [illegible] predigten und ebenso schuldig wie diese selbst [illegible] waren. Das ist dann auch indirect durch S. 17. bewiesen, die Priester und Sadducäer waren es, die wieder die Anklage erhoben, diesmal aber [illegible] der [illegible] der Pharisäer nicht [illegible] konnten mit der [illegible].

S. 169. Vgl. hiezu w. u. i. dies. Befürchtung vor den Folgen, u.
zwar als ein Grund d. Feindschaft gegen Jesus
wird auch Joh. 11, 47 ff. ausdrücklich angegeben:
„Lassen wir ihn aber also, so werden sie Alle
an ihn glauben. So kommen denn d. Römer
u. nehmen uns Land u. Leute." Und Kaiphas
sagte: „Es ist uns besser, daß ein Mensch sterbe
für das Volk, als daß das ganze Volk ver-
derbe." Schon mit ~~auch von~~ [illegible] christl. Seite
anerkannt, daß nur eine politische Erwägung
den Entschluß zur Anklage Jesu
[illegible] in Holtzmann II. S. 378.

in der Familie einen Anhang zu verschaffen, bei den Schwierigkeiten, mit denen er wohl im Anfange wegen seines frühern Lebens in Rom zu kämpfen gehabt haben mochte, einen Simon b. Boëthus mit dem Beinamen Canteras, über welche Familie der Thalmud sich höchst tadelnd ausspricht, und den er später selbst, als er sein Ansehen befestigt sah, wieder entfernte, um einen Würdigern mit dem Amte zu bekleiden[1]), zum Hohenpriester ernannte. Jedenfalls geht mit Bestimmtheit aus Allem hervor, daß eben nicht bloß diese Familie, sondern die von Herodes oder später von den Römern zum Hohenpriesterthum berufenen Priester, bei welchen wie bei Simon b. Boëthus, nicht die Würdigkeit, sondern die politische Anhänglichkeit, oft auch Bestechung der Statthalter entschied, und die eben deshalb nur durch Gewaltsamkeit und Härte neben politischer Kriecherei sich auszeichneten mit ihrem vornehmen Anhange, unter dem Gattungsnamen der Boëthusen bezeichnet werden. Von einem eigentlichen Verrathe an der Religion, noch weniger von einem Liebäugeln mit dem Heidenthume, als solchem, ist zwar bei diesen Hohenpriestern keine Rede, ein solches Unterfangen würde jetzt, wo der Gottesgedanke mit den tiefsten Wurzeln sich in alle Herzen gesenkt hatte, einen Sturm gegen sie erregt haben, dem sie augenblicklich unterlegen wären; ja einzelne Hohenpriester, die aber sicher auch nicht unter jenem Namen begriffen waren, werden aus dieser Zeit als fromme, würdige Männer in jeder Beziehung von den alten Quellen bezeichnet, aber desto mehr traten andere mit ihrer Anmaßung, mit roher Gewalt gegen das Volk auf. Es liegt ganz in der Natur der Sache, daß solche Priester mit ihrem königlich gesinnten Anhange gegen Jesus, der die Idee der Volksherrschaft bis in die untersten Schichten verpflanzte, die doch der Pharisaismus noch von sich fern gehalten, und als der Gipfelpunkt einer Bewegung galt, deren Ende gar nicht abzusehen war, mit aller Entschiedenheit, mit aller gewohnten Härte und Gewaltsamkeit auftraten und

[1]) Jos. l. l. XIX. 6, 2. 4.

kein Mittel scheuten, ihn ins Verderben zu ziehen. Von diesen Priestern und ihrem Anhange, den „Herodianern“, ging also die Anklage aus; die Verurtheilung, wie die Hinrichtung nach römischer Weise erfolgte durch Pilatus, der mit seinen Kriegsknechten sich freute, wieder einen Juden des versuchten Hochverraths wegen zum Tode bringen zu können. Dies geht mit Bestimmtheit aus einer unparteiischen, genauen Betrachtung der neutestamentlichen Berichte selbst hervor.

Die entschiedensten Gegner von Herodes sowohl, wie von seinem ganzen Anhange mit seinem Priesterthum, dem man wohl aus diesem Grunde, um durch den Namen schon einen Makel an ihn zu heften, den Namen Boëthusen beilegte, waren eben die Pharisäer. „Wehe mir, rufen Pharisäer von den Hohenpriestern jener Zeit, um das Geschlecht des Boëthus, wehe mir ob ihres Spießes! Wehe mir um das Geschlecht der Katharos (Kanthera), wehe mir ob ihrer Feder! Wehe mir um das Geschlecht des Chanan (Anan), wehe mir ob ihres Gezisches! Wehe mir um das Geschlecht Elisa's[1]), wehe mir ob seiner Fäuste! Wehe mir um das Geschlecht des Ismael b. Phabi[2]). Sie sind Hohepriester, ihre Söhne Schatzmeister, ihre Eidame Tempelaufseher und ihre Knechte schlagen das Volk mit Stöcken[3]). Charakteristisch und damit sicher im Zusammenhange stehend sind die an diese Expektoration angeknüpften Bemerkungen. „Warum ist Siloh verwüstet worden? Weil man darin die heiligen Opfer nicht achtete. Warum der erste Tempel?

[1]) S. Grätz III. S. 357. 59.

[2]) Vgl. Jos. Ant. XX. 8, 8. wo neben diesem Ismael gerade den Hohenpriestern der Vorwurf gemacht wird, daß sie durch ihre Knechte den von den Priestern jetzt bezogenen Zehnten gewaltsam in den Scheunen wegnehmen ließen. Von ihm, der unter dem Statthalter Felix (52–60) Hoherpriester war, ist der Hohepriester gleichen Namens zu unterscheiden, der unter Valerius Gratus (17—28) kurze Zeit das Hohenpriesteramt würdig verwaltete, welche Unterscheidung Raschi Pes. fol. 57, a. entgangen ist.

[3]) Tosephta Men. Ende. s. Geiger, Urschrift S. 110.

Weil Götzendienst, Blutschande und Mord stattfand. Der zweite Tempel aber, unter welchem, wie wir wissen, das Gesetz studirt und die Zehnten gegeben wurden, warum wurde dieser verwüstet? Weil sie dem Besitze allzusehr nachjagten und Menschenliebe nicht pflegten" [1]).

Auf diese Hohepriester des zweiten Tempels wendet der Thalmud sogar die Stelle an: „Die Jahre der Frevler werden kurz sein [2]).

Nicht minder klagt der Thalmud über die Unwissenheit der Hohenpriester unter dem zweiten Tempel, und daß sie durch Bestechung ihre hohen Aemter erhalten [3]); er nennt sie zum Theil sogar einen Bund Frevler [4]).

Und mit solchen Hohenpriestern, mit solchen Männern, über deren Gewaltthätigkeit die Pharisäer Wehe riefen, gegen welche das ganze Volk oft seine Unzufriedenheit laut äußerte und in öffentlichen Aufständen sich erhob [5]), sollten sich dieselben Männer in irgend einer Beziehung, und besonders in gerichtlichen Dingen, in welchen man so streng gewissenhaft war, verbunden haben? Nimmermehr! Und Joseph Kaiaphas gehörte zu diesen verhaßten Hohenpriestern. Dies geht nicht nur aus den thalmudischen Berichten, sondern auch aus dem Berichte des Josephus hervor, wornach gleich nachdem Pilatus nach dem Sturze Sejan's abberufen wurde, auch er sofort vom Hohenpriesterthum zurücktreten mußte.

Wir wollen nun hier noch aus der Monographie, welche Dr. Ludwig Philippson über die Frage: „Haben wirklich die Juden Jesum gekreuzigt?" veröffentlichte, zur Bestätigung des über diesen Punkt von uns Herangebrachten Einiges von den Resultaten anführen, zu welchem Philippson in dieser Frage,

---

[1]) Vgl. b. Joma 9, 1. 2. wo die Stelle noch viel prägnanter lautet.

[2]) l. m. l. Nur etwa drei oder vier werden als fromm und würdig aufgezählt.

[3]) Joma 18, a. Jeb. 61, a.

[4]) S. Jeb. l. c. cum Raschi קשר של רשעים.

[5]) S. Jos. l. l. XX. 8, 8.

zum Theil auf anderm Wege, gelangt ist. „Es fehlt also über den Prozeß Jesu, sagt der Vf., nachdem er Urtheile christlicher und jüdischer Forscher angeführt, an allen historischen Dokumenten, und wir besitzen darüber nichts als die Berichte der Evangelisten. Die Evangelien sind aber durchaus keine Geschichts-, sondern lediglich Glaubensbücher, die aus dogmatischen Zwecken abgefaßt, überliefert und gestaltet worden sind. Die Abfasser der Evangelien waren keine Zeitgenossen Jesu, sondern haben über ein Jahrhundert später gelebt, und machen sowohl wegen der vielen Widersprüche, die sich zwischen ihnen selbst vorfinden, als auch wegen der Einkleidung ins Wunderbare auf historische Glaubwürdigkeit keinen Anspruch.

„Als historische Thatsache steht nur fest, was Tacitus Annal XV, 44, 4. sagt: Auctor nominis ejus (Christianorum) Christus, qui Tiberio imperitante, per procuratorem Pontium Pilatum supplicio affectus erat. „Der Urheber des Namens der Christen ist Christus, der unter der Regierung des Tiberius durch den Procurator Pontius Pilatus die Todesstrafe erlitt." „Prüfen wir aber nun die Berichte der Evangelisten, so ist das Ergebniß: daß es allein die Römer waren, welche Jesus, weil er unter den Juden als Messias auftrat, aus politischen Gründen hinrichteten. Nimmt man aus den Evangelien den Bericht über den Prozeß vor dem Synedrium[1]) und die Einwirkung der jüdischen Volksmasse auf die Hinrichtung heraus, so fehlt nichts an dem Zusammenhange und der Motivirung der Angelegenheiten, und die Widersprüche sind gehoben.

„Hierfür haben wir den Beweis zu führen.

„Gehen wir zunächst auf die Hinrichtung selbst ein, so berichten uns die Evangelisten, daß nach der Verurtheilung Jesu durch Pilatus die römischen Kriegsknechte ihm einen karmesinenen oder purpurnen Mantel anlegten, einen Kranz von

[1]) S. oben unsere Auseinandersetzung. G.

Dornen aufsetzten, ein Rohr in die Rechte gaben, vor ihm niederknieeten und verspottend ihm zuriefen: Sei gegrüßt, König der Juden! Als sie ihn aber ans Kreuz geschlagen, hefteten sie über seinem Haupte als Aufschrift seiner Schuld die Worte: Dieses ist der König der Juden. Nach Joh. 19, 19. hatte Pilatus diese Ueberschrift selbst geschrieben: „Jesus von Nazareth, der König der Juden"; die Juden wollten dies nicht, sondern: „daß er gesagt habe, ich bin der König der Juden", Pilatus aber antwortete, „was ich geschrieben habe, das habe ich geschrieben." — „Was geht hieraus hervor? Zweifellos nichts Anderes, als daß die Römer, Pilatus an der Spitze, Jesum als einen politischen Verbrecher gegen die römische Herrschaft hingerichtet haben; sie kreuzigten ihn als „König der Juden", sie verspotteten ihn als solchen durch Purpur, Krone und Scepter, sie machten hierin ihrem Hasse nicht blos gegen die Person Jesu, sondern auch gegen das jüdische Volk Luft. Ja, in der Ueberschriftsformel des Pilatus und der Hartnäckigkeit, mit der er sie festhielt, liegt ausgesprochen, daß Pilatus damit die Juden selbst der Theilnahme an diesem politischen Verbrechen — wie er es ansah — schuldig bezeichnen wollte, während sie jede Andeutung auf eine Mitschuld beseitigt wünschten.

— — — — — — — — — —

„War aber nun Grund genug vorhanden, um Pilatus dahin zu bringen, Jesus dafür zu halten? Und war er der Mann, von welchem man sich einer Hinrichtung aus diesem Grunde versehen konnte? Alles, was uns aus dem frühern Leben Jesu berichtet wird, zeigt, daß er völlig ungestört und ohne irgend eine wesentliche Anfechtung von Seiten der Juden gelehrt hat, herumziehend in Galiläa, Alles that und sprach, was ihm gut dünkte, ohne irgend einer wirklichen Verfolgung ausgesetzt gewesen zu sein, im Gegentheil, daß er einen großen Anhang im Volke fand, und Diejenigen, welche ihm feindlich gesinnt waren, ihn nur durch verfängliche Fragen vor dem Volke verdächtig zu machen suchten. Er zieht nach

Judäa; er kommt nach Jerusalem, völlig unbehindert. Jetzt aber hält er einen feierlichen Einzug in Jerusalem, und zwar dem Wortlaute einer alten Prophetie gemäß auf einer Eselin mit ihrem Füllen. Das Volk strömt ihm entgegen, breitet seine Gewänder auf den Weg, haut Zweige von den Bäumen und streut sie vor ihm hin, und das voran- und nachströmende Volk ruft ihm Hosiana zu. Die ganze Stadt geräth in Bewegung und huldigt ihm. Er kommt in den Tempel und treibt Alle hinaus, die im Tempel Opfergegenstände kauften und verkauften, stößt die Tische der Wechsler und die Stühle der Taubenverkäufer um. Er hielt Anreden an das Volk, Strafreden gegen die Schriftgehrten und Pharisäer und strebt in dem Volke den Glauben an ihn als den verheißenen Messias zu wecken (Matth. 21. f., Mark. 21. f., Luk. 19. 19. f.). Er findet bei dem Volke Glauben, denn wie Lukas 19, 48. sagt, „das ganze Volk hing an seinen Lippen" und obschon „die Hohenpriester und Schriftgelehrten Hand an ihn zu legen suchten, so fürchteten sie doch das Volk" und wagten es daher nicht (Luk. 19, 47. 48. 20, 19 f.). Bei solchem öffentlichen Auftreten und Einzuge, bei solcher Aufregung im Volke, die auf die Reden Jesu täglich anwuchs, war es eine natürliche Folge, daß der römische Landpfleger, vielleicht durch Juden aufmerksam gemacht, dazwischentrat, sich Jesu bemächtigte und auf dessen eigenes Zugeständniß ihn verurtheilte. Es bedurfte hierzu eines Prozesses vor dem Synedrium und einer Theilnahme des Volkes durchaus nicht, einen solchen Ausgang der Dinge herbeizuführen. Wie viel man auch von den Details jenes Einzugs in Jerusalem halte, Alles was wir angedeutet finden, daß die Bewegung des Volkes in Galiläa wie in Jerusalem augenblicklich eine ziemliche Höhe erreicht hatte, und die Lage der Dinge, sowie der Charakter[1]) des Pilatus waren solche,

[1]) Ueber den Charakter des Pilatus führt der Verfasser weiter an aus Phil. Leg. ad Caj. ed. Hoesch. p. 1034. ἦν γὰρ τὴν φύσιν ἀκαμπὴς καὶ μετὰ τοῦ αὐθάδους ἀμείλικτος. Pilatus war von Natur un-

daß ein Einschreiten von Seiten des Letzteren nothwendig erfolgen mußte."

Nachdem nun Philippson weiter die Widersprüche in den desfallsigen Berichten nachgewiesen, kommt er wieder auf Pilatus zurück und bemerkt, wie es nicht denkbar sei, daß dieser, der, unbeugsam und hart, selbst in Kleinigkeiten, das jüdische Volk verachtete und haßte und bei jeder Gelegenheit es in grausamster Weise behandelte, der jede Volksbewegung, jede Zusammenrottung mit furchtbarer Strenge ahndete und niederdrückte, hier als der schwächste Feigling erscheint, und einen Menschen, den er öffentlich für unschuldig erklärt, den er immer wiederholt zu retten sich anstrengt, auf das wüste Geschrei des zusammengelaufenen Pöbels seinen Kriegsknechten zur scheußlichsten Verhöhnung und zur martervollsten Hinrichtung übergiebt. Ja, wäre Pilatus wirklich ein solcher Feigling gewesen, wie durfte er die Würde seines Amtes, das Ansehen der römischen Herrschaft in solcher Weise preisgeben? Hätte er, wenn er dem Volke aus Furcht vor diesem hätte nachgeben wollen, nicht wenigstens den Schein retten müssen, so daß er seine und der römischen Gewalt Schwäche nicht durch die immer wiederholten Versuche, das Volk umzustimmen, nicht durch die immer wiederholte Behauptung, der Mann sei unschuldig, um so offenbarer gemacht hätte? Nicht bloß als erbärmlicher Schwächling stellt er sich blos, der aus Furcht sich zum Henkersknechte eines Unschuldigen machte, sondern auch als den kläglichsten Vertreter der römischen Gewalt." Philippson stellt sodann ebenfalls als das Resultat seiner Untersuchung fest: „daß die gerichtliche Verfolgung und Verurtheilung Jesu durch das Synedrium und die Forderung seines Todes durch das jüdische Volk jeder geschichtlichen Begründung ermangeln, daß vielmehr Jesus wie so viele in jener Zeit unter den Juden aufgestandene Messiasse von dem römischen Landpfleger gefangen genommen und hingerichtet sei,

beugsam und mit Grausamkeit unerbittlich. Diese Schilderung findet überall im Josephus ihre Bestätigung.

weil die damit verbundene Bewegung im Volke den Römern politisch gefährlich erschien," und schließt zuletzt mit den schönen Worten: „Die neue Arbeit der Geschichtsforschung zählt noch nicht viele Jahrzehende. Aber sie hat ihre Fackel angezündet, und durchleuchtet mit ihr nicht blos viele, bisher dunkeln Räume der Menschengeschichte, sondern trägt auch in solche, die bisher schon hell und klar schienen, ihr Licht hinein. Und da zeigt es sich denn, wie zahlreiche Gestalten, Vorgänge und Epochen in falschem Reflex gesehen wurden, wie oft Licht und Schatten ungerecht und irrig vertheilt waren. Dies ist die neue Arbeit der Geschichtsforschung, oft mühsam, oft sogar schmerzlich, oft zu hartem und langem Kampfe bestimmt — aber desto großartiger und heilbringender, je unerschrockener, je ausdauernder sie Schritt vor Schritt der Wahrheit näher zu kommen strebt, die Irrthümer der Vergangenheit zu zerstreuen, das rechte Verständniß zu schaffen oder wiederherzustellen sucht. Man wird sie angreifen, verurtheilen, verketzern, zuletzt aber, falls sie nur vor Ausschreitungen und Uebertreibungen sich zu bewahren, oder doch bald wieder von ihnen zurückzukommen weiß, anerkennen, würdigen, bewundern. Die Grundsätze der Gerechtigkeit, welche die neuere Zeit immermehr zur Geltung zu bringen strebt, werden auch rückwärts angewendet, und durch sie Makel und Vorurtheile von denen hinweggenommen, welche ungerechter Weise damit belastet werden. Der Geist der wahren Freiheit dringt auch durch die Todtengewölbe und über die Schädelstätten der Vergangenheit hin, und treibt die faulen Dünste hinweg, die sich daselbst gehäuft, weil man sie verschlossen und vermauert hielt. Lassen wir uns nicht davon stören, daß es sehr langsam vorwärts geht, und zu Zeiten alle Arbeit vergebens scheint. Alles geschichtlich Bestehende hat eine schwere Wucht und einen beharrlichen Bestand, und nur durch die Geschichte selbst kann es geläutert und wieder belebt werden."

Wir wollen nun zum Schlusse unserer Untersuchung über diesen Gegenstand nur noch einige Thatsachen zum Beweise an-

führen, daß die Pharisäer nicht Jesu Verfolger waren. Bei der Frage über die Auferstehung, mit welcher die Sadducäer in ihrer auch sonst gewohnten höhnischen Weise an Jesus herantraten, freuten sich die Pharisäer, obgleich sie mit der besondern Anwendung dieser Lehre auf seine persönlicheu Hoffnungen nicht einverstanden waren, daß er jene so gut zum Schweigen gebracht („den Mund gestopft")[1]), und sprachen ihm unverhohlen ihren Beifall aus. Nach einem Berichte haben ihn die Pharisäer sogar vor den Nachstellungen des Königs gewarnt und zur Flucht bewegen wollen[2]). Er wurde von den Vornehmsten derselben zu Tische geladen[3]). Von Paulus, der sich rühmt, ein Pharisäer gewesen und unsträflich nach dem Gesetz „in Gerechtigkeit" gewandelt zu sein, und Jesu Jünger verfolgt zu haben, kann kein Beweis für das Gegentheil gebracht werden: er war ein Eiferer als Pharisäer, wie er es selbst von sich aussagt[4]), wie er es später in seiner neuen Richtung wurde. Weit eher kann Nicodemus, der Jesus besuchte und seine Vertheidigung dem Hohenpriester und den eifrigen Pharisäern gegenüber übernahm[5]), als der Typus des ächten Pharisaismus gelten. Ebenso der „Pharisäer" Gamaliel, der hochgehalten war bei allem Volke, und als Vertheidiger der Apostel auftrat mit dem charakteristischen, seitdem geschichtlich so bedeutend gewordenen Ausspruche: „Und nun sage ich euch: Lasset ab von diesen Menschen, und lasset sie los (ἐάσατε auch: nicht hindern). Ist dieser Rath oder dies Werk aus den Menschen, so wird es untergehen; ist es aber aus Gott, so könnt ihr es nicht aufheben (und dürft es nicht), damit ihr nicht als solche erfunden werdet, die wider Gott streiten wollen." Wir behaupten daher, daß gerade auch aus jenen dunkeln Berichten

[1]) Matth: 22, 34.
[2]) Luc. 13, 31.
[3]) l. l. 14, 1. ff.
[4]) Ph. 3, 6. A.-G. 8, 1. ff. u. s. w.
[5]) Ev. Joh. 7, 51 u. s. w.

in den neutestamentlichen Schriften als Lichtern der Wahrheit an die Stelle des Vorurtheils, das so oft seine die Herzen des Volkes vergiftende Nahrung daraus sog, nur die Bestätigung der durch den ganzen Verlauf der Geschichte von Esra bis auf die spätere Zeit bezeugten Thatsache von der Milde der Gesinnung, von der tiefen Religiosität, von der zu keiner Zeit sich verläugnenden wahrhaftigen Sittlichkeit des ächten Pharisaismus uns entgegentritt. Es werden nun auch um so mehr die nachfolgenden Aussprüche, in so weit sie gegen das Heidenthum gerichtet sind, nicht als Ausflüsse religiösen Hasses, sondern umgekehrt der tiefsten sittlichen Entrüstung gegen ein verkommenes Geschlecht, des gerechtesten Zornes freier Männer gegen die grausamste Tyrannei, auch des endlich zur Gluth angefachten nationalen Hasses, dagegen die in den unendlich zahlreichsten Stellen, in welchen sich Theilnahme, Freundlichkeit, Gerechtigkeit und Liebe gegen Alle ausspricht, als die schönen Früchte des herrlichen Baumes erscheinen, der aus der tief in den Herzen durch Gott und sein Wort eingesenkten Wurzel des Rechtes und der Liebe so reich und üppig ist emporgewachsen. Auch in der, allerdings übermäßigen und von den hervorragendsten Lehrern selbst oft genug getadelten, Bürde der äußern Gesetze werden wir nicht bloße sinnlose und todte Askese, besonders für ihre Zeit, sondern die tiefere Absicht erkennen, gegen das Hereinbrechen des entsittlichten Heidenthums und das Ueberwuchern eines herrschsüchtigen Priesterthums einen Damm zu errichten. Und dieses Streben wird den wahren Pharisäern und Juden und Judenthum überhaupt, statt des Hasses und der Verachtung, die so viel schweres Unheil haben gestiftet, so viele traurige Scheidewände im staatlichen und gesellschaftlichen Leben mit emsiger Hand haben aufgeführt, den Dank aller Denkenden sichern. Sie haben, neben dem hohen, beseligenden Gedanken des allgemeinen Priesterthums, den reinen Gottesgedanken unter Kämpfen und Martern, unter Folter und Tod, unter dem bittersten Hasse und den grausamsten Verfolgungen durch die finstersten Jahrhunderte der Geschichte hindurchgetragen, haben unter dem Rufe: „Höre Israel, Gott ist unser Herr, Gott ist einzig!“ zu Tausenden und aber Tausenden den brennenden Holzstoß froh und muthig bestiegen, und diesen höchsten Gedanken treu gerettet, allein gerettet, wenigstens, und das muß auch der strengste Kirchengläubige anerkennen, bis das in seinem tiefsten Wesen in demselben Boden wurzelnde Christenthum seine Mission übernehmen, und die Fahne des Gottesgedankens in dem römischen Weltreiche siegreich entfalten konnte.

Und dennoch ist die Mission des Judenthums noch nicht erfüllt, bis der Tag heranbricht, an welchem „Gott als der Einzige und sein Namen als der einzige erkannt sein wird auf der ganzen Erde.“ Und es wird diese Mission erfüllen, es wird sie um so sicherer erfüllen, wenn es in seiner äußern Form, der eigenen Geschichte gemäß, der Entwickelung sich nicht verschließt, um den reinen Gottesgedanken und seine tiefen sittlichen Wahrheiten um so ungetrübter hervortreten zu lassen, daß sie zum allgemeinen Erbtheile der Menschheit, „zum Segen der ganzen Erde“ werden.

---

# Dritte Abtheilung.

## Die thalmudischen (pharisäischen) und rabbinischen Aussprüche in Bezug auf das sittliche Verhalten gegen andere Völker und Bekenntnisse.

Wir gehen nun sofort auf die speciellen Aussprüche des Thalmuds und der Rabbinen in Bezug auf das sittliche Verhalten gegen andere Völker und Bekenntnisse über. Zu diesem Behufe werden wir vor Allem die Aussprüche offen darzulegen haben, die bis in die neueste Zeit zum Gegenstande des Angriffs gemacht wurden, und führen sie absichtlich nach den Worten eines Mannes an, der sowohl durch seine wissenschaftliche Stellung wie durch seine vorurtheilslose Beurtheilung des Mosaismus über jeden Verdacht kleinlicher Judenfeindschaft erhaben ist [1]), um uns von vornen herein die reine Objectivität unseres Standpunktes um so sicherer zu bewahren, und weil dieser Gelehrte die Vorwürfe bei dem Namen nennt, ausdrücklich hervorhebt, während Andere in unserer Zeit meistens in dieser Hinsicht nur in allgemeinen Ausdrücken, gegen die sich nicht leicht aufkommen läßt, wenn man nicht gegen bloße Schatten kämpfen will, sich ergehn.

Nach der Ansicht des R. Simon b. Jochai, so beginnt dieser Gelehrte und Theologe [2]) seinen Angriff, verunreinigen

---

[1]) Des Hrn. Abts und Professors Dr. Haneberg in München.

[2]) In seinem Buche: Versuch einer Geschichte der biblischen Offen-

Prinzipien des [illegible]
mit Rücksicht auf die [illegible]
[illegible]
v. Dr. Schreber

Nachdem wir bis dahin die [illegible] Abtheilungen der [illegible] Altersstufen mit den [illegible] kennen gelernt, wie sie [illegible] [illegible]

[illegible]

Niemals hatte aber, wie sie auch aufgehört
~~ungeheuren Menge von gültigen~~
~~aufgezeigten Herrlichkeit sein können,~~
~~entstehen die~~ Beleidigung und hat zu nicht
alterieren können. Wir wollen daß
vor Allem in Aufsicht ihr ein
Theil und ein Auge haben, welches
bis in die neueste Zeit reicht.

die Gräber des Nichtisrealiten nicht, weil geschrieben steht: Ihr, meine Schafe, Schafe meiner Weide, ihr seid Menschen [1]) „Ihr werdet Menschen genannt, die Völker der Welt aber werden nicht Menschen genannt, sondern Vieh geheißen". „So befremdet uns nicht in dem auf Simon b. Jochai zurückgeführten Sohar zu finden: „Die Nichtisraeliten stammen vom bösen Princip her"[2]). Ferner[3]):

„Mit dieser dogmatischen Ausschließlichkeit geht die praktische Hand in Hand; nicht nur ist der Wein und das Brod der Heiden!, wenigstens eine Zeit lang, für unrein erklärt worden, man soll Nichtisraeliten nicht vom Tode retten[4]), man darf ihnen die Worte des Gesetzes nicht anvertrauen, und ein Nichtjude, der im Gesetze studirt, hat den Tod verschuldet[5])". „Allerdings wird nebenbei von Frommen der Welt gesprochen, aber die mildernde Anschauung, welche hiedurch sich geltend machen möchte, ist durch den feindseligsten aller pharisäischen Grundsätze niedergehalten, welcher bis zur Stunde sprichwörtlich unter den Juden geblieben ist (sic!) in der Formel: „Dem Besten unter den Nichtisraeliten sollst du den Kopf zertreten".

So furchtbar auch diese Anklagen sind, so würden wir, die wir nie ein Hehl daraus hatten, nicht auf alle Worte des Thalmuds zu schwören, keinen Grund haben, dagegen aufzukommen. Wo das Wort irgend eines Thalmudisten mit dem erhabenen Sittengesetz der Bibel in Widerspruch stehen sollte, da würde es sich selbst, auch nach thalmudischen Grundsätzen, die nicht einmal den Propheten das Recht einräumen, gegen klare Aus-

---

barung als Einleitung ins alte und neue Testament, zweite Auflage, Regensburg bei G. Joseph Manz, 1852. Thl. 1. S. 507.

[1]) Ez. 34, 21. vgl. 28.

[2]) Th. B. Mez. 114, 2. s. Mischna Nidda X. 4. Sohar III. pag. 175. ed. Sulzb.

[3]) S. 508.

[4]) Ab. Al. 13, 2. הגוי לא מעלין ולא מורידין.

[5]) גוי שעסק בתורה חייב מיתה — אין מוסרין דברי תורה לגוי Chag. 13, 1. Synh. 59, 1. vgl. Sohar III. 117. bes. 118. ed. Sulzb.

sprüche der Mosaischen Urkunden aufzutreten [1]), als falsch und verwerflich kennzeichnen. „Nur dem Propheten Elias", heißt es im Thalmud, „war es wegen des außerordentlichen augenblicklichen Bedürfnisses gestattet, im Widerspruch mit dem Gesetze auf einer Anhöhe zu opfern" [2]). Wir unterschreiben gerne, was der Verfasser an einer andern Stelle vom Thalmud sagt, den er jedoch irrthümlich in seinem ganzen Umfange als „Ueberlieferung" bezeichnet: „Zur Ergänzung des Lückenhaften, zur Erklärung des Dunkeln konnte die Ueberlieferung dienen; aber wenn sie gegen die klaren Bestimmungen der Offenbarung wie der Vernunft sich erheben wollte, so richtete sie sich selbst". Ein goldner Ausspruch, von dem nur zu wünschen wäre, daß er in allen Kreisen seine Anwendung fände! das Judenthum wäre für einzelne bittere Aeußerungen, die ein oder der andere thalmudische Lehrer unter den Huftritten römischer Cohorten gegen das Heidenthum ausstieß — und daß es wenigstens nicht gegen die damals noch gleich den Juden verfolgten Christen geschehen konnte, lehrt ein Blick auf die Zeit, wann sie geschahen [3]) — eben so wenig verantwortlich, wie das Christenthum, oder die heutigen Christen für einzelne, viel härtere, und, weil in sicherer Ruhe ausgesprochen, um so weniger zu entschuldigende Aeußerungen mittelalterlicher kirchlicher Lehrer und selbst der Concilien, oder für die grausamen, unmenschlichen Verfolgungen der Juden im Mittelalter, die ja selbst in unserer aufgeklärten Zeit noch nicht überall ihr Ende erreicht haben, ~~und von Zeit zu Zeit,~~ wenn auch sicher nicht aus Gründen des Glaubens, sondern im Dienste der niedrigsten Interessen in Scene gesetzt werden; oder gar für die Holzstöße, die der Fanatismus angezündet, und die rohen Fäuste, die er bewaffnet hat, um Myriaden unschuldiger Menschen den grausamsten Märtyrertod für ihre religiöse Ueberzeugung sterben zu lassen. Die wissenschaft-

[1]) אין נביא רשאי לחדש דבר מעתה. Meg. 2, b.
[2]) Jeb. 90, b.
3) [illegible] (Haneberg)

anderen Schriftstellern
würden ~~[illegible]~~ unserer Zeit in
ihren Ansprüchen, die schon ganz bestimmt[illegible]
Beziehung auf den [illegible] und
[illegible] nicht kennen [illegible], und
das ~~[illegible]~~ im Mangel an [illegible]
[illegible] und [illegible]
mit blühenden [illegible]
[illegible] Motiven [illegible]
weniger [illegible] begriffen [illegible]
in Bezug auf [illegible]
[illegible]
Stelle [illegible].

v [illegible]
[illegible]
[illegible]
[illegible]
Zeit,

H [illegible]
[illegible]
~~[illegible]~~ [illegible]

Zu S. 203. Auffallend ist, daß die Mechilta
zu 2 Mos. 21, 14. wo sie den Ausdruck gegen
s. Nächsten den Schluß zieht, daß [illegible]
lich, der einen Heiden erschlägt, nicht des Todes
schuldig sei, ist [illegible] auffallender,
daß sie [illegible] v. 20. auf einen
heidnischen Knecht bezieht [illegible]
Herrn, der [illegible] Sklaven erschlägt, als
seinen heidnischen Knecht erschlägt, [illegible]
[illegible] die Todesstrafe [illegible]
Knechtes [illegible] mit dem Todesstrafe [illegible] Tödtung eines freien
Heiden sollte straflos geschehen können?
Die Mechilta fühlt wohl das [illegible]
einer solchen Ansicht u. fragt sofort, ob
der Mörder wohl nicht [illegible]
[illegible] wohl aber [illegible]
empfangen? Damit ist aber dieses [illegible]
Auffallende der [illegible] Auffallend [illegible]
[illegible] ~~[illegible]~~ [illegible]
[illegible] der Begriffen [illegible]
[illegible]
[illegible]
[illegible] 3 Mos. 24, 17.
[illegible]
[illegible]
[illegible]
[illegible]
[illegible]
[illegible]
[illegible]
[illegible]
[illegible]

liche, historische Forschung, die für jeden einzelnen thalmudischen Ausspruch Bedeutung und geschichtlichen Werth feststellt, ein Verfahren, das ein Werk wie der Thalmud, dessen Inhalt, wenn wir mit Simon II. (ha-Zaddik) beginnen, auf fast neun Jahrhunderte und auf Tausende von Männern sich vertheilt, mit Recht beanspruchen kann, wird uns von der Wahrheit obiger Behauptung vollkommen überzeugen [1]).

Unsere Aufgabe wird aber in diesem Theile nothwendig in zwei Hälften zerfallen, von welchen die eine den positiven ethischen Inhalt des Pharisaismus, in dieser speciellen Hinsicht, die andere die entgegenstehenden Aussprüche zu behandeln hat, und zwar werden wir in letzterer Hinsicht weit über das von dem angeführten Gelehrten berührte Material hinausgehen und mit der größten Strenge **Alles** unter unsere Sonde bringen,

[1]) Es wäre überhaupt wünschenswerth, daß auch der ritualgesetzliche Inhalt des Thalmuds, wenigstens so weit er uns heute noch berührt, die oben angedeutete *historische* Beleuchtung fände, welche nachwiese, wie und wann das religiös Gesetzliche im Judenthum, das nirgends mehr mit dem ganzen Culturleben und dessen Entwicklung, also mit der Geschichte zusammenhängt, namentlich aus welchen geschichtlichen Verhältnissen heraus, unter welchen besondern Voraussetzungen und Bedingungen, und mit welchen Wirkungen auf das Leben sich gebildet habe. Freilich würde dadurch Manches seinen Nimbus verlieren und als Kind seiner Zeit und für seine Zeit und der persönlichen Verhältnisse seines Verkünders sich kennzeichnen. Anderes aber würde sich um so mehr als im ewigen Geiste wurzelnd bewähren. Und beides wäre kein geringer Gewinn für das praktische Leben. Einzelne, gerade in den Weg tretende Fragen wurden in unserer Zeit in dieser Weise behandelt Besonders der in der ganzen thalmudischen und rabbinischen Literatur wunderbar bewanderte, scharfsinnige Oberrabbiner Löw in Szegedin hat Ausgezeichnetes darin geleistet. Seine Zeitschrift „Ben Chanania" ist in dieser Hinsicht das schönste Zeugniß des denkenden Geistes und des ausgebreitetsten Wissens. Auch Geiger hat in he-Chaluz und in seinem Aufsatze: „Sadducäer und Pharisäer" die Bedeutung einer solchen historischen Auffassung in einzelnen Gesetzen dargethan, besonders aber in seiner Urschrift durch seine **Klarlegung** der alten und neuen Halacha einen sichern Grund dafür gelegt.

das irgendwie einen krankhaften Charakter an sich zu tragen scheint und deshalb Anstoß zu erregen geeignet ist. Dabei aber bemerken wir, daß wir das Buch Sohar ganz außer Betracht lassen. Es wäre dies überflüssig hervor zu heben, da dessen, sowie der Kabbalah (Geheimlehre) überhaupt, völlige Bedeutungslosigkeit für das ritualgesetzliche Judenthum, mit Ausnahme der Liturgie, die sich allerdings ihrem Einflusse nicht entziehen konnte, weil sie zu jeder Zeit mit einer gewissen Freiheit behandelt ward, bekannt ist, wenn man sich nicht immer und immer wieder, wie wir auch bei Hrn. Prof. Haneberg sehen, auf denselben, als auf ein Werk des berühmten thalmudischen Lehrers R. Simon b. Jochai beriefe. Es ist längst nicht bloß der negative Beweis geliefert, daß dieser Lehrer der Verfasser nicht sein könne, sondern auch positiv, daß das Buch aus dem 13. Jahrhundert der gewöhnlichen Zeitrechnung stamme, und einen Spanier mit Namen Mose de Leon zum Verfasser habe [1]). Wenn der Verfasser dieses Buches seinen Dualismus nicht bloß in seinen mystisch-speculativen Erörterungen walten läßt, sondern auch in dem Leben der Menschen festhalten wollte, und demgemäß auch hier ein böses Princip [2]) statuirte, so sind wir als Israeliten für diesen Auswuchs einer erhitzten Phantasie eben so wenig verantwortlich, wie als Menschen für so viele andere, nicht minder tolle Ausgeburten auf dem Gebiete metaphysischer Forschungen, oder für den Ormuzd und Ahriman der alten Perser.

Gehen wir nun zu unserer Aufgabe über, zunächst nach der angegebenen positiven Seite des Thalmudismus.

Wir beginnen nun wieder mit dem bereits angeführten Ausspruche des Mischnalehrers Simon II. (des Gerechten ha-Zaddik), der, wie wir bemerkt, den Uebergang zwischen der „großen Synagoge" und dem eigentlichen Pharisaismus bildet und etwa 325 vor der üblichen Zeitrechnung wirkte, und machen uns dessen Ausspruch in Bezug auf die jetzt uns vorliegende

---

[1]) cf. Grätz, Gesch. d. Juden, Bd. VII, Note 12.

[2]) סטרא אחרא·

Zu S. 184. Sohar. Die Bemühungen, den Sohar auf R. Simon b. Jochai zurückzuführen, sind bisher vergeblich. Es kann nur nachgewiesen werden, daß alte Kabbalistische Lehren darin aufgenommen sind, die aber [illegible], als eigentliche Kabbala, d. i. Forschungen über Gott, seine Eigenschaften u. s. Verhältniß zur Welt. Die Kabbala reicht mit historischer Gewißheit kaum weiter als in das 12. Jahrhundert zurück (s. Graetz l. c. Note 3.) Und gerade die Bücher, welche in diesem Sinne unter d. Namen R. Simon b. Jochai's eingeführt werden, tragen ~~[illegible]~~ überdeutlich, daß sie ~~sich~~ mit diesen alten Namen [illegible] der Erzeugung des [illegible] an sich.

[illegible] Par. 4.

[illegible]

[illegible] 5. [illegible]

[illegible]

Vgl. nur oben S. 20. aus Mech. Mas. D'bachodesch Par. 2. angeführt [illegible]

Aufgabe klar. „Auf drei Dingen, sagt dieser alte Lehrer, ruht die Welt: auf der Thora" (der Lehre) d. h. den höchsten geistigen Wahrheiten, „Abodah Gottesverehrung, und G'miluth Chasadim, thatsächlicher Menschenliebe". Es leuchtet ein, daß hier nicht ein kosmisches Gesetz für das Weltall, wie eben die mystisch-kabbalistische Auffassung den Geist verkörpernd es schon auffassen wollte, sondern ganz einfach ein praktisches Sittengesetz für die Menschenwelt aufgestellt werden und der alte Weise nichts Anderes als den biblischen Gedanken von der Bestimmung der ganzen Menschheit zur Erkenntniß und Verehrung Gottes, und die allgemeinste, durch die That zu bewährende Menschenliebe Aller gegen Alle als das Menschengesetz aufstellen wollte. Es ist die Einkleidung des auch am Schlusse des Predigers in den Worten: „Im Schluß der Rede wird Alles verstanden: Fürchte Gott und halte seine Gebote, denn das ist der ganze Mensch" (die ganze Menschenwelt), ausgesprochenen wesentlichen Inhalts und Zieles der g. Offenbarung in das dem Geiste des Lehrers angemessen scheinende populäre Gewand. Daß dieß der Grundgedanke von der g. Offenbarungslehre in dem ganzen Pharisaismus, in seiner wahren Bedeutung, bei allen hervorragenden Lehrern in der That war, geht unzweideutig daraus hervor, daß R. Simon b. Gamaliel am Schlusse dieses Abschnittes der Sprüche der Väter, derselbe, der zur Zeit der Zerstörung Betar's lebte und das Blutbad, das die Hoffnungen der jüdischen Patrioten auf immer zerstörte, und den grausamen Märtyrertod der größten Männer seiner Zeit, dem er selbst nur wie durch ein Wunder entging, und die unmenschliche Verfolgung seines Glaubens durch das gegen die Besiegten so erbarmungslose Rom mit eigenen Augen schaute, c. 160 nach der ü. Zeitrechnung, d. h. nach einem Zeitraum von fast vierhundert Jahren sich fast mit denselben Worten aussprach: „Auf drei Dinge ruht die Welt: auf Wahrheit, Recht und Frieden" (Liebe.) Welche tiefe Wurzeln mußte das erhabenste Sittengesetz in dem Herzen des Judenthums geschlagen haben, wenn es sich eine so lange Reihe von Jahren unter den schrecklichsten Duldungen und traurigsten Erfahrungen so ganz unverändert erhalten konnte.

Auch die Zeit zwischen diesen großen Lehrern und Schulhäuptern liefert uns ausdrückliche Beweise von der fortdauernden Lehre der umfassendsten Menschenliebe. Welche Milde der Gesinnung spiegelt sich in den Worten des unter Johann Hyrkan c. 130 v. d. ü. Zeitr. lebenden Synhedrialvorsitzenden Josua b. Perachia: „Beurtheile alle Menschen nach dem Maßstabe der Unschuld" (Aboth 1, 6.).

Die Thalm. Jer. Mez. 2, Hal. 5., von dem Synhedrialvorsitzenden Simon b. Schetach c. 105 v. erzählte Geschichte, wornach er die Zumuthung, sich durch einen am Halsschmucke eines von seinen Schülern für ihn von einem Heiden gekauften Esels vorgefundenen Edelstein, von welchem der Heide nichts wußte, aus drückender Armuth zu erretten, mit sittlicher Entrüstung abwies und den Edelstein dem Heiden wieder zustellen ließ; ebenso das, was von den „Aeltesten" dorten erzählt wird: daß sie einen Beutel Golddenare, die sie in dem von einem heidnischen Kriegsheere (στρατία) gekauften Waizen gefunden, ohne daß man im letztern eine Ahnung davon hatte, zurückgegeben, beweist die strengste Sittlichkeit auch den Heiden gegenüber und wie jede, auch unbekannte Täuschung, jede Transaction mit dem Gewissen durch spitzfindige Unterscheidung selbst geübter Täuschung oder eines blos benützten Irrthums von Seiten des Heiden, womit einige spätere Thalmudisten ihr Gewissen in ähnlichen Fällen beruhigt zu haben scheinen, den alten Thalmudlehrern völlig ferne lag.

Und muß man von dem edlen Weisen Schemajah, der nun in der Reihe der Synhedrial- und Schulhäupter folgt, wenn auch ausdrückliche Aussprüche in dieser Hinsicht nicht von ihm vorliegen, jene allgemeinste Menschenliebe und das strengste Recht nach allen Seiten nicht annehmen? Ein Mann, der die freigelassenen Sklaven in allen Dingen den gebornen Israeliten

+ setzt nur in verschleifter Inschrift. Das eigentlich, vermutlich nach der Klage der Reinheit begießt sich auch auf die
u. d. Ehre. [illegible], + Den [illegible] [illegible], [illegible] [illegible] [illegible] [illegible] Stil. [illegible] [illegible] wieder gesetzt.

⌈ Simon b. Schetach. [illegible] [illegible], [illegible] [illegible] Bruder der Königin Salome Alexandra, mußte flüchten vor den Nachstellungen d. Königs. [illegible]
# [illegible] [illegible] [illegible] [illegible] [illegible], in unzugänglichsten [illegible] [illegible] von einem kleinen Gärtchen bei [illegible] u. dürftig [illegible]. Da hatten seine Schüler, die ihm überallhin folgten, von einem [illegible] der Wege [illegible] Händler einen [illegible] gekauft, der mit der [illegible] [illegible] [illegible] die [illegible] [illegible] ~~[illegible] [illegible] [illegible] [illegible]~~ sollte. [illegible] [illegible] der [illegible] fanden sie einen kostbaren Edelstein, von welchem der Händler nichts gewußt [illegible] [illegible] [illegible] [illegible] ~~[illegible] [illegible]~~ von aller Noth befreit hätte. Unwillig aber wies er d. Schüler ab, die ihm den Stein zum Geschenk machen wollten, u. befahl ihnen

S. 187. [illegible] wie [illegible]. [illegible], 
[illegible] Akabia b. Mahalalel hat diesen
Ausspruch gethan (Mischna Edujoth V, 7.) Derselbe
hat auch dieser [illegible] und lange [illegible]
der Tempelzerstörung gelebt (s. Frankel, Hod.
S. 86.)

Und weiter hat er noch eine andere Äußerung
von ihm aufbehalten, die von seinen sittlichen Grundsätzen nicht minder Zeugniß
ablegt. Er war in einer gesetzlichen Entscheidung
in Widerspruch mit allen übrigen Lehrern;
Da der nun zu jener Zeit auch jede Abweichung
des Einzelnen gegen die gesammte Mehrzahl
für gefährlich für die ruhige Entwicklung
des religiösen Lebens hielt, so bat man
ihn, von s. Meinung abzustehen und sich der
Entscheidung mit der Mehrheit unterzuordnen
und bot ihm dagegen an, ihn in diesem Falle
zum Vorsitzenden des Gerichtshofes (Ab Beth Din) zu machen.
Er aber wies das Anerbieten mit dem Be-
merken zurück: „Lieber mag man sich mein Leben
lang einen Thoren nennen, als daß ich einen
Augenblick ein Frevler vor Gott werde,
man sage nicht: Um einer Würde willen
hat er widerrufen" (l. l. Mischn. 6.).

[illegible]. [illegible]
[illegible]
[illegible]
b. Ber. 48 a. [illegible]
1/[illegible]. Kr. Mez. II. Hal. 5. [illegible]
III. [illegible] J. Brüll [illegible]
[illegible]
[illegible]

gleichstellte; der dem gefährlichen blutgierigen Herodes gleich dem Niedrigsten entgegentrat, als er mit seinen Blutknechten in die Gerichtssitzung kam, also dort wie hier die volle Gleichheit vor dem Gesetze proklamirte; ein Mann, der seinen eigenen würdigen Sohn nicht zur Synhedrial-Würde empfehlen wollte, und auf dessen desfallsiges Begehren die classischen Worte erwiderte: „Deine Werke werden dich den Menschen nähern, deine Werke werden dich ihnen entfremden [1]), ein solcher Mann muß nothwendig an dem alten jüdischen Principe vom strengsten Rechte und folgerichtig der allgemeinsten Menschenliebe festgehalten haben.

Hillel, dessen großer und eifrigster Schüler [2]), (nach dem Thalmud [3]) Oberhaupt des Synhedriums c. 100 vor der Tempelzerstörung, also c. 30 Jahre vor der übl. Zeitrechnung) stand in so hohem Ansehen, daß fast alle seine, auch rituelle, Entscheidungen zum halachischen Gesetze erhoben wurden. Er wird neben Esra als der Wiederhersteller des jüdischen Gesetzes gerühmt [4]), bei seinem Tode „wegen seiner Frömmigkeit und Demuth als ächter Jünger Esra's", d. h. als der wahrhaftige Repräsentant des ächten Judenthums verherrlicht, in welchem Sinne auch die himmlische Stimme aufzufassen ist, die seine Würdigkeit zur Prophetie verkündete, wenn das Zeitalter deren würdig wäre [5]). Hillel also, dessen Aussprüche am ungetrübtesten die Lehren des Judenthums wiedergeben, lehrte ausdrücklich die umfassendste Menschenliebe ohne alle Beschränkung. Als sein Wahlspruch wird angeführt [6]): „Liebe den Frieden, liebe die Menschen (eig. wörtlich die Geschöpfe, d. h. nach dem Com. des R. L. Heller, die Menschen als Geschöpfe Gottes, ohne alle Einschränkung, ohne alle weitere Berech-

[1]) מעשיך יקרבוך מעשיך ירחקוך ~~Misch. Eduj. XIV, 9, 4.~~ cf. Grätz, Gesch. d. J. III, Note 17.

[2]) Aboth, I, 2. Th. Pes. 66, a.

[3]) Sabb. 15, a.

[4]) Succah, 20, a.

[5]) Toseph. Sota c. 13.

[6]) Aboth I, 12.

nung und Rücksicht und nähere sie (die Menschen) der göttlichen Lehre. Letzteres ist nicht minder wichtig als das erstere; denn es befiehlt die Verbreitung der Offenbarungslehre unter allen Menschen. will diese ausdrücklich nicht blos in die Gebote der Menschenliebe, sondern auch in die Bestimmung zur Seligkeit aufgenommen wissen. Wir haben Hillel's Ausspruch schon angeführt, der von ihm aus sprichwörtlich im Volke gelebt zu haben scheint. „Was dir nicht lieb ist, daß dir geschehe, das thue auch einem Andern nicht", und zwar sprach dies der große Lehrer nicht als eine bloße Sentenz aus, sondern er proklamirte es thatsächlich als das Ziel der Religion für das Leben, auf dessen Annahme hin er die Heiden in das Judenthum aufnahm[1]). Letztere Thatsache beweist sogar, daß es ihm nur als der Anfang als die Conditio sine qua non galt, in so fern es, in seiner allerdings die Lieblosigkeit bloß negirenden Fassung, zunächst dem Bösen einen Riegel vorschieben sollte[2]).

Hillel's für die Entwicklungsgeschichte des Judenthums so bedeutender Schüler, R. Jochanam b. Sakhai, welcher während der Belagerung Jerusalems durch Vespasion sein Lehrhaus in Jabneh (Jamnia) aufschlug, (woraus folgt, daß Hillel noch lange nach dem oben angegebenen Zeitpunkte das Patriarchat führte), und damit Israels geistigen Schatz aus der Zerstörung seines bisherigen Mittelpunktes rettete, zeigt sich auch darin als würdigen Jünger seines Meisters, daß er die umfassendste Menschenliebe ausdrücklich als das Begehrenswertheste im Menschenleben verkündet. Auch er nahm keinerlei Beschränkung in dieser Hinsicht an. Dies beweist schon seine Frage an seine Schüler: „Welches ist der rechte Weg, den der Mensch (Adam) sich wählen soll?"[3]), wozu Aboth d'Rabbi Nathan[4])

1) Sabb. fol. 31.
2) S. oben.
3) Aboth 2, 9.
4) c. 14.

ist, so wird man ihm anmerken, daß er jedem Menschen,
auch dem unbekannten Fremden auf der Straße mit
dem Friedensgruße zuvorkam (Ber. 17, a.); gewiß
ein Beweis von Milde und Achtung und Liebe gegen
alle Menschen.

noch die charakteristischen Worte hinzugefügt sind: „daß er des ewigen Lebens theilhaftig werde?“, was also zugleich auch die andere Lehre Hillel's in sich schließt: daß alle Menschen zur Seligkeit berufen sind. Daß aber R. Jochanan die Antwort des Schülers als die wichtigste bezeichnet, welche das gute Herz als jenen Weg angibt, wozu Aboth d' Rabbi Nathan wieder die erläuternden Worte bemerkt werden: „gegen Gott und Menschen“, stellt seine grundsätzliche Lebensansicht in dieser Beziehung außer allen Zweifel. Ihm waren nicht bloß alle Menschen zur Seligkeit berufen, sondern allen auch wesentlich der gleiche Weg: Gottesfurcht und Menschenliebe, zu deren Erreichung angewiesen.

Diese Lehre R. Jochanan's von der allgemeinen Menschenliebe und der gleichen Berufung Aller zur Seligkeit tritt auch aus folgendem Vorgange hervor, der von ihm mit seinen Schülern erzählt wird. Er fragte diese nach dem Sinn des Verses Spr. 14, 34. und zieht die Erklärung des Schülers vor: „daß Wohlthätigkeit und Liebe für die Heiden eben so gut wie für Israel als ein Sündopfer gelte, was auch in der That dem Parallelismus am meisten entsprechen dürfte. Er selbst fügte noch hinzu: dem Heiden ersetzte früher Wohlthätigkeit das Sündopfer, das Israel darbrachte, seit der Zerstörung des Tempels sind sie aber auch darin gleichgestellt[1]) was mit seinem weitern, seine innige Menschenliebe offenbarenden Ausspruche: „Werke der Liebe stehn über Tempel und Opfer“ [2]) übereinstimmt.

Von einem ausgezeichneten Schüler R. Jochanans, einem Heros der Halacha (des Religionsgesetzes) R. Josua, Sohn Chananiah, wird das schöne, denselben Geist athmende Wort überliefert: „Neben Neid und wilder Begierde führt Menschenhaß (שנאת הבריות) den Menschen zum Untergang“[3]). Er spricht

[1]) Th. B. Bath. 10, b.
[2]) Ab. d'R. Nath. c. 4.
[3]) Ab. 2, 11.

es mit dürren Worten aus: „Die heidnischen Frommen haben Antheil am ewigen Leben [1]), ein Grundsatz, zu dem man sich noch jetzt nicht, trotzdem daß er fast wörtlich in den eigenen alten Bekenntnißschriften wiederholt ist [2]), nicht einmal den einigen Gott anbetenden Glaubensgenossen gegenüber erheben konnte.

R. Elasar, Sohn Asariah, ein anderer großer Lehrer aus dieser Periode, sprach das schöne, allgemeine Menschenliebe athmende Wort: „Für Sünden gegen Gott bewirkt der Versöhnungstag Vergebung, niemals aber für Sünden eines Menschen gegen den andern [3]). Er stellt die thatsächliche Menschenliebe über alle Gelehrsamkeit [4]). Es scheint überhaupt gerade in dieser Epoche das Streben aller bedeutenden Lehrer in Israel gewesen zu sein, die ursprüngliche religiöse Idee der Gleichberechtigung und der Bruderliebe, die durch die Gewaltthätigkeiten und die heidnische Connivenz unter Herodes erschüttert worden zu sein scheint, in das Volksbewußtsein wieder einzuführen. Oder, und dies ist wahrscheinlicher, es tritt darin der auch geistig beginnende Kampf gegen das entsittlichte Heidenthum hervor, und ist also demselben Geiste wie die um diese Zeit unter den Alexandrinischen Juden entstandenen pseudorphischen Sibyllinen entsprossen. Ja, es scheint mir nicht fern zu liegen, daß auch Jesu Auftreten zunächst diesem Geiste entsprang, und seine Reden theils der Bekehrung des Volkes zu der Grundanschauung des Judenthums, die sich, wie wir gesehn, in dem Kern seiner Aussprüche klar abspiegelt, theils dem einbrechenden römischen Heidenthum galten, und daß auch dies vielleicht allzu offene Bekämpfen des Heidenthums bei seiner Verurtheilung durch den römischen Landpfleger mitgewirkt haben mag. Daß sich auch dadurch gerade Jesus den Haß des Römers zuzog, während so viele andere bedeutende Männer dasselbe

[1]) חסידי א״ה״ע יש להם חלק ל״ע״ה״ב Tb. Synh. 105, a.

[2]) Ap.-Gesch. 10, 35. im Namen des Petrus: „In allerlei Volk wer ihn (Gott) fürchtet und recht thut, der ist ihm angenehm."

[3]) שבין אדם לחברו Misch. Joma VIII, 9.

[4]) Ab. 3, 17.

* 1. Oct. 11. Nov. 42 u. 43. /

zu S. 190. (Ganz [illegible] [illegible] [illegible] Rabbi, der [illegible] Antoninus und [illegible] ~~[illegible]~~ S. 198. [illegible]

~~[illegible]~~ [illegible]). Antonin fragte ihn: „Werde ich Antheil am ewigen Leben haben? Ja, erwiderte Rabbi. Es heißt ja, fragte der Kaiser: „Kein Ueberrest soll dem Hause Esau bleiben (Obad. v. 18)." Aber (das) ist, erwiderte Rabbi, wer wie Esau (gottlos) handelt." Ganz ebenso [illegible] [illegible] (Abd. 6, 10, 6.). Unter Esau verstanden die Talmudisten aber Rom. Also war so [illegible] gegen Rom bis jetzt gegen die Juden. Jeder [illegible] ergangen, da die [illegible] [illegible] Staats-[illegible] (s. oben S. ) [illegible] [illegible] jüd. Gesetz gewiß für die ganzen Ueberlieferung der Sittengesetze [illegible] [illegible] völlig gleich; er [illegible] [illegible] [illegible] [illegible] Frommen der [illegible] Seligkeit im ewigen Leben theilhaftig wird.

lehrten, mag außer seinem vielleicht schärfern Auftreten in seiner Verbindung mit den niedern, durch Verhöhnung des Volkes und seiner Sitten von Seiten der Römer zum Aufruhr ohnedies geneigten Volksklassen seinen Grund haben. Es liegt darin auch ein neuer Beweis, daß man später, als das Christenthum mit dem Heidenthum Frieden geschlossen, Jesu Reden gegen dieses an die „Pharisäer" gerichtet haben mochte, und sie demgemäß umgestaltete.

Kehren wir zu den Rabbinen zurück, so begegnen wir ein halbes Jahrhundert nach der Zerstörung des Tempels in einem der größten Heroen der Halacha, dem von seinen Zeitgenossen wegen seines scharfen Geistes nicht minder als wegen seiner immensen Kenntniß des Judenthums hochverehrten, von der Nachwelt mit dem Glorienglanze mythischer Verherrlichung umgebenen R. Akiba, der ganz dieselben Lehren verkündet. R. Akiba, einer der glühendsten Patrioten, gegen die sein Vaterland mit Füßen tretenden Römer, die Zerstörer des Tempels, die Verhöhner seines Glaubens, die Verfolger und Quäler der Gelehrten, vom tiefsten Hasse erfüllt, selbst verfolgt, eingekerkert, so daß er am Ende den grausamsten Märtyrertod erduldet, wußte sich dennoch die Urprincipien seines Glaubens zu erhalten und hat das schöne Wort gesprochen: „Du sollst deinen Nächsten lieben wie dich selbst: das ist eine große Grundlehre der Offenbarung" [1]).

Daß R. Abika dieses biblische Gebot nicht etwa bloß auf Juden beschränkte, geht aus seiner überall hervortretenden genauen Kenntniß des Schriftwortes hervor, da gerade er für alle jüdischen Gesetze eine Stütze im Bibelwort suchte, sowie aus der Deduction, die sein Genosse und Schüler Simon ben Asai für diesen Grundsatz angibt (s. weiter). Doch es spiegelt sich in des großen Lehrers mit dem wunderbar tiefen Geiste eigensten Aussprüchen dessen hohe Achtung vor dem Menschen-

[1]) Thor. Khoh. (Siphra) Ked. 4, 12.

thum überhaupt in einer für seine Zeit wahrhaft überraschenden Weise ab. Seine den Menschen adelnden Worte sprechen ausdrücklich nicht von Israel allein, sondern von den Menschen als solchen. So sein schöner Ausspruch: „Gott liebt den Menschen; denn er hat ihn in seinem Ebenbilde erschaffen". Der Vorzug Israels besteht ihm nur darin, daß es der Träger der Thora sei, „ihnen wurde das Kleinod gegeben, wodurch die Welt erschaffen ist" [1]), das also Allen Seligkeit bewirken soll. „Der Mensch spreche daher immer: Was Gott thut, ist wohlgethan" [2]). Jene hohe Ansicht von dem angebornen Adel eines jeden Menschen spricht sich auch in R. Akiba's Deutung des Verses 1 M. 3, 22. aus, wo er, allerdings wohl auch, um, wie sonst, die hohe Geistigkeit Gottes von der Vergleichung mit dem Menschen unberührt zu lassen [3]), sicher aber auch, um jeden Menschen in gleich hoher Selbstbestimmung darzustellen, das Pronomen als die dritte Person auffaßt: „der Mensch ward wie einer aus sich selbst zu wissen Gutes und Böses: „jedem Menschen hat Gott zwei Wege vorgelegt, einen des Lebens, und einen des Todes [4]).

Diese völlige Gleichstellung spricht sich auch in dem das größte Räthsel des menschlichen Denkens: die göttliche Vorsehung auf der einen, und die menschliche Freiheit auf der andern Seite in dem festen Glauben an Gott und der bedingungslosen Uebung der Tugend lösenden Ausspruche aus; „Alles ist vorgesehn und dennoch ist die Willensfreiheit gegeben, denn mit Güte wird die Welt gerichtet, Alles nach der Fülle der Tugendübung [5]).

---

[1]) Aboth III, 14.

[2]) Ber. fol. 60, b.

[3]) S. Geiger, Vorles. Bd. II. S. 18.

[4]) Mech. Besch. 6. Midr. Hoh. L. zu 1, 9. wird diese Erklärung den Weisen überhaupt zugeschrieben.

[5]) Aboth III, 15. S. die schöne Erklärung Heller's (Tos. J. Toth.); sie beweist, daß die jüdischen Lehrer auch in den trübsten Zeiten des

T ~~namentlich~~ durch die fast gänzlich [illegible]

[illegible] ~~ihren~~ strengen Rechtsformen und der [illegible]. Ver-

fall, [illegible], ganz be-

sonders die Entscheidungen in bezug auf den Armen,

die [illegible] können sich [illegible] und nicht mehr [illegible]

[illegible]. Und [illegible] Leichtsinn,

mit [illegible] Gegensätzlichkeit [illegible]

sehr, zur Schädigung aller und [illegible] ~~[illegible]~~

[illegible] Gütern [illegible] ~~[illegible]~~

~~[illegible]~~. [illegible]

[illegible]

[illegible] gerichtet hat, die alle [illegible]

[illegible] worden zu sein, [illegible]

gegen alle (Misch. Jeb. 15, 3. [illegible]

B. d. [illegible] XIV, 9.). ~~[illegible]~~

~~[illegible]~~ [illegible]

~~[illegible]~~ [illegible]

zu einem [illegible] von 400 [illegible] (?), entgegen

[illegible] Entscheidung, [illegible] die [illegible] nach

der Stellung der [illegible]

[illegible]

Unterschied, alle [illegible] ~~[illegible]~~

[illegible] Abstraktion. [illegible]

[illegible]

[illegible]

~~[illegible]~~ [illegible]

[illegible], [illegible] zu [illegible]

[illegible]

[illegible]: B. Kama

8, 6.). –

[illegible] Rechtlichkeit [illegible] auf [illegible]

† ~~[illegible]~~ strengen [illegible]

[illegible] (S. 217)

‡ [illegible]

Kama f. 113.

Andere Aussprüche des angeführten alten Buches (Torath Khohanim), dessen Grund bekanntlich von R. Akiba gelegt wurde, zeigen denselben Charakter in Bezug auf das allgemeinste, umfassendste Recht. So der von wahrhafter Gluth für das Recht zeugende Ausspruch am Anfang des Abschnitts, dem wir obige Stelle entnommen: „Ihr sollt kein Unrecht thun im Gerichte" d. h. im Recht. Jeder Richter, der das Recht beugt, ist ein Gewaltthätiger, Gehaßter, Verworfener, ein Bann und Greuel, er verunreinigt das Land, entweiht den göttlichen Namen" u. s. w.[1]) Vielleicht ist es diesem Umstande zuzuschreiben, daß in dem blutigen Kriege unter Bar Chochba, dem letzten Verzweiflungskampfe der Juden gegen die Römer, bei dessen Vorbereitungen R. Abika jedenfalls eine hervorragende Rolle spielte und dem er in Bezug auf die Art der Führung gewiß seinen Geist einzuhauchen wußte, keine Spur von Grausamkeit von Seiten der Juden vorkommt, so unmenschlich auch die Römer mit diesen verfuhren. Der geistige Leiter hatte es bloß mit dem römischen Staate zu thun: dem einzelnen Menschen gegenüber durfte die Menschlichkeit nicht aus den Augen gelassen werden. Hätte Tacitus diesen Krieg erlebt, er würde bei allem Vorurtheile der Heiden und besonders der Römer gegen Juden und Judenthum, die Liebe, welche er den Juden untereinander zugesteht, kaum gegen Andere vermißt und das Urtheil nicht niedergeschrieben haben: Apud ipsos fides obstinata, misericordia in promptu sed adversus omnes alios hostile odium (hist. 5, 5.) „Gegen einander üben sie unverbrüchliche Treue, immer bereite Barmherzigkeit, aber gegen alle Andere erfüllt sie feindseliger Haß."

Auch die völlig gleiche, liebevolle Fürsorge Gottes gegen alle Menschen lehrte R. Akiba. Die Rettung Israels durch Gott

---

Mittelalters den freien Blick in die gleichberechtigte Menschheit sich bewahrten.

[1]) S. Spr. d. V. 5, 8: „Der Krieg verheert die Welt wegen Beugung des Rechts und wegen Verzögerung der Rechtssprüche . . ."

im rothen Meere war ihm nicht die Folge einer etwaigen Bevorzugung, sondern gerade der Bestimmung Israels zur Erhaltung und Verbreitung der Erkenntniß und Verehrung Gottes. Wahrheit und Recht leitet den Schöpfer der Welt allen Menschen gegenüber [1]).

Der Genosse und Schüler R. Akiba's Simon b. Asai, den wir erwähnten, spricht sich jedoch am entschiedensten und klarsten in dieser Epoche in Bezug auf die allgemeine Menschenliebe aus. Simon b. Asai hat sich auch anderweitig als einen so offenen Charakter gekennzeichnet, daß wir seinem Ausspruche einen um so größern Werth beizulegen berechtigt sind. In seinem Namen wird tradirt: „Es ist ein gutes Zeichen für den Menschen, wenn er gerade einhergeht und jedem Menschen offen in's Auge schaut, es ist dagegen ein schlimmes Zeichen, wenn der Mensch den Blick nach unten richtet [2]). Wie anders und welches traurige Zeugniß des bereits gebeugten Geistes der spätere Ausspruch אסור לילך בקומה זקופה „Man darf nicht in aufgerichteter Haltung einhergehn" Sabb. Fol. 81, a. im Namen des R. Josua b. Levi gegen Ende des 3. Jahrh.). Dieser R. Simon b. Asai entgegnet nun R. Akiba auf seinen oben angeführten Ausspruch: „Du sollst den Nächsten lieben, wie dich selbst: das ist eine Grundlehre in der Offenbarung", der Satz: „Dies ist das Buch des Menschengeschlechts", das ist ein noch größerer Grundsatz [3]).

Der Sinn dieses Ausspruches kann kein anderer sein, als daß derselbe noch schärfer als der erstere die allgemeine Menschenliebe lehre, wohl dadurch, weil er, während der erstere den Nebenmenschen bloß als Genossen bezeichne, dieser die allgemeine Menschenverbrüderung lehre, indem er sie

[1]) Mech. Par. Waihi Besch. c. 6.

[2]) כל שפניו זקופות למעלה סימן יפה לו כל שפניו כבושות למטה סימן רע לו u. s. w. Aboth d'R. Nathan. Gewiß Jeder hat in seinem Leben die Wahrheit dieses Satzes schon selbst mehr oder weniger erfahren.

[3]) Thor. Khob. Ked. 4, 12.

+ der Römerherrschaft, wenn auch in gesetzlichen Fragen oft der principielle Gegner R. Akiba's, war ein in höchstem Ansehen stehender Lehrer, der überhaupt durch seine Menschenfreundlichkeit und Liebe gegen Arme und Schwerbedrängte ausgezeichnet war, dass die Frauen bei seinem Hingange wie bei dem des Königs Saul (2 Sam. 1, 24.) allgemeine Klagelieder anstimmten (Ned. IX. Ende). R. Ismael, empfiehlt ausdrücklich, jedem Menschen mit Freudigkeit entgegen zu kommen (Ab. III, 12.).

alle als Kinder Gottes, oder doch des ersten Menschenpaares bezeichne [1]). Einfacher begründet in dem Gesammtinhalte der g. Offenbarungslehre kann die allgemeine Menschenliebe nicht werden. Indessen scheint auch R. Akiba denselben Gedanken mit seinem Ausspruche verbunden und ihn sogar den Bedrückungen und Verfolgungen der Römer gegenüber als trotzdem festzuhaltende Verpflichtung seinen Glaubensgenossen ausdrücklich empfohlen zu haben, denn er hat noch hinzugefügt [2]): „Sage nicht, weil ich verachtet werde, will ich auch meinen Nebenmenschen verachten, weil mir geflucht wird, will ich auch meinem Nebenmenschen fluchen," wozu er noch weiter bemerkt haben soll [3]): „Wenn du also thust, so wisse, daß du an Gott dich versündigst, denn im Ebenbilde Gottes hat er den Menschen erschaffen." (Im Midr. Rabba wird dies im Namen eines Andern angeführt). Letztere Begründung ist eine neue, wo möglich noch tiefere: jeder Mensch ist im Ebenbilde Gottes erschaffen", es kann also keinen Unterschied in Bezug auf die Pflichten gegen die Menschen geben; denn jede Beleidigung gegen irgend einen wäre eine Beleidigung Gottes.

Ein Schüler R. Akiba's und zwar der bedeutendste, R. Meïr, der eben diesen Ehrennamen: „Der Erleuchtende" — er hieß eigentlich Miasa [4]) — wegen seines umfassenden Wissens und seines Alles durchdringenden Scharfsinns erhielt, war auch eines der geistreichsten und entschiedensten Vorkämpfer der allgemeinsten, umfassendsten Menschenliebe. Und R. Meïr lebte nach dem Bar Chochbah'schen Kriege, als Kaiser Hadrian seine Blutedicte gegen das unglückliche Israel in unmenschlicher Rache wüthen ließ. Angebat iras quod soli Judaei non cessissent (Tac. Hist. 5, 10.), „Es vermehrte den Zorn, weil die Juden allein

[1]) S. den Comment. Khorban Aharon z. St.

[2]) Midr. Ber. Rab. Absch. 24.

[3]) Nach Jalkut s. 40.

[4]) oder R. Nehorai, was jedoch dasselbe bezeichnet, wie R. Meïr, oder R. Nehemia, s. Erub. 13, b.

nicht weichen wollten", galt jetzt noch mehr als früher. R. Meïr hatte seinen geliebten, großen Lehrer, seinen gelehrten Schwiegervater, seine Schwiegermutter, unzählige bedeutende Männer aus Israel den blutigen Henkerstod sterben sehn, er selbst war dem Blutbade kaum durch schleunige Flucht entronnen, und dennoch konnte die Menschenliebe aus seinem warmen Herzen nicht gerissen werden, weil er sie als das höchste Gebot seines Glaubens und von der Liebe und Achtung der Thora unzertrennlich ansah. „Wer die Thora um ihrer selbst willen liebt, pflegte er zu sagen (Ab. 6, 1.), wird ein geliebter Genosse, er muß Gott und die Menschen lieben und erfreuen er wird demüthig, gottesfürchtig, gerecht, fromm, redlich, treu". u. s. w. R. Meïr war einer der strengsten Vertreter des Rabbinismus, der das Gesetz mit allen möglichen Cautelen umgeben wollte, um es gegen jede Verletzung zu schützen; er war zugleich der eigentliche Schulvorsteher (Chacham) unter dem Patriarchat des R. Simon b. Gamaliel, der alle Fragen des Gesetzes und des religiösen Lebens nach allen Seiten zu erforschen nnd klar zu legen hatte, und seine Aussprüche haben daher das größte Gewicht bei der Beurtheilung des wahren Thalmudismus. Was er sagte, war nicht der Einfall eines Schülers, sondern das wohldurchdachte, allgemein beachtete Resultat des durch Vielseitigkeit und Geistesstärke hochstehenden Schulhauptes. Sein Wahlspruch war folgender: „Strebe von ganzem Herzen und ganzer Seele (spricht Gott), meine Wege zu erkennen, die Gänge meiner Offenbarung zu erforschen, bewahre meine Lehre in deinem Herzen, Ehrfurcht vor mir sei dir immer vor Augen; hüte dich vor jeder Sünde; reinige und heilige dich von jeder Schuld, und ich werde mit dir sein" (Ber. 17, a.).

Der schönste, diesem Streben nach sittlicher Reinheit entsprechende Ausspruch, den wir in Bezug auf Menschenliebe im thalmudischem Schriftthum kennen, der Alles umfaßt, was edler Sinn, was die reinste Liebe den Menschen gewähren kann[1]),

[1]) Th. Khoh. Achre 13, 42.

+ Ueber diesen Ausspruch R. Meïr's vgl. auch Th. B. K. fol. 38.

Auch ist dabei der Ausdruck [illegible], also kann der Satz nicht selbständig [illegible] — — sonst könnten [illegible] sie dem Gesetzesvorschriften nicht gleich stellen. Es ist dabei ganz besonders zu beachten, daß R. Meïr der Chacham bei dem höchsten Gerichte Religionsbehörde war, d. h. er hatte die Aufgabe, jede vorliegende Frage nach allen Seiten zu erforschen und die Resultate dann Gericht vorzulegen, so daß [illegible] Resultat haben [illegible] einzeln nicht zu wichtig werden muß.

rührt, wie aus andern Stellen hervorgeht[1]), von R. Meïr her. Er lautet: „Es heißt: „(Ihr sollt beobachten meine Gesetze und Rechte) die der Mensch auszuüben hat, daß er durch sie lebe", daraus folgt, daß auch der Götzendiener, der die Thora (das Sittengesetz derselben) beobachtet, dem Hohenpriester gleich geachtet wird: denn es heißt: die der Mensch ausübe; eben so heißt es (2 Sam. 7, 18.) nicht: „Dies ist die Lehre der Priester, Leviten und Israeliten, sondes Menschen. Ferner heißt es: (Jes. 26, 2.) „Thut auf die Pforten, daß einziehe (nicht: die Priester, Leviten und Israeliten, sondern") das gerechte Volk, „das die Treue bewahret". Auch Ps. 33, 1, heißt es („nicht: Priester, Leviten und Israeliten", sondern „Ihr Gerechten, jauchzet in Gott, dem Redlichen ziemt Lobgesang". Eben so heißt es Ps. 125, 4. „Erweise Gutes, Gott den Guten, und den Redlichen in ihrem Herzen" („nicht: den Priestern, Leviten und Israeliten"): aus Allem dem folgt, daß der Götzendiener selbst, der die Offenbarung erfüllt, dem Hohenpriester gleich steht".

Wir fragen kühn: Wo in aller Welt ist die volle Gleichberechtigung aller Menschen an allem Segen, an allem Leben, an aller Seligkeit, welche die g. Offenbarung bietet, entschiedener als in diesem alten Schriftdenkmale von einem der berühmtesten Lehrer Israels ausgesprochen? Daß aber hier vom Heiden nicht etwa die Beobachtung aller Gesetze und Gebote der Offenbarungslehre gefordert wird, leuchtet ein: er wäre dann eben kein Heide mehr, sondern einfach Israelite. Es kann vielmehr keinem Zweifel unterliegen, und dieß beweisen außerdem die Verse, welche nur von Gerechtigkeit und Redlichkeit sprechen, daß nur von dem Heiden die Rede ist, welcher die sieben noachidischen Gebote über Recht und Sittlichkeit und menschliche Gesittung und Milde beobachtet[2]), und ein solcher steht dem Hohenpriester gleich.

---

[1]) Baba Kama 38, a. u. Parallelstellen.

[2]) Synh. 59, a. s. oben.

Und diese Grundsätze werden von allen bedeutenden spätern Lehrern festgehalten. Rabbi Jehuda, der Fürst, (gegen Ende des zweiten und Anfang des dritten Jahrhunderts, sprach den schönen Satz aus [1]): „Welcher ist der rechte Weg, den der Mensch sich wählen soll? Derjenige der ihn in sich selbst erhebt, und ihm bei den Menschen (מן האדם, also nicht bloß bei seinen Glaubensgenossen) zum Ruhme gereicht". Daß dies nur in makellosester Gerechtigkeit und Liebe geschehn könne, und er eben dieses mit seinem Spruche gemeint hat, durch welchen er den sittlichen Charakter gleich andern Lehrern über die bloße Gelehrsamkeit stellen wollte, geht aus den übrigen, im Zusammenhange mit dem eben angeführten von ihm aufgestellten Sätzen hervor, die alle die strenge Beachtung des g. Offenbarungswortes im Auge hatten. Und Rabbi Jehuda, „der Lehrer" Rabbi κατ' ἐξοχήν genannt, war der letzte Feststeller der Mischna, die fast einzig giltige Autorität seiner Zeit.

Von seinen Schülern, die sich aus dem von den Römern immer mehr niedergedrückten Judäa nach dem damals freien Babylonien zurückgezogen hatten, um die Kenntniß des Judenthums dort zu pflegen, woher sie zum Theil auch gekommen waren, wird nicht minder das umfassendste Sittengesetz, allgemeines Menschenrecht und Menschenliebe gelehrt. Von R. Chia, der zugleich mit Rabbi in Palästina wirkte, dann aber den größten Einfluß auf die Entwickelung des Judenthums in seinem Heimathlande Babylonien hatte, wurde nach jedem Pflichtgebete das schöne Gebet eines frühern Lehrers gesprochen: „Möchte es dein Wille sein, o Gott, mein und meiner Väter Herr, daß kein Mensch mir feind sei, und keine Feindschaft gegen irgend einen Menschen in meinem Herzen Wurzel fasse".

Samuel, einer der gefeiertsten Lehrer Babyloniens (um 250 nach der ü. Z.) gibt schon durch sein großes Wort: „Das

---

[1]) Aboth II, 1.

= 198† [illegible] [illegible] II. s. oben S. 190.

Es steht hier noch weiter das folgende Aus=
spruch angeschlossen Aboth II, 1. [illegible]
[illegible]
hierher gehört auch der schöne Gedanke, der [illegible]
[illegible] [illegible] in unser Gebetbuch aufgenommen wurde: „Erhalte uns, Ewiger,
[illegible] [illegible], vor frechen Menschen
und bösen Menschen Berach. 16, b.
Auch sein Freund [illegible] mit Antoninus (Marc Aurel, Antoninus Philosophus) ist hier
hervorzuheben ~~[illegible]~~. [illegible]
[illegible] Chron. IV, [illegible] [illegible], als
~~[illegible] [illegible] seinen [illegible]~~ Antoninus starb,
[illegible]: der Band ist zerrissen.
Auch ist s. Antwort auf Antoninus' Frage
„Was ist das einzige Leben [illegible]
und welche [illegible] [illegible], mit der weisen
Bemerkung auf Antoninus' Frage: [illegible]
nach: „Es bleibt dem Hause [illegible]
übrig" (Obad. v. 18.) [illegible] [illegible]
die, welche die [illegible] [illegible] [illegible]
[illegible] [illegible]) [illegible], [illegible] [illegible]
[illegible] mit [illegible] [illegible], daß die [illegible]
aller [illegible] der Seligkeit theilhaftig
werden, wie ~~[illegible]~~, [illegible] [illegible] [illegible]
in [illegible] gilt, wie [illegible] [illegible]
[illegible] [illegible] lehrt (Th. ~~[illegible]~~ Ab. Sara
10, b.

\# Nach N. Krochmal (Wechaluz II, S. 71. ff.)
und Jost ist dieser [illegible] Freund Rabbi's ~~[illegible]~~
~~[illegible]~~ [illegible] Sept. Severus 2. Caracalla). Allein [illegible]
[illegible] [illegible] [illegible] [illegible] [illegible]
[illegible] [illegible] [illegible] [illegible] [illegible] [illegible]
[illegible] [illegible] [illegible] [illegible] [illegible] [illegible]
[illegible] [illegible] Rabbi's war, [illegible] [illegible] [illegible]
Antoninus, [illegible] [illegible] [illegible] [illegible]
[illegible] [illegible] [illegible]

Ostern, wie auch [illegible] berichten angenommen Rabbi um d. Zerstörung Bettar's (65 nach d. Zerstörung Jerusalem's =) 135 n. Chr. Geb. geboren wurde, so kann er doch bei dem Tode des Antoninus Pius 161 erst 26 J. alt ~~[illegible]~~ [illegible] ~~[illegible]~~ [illegible] worden (s. Kroschel. l.c. S. 71.) ~~[illegible]~~ nicht leicht der Freund von Antoninus Pius, wohl aber v. Marc Aurel gewesen sein, da dieser aber bereits 180 starb, ~~während~~ als damals Rabbi erst 45 J. alt war, während er ein ~~[illegible]~~ hohes Alter erreichte (s. Jost l.c. Bd. II S. 118.) Kroschel. l. l. Kap. l.c., [illegible] in späteren Jahren allerdings ~~[illegible]~~ [illegible] sich erstrecken, so könnte ~~[illegible]~~ er ~~[illegible]~~ [illegible] der Freund auch der späteren Kaiser Septimius Severus, Caracalla u. Heliogabal ~~[illegible]~~ [illegible] [illegible], so aber [illegible] [illegible] [illegible] gerade im Morgenlande wegen der [illegible] [illegible] [illegible] [illegible] [illegible] jüdischen [illegible] zu [illegible] [illegible] [illegible].

[illegible] übrigens die Auswertung von Rabbi's [illegible] in Abbott Jost II. S. 119. vgl. [illegible], Beitr. I. S. 126. wo ebenfalls Marc Aurel [illegible] [illegible] für [illegible] [illegible] Rabbi's [illegible] [illegible] wird. Vgl. auch Frankl Hod. S. 193. [illegible] [illegible]. Verus [illegible] Marc Aurel [illegible] [illegible] [illegible] [illegible] Rabbi's [illegible] [illegible] [illegible]

[illegible] sind auch [illegible], [illegible] [illegible] [illegible] ~~[illegible]~~ [illegible] [illegible], wie R. [illegible] [illegible]. s. J. Bokli 16. [illegible] [illegible]. [illegible] am 7. Tag [illegible] 10, 1. [illegible] ~~[illegible]~~ [illegible] [illegible] —

[illegible]

Landesgesetz ist Gesetz [1])" dem vollendetsten Rechtsgefühl unter allen Verhältnissen Ausdruck. Dieser Ausspruch kann zwar Religionsgesetze nicht berühren, aber in Bezug auf das Recht wird er so weit ausgedehnt, daß sogar das Uebergehn des gesetzlich eingeführten Zolls als Raub bezeichnet wird (B. Kama 113). Der so oft von Unwissenden gehörte Vorwurf: daß der Thalmud dem Nichtjuden gegenüber Betrug und Täuschung nicht verpöne, zerfällt schon dadurch allein in Nichts: das Staatsgesetz verbietet sie, und dadurch allein schon wird das Verbot bindend für den Israeliten auch vom Standpunkte der Religion. Sinnig wird in dieser Beziehung der Unterschied zwischen dem eigentlichen Religionsgebot und dem bürgerlichen Gesetze Mid. z. Hoh. L. 2, 14. ausgedrückt: „Es erwiederte Schadrach . . . dem Könige Nebuchadnezar (Dan. 3, 16.). Warum die doppelte Bezeichnung? [2]) Sie sprachen, wenn es sich um Abgaben und Steuern handelt, so bist Du unser König; forderst Du aber von uns, Deinem Götzen zu dienen, so bist Du uns bloß ein Nebuchadnezar wie jeder Andere deines Namens". Von Samuel's tiefer Sittlichkeit und Menschenliebe liefert auch der Umstand Zeugniß, daß er die Verse Spr. 24, 17. 18. zum Wahlspruch seines Lebens genommen hatte: „Wenn dein Feind fällt, freue Dich nicht, und bei seinem Sturze frohlocke dein Herz nicht, Gott sieht und mißbilligt es" (Aboth. 4, 24). Er stellte als Gesetz auf: daß man auch einen Heiden nicht einmal mit Worten täuschen dürfe [3]), um wie viel weniger also durch die That, s. weiter!) Wie hoch aber dieser Lehrer bei seinen Zeitgenossen stand, beweist auch die Erzählung [4]), daß er von der großen Lehrerversammlung der Offenbarung des göttlichen Geistes würdig erklärt wurde und dabei bemerkt wird, daß man bei seinem Tode die Klage angestimmt

[1]) דינא דמלכותא דינא B. Kama f. 113, a. u. s. w.

[2]) König und Nebuchadnezar.

[3]) Chullin 94, a.

[4]) Sota, 48, b.

habe: „Ach, hin ist der Bescheidene, hin der Fromme, der Jünger Hillels.“ Nach dem, was wir oben bei Hillel bemerkten, ist klar, daß dieser Ausdruck nicht bloß seine Gelehrsamkeit, sondern mehr noch seine sittliche Makellosigkeit und allgemeine Menschenliebe hervorheben wollte. Es wird ihm sogar eine Art prophetischer Verkündigung der schweren Geschicke, die Israel noch bevorstanden, in den Mund gelegt, was wieder nur ein Zeugniß für seinen umfassenden Geist, seine hohe Tugend und Sittlichkeit sein soll. Erwähnen wir hier noch eines Spruches aus späterer Zeit, der die ganze Milde der Gesinnung und das reine, menschenfreundliche Leben der großen Lehrer des Judenthums, wie sie fortwährend sie selbst beherrschten, wie sie lehrten, kennzeichnet. Abaji, das Haupt einer der ersten babylonischen Schulen im zweiten Viertel des vierten Jahrhunderts, pflegte zu sagen: „Jederzeit sei der Mensch klug in Gottesfurcht, ohne Fanatismus „milde Antwort wendet den Grimm ab“, er suche Frieden mit seinen Brüdern, seinen Verwandten, und allen Menschen, selbst mit dem Heiden auf der Straße. Dadurch wird er bei Gott und Menschen beliebt[1]).

Dies sind also die positiven Lehren des ächten Pharisaismus über Recht und Liebe, sowohl Gottes gegen alle Menschen, als der Menschen gegenseitig. Alle, ohne Ausnahme, sind zur Erfüllung des Sittengesetzes und nach dieser Erfüllung zum Segen und zur Seligkeit berufen. Gegen Alle ohne Ausnahme besteht dieselbe Pflicht gleicher, strengster Erfüllung des Sittengesetzes. Sie stehen in voller Uebereinstimmung mit den gleichen Lehren der h. Schrift, die wir in unserer ersten Abtheilung nachgewiesen. Wenn sich daher dennoch in dem thalmudischen Schriftthume Aussprüche oder selbst Rechtsgesetze finden, die mit jenen Grundsätzen und Lehren in Widerspruch zu stehn scheinen,

[1]) Ber. 17, a. cf. Joma 86, a. wo er auf den, welcher anders handelt, den Vers Ez. 36, 20, anwendet: „Sie kamen zu den Völkern und entweihten meinen Namen, indem man von ihnen sagte: „Das ist das Volk Gottes, das mußte sein Land verlassen!“

S. 200. Hier oder sonst bei ~~[illegible]~~ [illegible]-
lichen Äußerungen über die Pharisäer ist auch
anzuführen, was Raba desselben (Ber. 17, a.)
[illegible] sagt: "der Zweck der Weisheit
ist Bußfertigkeit u. gute Werke, daß kein Mensch
glaube, ~~[illegible]~~ wenn er nur in der h. Schrift lese
u. studire, dürfe er Vater oder Mutter, oder Lehrer
oder Weisen geringschätzen, denn es heißt ja: "der
Anfang der Weisheit ist Gottesfurcht, gute Einsicht
für Alle, die sie üben" (Ps. 111, 10.); es heißt nicht,
die sie lernen, sondern, die sie üben, und zwar
um ihrer selbst willen, nicht um Nebenrück-
sichten, Wer nur das Gute übt, nicht um
seiner selbst willen, der wäre besser
nicht geschaffen!" Also ein schönes Zeugniß
gegen die Äußerungen des N. T., als ob die Pharisäer
das Gute nur auf offenem Markte geübt, bloß
um Stolz damit zu thun. Es waren dies vielleicht
nur die "falschen Pharisäer" (l. c. 6 b.).

Einen Blick in die Sittlichkeitslehre auch der
späteren Talmudisten, den Heiden gegenüber,
gewährt auch Tr. Meg. 10, b. Daselbst [illegible]
in dem Gesange, den die Leviten bei dem Aus-
zuge in den Krieg des Josaphat wider die Ammoniter nach den Worten: "Danket dem Herrn,
2 Chron. 20. die Worte: "denn er ist gütig" nicht hinzugefügt,
weil Gott sich bei dem Falle der Frevler
"sich nicht freue," und daß sogar derselbe bei
dem Untergange der Egypter im rothen
Meere kein Lied anstimmen durfte, ~~denn~~, ~~sprach~~
Gott sprach: "Meiner Hände Werk versinkt
im Meere – und ihr wollt mir ein Loblied
singen?!"

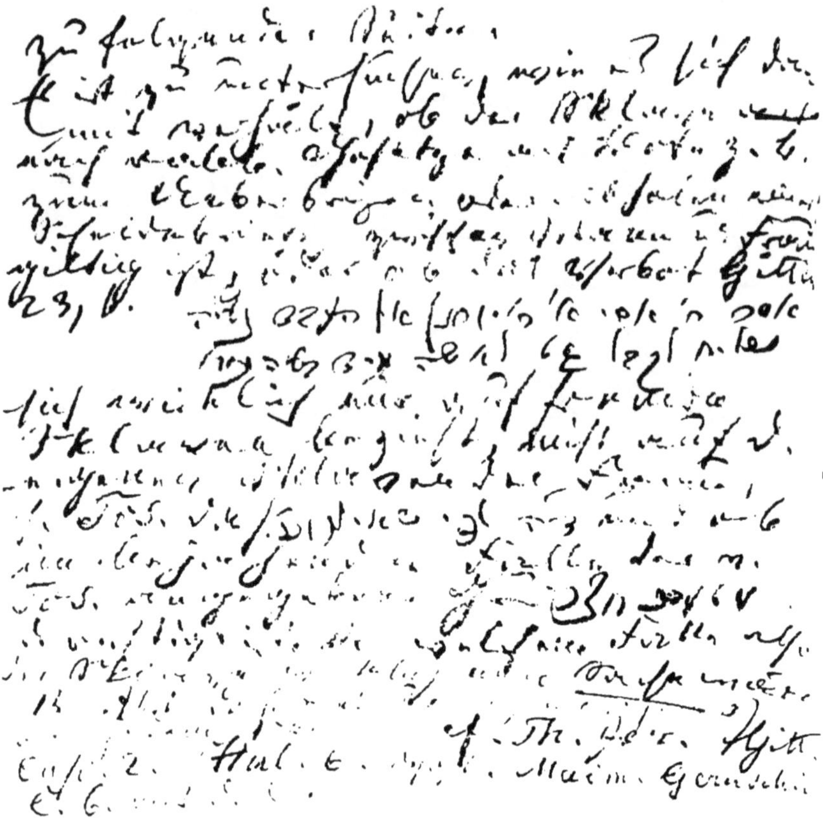

so müssen sie nothwendig in momentaner Erbitterung ob dem durch die Heiden mit Füßen getretenen Menschenrecht als augenblickliche Aufwallung sittlicher Entrüstung oder in den damaligen allgemeinen Rechtsverhältnissen ihren Grund haben, oder es könnten auch, was wir nicht läugnen wollen, aber nicht zu verantworten haben, die Ansichten einzelner Gelehrten sein, welchen in dem bereits Jahrhunderte andauernden Druck der klare Blick in die eigne Lehre getrübt war, wie dies Alles zum Theil bereits von uns angedeutet wurde.

Indessen prüfen wir die entgegenstehenden Aussprüche der Thalmudisten mit historischer Unpartheilichkeit. Wir wollen dabei zunächst die von Hrn. Dr. Haneberg angeführten Sätze ins Auge fassen. Vor Allem müssen wir jedoch bemerken, daß die Uebersetzung des Ausdruckes גוי (Goi) bei den alten Lehrern mit „Nichtisraeliten", wie es Hr. Dr. H. thut, statt mit „Heide" oder „Götzendiener", jedenfalls falsch ist, und bestimmt uns dieses, sowie der zu dem Ausspruche R. Simon's: „Die Heiden werden nicht Menschen genannt", in keinem Texte vorkommende Zusatz: „sondern Vieh" zu der Annahme, daß Hr. Dr. H. hier nicht aus der Quelle geschöpft, sondern in gutem Glauben einem Eisenmenger oder Schudt nachgeschrieben habe, oder einer der vielen mittelalterlichen judenfeindlichen Schriften, denn bei Hrn. H. selbst darf in keiner Weise an eine mala fides gedacht werden.

Das erste also, was Herr Dr. H. in dieser Beziehung anführt, ist eben dieser Ausspruch R. Simons.

Zuerst muß nun hier aber das Gesetz selbst, zu welchem jener Ausspruch als Grund angeführt wird, von dieser seiner angeblichen Begründung durch einen Bibelvers geschieden werden. Es ist überhaupt bekannt, daß diese Begründungen großentheils nur Anlehnungen, Stützen sein sollen, durch welche die Spätern alte Gesetze den jüngern Geschlechtern zu größerer Beachtung empfehlen wollten, ohne daß die dafür in Anwendung gebrachten, häufig gezwungenen Erklärungen der angeführten

Schriftſtellen im Ernſte von Bedeutung ſein ſollten. Im vorliegenden Falle haben wir nun aber einen ſichern Beweis für dieſe Auffaſſung. Das Geſetz ſelbſt, wozu in ſpäterer Zeit jener Vers mit der angegebenen Erklärung als Begründung angeführt wird: daß nämlich die Leichname der Heiden nicht verunreinigen, kommt, wie auch Hr. Dr. H. anführt, in der Miſchna als ein ganz altes vor [1]), aber ohne alle weitere Begründung. Nach den Commentaren liegt der Grund des Geſetzes darin, daß überhaupt die Geſetze über Unreinheit ſich nur auf die Iſraeliten bezogen. Nun hat man zwar rabbiniſch auch bei Nichtiſraeliten den krankhaften Schleimfluß für unrein erklärt, wollte aber eben deshalb die Unreinheit nicht auch auf die Leichname ausdehnen [2]). Uns ſcheint, daß man mit der letztern Beſchränkung gerade den Bedürfniſſen des Lebens Rechnung tragen wollte, indem man ſich vor ſolcher Verunreinigung nicht hüten konnte. Jedenfalls iſt in dem Geſetze ſelbſt keine Spur von Feindſeligkeit gegen Nichtiſraeliten.

Was nun die Begründung mit dem Verſe aus Ezechiel betrifft, ſo ſcheint ſie uns kaum von R. Simon b. Jochai, ſo wenig wir ihn auch, wie wir weiter ſehn, von einer Verbitterung gegen das entmenſchte, in grauſamer Rohheit wahrhaft verthierte Heidenthum freiſprechen wollen, herzurühren. Einmal waren dieſem bedeutenden Lehrer ſicher nicht die vielen Stellen der h. Schrift unbekannt, in welchen die Heiden ausdrücklich auch Adam (אדם) Menſchen genannt werden, resp. alle Sterblichen dieſen Namen tragen (der auch in ſeiner eigentlichen Bedeutung: „Erdenſohn" an ſich gar keine ſo ſchmeichelhafte Benennung iſt), wie: 1 Moſ. 4, 26: 5, 1. 2 Sam. 24, 14. Job 11, 12. u. ſ. w., oder wo ſogar nur die Heiden darunter verſtanden ſind, wie ## Pſ. 105, 14; 124, 2. (cf. Tal. Jeb. 61.); ſodann mußte er als Schüler des R. Akiba wiſſen, daß dieſer große Lehrer gerade aus dem Ausdrucke Adam (אדם) Men-

[1]) Nidda X, 4.

[2]) S. Th. Nidd. fol. 69. b.

## Jer. 32, 20. wo der Mensch [illegible] den andern Nationen, neben Israel genannt ist, oder gar, wie an mehreren Stellen im Gegensatz zu [illegible]

[illegible] Sklaven-Rechte

Zu S. 229. Wir haben nun gesehen, wie die allgemeine Gültigkeit der Sittengesetze überhaupt, auch den Heiden gegenüber, [illegible] noch ein [illegible] Verhältniß ins Auge zu fassen, in welchem eine Verschiedenheit zwischen Israeliten u. Heiden [illegible] hervortritt, die mit jenen allgemeinen Grundsätzen in gewissem Widerspruch zu stehen scheint.

Ich meine das besondere Verhältniß der Sklaven [illegible]. Dem jüdischen Sklaven gegenüber hat man sich [illegible] die Rabbinen [illegible] in Bezug auf denselben geltend gemachten Grundsätze nicht bloß [illegible] [illegible] [illegible] [illegible] schreibt [illegible] die Freiheit des Israeliten, sich selbst zum Sklaven zu verkaufen, keiner Beschränkung unterworfen gewesen zu sein. Der Israelit [illegible] nur in der äußersten Armuth, wo anderweitig eine Lebensfristung gar nicht mehr möglich ist. Es durfte dem Israeliten, wenn er diesen äußersten Schritt selbst thun durfte, nichts mehr übrig geblieben sein, selbst kein Gewand um sich zu bedecken.[1] Die Ungleichheit [illegible] nicht bloß darin, daß der Israelit in bestimmten Fristen seine Freiheit erlangte, während der kanaanitische Sklave in ewiger Knechtschaft verharren konnte, sondern auch in der Behandlung selbst ein Unterschied gemacht, indem es ausdrücklich verboten, daß der Israelit als Sklave überhaupt behandelt werde, indem er nur der Knecht Gottes ist und nicht der Knecht von Menschen sein dürfe, d. h. der Grundsatz der allgemeinen Gleichheit unter keinen Verhältnissen aufzuheben gestattet ist,[2] während er den kanaanitischen Sklaven ausdrücklich [illegible] [illegible], die Annahme eine gewisse, zwar

1) Thor. Kohl. Par. Behar 71. Maim. H. d. Sklaven c. 1.
2) s. 3 Mos. 25, 39 ff. vgl. oben S. 22.

beschränkte, später in der Behandlung zurück */. Der Rabbinismus [illegible] stellt auf das ganze Knechtsverhältnis
in Bezug auf den Israeliten auf. Der Knecht wird
zwar allerdings angehalten, sich seiner Verpflichtungen gegen
seinen Herrn bewußt zu bleiben, ihm treu und willig zu
dienen, doch mahnt aber den Herrn, seinen israelitischen
Sklaven wie den gleichberechtigten Bruder zu behandeln. Er
dürfte diesen seinen israel. Sklaven nicht bloß,
wie das Mosaische Gesetz es vorschreibt, mit Ver-
drückung (פרך) nicht zur Arbeit anhalten, sondern er dürfte
ihm überhaupt keine entehrende Arbeit aufbürden, sondern
dürfte nicht einmal eine seinem früheren Lebensberufe
völlig fremde Arbeit von ihm fordern, keine in ihrem
Maße nicht bestimmte, oder eine bloß unnöthige Arbeit,
die der Knecht ausführen sollte, um nur überhaupt zu arbeiten & seine Verpflichtung zur Arbeit für den Herrn zu
documentiren, zu [illegible], auch auch [illegible] Arbeit,
die sonst nur Sklaven zu thun pflegen, z. B. dem
Herrn nur die Schuhe und Bad nachzutragen, weil
durch alles dieses ein wirkliches Sklavenverhältnis
begründet. Und darauf genügte das dem Rabbinismus noch nicht. Wie er in Allem [illegible]
niemals genug thun zu können glaubte, ebenso Gott
gegenüber, wenn kein Ceremoniengebrauch, keine [illegible]
überbietung einer [illegible] hatte, so [illegible]
[illegible] Verpflichtung dem [illegible] gegenüber
zu [illegible] macht den israel. Sklaven geradezu gleich
seinem Herrn. [illegible] ganz einfach
[illegible] die [illegible], wie ein Tagelöhner, wie ein Beisasse sei er
[illegible] (3 M. 25, 40.) [illegible]
[illegible], daß [illegible] völlig gleich im Essen, Trinken,
[illegible] und der Knecht nicht Weizenbrod essen, während
ihm [illegible] pani [illegible],
[illegible] nicht in alten [illegible], während er neuen [illegible],
[illegible] nicht auf [illegible] schlafen, [illegible],
[illegible] die Rabbinen selbst auf diesen [illegible], den
[illegible] selbst [illegible]:

*/ 1. [illegible] 22. [illegible]

[illegible]
[illegible]
[illegible]

schen in den betreffenden Bibelstellen auch die Heiden in das von Gott ausgehende Heil einschließt. Der Ausdruck in Ez. mag wohl in seinem Zusammenhange dem Mißverständnisse unterworfen gewesen sein, weshalb ihn wohl die LXX. ganz weglassen, obgleich er sicher gerade das Gegentheil sagen will, nämlich: „ihr seid die Schafe meiner Weide unter den Menschen", und mochte daher von irgend einem Spätern zur Begründung des alten Gesetzes angewandt worden sein [1]).

Betrachten wir nun den andern von Hrn. Dr. H. angeführten Satz des R. Simon b. Jochai: „Den Besten unter den Heiden erschlage." Der Satz kommt allerdings [2]) in der von Hrn. H. angeführten Form vor. Die Bemerkung aber, daß dasselbe mit dem andern: „Der besten unter den Schlangen zerschmettere das Gehirn", sprichwörtlich bei den Juden sei, hat Hr. Dr. H. sicher mit dem angeführten Zusatze zu dem vorigen Satze aus irgend einem judenfeindlichen Buche nachgeschrieben! denn wir haben nie dieses „Sprichwort" bei den Juden gehört, ja wir sind überzeugt, daß kein Jude, der den Thalmud nicht kennt, und das sind, heute wenigstens, 999/1000, den Satz nur gehört hat.

Indessen es ist bekannt, wie der Thalmud selbst auf solche allgemeine Sätze keinen Werth legt. „Allgemeine Aussprüche entscheiden nicht für das Gesetz" d. h. sie dürfen nicht wörtlich aufgefaßt werden, ist ein stehender Grundsatz in ihm. Die Wahrheit dieses Grundsatzes wird hier um so klarer, wenn man die Stelle im jerusalem'schen Thalmud in ihrem ganzen Zusammenhange in's Auge faßt. Es heißt dorten: „Die meisten Eseltreiber sind gottlos, die meisten Kameelführer redlich, die meisten Schiffer sind fromm, die meisten unehelichen Kinder sind klug, die meisten Sklaven sind schön, die Meisten aus guter Familie sind bescheiden, die meisten Söhne gleichen den Brü-

---

[1]) Daß der Ausdruck „Adam" von den gefeiertesten Rabbinen gerade von allen Menschen gebraucht wird; s. auch Siphra II, 3. c. Com. Korban Aharon.

[2]) Tal. Jer. Kid. c. 4. Hal. 11. הכשר שבגוים הרוג.

dern der Mutter, der beste Arzt kommt in die Hölle, der beste Metzger ist ein Genosse Amaleks. R. Simon b. Jochai fügt hinzu: den besten unter den Heiden tödte, der besten unter den Schlangen zerschmettere das Gehirn, die beste unter den Frauen ist eine Zauberin". Wer, der gesunden Menschenverstand hat, wollte hier Alles wörtlich nehmen wollen? Es mag den ersten Sätzen zum Theil eine gewisse Erfahrung zu Grunde liegen aber daß z. B. nur die Pfuscherei einiger damaligen Aerzte, die blutige Gewohnheit der Metzger, die Treulosigkeit der Heiden (wie letzteres auch die Com. erklären) hervorgehoben werden soll, kann keinem Zweifel unterliegen. Der Thalmud wollte sicher eben so wenig einen Heiden getödtet wissen, wie er den besten Arzt der Hölle und die beste Frau der Zauberei verfallen glaubte (wenigstens hat nie auch der frömmste Jude aus Furcht vor jener seinem Sohn dem Studium der Medizin entzogen oder aus Furcht vor dieser sich dem Cölibat geweiht). Das aber eben ist das Schicksal besonders des alten jüdischen Schriftthums, daß irgend ein Pfuscher oder Judenfeind einen Satz aus dem Zusammenhang reißt, um eine Anklage darauf zu gründen, der dann ohne weitere Untersuchung bona fide nachgeschrieben wird.

Indessen die älteste Quelle für R. Simon's Ausspruch ist, Mechilta P. Besch. c. 1., wo der Satz aus dem Benehmen der Egypter bei der Verfolgung Israels hergeleitet wird, und hier steht ausdrücklich (טוב שבעכו״ם) „den besten unter den Götzendienern." Vielleicht ist aber sogar die ursprüngliche Lesart wie sie Raschi 2 Mos. 14, 9. hat: (טוב שבמצרים) „den besten unter den Egyptern", wodurch jede allgemeinere Beziehung von vorn herein abgeschnitten wäre. Die Stelle in Mechilta heißt: Es steht geschrieben: „Phareo nahm sechshundert auserlesene Wagen und alle Reiter Egyptens". „Woher nahm Phareo die Thiere? Die der Egypter waren getödtet

1) אין למדין מן הכללות ·

heutige offenbarungsgläubige Gesellschaft die Verlängerung einer andern ihrer besondern Heilsmittel in der angegebenen Weise theilhaftig werden lassen wollte. Abgesehen von ~~[illegible]~~ der Verletzung der ~~[illegible]~~ völligen Verschiedenheit seiner Cultus Zeiten ~~mit~~ von den übrigen, die [illegible] eine Abbruche an dem erlaubten [illegible] zeigt ~~[illegible]~~ eine [illegible] auch für die freien [illegible] unbekannt mische ein Zeichen vollendeter Unterwerfung, oder der [illegible] an Abnahme [illegible] der darauf bezügliche rabbinische Gesetz aber nur für den leibeigenen Sklaven gilt, der gleichsam als eine Person mit s. Herrn verbunden wird, ~~und~~ erscheint ein Eingriff in die Ueberzeugung jedes andern freien Menschen nicht anders als ein ungerechtfertigter, gewaltsamer Eingriff in seine Person, als ein Raub an seinem heiligsten Eigenthum, seinem Glauben.4

Dennoch hat das rabbinische Gesetz hier eine Milderung, indem der Sklave von der Beschneidung befreit ist, wenn er vor seinem Verkaufe die Bedingung, sich nicht beschneiden lassen zu müssen, gemacht hat.

Zu demselben Zwecke, den Sklaven der israelitischen Heilsmittel theilhaftig zu machen, oder ihn wenigstens zum Menschenthum heranzuziehen, gehört die andere Bestimmung, daß auch der Sklave unter allen Umständen den sieben noachidischen Geboten unterworfen ist, und deren Uebertretung gegen die Todesstrafe nach sich zieht.

1) Jebamot 45 ff. Maim. v. d. Beschneidung 1, 3.

4 Dabei darf zwar nicht vergessen werden, daß man keine Proselyten wünschte, jede Proselytenmacherei sogar verdammte, wodurch das Gebot, den Sklaven ins Judenthum aufzunehmen, an sich schon einen ganz andern [illegible] erhält [illegible] S. 150.

* In jenem Grundsatze, den Sklaven zum Menschenthum heranzuziehen, liegt [illegible] die Form einer [illegible] [illegible], die [illegible] mit [illegible]

Daß diese Bestimmung, die, wie wir bemerkt haben, [illegible] Verbot jeder Gewalt, ~~[illegible]~~ die Rabbinischen Rechte [illegible] bestand, zugleich ein Schutzrecht gegen Gewalt und Willkürherrschaft der Herren gegen die Sklaven [sein mußte] [illegible], wenn die Ansicht, der Sklave [illegible] die Beobachtung jener Gebote gehalten, wie der Israelite, nur so mehr frei [illegible] liegt auf der Hand. Es scheint überhaupt, daß das Judenthum, weil es den Heiden und den Sklaven zu deren Erfüllung verpflichtet hielt, jene Noachidischen Gebote als den Inbegriff des Naturrechts betrachtete, und [illegible] die erste Erscheinung in der Geschichte, daß man unter dem Naturrecht nicht das Recht des Stärkeren, sondern das Vernunftrecht verstand. Der Begriff des Naturrechts [illegible] Judenthum überhaupt kein Rechtsbegriff [illegible] ~~[illegible]~~ der Menschen ~~[illegible]~~, um sich [illegible] über die Thierstufe zu erheben, [illegible] Natur [illegible]. Auch durch die Sklaverei [illegible] allerdings [illegible] der Persönlichkeit erblicken, [illegible] sollten jene Grundrechte der Menschheit nicht ganz verloren gehen. Man darf daher [illegible] ~~[illegible]~~ [illegible] wenn man die rabbinischen Gesetze mit den heidnischen [illegible], so wird uns klar, daß diese letztere, obwohl sie nicht in religiösen Motiven [illegible], die aber alle in allen Zeitaltern [illegible], in ihrem Detail häufig [illegible] Quelle entstammten, und daher nicht für die Religion, sondern aber nur für die [illegible], die [illegible] Civilisation, den Maßstab abgeben können. Im Gegentheil, nicht bloß der biblische, sondern auch der rabbinische [illegible] wird hier [illegible] als ein bedeutender [illegible] erscheinen.

(oder durch Kriegsrecht?)

+ Vergl. Sklaverei selbst gegen d. Naturrecht [illegible] [illegible] als ein Eingriff, als ein freiwilliger [illegible] des natürlichen Rechts gilt, wie d. Bibel wirklich nur von Kauf oder Erbschaft, nicht [illegible]

[illegible marginal notes]

durch die vorausgegangenen Plagen, und die Israeliten hatten die ihrigen mitgenommen. Sie mußten von den Egyptern sein, die als gottesfürchtig bezeichnet werden und Mose's Verkündigung trauend, ihre Thiere gerettet hatten (2 Mos. 9, 20). Die „Gottesfürchtigen" unter den Egyptern brachten also den Israeliten Gefahr. Daher sagte R. Simeon: den besten unter den Götzendienern oder, nach Raschi's Lesart, (unter den Egyptern) tödte u. s. w. Schon daraus, daß die Israeliten sich desselben Verbrechens, und noch in weit höherm Grade schuldig machen würden, das an den Egyptern so verwerflich gefunden wird, wenn der Ausspruch wörtlich genommen werden wollte, geht klar hervor, daß letzteres falsch wäre, und daß damit in der That in der drastischen Sprache des Alterthums nur die Perfidie der Heiden (oder der Egypter) und das Mißtrauen, das sie verdienen, das Qui vive! gleichsam, in welchem sich der Israelite ihnen gegenüber stets befinde, ausgesprochen werden soll. Diese Auffassung wird zweifellos, wenn man eine andere Stelle der Mechilta Mischpahin c. 18. vergleicht, wo derselbe R. Simeon b. Jochai sich folgenderweise über die Fremden ausläßt: „Es heißt: die Gott lieben, sind wie die Sonne in ihrer Kraft;" wer ist größer, der, der den König liebt, oder der, den der König liebt? Offenbar der letztere. Nun, es heißt Gott liebt den Fremden (5 M. 10, 18.). O, wie geliebt sind die Fremden, denn sie erhalten überall dieselben Benennungen wie die Israeliten: die Israeliten heißen die Knechte Gottes, eben so die Fremden (Jes. 56, 6.); die Israeliten heißen Diener Gottes, eben so die Fremden (das.); die Israeliten heißen Freunde Gottes, eben so die Fremden (5 M. l. l.). Bei Israel wird das Bündniß mit Gott genannt, eben so bei den Fremden (Jes. l. l.) u. s. w. Abraham nannte sich ein Fremder, (1 M. 23, 4.); David nannte sich ein Fremder (Ps. 39, 13.), ja wir Alle heißen Fremdlinge auf Erden, wie es heißt: Fremdlinge sind wir vor dir und Beisaßen wie alle unsere Väter"

(1 Chr. 29, 15.). Allerdings gelten jene Vorzüge nur von dem Fremden, der dem Götzendienst entsagt hat, außerdem kann er nicht Knecht oder Diener Gottes heißen. Aber wer also von dem Fremden spricht, kann wahrlich den Heiden nicht dem Tode weihen wollen.

Doch es gibt noch eine dritte Lesart dieses Ausspruchs R. Simeons[1]), welche auch in die späteren Schriften übergegangen ist[2]). Hier lautet die Stelle: den Besten unter den Heiden tödte in Kriegszeiten[3]), also wohl bloß zur Nothwehr bei einem feindlichen Angriff. Es scheint zwar allerdings wie aus den angeführten Stellen in den ältern Quellen hervorgeht, daß die Worte: „in Kriegszeiten" spätere Interpolation seien; aber es geht doch jedenfalls daraus hervor, wie sie das spätere Judenthum aufgefaßt, da sie eben in dieser Lesart nur später aufgenommen wurden, und daß damit jeder Vorwurf gegen das Judenthum aus diesem Ausspruche schwindet. Fast möchten wir gerade durch diesen Zusatz zu der Annahme bestimmt werden, daß R. Simeon in Bezug auf den letzten Krieg, den die Juden überhaupt hatten, gegen die Römer unter Bar Chochba, diesen Satz ausgesprochen hat und daß er demnach doch ursprünglich vollständig also lautete. Und wer wollte es gerade R. Simeon B. Jochai, dem Schüler des so schrecklich gefolterten, so erbarmungslos hingeschlachteten R. Akiba; dem von den entmenschten Barbaren selbst so grausam Verfolgten — er mußte sich mit seinem Sohne 13 Jahre lang in unterirdischen Höhlen vor den Nachstellungen der Feinde verbergen — wer wollte es dem schwer Geprüften, der das Blut seiner Brüder in Strömen fließen sah, dem glühenden Anhänger seines von dem grausamen Heiden nicht minder, als die Juden selbst, gehaßten und verfolgten Glaubens übel nehmen, wenn er auch, gerade in sittlicher Entrüstung, seinem gepreßten Herzen durch ein hartes

[1]) Tract. Sofr. c. 15.
[2]) Tos. Ab. Al. fol. 26, b.
[3]) טוב שבעכרם בשעת מלחמה הרג.

Was zuerst den Begriff der Sklaverei betrifft, so besteht dieser nach römischem Rechte wesentlich darin: „daß der Sklave mit keinem Gegner, sondern dessen nur als Mittel für die Zwecke des Gewalthabers behandelt und darum seine Persönlichkeit gänzlich absorbirt wird.“ Der Sklave ist völlig rechtsunfähig, nicht bloß nach jus civile, sondern auch nach jus gentium; denn die Sklaverei gehört nicht bloß jenem Rechte an, sie ist selbst juris gentium. Er zählt nicht unter den Personen (nullum caput habet s. I. I, 16, 4.). Die Sklaverei nimmt den Menschen alle die Rechte berechtigter Wesen hinweg, sie macht ihn zu einer Sache gleich dem Thiere und zum Gegenstand des Eigenthums und der willkürlichen Disposition von Seiten des Herrn 1/.

Nach diesen Grundsätzen gemäß war der Sklave ganz in die Gewalt des Herrn gegeben. Diese hatte ursprünglich sogar die Gewalt über Leben und Tod des Sklaven, und so mehr als man ihm jede Grausamkeit gegen denselben gestattet 2/. Der Sklave war aber ganz und bedingungslos in der Gewalt des Herrn 2/. Es erkannte dieses Recht sogar als ein allgemeines (jus gentium) anerkannt 3/. Als sogar ein allgemeines Recht, denn aber ein Naturrecht glauben wir, daß auch die Römer eine solche Gewalt des Stärkern über den Schwächeren nicht anerkannt haben. Sie scheinen im Gegentheil vom eigentlichen Naturrecht auch bessern Begriffe gehabt zu haben. Das römische Recht erkennt sogar ausdrücklich nach dem Naturrecht jeden

1/ Küstner, Geschichte der Institutionen bd. II. § 5. 210 – 212. cf. Lib. IV. D. de cap. min. I. 5, 3: 4. 2 Servile caput nullum jus habet. Eodem die (quo servus manumittitur) incipit statum habere.

3 8/ .. in potestate sunt servi dominorum.

4 Quae quidem potestas juris gentium est. nam apud omnes peraeque gentes animadvertere possumus, domini in servos vitae necisque potestatem fuisse D. I. VI, 1.

Menschen die volle Freiheit zu und betrachtet die Sklaverei als eine Institution gegen die Natur, die durch das allgemeine Recht ~~aufgehoben~~ anerkannt, gleichsam sanctionirt wird. Daraus folgt mit Bestimmtheit daß eine Vorschrift des allgemeinen Rechts (jus gentium) mit dem Naturrecht (lex naturalis) selbst im ¹/.

Aus diesem Widerspruch des Naturrechts und des allgemeinen Rechts erklären sich die Beschränkungen der späteren Gesetzgebung in Bezug auf die Behandlung der Sklaven ~~[illegible]~~. Der gebildetere Römer fand es gegen seine natürlichen Gefühle, den Sklaven der grausamen Willkühr des Herrn schutzlos zu überlassen, und dennoch konnte man sich nicht zur völligen Aufhebung entschließen, weil man diese als allgemeines Recht anerkannte, und schaffte daher nur Halbheiten. Man verbot die allzu grausame Behandlung, ordnete aber eine Untersuchung an, ob den Sklaven nicht eine Schuld dabei traf ²/. ††

Dementsprechend, das ist klar, stand nicht allein das Mosaische, sondern auch das rabbinische Recht, obgleich letzteres, wie wir alsbald sehen werden, offenbar von dem römischen influirt wurde, in dieser Richtung weit höher als das letztere. Wir gestehen darum gerne, daß nach dem Mosaischen u. rabbinischen Recht, aber nach dem letzteren auch in beschränktem Maße, der Sklave durch grausame Verletzungen frei wird, während er nach d. römischen Recht bloß an einen andern Herrn verkauft werden mußte ³/.

Der Einfluß der römischen Gesetze auf die rabbinischen zeigt sich auch in einem andern wichtigen Punkte, ~~[illegible]~~ Wir meinen nämlich die Bestimmungen, wer gemäß durch die Geburt Sklave ist. Was das rabbinische Recht betrifft, so muß zum Verständniß die folgende Mischna ganz hierher gesetzt werden. Tract. Kid. III, 12. heißt es: Überall wo eine giltige Ehe ohne Gesetzesüberschreitung stattfinden kann, richtet sich das Kind in Betreff seiner Geburt nach dem

†† Daß man sich bei diesen Gesetzen nicht von einem Rechtsprincip, sondern mehr von einem natürlichen Gefühle leiten ließ, geht [illegible] [illegible] nicht unterscheidet [illegible] der Sklave [illegible] ¹/ §. 47, 10, 34.

¹/ S. Inst. Tit. III. Et libertas quidem est naturalis facultas ejus, quod cuique facere libet, nisi quod vi aut jure prohibetur. Servitus autem est constitutio juris gentium, qua quis dominio alieno contra naturam subjicitur.

²/ .. hoc tempore nullis hominibus, qui sub imperio Romano sunt, licet supra modum et sine causa legibus cognita in servos suos saevire. Nam ex constitutione Divi Antonini qui sine causa servum suum occiderit, non minus puniri jubetur, quam qui alienum servum occiderit (S. I, 1. ...) § 2.

Wort gegen den blutgierigen Feind einmal Luft gemacht haben sollte? Daraus einen Vorwurf gegen das Judenthum überhaupt machen wollen, zeugt entweder selbst von unversöhnlicher Feindseligkeit, oder, wo dieses, wie bei Hrn. Dr. H. nicht angenommen werden kann, jedenfalls von Mangel an gründlicher Kenntniß der Quellen. Uebrigens blieb auch außerdem der Ausspruch, wie alle dergleichen agadische Deutungen, jedenfalls ohne Einfluß auf die Halacha, was schon daraus hervorgeht, daß er in den babylonischen Thalmud gar nicht übergegangen ist.

Von größerer Bedeutung ist die Anklage gegen den Thalmud aus dem Ausspruche: „die Heiden ... stürzt man nicht in Gefahr, man rettet sie aber auch nicht [1])", da er als Halacha gilt und als solche von den spätern Gesetzeslehrern aufgenommen ward [2]). Die Schwere der Anklage könnte uns aber weder zur Rechtfertigung, noch auch nur zur Vertheidigung bestimmen. Ein offenbarer Widerspruch gegen die hl. Schrift und die in ihrem Geiste entwickelte Tradition, wie wir sie nachgewiesen, hat für uns keinen Werth, mag er auch vom Thalmud und den spätern Gesetzeslehrern als giltiges Gesetz aufgenommen worden sein. Auch uns steht heute noch, so gut wie dem Thalmud und den spätern Gesetzeslehrern, nicht nur das Recht zu, sondern es liegt uns die Pflicht ob, nach Quelle und Berechtigung einer Vorschrift zu fragen. Nur Diejenigen träfe der Vorwurf, die ohne Forschung und ohne Sichtung auf jedes Wort der Frühern schwören und den Thalmud und die aus ihm gezogenen Gesetzessammlungen in Bausch und Bogen zur Platform ihres Verhaltens proklamiren, und dem Judenthum ein mit der hl. Schrift und mit seiner Geschichte im grellsten Widerspruch stehendes blindes credo octroyiren wollen. Allein das rechte Verständniß der angeführten Stelle und der mit ihr in Verbindung stehenden Gesetze, welche anzustreben uns jedenfalls das reine

[1]) Ab. Al. 26, a. b. und Parallelstellen.
[2]) Maim. v. d. Mörder 4, 10. ff.

wissenschaftliche Interesse schon bestimmen muß, macht es klar, daß sie nur die Detaillirung allgemeiner mosaischen Gesetze sind und daher strenge im Sinne dieser aufgefaßt werden müssen. In demselben Zusammenhang nämlich, in welchem jene Gesetze in Bezug auf die Heiden vorkommen, wird auch das gesetzliche Verfahren gegen die jüdischen Sünder aufgestellt und diese sogar mit weit schwerern Strafen belegt. Jüdische Götzendiener, oder Offenbarungsläugner, oder solche Israeliten, welche ein Offenbarunggesetz aus Trotz übertreten, sollen, eben auf Grund der betreffenden Mosaischen Gesetze, wo und wie es angeht, am Leben gestraft werden; heidnische Frevler dagegen dürfen zwar nicht getödtet werden, aber man darf ihnen auch, wieder auf den Grund betreffender Mosaischer Gesetze, keine besondere Liebe zuwenden. Diese Auffassung finden wir schon bei Maimonides[1]). In diesem Sinne aber aufgefaßt, erscheinen diese Gesetze gegen die Heiden sogar als das Mosaische Gesetz mildernd, und möchten wir gerade hierin wieder den auch sonst in Thalmud erscheinenden versöhnenden Geist in Bezug auf das Schroffe des Mosaischen Gesetzes finden. Denn während es im Mosaismus[2]), worauf jene Gesetze sich stützen[3]), ausdrücklich heißt: „Bannen sollst du sie, keinen Bund mit ihnen schließen und ihnen keine Gnade angedeihen lassen", hat das thalmudische Gesetz die offene Gewalt verboten und nur wirkliche Liebeshandlungen ihm zu erweisen verboten. Daraus folgt aber auch, daß das thalmudische Gesetz, ebenso wie das Mosaische, sich nur auf das heilige Land, während es Israel in Besitz hatte, beziehen kann, zum Zwecke der Fernhaltung des Götzendienstes, der auf dem heiligen Boden weder geschont noch begünstigt werden durfte, und daß jede weitere Ausdehnung, sogar auf andere oder spätere heidnische Völkerschaften, wie es allerdings spätere Thalmudisten thun,

---

1) S. v. Götzend. c. 10, 1. v. d. Mörder 4, 10. 11.
2) 5 M. 7, 2.
3) S. Maim. l. l.

dem Vater, wie bei der Verbindung zwischen Priester, Leviten und Israel. Wo eine giltige Ehe, jedoch mit Gesetzwidrig-
keit, stattfindet, richtet sich das Kind nach dem befleckten
Theile, wie bei der Ehe eines Hohenpriesters mit einer Wittwe, einer Geschiedenen mit einem gemeinen Priester, einer
Bastardin mit einem Israel. Wo die Ehe bei diesen Personen nicht Platz greift, wohl aber bei andern Personen, wie
unter Blutsverwandten, ist das Kind ein Bastard (es
dürfte nie in die Gemeinschaft Israels aufgenommen werden
Deut. 23, 3.). Wo aber der weibliche Theil weder
mit diesem noch mit einer andern Person eine Ehe eingehen
kann, ist das Kind der Mutter gleich, wie bei einer
Sklavin oder einer sonstigen leibeigenen Frau".

Dieser doppelte Grundsatz, einmal dass der Sohn einer Sklavin in allen Fällen der Mutter folgt, also auch Sklave ist, und ferner dass mit ihr überhaupt keine giltige Ehe stattfinden kann, scheint nach den ältesten Autoritäten ungezweifelt fest zu stehen 1/. Die von andern angenommenen Beschränkungen, dass z. B. das Kind der eigenen ~~[illegible]~~ Sklavin nicht Sklave sei, sind ohne Grund, wie denn auch ~~[illegible]~~ das rabbinische Gesetz ausschliessend männliche Gesetze bestätigen dürfte 2/. ~~[illegible]~~ Ob das Kind eines Israeliten [illegible] von einer Sklavin ~~[illegible]~~ nach dem letzten Grundsatze in der Mischnah, da eine Ehe nicht ~~[illegible]~~ stattfinden kann, ~~als~~ Sklave ~~[illegible]~~ Bastard, da das Kind jedenfalls ~~dem befleckten Theile folgt~~, ist dennoch nicht, und selbst darüber sind die Ansichten getheilt, ob ~~[illegible]~~ als Bastard zu behandeln sei; und hat die Ansicht gesiegt, dass dies nicht der Fall, sondern das Kind als vollkommener Israelit zu betrachten sei, welches [illegible] heirathen dürfte 4/, und selbst über letzteres sind die Ansichten ~~[illegible]~~ getheilt, ~~[illegible]~~ [illegible] Grundsatz, dass bei ungiltigen Ehen das Kind der Mutter

1/. Mech. Par. z. Mischp. c. 4. Sifra Ch. Par. 6, 3. 4. ~~Mag. Mischn.~~ Maim. v. d. Eheschaft. c. 6 [illegible] v. d. Sklaven 9, 1.
2/. Abr. b. Dav. zu Maim. v. d. Sklaven 9, 1. Mag. Misch. z. Maim. v. d. Eheschaft 4, 6.
~~[illegible]~~ 3/. [illegible] 4/ Jeb. f. 45. [illegible]
~~[illegible]~~ [illegible]

[illegible]

geschlossen werden konnten, das Kind der Mutter
folgt X, daß da, wo eine Ehe ~~überhaupt nicht~~
stattfinden kann, das Kind der Mutter folgt.
~~Demnach hat man bestimmt~~ daß aber, wo eine
Ehe stattfindet, die Kinder dem Vater folgen.
Demnach wurde bestimmt, daß auch, wo keine Ehe
stattfindet, ~~ein [illegible]~~
das Kind dem Vater folgt, wenn dieser der
weniger Berechtigte ist, daß also das Kind
ein Fremder bleibt, wenn auch die Mutter römische Bürgerin ~~war~~, sobald der Vater ein Fremder
war Y. Es ist also vollkommen der rabbinische[?]
Gesetz[?] ~~[illegible]~~ [illegible] und [illegible], indem er das
von einer Israelitin und einem Heiden oder Sklaven
gezeugte Kind, als vollberechtigten Israeliten anerkannte, und nach den entscheidendsten Meinungen sogar
zur Verbindung mit dem Priesterthume berechtigt er-
klärte. # [illegible] ~~[illegible]~~ folgt, den mutatis mutandis, denselben Grundsätze

# Schließlich haben wir noch zu erwähnen, daß gerade [margin: [illegible]]
Rabbinismus gestattete, die heidnischen Sklaven
mit Strenge zu behandeln, und daß nur dem Gegensatz in der Bibel 3. Mos. 25, 45. bedeutet, wo
das nur gegen den israelitischen Sklaven verboten sei, (s. auch oben S. 24.), daß aber das
bedeutendste Erklärer derselben, der [illegible]

Y ~~[illegible]~~ Ulp. V, 8–10. ~~[illegible]~~
Connubio interveniente, liberi semper patrem sequun-
tur, non interveniente connubio matris conditioni
~~[illegible]~~ accedunt, excepto eo, qui ex peregrino et cive
[illegible]

dem Inhalt nicht entspricht. Es galt dieses Gesetz, wie eine unparteiische, genaue Vergleichung des Zusammenhangs zeigt, wie das Mosaische Gesetz selbst, nur dem Götzendienste im gelobten Lande, der eben auf dem heiligen Boden verpönt war, und demgemäß nur dem Heiden, der dorten fortwährend dem Götzendienste und seiner Unsittlichkeit sich hingab, während der Heide, der auch dorten dem Götzendienste sich nicht hingab und Recht und Sittlichkeit übte, ja sogar, wie wir aus den Mosaischen Büchern selbst nachgewiesen haben, an allen Wohlthätigkeits- und Liebesanstalten gleich dem Israeliten selbst Theil hatte. Und es folgt daraus mit Evidenz, wie es doppelt falsch wäre, wenn man das thalmudische Goi in unserer Stelle mit „Nicht-Israeliten" überhaupt übersetzen und es sogar auf die Christen unserer Zeit beziehen wollte.

Die thalmudischen Aussprüche: „daß sich eine Heide nicht mit dem Studium der göttlichen Lehre beschäftigen, und „daß ein Israelite einen solchen nicht darin unterrichten dürfe" [1]), stehen, wie schon der Thalmud selbst bemerkt, in Widerspruch mit der angeführten Halacha (Gesetz) des R. Meir. Die vom Thalmud versuchte Ausgleichung des Widerspruchs, daß R. Meïr nur von den sieben noachidischen Gebote handele, die der Heide allein studiren und in welchen allein man ihn unterrichten dürfe, ist falsch und ein Produkt späterer Engherzigkeit, wie Jedem klar sein muß, der die von uns angeführten Aussprüche der frühern großen Lehrer in dieser Hinsicht und den aus Sifra angeführten vollständigen Ausspruch des R. Meïr selbst vergleicht. Es kann vielmehr keinem Zweifel unterliegen, daß eine solche Einschränkung zu den Zeiten R. Meïrs wenigstens noch nicht bestand. Diese Lehre der ältern Thalmudisten wird auch in der folgenden schönen Stelle eines der ältern thalmudischen Werke ausdrücklich bezeugt. „Die Offenbarung, heißt es hier, wurde öffentlich

[1]) גוי שעסק בתורה חייב מיתה Synh. 59, a. אין מוסרין דברי תורה לגוי Chag. 13, a.

in der freien Wüste gegeben. Denn wäre sie im Lande Israels gegeben worden, so hätten die Israeliten sagen können: die andern Völker haben kein Theil daran. Darum wurde sie öffentlich in der freien Wüste gegeben: sie ist das Eigenthum der ganzen Welt, Jedem steht es frei, sie aufzunehmen [1])."

Es fehlt aber auch nicht an einem geschichtlichen Beweise, daß man früher keinen Anstand nahm, einen Heiden in allen Gesetzen ohne Unterschied zu unterrichten, und eben diese Thatsache gibt uns auch einen Fingerzeig, wie man später dazu kam, diesen Unterricht zu verbieten. Diese Thatsache wird im Jerusalem'schen Thalmud folgendermaßen erzählt [2]): „Die Römer schickten zwei Beamten zu R. Gamaliel, um sie im jüdischen Gesetze unterrichten zu lassen, und ohne allen Anstand, ohne daß irgend eines Skrupels von seiner Seite erwähnt wird, unterrichtete er die Abgesandten in der „Bibel, der Mischna dem Thalmud, der Halacha und der Agada". [3]) Hätte irgend ein Verbot nach dieser Richtung bestanden, so würde es der Thalmud sicher erwähnen, und dessen Uebertretung allenfalls mit der Nothwendigkeit, mit der Gefahr, das Begehren der römischen Regierung zurückzuweisen, gerechtfertigt haben. Allein nicht nur, daß davon nichts erwähnt wird, hat R. Gamaliel auch so ganz ohne allen Anstand den Unterricht in allen Gesetzen ertheilt, deren einige allerdings nicht schmeichelhaft für das Heidenthum waren (wir werden später darauf zurückkommen), daß daraus in der That den Juden Gefahr erwuchs. Wir finden zwar nicht, daß schon damals das Verbot des Unterrichts erlassen wurde, im Gegentheil R. Gamaliel scheint die anstößigen Gesetze aufgehoben zu haben, wie wenigstens von einem berichtet wird.

---

[1]) ויחנו במדבר נתנה התורה דימוס פרהסיא במקום הפקר שאלו נתנה בארץ ישראל היו אומרים לאומות העולם אין להם חלק בה לפיכך נתנה דימוס פרהסיא במקום הפקר וכל הרוצה לקבל יבא ויקבל. Mechiltha P. Hachodesch.

[2]) B. Kama cap. 4. Hal. 3.

[3]) ולמדו ממנו מקרא משנה תלמוד הלכות ואגדות.

seiner neuen Schrift vorgetragen, aber immerhin
so nachdrücklich betont, daß dies nur die
civilrechtliche Seite sei, deshalb aber die Religion
hier auch die Milde und Liebe gebiete.
Er beschließt seine Gesetze über die Sklaven
mit den barmherzigsten Worten: Ob-
gleich es juristisch gestattet ist, den heidnischen
Sklaven mit Strenge zur Arbeit anzuhalten,
so ist doch Gebot der Frömmigkeit und der
Weisheit, daß der Mensch barmherzig und
liebevoll sei und auch den Sklaven nicht drücke
und ihm nicht weh thue; er gebe ihm von jeglicher Speise, er
lasse ihn auch an seinem Tische als völlig
Gleichen behandeln. Die alten Weisen gaben
dem Sklaven von jeder Speise, die sie selbst
genossen, und gaben ihnen Speise, eh sie selbst
ihren Thieren, speisten ehe sie selbst gewöhnlich.
Es heißt ja in der h. Schrift: wie die Augen der
Knechte auf ihren Herrn, wie das Auge der
Magd auf ihre Herrin gerichtet ist. Ebenso
beschimpfe man den Knecht weder durch Gebär-
den noch durch Worte. Ihren Dienst hat
uns die h. Schrift gestattet, nicht aber
sie zu beschämen. Auch schreie man den
den Sklaven nicht an, sei nicht zornig
gegen ihn, sondern spreche milde mit ihm und
höre (wenn er gefehlt) seine Vertheidigung
an. So hat sich auch Hiob dieser Tugend
gerühmt: „Wenn ich verachtet hätte das Recht
meines Knechtes und meiner Magd in ihrem
Streite mit mir — hat er sie nicht geschaffen,
wie er mich geschaffen, und sie gebildet in
gleichem Schooße?" Hartherzigkeit und Frechheit
kann nur bei den Heiden gefunden werden;
die Nachkommen Abrahams, denen Gott
die Wohlthat der Offenbarung geschenkt,
denen er gerechte, liebevolle Gesetze!

ergeben, müssen liebevoll gegen alle ~~Menschen~~ Wesen
sein. So heißt es von Gott: sein Erbarmen
ist für alle seine Geschöpfe, und wie Er er-
schließet Seine unerschöpflichen Güter und erweist ~~sich~~ erbarmend bewährt, dem wird
Gott sein Erbarmen zu Theil werden lassen*):
So hat der Grundzug der Liebe, der, wie
in der Bibel, überall auch im ersten Rabbi-
nismus ~~sich kundgibt~~ hervortritt, auch hier die Richtschnur
der strengen Lehrvorschrift, wo es noch einige Härte
sich zeigt, durchbrochen, und sich in allen
Verhältnissen belebend, läuternd, veredelnd
bewiesen hat.

*) s. den B. 209 im Jahrg. dieser Zeitschr.

Wie in einer Hinsicht erscheint der Rabbinismus ~~rigoroser~~ in
bedeutenden Verboten derselben rigoroser, und wenn man
will, inhumaner als die römische Gesetzgeb. Die letztere ist
nämlich die Befreiung der Sklaven zwar ~~wesentlich~~ auch an besondere Formen geknüpft, ~~die aber~~ mit welchen das rabbinische Gesetz wesentlich übereinstimmt. Aber einzelne Beschränkungen in dieser Hinsicht hat das rabbinische Gesetz nicht
adoptirt. So hat das römische Gesetz ursprünglich einen
gerichtlichen Act bei der Freilassung gefordert, es genügt
aber später eine einfache Erklärung vor Zeugen 1), ~~das rabbinische Gesetz hat aber gar alle Formalitäten~~ außer
in dem Falle, wenn der Herr das Alter von 20 Jahren ~~noch
nicht erreicht~~ oder der Sklave ~~noch~~ das von 30 Jahren noch
nicht erreicht hatte, in welchen beiden Fällen die Freilassung
nur vor einem richterlichen Collegium stattfinden konnte,
welches über die Gründe zu entscheiden hatte 2). Nach dem
rabbinischen Gesetz genügt die bloße Erklärung vor Zeugen und
selbst vor denselben nicht, es mußte durchaus ein schrift-
licher Freibrief ausgefertigt werden 3), der nach bedeutenden Autoritäten, auch da, wo keine Einwendung dagegen ~~laut~~ gemacht wurde, gerichtlicher Bestätigung bedurfte 4), in jenem

1) s. Rein l. c. S. 213.
2) Ulpian. I, 12, 13. 3) Gittin 40, b. Maim. v. d. Sklaven
5, 3. 4) R. Abr. b. D. zu Maim. v. d. Sklaven 5, 7.

Aber solche Erfahrungen, die sich vielleicht durch gehäuftere Mißverständnisse in den jüdischen Gesetzen von Seiten der Heiden gemehrt haben, mochten am Ende zu dem Verbote des Unterrichts in den immer gefährlichern Zeiten, in welchen immer mehr das später so berüchtigt gewordene Wort: Gieb mir eine Linie geschrieben von deiner Hand, und ich bringe dich an den Galgen, an den armen Juden zur Wahrheit gemacht wurde, geführt haben.

Geht man der Sache noch weiter auf den Grund, so scheint es sogar, daß auch diese spätern Aussprüche nur in sehr beschränkter Weise aufzufassen sein dürften. Der Ausspruch in Synhedrin wird nämlich im Namen des R. Jochanan angeführt, nämlich des Lehrers (Amora), der 279 nach der ü. Z. starb. Ein so hochachtbarer sittlicher Charakter, ein so großer Freund der griechischen Wissenschaft er war[1]), ein so ausgesprochener Feind Rom's war er. Sein Leben fiel großentheils in die traurige Zeit, die mit Maximin (235) über das immer mehr seinem Untergang entgegenreisende Reich hereinbrach und Grausamkeit und Verfolgungssucht gegen Andersglaubende, nicht wie früher bloß vorübergehend verhängt, sondern gleichsam zur Staatsmaxime erhoben wurden. Wir möchten kaum daran zweifeln, daß sein Ausspruch nicht einmal allen Heiden, sondern bloß dem blutgierigen, von ihm tief gehaßten Römer galt, daß er also bloß das damals herrschende Heidenthum meinte, in dessen Hand allerdings auch das unschuldigste Wort ein zweischneidiges Schwert war. R. Ami (c. 300 n. d. ü. Z.), der den zweiten Ausspruch that, scheint ihn mehr gegen die Chutäer (Samaritaner) gerichtet zu haben. Es ist bekannt, daß sich gerade zu seiner Zeit eine tiefe Kluft zwischen Juden und Samaritanern bildete und wie sie biblische Aussprüche zum Beweise gegen das Judenthum und zum Nachtheile der Juden verdreht haben[2]). Die Lesart (כותים), wornach er seinen Ausspruch

---

[1]) Man vgl. über ihn Grätz, Gesch. d. Juden Bd. IV. S. 285 ff.
[2]) S. Grätz l. l. S. 344.

wirklich gegen die Chutäer gethan, scheint also hier wenigstens die richtige zu sein, wenn man ihn nicht aus den angegebenen Gründen auf die Römer ausdehnen will. Für diese beschränkende Auffassung dieser Aussprüche spricht, außerdem daß sie im Widerspruch mit der alten Lehre stehen, die gezwungene Deutung der Bibelsprüche, auf die sie sich stützen sollen. Diese beschränkende Auffassung dürfte aber dadurch zur Gewißheit erhoben werden, daß sowohl der Lehrer R. Jochanans, R. Chanina, wie dessen ausgezeichneter Schüler R. Abahu ausdrücklich lehren: „Gott harret gleichsam der Heiden, daß sie Buße thun und der Seligkeit theilhaftig werden" [1]).

So weit die Aussprüche, welche Hr. Dr. H. zum Gegenstande seiner Angriffe macht. Allein einmal sind von Andern noch andere Angriffspunkte aufgenommen worden, so daß es von praktischer Wichtigkeit bleibt, auch diese zu besprechen; sodann haben wir es uns zur Aufgabe gestellt, die thalmudische Ethik gegenüber Nichtisraeliten in ihrem ganzen Umfange zu besprechen, und fordert es daher die historische Wahrheit, nichts zu verschweigen, sondern alles hierher Gehörige in den Kreis unserer Betrachtung aufzunehmen. Dies gilt ganz besonders vom thalmudischen Criminal- und Civilrecht, durch welches die Gleichheit vor dem Gesetze, wie sie die Bibel unzweifelhaft lehrt, und deren Mißachtung jedes gesunde Rechtsgefühl allerdings am meisten verletzt, wie sie ja gerade der Jude so lange traurige Jahrhunderte so bitter empfunden, und hier und da leider noch empfindet, besonders außer Augen gelassen worden zu sein scheint. Die hieher gehörigen Bestimmungen, welche zum Theil keinen geringen Anstoß erregten, sind folgende:

1. Mischna Baba Kama 4, 3: „Wenn der Ochs eines Israeliten den Ochsen eines Heiden gestoßen hat, so ist jener ersatzfrei; stieß dagegen der Ochs eines Heiden den eines Israeliten, so muß er, sei der Ochs bewährt zu stoßen, oder nicht, den ganzen Schaden bezahlen."

---

[1]) Midr. R. 4 M. ff. Absch. 10. cf. Midr. Hoh. Lied zu 5, 16.

Fällen aber [illegible]. Dagegen war der heidnische Sklave
nach israelitischem Gesetze sofort frei, wenn [illegible]
ein freies Weib heirathete, oder sich irgend ein
religiöses Gesetz [illegible] hielt, so war man gezwungen
ihm [illegible], den Freibrief auszufertigen zu lassen!
[illegible] alles [illegible] nicht, was wir [illegible] oben
in [illegible] hatten. Das [illegible] der von
dem großen Lehrer R. Akiba, im Gegensatz
zu dem ~~[illegible]~~ nicht minder berühmten Talmudisten
R. Ismael aufgestellt und von den Späteren
adoptirte Gesetz: daß ein heidnischer Sklave
~~[illegible]~~ nach biblischer Vorschrift gar nicht befreit
werden durfte. R. Akiba stützte diesen Satz
[illegible], offenbar gegen den Zusammenhang
auf das Wort 3 M. 25, 46. die er als Gebot
nahm: Ihr sollt sie ewig als Sklaven behalten, während sie R. Ismael, wie es auch
[illegible] den [illegible] Sinn gegen [illegible]
[illegible] frei [illegible] auf-
faßte. Talmudisten haben doch Alle, auch R. Akiba
anerkannt, daß der heidnische Sklave, der
nach einer der angegebenen Formen von
seinem Herrn freierklärt wurde, wirklich
frei ~~[illegible]~~ bleibe.

f ~~[illegible]~~ oben S. 208. aus Jer. Kid. 3, Hal. 12.
ist zu bemerken, daß man [illegible] [illegible]
[illegible] [illegible] einer [illegible] [illegible]
der [illegible] der Kinder einer [illegible]
Sklaven [illegible] nicht mehr als [illegible] [illegible]
[illegible] von einem (220 n. Chr.) [illegible], daß ein
man Rabbi [illegible] sei; ein [illegible] R. [illegible]
solcher [illegible] [illegible] ~~[illegible]~~,
~~[illegible]~~ [illegible] kein [illegible], [illegible] für den [illegible]
[illegible] (Prise) gelten, während der [illegible] des
Rabbi, R. [illegible] II. Nesia, wie [illegible]
vollkommen [illegible] erklärt. [illegible]
der [illegible] Ansicht [illegible] im Talmud selbst [illegible] [2]

1) Maim. v. d. Sklaven 8, 17.
[illegible] oben S. 212

2) ההן ולד כלמה דהוא אילהוא מהילה לעבדברי מזוהם ברברי אבל כשר
[illegible] [illegible] [illegible] [illegible]
[illegible] [illegible] [illegible] [illegible]
[illegible] [illegible] S. 54 vgl. [illegible] 72, 6.
[illegible] [illegible] 9, 6. [illegible] [illegible]

ganz dasselbe Verhältniß tritt uns bei bezüg-
lichen Stellen hervor (Jeb. 45, a.) nur
daß man für den Enkel Rabbi's, R. Jehuda
Nesia mit dem ~~alt~~ R. Jehuda I. dem
Nasi verwechselte, und darum was dem einen
auf den Andern bezog, als streitende Ansicht
mit sich selbst in Widerspruch, wie man
überhaupt ~~und~~ in chronologischen Dingen
sich nicht zurecht finden konnte und Personen
und Zeiten unter einander mischte; Jedenfalls
wird zum Schluß daß die völlige Gleichstellung
des Kindes einer Israelitin ~~mit~~ von einem Heiden
oder Sklaven ~~mit dem~~ als Gesetz ausgesprochen,
also jedenfalls im Verhältniß zu den Früheren
(R. Akiba und Rabbi) ein Nachschritt in der [illegible].
~~[illegible]~~ bemerken wir noch, daß auch
1 R. Jochanan, ein Schüler Rabbi's das
Kind einem Heiden u. Sklaven ~~mit~~ einer
Israelitin als legitim begriffen hat, der
aber jünger als R. Jannai gewesen zu ~~sein~~
scheint, der zu diesem Rabbi nach Jeb.
92, b., so sehen wir deutlich das Schwan-
kende im Gesetz, bis es sich zu der letztern
ten Ansicht von der völligen Gleichberechtigung eines solchen Kindes mit dem Israeliten durcharbeiten konnte. Dennoch geht
dieses Schwanken ~~auch~~ in gewisser Hinsicht auch noch
durch die spätere Gesetzgebung; sie nämlich nur
erlaubt und nicht daß er nicht dem Priester zu
heirathen verboten sei. s. Alph. [illegible]

1 zu oben. d. vorhergehenden Seite.
Nicht diesen allgem. Begriff verstanden zu haben, scheint [illegible]
[illegible] klar, warum sie in Bezug [illegible] die Zulassung zur Gemeinde d. Unterschied zwischen dem [illegible] und d. [illegible]
u. Egyptern macht Deut. 23, 2. 7. 8. während sie auch d. bel. Verbot für
d. Verschwägerung d. Ammoniter u. Moabiter angibt. Den Namen
aber blos auf die Ammonit. Völker beschränken, wäre nach jenem
Begriff [illegible]. Es scheint daher d. Name urspr. blos d. Kindern von
[illegible] Umgange ἐκ πορνείας wie sie [illegible] sie übersetzen, [illegible]
[illegible] d. Wort in [illegible] Jeb. IV, 13. [illegible] [illegible]
[illegible] des letzten Begriffs in [illegible] [illegible] [illegible] [illegible] Zeit wurde
[illegible] einer [illegible] [illegible] [illegible] [illegible].

Diese Bestimmung wurde von Judenfeinden mit unverhehlter Schadenfreude angeführt, um damit weit schreienderes Unrecht in anderen Gesetzen zu beschönigen, oder wenigstens als gerechte Vergeltung darzustellen.

Daß nun der Grund dieser Bestimmung nicht in dem Ausdruck Rea in dem betreffenden Gesetze [1]), der eben der Heide nicht sei [2]), zu suchen ist, geht aus der Mischna selbst klar hervor. Es soll zwar nicht geläugnet werden, daß in der Mischna nicht überall, ebensowenig wie von einzelnen spätern Thalmudisten [3]), die von uns nachgewiesene biblische Bedeutung des Wortes, wonach es jeden Nebenmenschen, auch den Heiden, umfaßt, anerkannt wird. Allein auf der andern Seite kann es ebensowenig einem Zweifel unterliegen, daß andere ältere Lehrer die umfassende Bedeutung dieses Wortes bereits erkannt haben. Die alte, schon angeführte Lehre, daß man bei jedem Menschen, auch bei dem Heiden, dem man den Lohn vorenthält, alle mosaischen Gesetze in dieser Beziehung übertrete, beruht in ihrem Grunde sicher ebenso wenig auf der vom Thalmud angeführten spitzfindigen Ausdeutung des biblischen Verses [4]), als auf der dort angenommenen Parallelisirung des Wortes „Lohnarbeiter" (Sachir). Es sind dies alles nur die bekannten spätern Anlehnungen. Der ursprüngliche Grund liegt sicher gerade in der allgemeinen Bedeutung des Wortes Rea. Auch hier in unserer Mischna tritt dies klar dadurch hervor, daß ausdrücklich nur die Unterscheidung zwischen geheiligten, zum Opfer geweihten und gewöhnlichen Thieren aus diesem Ausdruck hergeleitet wird, weshalb auf erstere das Gesetz nicht ausgedehnt werden dürfe, während dieser Grund zur Erklärung eines Unterschieds der Entschädigungsverpflichtung zwischen Israeliten und Heiden nicht in Anwendung kommt, und umgekehrt das Gesetz über Uebervor-

[1]) 2 M. 21, 35.
[2]) cf. L. Heller z. St.
[3]) Misch. B. Mez. 111, c. Gem.
[4]) 5 M. 25, 14.

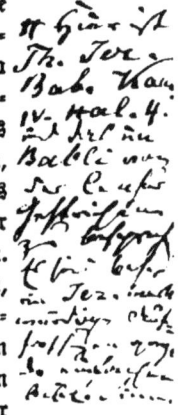

theilung [1]) auf Grund des angeführten Ausdrucks nur auf geheiligtes nicht angewandt, dessen Beschränkung aber dem Heiden gegenüber ganz weggelassen wird. Wenn spätere Gesetzeslehrer diesen Grund auch zur Beschränkung des Gesetzes Heiden gegenüber anführen [2]), so beruht dies sicher, wie die Beschränkung selbst, auf einem Irrthume. Jedenfalls macht der Thalmud hier nur dem Heiden gegenüber einen Unterschied, der die sieben Noachidischen Gebote nicht beobachtet [3]). Maimonides in seiner Mischnaerklärung, wo er diese Unterscheidung unter den Heiden selbst aufstellt, bemerkt dazu: daß ein solcher auf die Thierstufe zurückgesunkener Heide ganz dem Naturrechte verfallen sei, und auf die für die gesittete menschliche Gesellschaft getroffenen Ordnungen und Gesetze keinen Anspruch habe. Indessen diese Erklärung resp. Unterscheidung stimmt ebenso wenig mit dem Wortsinne der Mischna, wie selbst mit den sonstigen humanen Ansichten des Maimonides überein. Es fehlt jedoch nicht an anderweitiger Erklärung jenes Gesetzes, um es als vollkommen gerechtfertigt erscheinen zu lassen, und auch hier jede principielle Unterscheidung zwischen Juden und Heiden abzuweisen. Im jerusalemischem Thalmud findet sich nämlich zur Erklärung des Gesetzes die kurze Notiz: „nach ihren Gesetzen“ (כדיניהן). Maimonides von den Geldbeschädigungen erklärt diesen Ausdruck näher dahin: „die Heiden verurtheilten den Eigenthümer nicht zum Ersatz des Schadens, den sein Thier gestiftet, deshalb konnten die Juden auch ihnen gegenüber in einem solchen Falle zum Schadenersatz nicht verurtheilen. Dennoch hat man die Heiden für den Schaden, den ihre Thiere verursacht, für vollkommen ersatzpflichtig erklären müssen, weil sie sonst ihre Thiere nicht gehütet und diese allen möglichen Schaden angerichtet hätten.“ Allein diese Erklärung, wenn sie auch der Sache nach gewissen

---

[1]) B. Mez. 4, 9.

[2]) cf. Maim. v. d. Diebstahle 2, 1. c. Mag. Misch.

[3]) Th. Jer. B. Kama IV. Hal. 3. Bab. 38. a.

1. Wissenschaftl. [illegible] 15.

## Der Fremdling (Gerim) nach rabbinischen Gesetzen.

Dass d. Bibel u. namentlich d. Mosaische Gesetz, unter dem Fremdl. (Ger) den in einem Lande wohnenden, einer andern Nationalität angehörenden Fremden wesentlich versteht, haben wir in ~~unserer~~ der ersten Abtheilung bereits nachgewiesen, und kann eine genauere Vergleichung der betreffenden Stellen keinen Zweifel aufkommen lassen 1/. Ebenso kann nicht geleugnet werden, dass der reformatorische Charakter des Mosaismus, seine umfassende sittliche Größe, nirgends klarer und schöner, als gerade nach dieser Richtung hervortritt. Der Fremde war im heidnischen Alterthume aber zugleich rechtlos. Selbst der tief gemüthliche Griechenstamm wusste ihm in keiner andern Weise Schutz zu bieten, als indem er ihn unter die besondere Obhut seines höchsten ~~Gottes~~ stellte (Ζεὺς ξένιος), und die ganze Hilfe [illegible] des Fremden bestand bis [illegible] darin nur, dass der ihn schützende Gott auch der ἱκέτης, der Gott der Flehenden, der Unglücklichen hieß. Der Mosaismus verlieh ihm nicht bloß vollen Rechtsschutz, indem er ihn in Bezug auf das Recht dem Israeliten völlig gleichstellte, er ließ ihn vielmehr an allen Liebesanstalten Theil nehmen; für ihn ganz besonders forderte er die uneingeschränkteste thätige Menschenliebe, er appellirt für ihn mehr denn irgend sonst an das fühlende Menschenherz 2/. Nur das Eine forderte er von ihm, und musste er im Interesse der eigenen Läuterung von ihm fordern: dass er dem Götzendienst und Aberglauben, was damit zusammenhing, entsage 3/. In Bezug auf die von dem Fremden geforderte Feier des Sabbaths mag noch dahin gestellt bleiben, ob sie mehr ein Gebot für ihn war, oder weil der Sabbath als positiver Ausdruck

---

1/ Hierbei ist nicht ausgeschlossen, dass ausnahmsweise auch d. Israelit eines Stammes in dem Gebiete des andern Stammes, wo er sich vorübergehend aufhielt, also genannt wurde. Es scheint dies jedoch nur zur Richterzeit [illegible] zu sein, wo die Stammesgegensätze oft so schroff hervortraten. Vgl. [illegible] Geiger, Urschr. S. 54. 352 ff. Es enthält sich [illegible] ganz so wie [illegible], der jedenfalls wesentlich d. Ausländer bezeichnet, der im fremden Lande [illegible], oder auch aus demselben in e. andres Land kommt, aber ohne sich da ansässig zu machen (Deut. 29, 21.), obgleich es [illegible] ausnahmsweise auch einmal selbst den fremden Hausbewohner, d. h. den Bewohner eines andern Hauses, selbst Israeliten, bezeichnen mag, wie 2 Mos. 21, 8. wo es d. Tradition [illegible] und Targum also auffassen mochte, da auch d. weibliche israel. Sklavin wohl schon natürlich nicht an Heiden im Ausland verkauft werden durfte, was aber [illegible] noch bezweifelt w. mag. Auch die LXX. übersetzen hier dieses Wort [illegible] richtig, da [illegible] einen einzelnen Menschen bedeuten dürfte (s. Aben Esra) ἔθνει ἀλλοτρίῳ.

2/ s. oben S. 15 ff.

3/ Nach Maim. v. d. verb. Ehen 14, 7. hat der Fremde deshalb den Namen Toschabh, weil ihm nur unter d. gewissen Bedingungen im Lande zu ihn wohnen zu lassen להושיבו בארץ gestattet war. Es kann also für [illegible] Juden einen Ger Toschabh gar nicht [illegible].

K. M. [illegible] 4 82

4/ Nach den Rabbinen war [illegible] nicht d. f. Kerithoth 9, a. Tos. Jeb. 48, b.

des menschheitlichen Standpunktes galt, oder für die Alternative, daß den Fremden am Sabbath nicht zur Arbeit veranlassen soll, damit auch dieser gleich dem Einheimischen an dem Ruhetag ergötze¹), also auch hierin ein Zeugniß der fortschreitenden Lage. Wahrscheinlich wirkten beide Gründe zusammen.

Ein ganz anderer Geist dagegen weht uns in dieser Beziehung im Rabbinismus entgegen. Als an die Stelle der Nationalität die Religion getreten war, wurde diese, wie in Bezug auf die äusseren Religionsgesetze, auch in ihrem Verhältniß zu andern Bekenntnissen ausschließlicher, particularistischer. Der Rabbinismus machte daher zwischen dem blossen Beisaß-Fremden (Ger Toschab) und dem zum Judenthum ganz übergetretenen Fremden (Ger Zedek) in Bezug auf Rechtsverhältniß und Liebespflichten einen wesentlichen Unterschied, einen Unterschied, den der Mosaismus so wenig kennt, daß er den Fremden ohne Unterscheidung Ger und Toschab, ja ihn selbst mit beiden Benennungen zugleich bezeichnet, der aber mit dem Rabbinismus so innig verwachsen ist, daß er den zum Judenthum übergetretenen Nichtjuden geradezu Ger nennt, u. das Zeitw. גיר bei ihm die Bedeutung: zum Judenthum bekehren hat, in das Judenthum aufnehmen, und התגייר sich zum Judenthume bekennen.

Wir müssen hier jedoch gleich von vorne herein constatiren, daß dieser ganze Begriff d. h. die Aufnahme der Heiden in das Judenthum, die Theilnahme derselben an d. Bündnisse, den Gott mit Israel geschlossen, wie dem Mosaismus völlig fremde ist, und daß daher auch, wie so bedeutende Rückschritte ~~gegen~~ das Verhalten gegen d. Beisaßfremden vom allgemein menschlichen, Standpunkt aus nur ein Rabbinismus, gegenüber dem Mosaismus, unleugbar hervortritt, gerade in jenem neuen Begriffe, in der Zulassung der Heiden zum Judenthume, vom Standpunkte d. Religion aus ein außerordentlicher, ganz merkwürdiger Fortschritt liegt. Der Mosaismus kennt nur ein nationales Israel. So tolerant er gegen den Fremden ist, so bleibt ihm aber immer doch nur ein Fremder; ein eigentlicher Israelit ist nur der Nachkomme Jacobs, des alten Israel. Von einem Eintritte anderer Nationen, oder auch nur von Individuen

¹) s. d. Dekalog u. 2 Mos. 23,12. Der Ausdruck im Dekalog: „u. dein Fremder" scheint übrigens doch schon auf e. Verhältniß hinzuweisen, das eine gewisse Kategorie von Fremden in ein engeres Verhältniß stellt. Bündnisse sind solche unter den „Holzhauern und Wasserschöpfern" Deut. 29,10. wirklich, wie d. Talmud Jeb. 79 a. meint, zu verstehen; s. w.
²) s. Geiger l. c.

heidnischen Gesetzen entsprechen sollte, was in Bezug auf die römischen Gesetze nicht der Fall ist, da diese den Eigenthümer für den Schaden, den seine Thiere angerichtet haben, allerdings verantwortlich machten [1]), leidet offenbar an einem innern Widerspruche und hebt überdies die Ungleichheit vor dem Gesetze nicht auf. Wenn die Verhandlung vor einem jüdischen Gericht stattfand, was hier vorausgesetzt wird, so mußte dieses, wollte es der vorgeschriebenen Gleichheit vor dem Gesetze genügen, den Israeliten, dessen Thier Schaden angerichtet, ebenso den Heiden gegenüber zum Ersatze verurtheilen, wie umgekehrt. Wollte man aber den Heiden nach seinem Gesetze und den Israeliten nach dem jüdischen Gesetze richten, so mußte dies geschehen, gleichviel ob der Eine oder der Andere der Kläger oder der Beklagte war. Den Israeliten aber dem Heiden gegenüber nach dem heidnischen Gesetze freisprechen, wenn er der Schädiger war, und ihm nach dem jüdischen Gesetze Schadenersatz zusprechen, wenn er der Beschädigte war, widersprach dem Grundsatze der Rechtsgleichheit ebenso, wie alle Berechtigung dazu fehlte.

Man hat daher eine andere Erklärung jenes Ausdrucks im jerusalemischem Thalmud aufgestellt [2]): daß nämlich das heidnische Gesetz nur den Juden gegenüber den Heiden vom Ersatz des durch sein Thier angerichteten Schadens freisprach, während es umgekehrt, den Juden den Heiden gegenüber in solchem Falle zum Schadenersatz verurtheilte, so daß also das jüdische Gesetz nur eine Reciprocität übte und mit dem Grundsatze völliger Rechtsgleichheit in Uebereinstimmung war ebenso, wie es in der nothwendigen Abwehr seine Begründung findet. Diese Erklärung ist ohne Zweifel auch die richtige. Zwar kannte das römische Gesetz eine Sonderstellung der Juden, als solcher, im bürgerlichen Gesetze nicht und ist daher, insofern diese Erklärung allerdings unrichtig — auch diese Unterscheidung war

---

[1]) Inst. lib. IV. Tit. IX. Si quadrupes pauperiem fecisse dicatur.
[2]) Schorr, im Namen Luzzato's he-Chaluz VI. S. 51.

erst das Werk einer spätern anderweitigen Thätigkeit. Aber die Ausnahme bestand den Fremden überhaupt gegenüber. Der Fremde erfreute sich überhaupt des römischen Rechtsschutzes nicht: er war dem Gutdünken eines Specialbeamten (Praetor peregrinus) anheimgegeben, und bei dem ganzen römischen Recht dem Fremden gegenüber, das überhaupt kein Recht war, kann es kaum einem Zweifel unterliegen, daß er auch in solchen Fragen rechts- und schutzlos war, und dürfte daher jene thalmudische Notiz auch von historischem Interesse sein.

Diese Annahme erklärt es auch, wie schon Schorr richtig bemerkt, daß die Römer, welche bei R. Gamaliel das ganze jüdische Gesetz studirt, an diesem Gesetze keinen Anstoß fanden, wie es doch bei einigen andern, namentlich aufgeführten, der Fall war! Doch muß bemerkt werden, daß auch einige andere derartige Gesetze, von welchen wir noch sprechen werden, nicht als Anstoß erregend bezeichnet werden. Sie sollen nur drei Gesetze, nämlich: daß Beraubung des Heiden gestattet sei und das Verbot von Heb- und Säugammendienste der Israeliten bei den Heiden als mißfällig hervorgehoben haben. Was nun das erstere dieser letztern Gesetze betrifft, so kann hier das Wort Beraubung natürlich nicht im eigentlichen Sinne genommen werden, Nirgends im Thalmud findet sich eine Spur, daß dieser irgendwie gestattet gewesen sei. Dagegen läßt es sich nicht läugnen, daß einzelne spätere Thalmudisten eine Täuschung des Heiden erlaubt hielten. Es ist dies ein Zeugniß von der Begriffsverwirrung, die durch die Beraubungen und Plünderungen, denen sie täglich ausgesetzt waren, unter welchen nicht alle wie ein R. Akiba oder R. Meir und Andere den reinen Geistesblick sich zu bewahren vermochten, entstehen mußte, wenn nach Samuels oben angeführten Ausspruche: „Das Landesgesetz ist Gesetz", wonach sogar das Uebergehen des gesetzlich eingeführten Zolls als religiöses Verbrechen, als Raub bezeichnet wird, also jedenfalls jedes auch noch so verhüllte Vergehen an dem Eigenthum auch des Heiden als solcher

anderen Nationalität in der israelitischen Gemein[de]
nahe auf seinem Standpunkte nicht die Rede sein. [illegible]
Verhältniß blieb ohne Zweifel während des ganzen ers[ten]
Tempelbaues, sowohl von David dem König Salomo, [illegible]
~~späteren Königen~~ ganz dasselbe [illegible] gewesen, [illegible]
[illegible] Formen zum Uebertritt in das Judenthum
zu bestimmen 1/. Diejenigen, welche sich dem Judenth[um]
innig anschlossen, scheinen diesen Anschluß mit dem Ver-
luste ihrer Selbständigkeit bezahlt zu haben, und nur als
ein fremder [illegible] 2/, als eine
Art Sklaven betrachtet worden zu sein, wie der
[illegible] 3/, der bei den [illegible] gestellt war,
als die ihren Götzendienst zuvor aufgegeben, als
ihre Nationalität, die als eine selbständige gewe[sen]
war, dem geblieben waren Heiden. Hieraus mag man
allerdings auch die Bestimmung über den [illegible] aufge-
nommenen Gibeoniten zu Holzhauern und Wasserschöpfern [illegible] Heiligthume, sowie die „Gerim" unter König Salomo
zu Arbeitern ~~an~~ bei dem ~~[illegible]~~ Tempelbau
einer Erklärung [illegible] finden, ohne deshalb [illegible] eine
von der gewöhnlichen abweichende, herabwürdigende
Bedeutung unterzulegen 4/, die Veränderung lag in der
Sache selbst. Erst unter der persischen Herrschaft, die
welche nicht als die Juden selbst ihre Selbständigkeit
eingebüßt hatten, tritt diese völlige Umwandlung
der Begriffe hervor. Im Buche Esther 5/ wird erzählt,
daß sich Viele von den Bewohnern des Landes den Juden angeschlossen haben". Die Umwandlung, die in so schroffem
Widerspruch mit den im Mosaismus herrschenden
Begriffen stand, war aber gewiß keine freiwillige.
Es war die Macht der Verhältnisse, welche [illegible]
[illegible] eine Uebertretung [illegible] Zurückweisung
der Uebertretenden gebietet, und der idealen, erhabenen
Prophezeihung des zweiten Jesaias von der Vereinigung
der verschiedenen Völker zu einem Menschheits-[illegible]
[illegible] in das wirkliche Leben [illegible]
Es wird freilich nicht berichtet, in welchem Verhält-

1/ die Annahme, daß [illegible] wirklich [illegible]
Maim. [illegible] 13, 14. Schwerlich [illegible]
und im Widerspruch mit der Geschichte.
2/ 12 Mos. 12, 38 / 274. 3/ [illegible] 4 M. 11, 4.
4/ S. Geiger l. l. S. 352. 5/ 8, 17.

14

[illegible]
ihm im 25. Jahre des [illegible] als gleichberechtigt anerkannt, keineswegs zu den geborenen Israeliten die übergetretenen Heiden
standen. Aber in Nehemia [illegible] ~~[illegible]~~ als volle, werden
gleichberechtigte Israeliten anerkannt. Jedenfalls mußte jener
thatsächliche Aufgeben des strammen exclusiven Israel[illegible]
gehen, um den bald darauf zum Durchbruch gekommenen,
die prophetische Verkündigung erst in ihrer Reinheit darstellenden
und ihr [illegible] Leben einschließenden Gedanken: daß jeder
Heide, der aus Ueberzeugung oder wie sich die Rabbinen
ausdrückten, „in Gerechtigkeit" (Ger Zedek) zum Judenthum übertrete, ein wirklicher Israelit, ein [illegible], zu
betrachten. Und dieser bedeutende, das ganze ursprüngliche
Verhältniß umkehrende Schritt ist ein so wichtiger, als er die Bedingung des bei den Aposteln des Christenthums, besonders
bei Paulus hervortretenden Wirkens für die [illegible] Gestaltung der prophetischen Menschheitserneuerung in der [illegible]
[illegible] war, welche, mit dem Glauben an den erschienenen Messias
eben auch der Fortpflanzung verbunden, eben deßhalb auch zur
Beglaubigung des Messias selbst, als der höchste Zeuge der
Zeit, als das durchgreifendste Wunder nothwendig erscheinen
mußte. Dieser Zusammenhang und seine Bedeutung für das Proselytenwesen, besonders für die Aufnahme von Proselyten in der [illegible]
wird um so klarer, wenn man sich der Thatsache erinnert, daß Jesus
selbst, und auch die Apostel im Anfang ihres Wirkens, in der Be-
grüßung der Heiden zu der neuen Heilsverkündigung, nicht in der Aufnahme
derselben in das Judenthum — denn weiter [illegible] Anfänge des Christenthums bisher nichts, als ein Judenthum mit dem bereits erschienenen
Messias — auf sehr [illegible] Anschauungen der Rabbinen selbst
voll dieser neuen Gedanken, und mußte ihn huldigen, da er nur
schon, daß seine „[illegible] Werke" [illegible] war, oder, wie man
ausdrücklich hieß, und wie nur der [illegible] in
[illegible] werden, [illegible]
an die Zeitverhältnisse, er [illegible] die Proselytenwesen,
die sich dem Judenthum aus Ueberzeugung anschließen wollten,
suchte solche aber nicht auf. Der Gedanke, daß der Heide
ein Israel werden sollte, [illegible] Bestimmung
auf einen gewissen Zwang; Proselytenmacherei war ihm
daher jedenfalls fremd. Dieser Gedanke [illegible] im Anfang
wohl auch noch bei den Christenthumsträgern vorherrschend, [illegible]
auch in Bezug auf den [illegible] Religionsleben [illegible] des
Christenthums x im Anfang eben auch [illegible] oft

מחזיקים על אחיהם

1) Neh. 10,29 ... הנבדל ... LXX. πᾶς ὁ προσπορευόμενος ἀπὸ λαῶν
τῆς γῆς πρὸς νόμον τοῦ θεοῦ. ... und ~~[illegible]~~ der Ueberrest des Volkes,
die Priester, die Leviten (οἱ ἱερεῖς ... LXX.) ... und Alle, die sich abgesondert hatten von den Völkern der Länder zu dem Gesetze des Herrn
(LXX. [illegible]), ... hielten fest bei ihren Brüdern, ihren Fürst[en]
... In jenem הנבדל liegt offenbar, was auch sonst, die innere Absonderung.
... 1) [illegible] ist in dieser Schrift Mordechai zu [illegible]

bezeichnet wird, solche Ansichten hervortreten konnten. Indessen scheint die ganze Erzählung von diesen Thalmudisten, einem spätern Samuel und R. Khahana, anekdotisch zu sein; jedenfalls handelten sie religiös ungesetzlich, wie wir weiter sehen werden. Daß Raub und Diebstahl nach Thalmud und Rabbinen an dem verworfensten Götzendiener eben so wie an dem Israeliten verboten waren, steht überall fest [1]). Aber auch jede Täuschung ist nach dem thalmudischen Gesetze, ebenso verboten. Doch dieser letztere Punkt, der wenigstens nach einer gewissen Richtung von Erklärern und einzelnen spätern Gesetzeslehrern mißverstanden wurde und daher zu einem der gewichtigsten Vorwürfe gegen Juden und Judenthum nicht selten gedient hat, indem man einmal fälschlich annahm, jede Täuschung eines Heiden sei unbedingt erlaubt, und sodann wieder falsch das Wort Goi (Heide) mit „Nichtisraelit" übersetzte, fordert eine nähere Besprechung.

Im Thalmud [2]) heißt es, gleich nach dem Ausspruche R. Akiba's, daß man mit dem Heiden genau abrechnen müsse, also jede Täuschung verboten sei, im Namen des berühmten Lehrers Raba, daß zwar jede Beraubung des Heiden verboten, Haphkaat Halwaato aber erlaubt sei, und scheint dies auch vom Thalmud als gesetzliche Bestimmung anerkannt worden zu sein.

Welche Handlung ist nun aber mit dem letztern Ausdruck verstanden? Der berühmte Commentator Raschi erklärt allerdings, daß damit die Benützung eines Irrthums von Seiten des Heiden gestattet worden sei. Allein diese Erklärung kann um so weniger richtig sein, als Raba dieses Gesetz mit der kurz vorher angeführten Lehre des R. Akiba, wornach, wie wir sahen, jede Uebervortheilung eines Heiden verboten ist, in Einklang gesetzt wissen will. Auch wäre der Gegensatz in dem eigenen Ausspruch nicht richtig, indem es doch jedenfalls auch eine gewisse Beraubung

---

[1]) Tal. l. l. Maim. v. Raube u. Verloren I, 1. Chosch. Mischp. c. 348.

[2]) Baba Kama 113, b.

[3]) S. Sipthe Kh. zu Chosch Mischp. c. 248, Sig. 3.

wäre. Die Lehre R. Akiba's ist zum Gesetze erhoben. Maimonides v. d. Diebstahl 7, 8. stellt demgemäß auf: „Mag Jemand im Verkehr mit Israeliten oder mit Götzendienern sein, so übertritt er das göttliche Gesetz, wenn er falsch misset oder wägt, und muß es erstatten. Ebenso ist es verboten, einen Heiden in einer Rechnung zu übervortheilen, man muß vielmehr streng und genau mit ihm abrechnen, denn es heißt: er rechne mit seinem Käufer ab [1]). „Dies galt im gelobten Lande, wo Dir der Heide unterthan war, wie vielmehr da, wo dies nicht der Fall ist, und es ist dies in dem Ausspruche der Schrift enthalten: Ein Gräuel Gottes ist Jeder, der solches thut, jeglicher, der Unrecht übt" [2]). Noch entschiedener und umfassender spricht sich Maimonides in seinem Mischnacommentare [3]) gegen jede Art Uebervortheilung auch von Nichtjuden aus. Er richtet hier seine Worte sogar ausdrücklich und besonders scharf gegen die, welche irgend eine Uebervortheilung des Nichtjuden unter irgend welcher Form sich gestatten, und verbietet sie auf's Strengste nicht nur auf Grund des angeführten Ausspruchs R. Akiba's, sondern auch der Lehre Samuels (Cholin 94, a.), die allgemein giltiges Gesetz ist: „daß man nämlich selbst den Heiden nicht einmal mit Worten täuschen, ihm z. B. nicht Geflügel, dessen Genuß dem Israeliten verboten ist, mit der Vorgabe des Gegentheils zum Verkaufe anbieten dürfe". Wenn nun eine Täuschung des Heiden selbst durch bloße Worte, woraus ihm gar kein Schaden erwächst, verboten ist, um wie viel mehr ist jede Täuschung durch die That, die ihm Schaden zufügt, verboten". Ganz ebenso sprechen sich alle Gesetzeslehrer aus. Sie verbieten sogar jede Täuschung auch

[1]) 3 M. 25, 50. welche Stelle sich gerade auf den Heiden v. 47. bezieht; es ist dies R. Akiba's Beweis zu seinem Ausspruche, s. Siphra, Onkel. zu v. 47.

[2]) 5 M. 25, 16.

[3]) Khelim, 12, 7.

oft sogar aufhören und überwallende Reform auch fast
mit einem gelehrten, scharfsinnigen, allen Hindernissen,
welche die möglichste Verbreitung des Christenthums
hindern konnten, mit Anstrengung seiner Energie entgegen-
tretenden Geistlichen wird das Christenthum im Ganzen in
Bezug auf die Gesetzgebung eine gewaltige Revo-
lution, was [illegible] zum rücksichtslosen Bruche
gegen das Heidenthum, wo es sich fand, hinaufgesteigert
hätte, war der Rabbinismus zurück, zum Theil mit
Widerwillen zurück: die Aufnahme der Heiden als
volle Israel in das Judenthum, zu einem verdienst-
lichen Werke, zu einer [illegible] für die Vergrößerung der kleinen Gemeinde. Man durchzog Land
und Meer, um Proselyten zu machen, und beschäftigte
die Rabbinen, mit Ausschluss der falschen Beschuldigung, der Proselytenmacherei, welche ihnen gemacht wird,
von man selbst [illegible], zum Vorwurf, weil man
jede Aufnahme eines Heiden in das alte Judenthum
als einen Eingriff in das eigene Dominium
betrachtete, der aber erst in sich die Erfüllung
der prophetischen Verkündigung sah.
Daß die Aufnahme von Heiden in das Judenthum
bald auch dem Boden des Rabbinismus selbst ihre
Geschichte, die an sich wichtig für die Kenntniß
dieser Materie ist, um so mehr eine Beleuchtung fordert
als sie offenbar mit den allgemeinen geschichtlichen
Verhältnissen im innigsten Zusammenhang steht und
daher nicht ein Zeugniß erlangt von dem beständigen Flusse, in welchem die gesetzlichen Bestimmungen, wenigstens bis zu einer gewissen Zeit
sich bewegten, von einem von den Zeitverhältnissen bedingten Flusse, der also im grellsten
Widerspruche mit der Annahme steht, in welcher
sie eine der Schriften unkundige, sie wenigstens
mißverstehende, blinde Orthodoxie, um ihre letzten
Erscheinungen unter den veränderten Verhältnissen
sich erklären und wieder herstellen möchte.
Die erste Mittheilung von dem Übertritte
von Heiden zum Judenthum auf talmudischem
Gebiete tritt uns unter den berühmten Schriftgelehrten
Hillel und Schammai entgegen (s. [illegible]
Sabbath 31, a –

werden sie erzählt, in welchen Hillel die Heiden sofort aufnahm, während sie Schammai unter harten Tadel zurückwies. Es erscheinen hier doch die entgegengesetzten Ansichten. Wir glauben nicht, daß Schammai die Heiden wegen seines heftigen Temperaments zurückgewiesen hatte, wie der Talmud annimmt. Er war wohl mehr ~~überhaupt~~ gegen die Aufnahme der Heiden in das Judenthum; er wollte wenigstens gleich die volle, ungetheilte Hingebung. Hillel dagegen, der überhaupt nationalistischen Gedanken sich gerne angeschlossen und daher äußerlich so manche von den Zeitverhältnissen gebotenen Einrichtungen traf, wollte die Idee von der Zulässigkeit der Heiden in das Judenthum möglichst milde durchgeführt wissen. Darum nahm Hillel den Heiden auf, der zunächst nur seine Hingebung an die Offenbarung bekannte, aber von dem mündlichen Gesetze nichts wissen wollte; er nahm den auf, der sich zunächst nur zu den Geboten der allgemeinen Menschenliebe bekannte; ja er nahm sogar den auf, der nur unter der Bedingung, daß er Hohepriester werde, in das Judenthum eintrat. # Dem zweiten Lehrer genügt es also ganz, wie man in dem zweiten Falle sieht, wenn der Proselyte sich zunächst nur zur allgemeinen Menschenliebe bekannte, ihm gilt dies, d. h. die Aufhebung alles Sonderthums in der Menschheit, das gerade das Heidenthum kennzeichnete, als der wesentlichste Inhalt der Offenbarung. # Es wird gewiß wohl aus allen diesen Fällen hervor, daß zwar eine Schrift von drei Personen, wie später, nicht gefordert ward zur Aufnahme in das Judenthum, daß diese jedoch nicht vom Ersten, besten vorgenommen wurde, sondern nur von einem der Lehr kundigen Rabbi, oder gar vielleicht nur von den leitenden Schulhäuptern, wie sich die Heiden nur bei Schammai und Hillel zum Uebertritt melden. Diese Milde dauert während der ganzen Tempelperiode fort. Sie wird noch von dem berühmten Urenkel Hillel's, R. Simon b. Gamaliel, berichtet, der ausdrücklich als Lehre der Weisen aufstellte, daß man dem

[illegible]

# es genügte also schon, wenn ein Proselyte [illegible]
[illegible] Schammai [illegible]

17. 18.

nur zum Scherze, oder um einen Andern in augenblickliche Verlegenheit zu setzen, damit man sich an solche Handlungen nicht gewöhne. Das gleichlautende Gesetz darüber sagt bei allen: „Es ist verboten, auch nur das Geringste zu stehlen, selbst nur zum Scherze, oder nur zum Scheine, um es sofort zurück zu geben, oder um sich Gelegenheit zu verschaffen, dem Andern den gesetzlichen doppelten Werth zu bezahlen (der außerdem ein Geschenk zurückweisen würde), oder ihm eine augenblickliche Verlegenheit zu bereiten, Alles ist verboten, damit man sich an dergleichen nicht gewöhne... mag man es einem Heiden oder einem Israeliten, einem Erwachsenen oder einem Kinde thun"[1]).

Um so auffallender muß demnach allerdings der so oft zum Vorwande der feindseligsten Angriffe gegen Juden und Judenthum genommene Ausspruch späterer Gesetzeslehrer: „der Irrthum eines Heiden ist erlaubt[2])" erscheinen. In Bezug auf jenen Ausspruch muß nun vor Allem bemerkt werden, daß die Uebersetzung mit Nichtisraeliten jedenfalls falsch ist; denn es wird das Gesetz aus einer thalmudischen Stelle[3]) hergeleitet, die ihrem Zusammenhange nach sich nur auf die damaligen römischen (heidnischen) Verhältnisse bezieht. Ferner muß festgehalten werden, daß eine absichtliche Täuschung der Heiden von Seiten der Israeliten jedenfalls unbedingt von Allen verboten wird, und es sich nur darum handelt, einen Irrthum von Seiten eines Heiden selbst in der Rechnung zu benützen. Aber auch dieses ist sicher falsch. Die thalmudische Stelle, worauf man sich beruft, will offenbar weiter nichts sagen, als daß in dem einzigen Falle eine Täuschung erlaubt sei, wenn man nur auf diese Weise zu einem dem Heiden gemachten Darlehen gelangen, es von dem schlechten Schuldner herausbringen kann.

[1]) Chos. Mischp. 348, 1. 2. cf. Th. B. Mez. fol. 61, b.
[2]) טעות עכו"ם מותר. s. oben S. 186 [illegible]
[3]) B. Kama 113, b.

Es würde sich hier also gar nicht um eine Täuschung handeln, wodurch der Getäuschte irgend einen Schaden erlitte; es würde auch nicht im Widerspruch mit R. Akiba's gesetzlich giltiger Lehre, die wir oben angeführt, stehn, sondern es handelt sich um das gewiß gerechtfertigte Streben, sein eigenes Guthaben bei einem schlechten Schuldner zu retten. Selbst eine solche Täuschung ist sonst verboten, da diese ja selbst zum Scherze oder zu Wohlthätigkeitszwecken verboten ist, „damit man sich nicht daran gewöhne", ist aber hier „um sein Darlehen heraus zu bringen", gestattet. Es ist hier nicht der Ort, diese Auffassung als die einzig richtige, dem sprachlichen Ausdrucke und dem Zusammenhange angemessene nachzuweisen. Wir thaten dies an einem andern Orte, worauf wir den Leser verweisen, der sich genau darüber unterrichten will [1]).

Was das andere von den Römern übel vermerkte Gesetz betrifft, nämlich das Verbot von Hebammen- und Ammendiensten von Israelitinnen bei Heiden, das die Mischna [2]) aufstellt, so sind wir weit davon entfernt, ein solches Verbot, gleichviel aus welchen Gründen es erlassen ward, zu rechtfertigen. Wenn auch der Mosaismus die Ausrottung des Götzendienstes gebot, und jede Schonung desselben untersagte, so galt dies, wie wir oben bereits nachgewiesen, doch eben nur von dem Dienste, nicht von dem Heiden, so lange er sich von dem Götzendienste auf dem heiligen Boden fern hielt. Dennoch scheint gerade darin, nämlich in dem Dienste, den man damit dem Götzenthum, nicht dem Heiden selbst, erwies, das Gesetz seinen Grund gehabt zu haben. In der Mischna und beziehungsweise der Boraitha [3]) wird als Grund ausdrücklich angegeben für das Verbot des Hebammendienstes: „weil die Israelitin damit dem Götzendienste

---

[1]) Forschungen des wissenschaftlich-thalmudischen Vereins Nr. 6, Beilage zu „Ben Chananjah" 1866. Nr. 35.

[2]) Ab. Al. 2, 1.

[3]) Ab. Al. 26, a.

[illegible] der Anhänger der strengeren Schule [illegible], die [illegible]
nicht zu der Beschneidung, während die Bemühungen für die [illegible]
Proselyten die Hand entgegen strecken, um sie aufzunehmen 1/.
Fast unter den Schülern R. Jochanan b. Sakkai's, d[illegible]
streitenden Schülern von Hillel, R. Elieser und R. Josua
welche beide zum Theil noch zur Zeit des Tempels lebten,
begegnen wir einer Controverse über die gesetzlichen
Aufnahmebedingungen eines Proselyten 2/. Nach R.
Elieser bedurfte es bloß der Beschneidung (ohne Untertauche), nach R. Josua bloß der Untertauche (ohne
Beschneidung)+. Es mag nun allerdings angenommen werden,
daß die beiden Lehrer nur voraussetzen, den Proselyten
nicht vom Taufbade oder der Beschneidung [illegible],
jedenfalls aber steht fest, daß sie ihn nach geschehenem
Uebertritt (Bekenntniß) zum Judenthum in der
einen Form, nach dem Einen ohne Beschneidung, nach dem
Andern ohne Untertauche, als vollkommenen Proselyten
betrachteten. Nur die dort genannten Weisen
behaupten, es sei kein Proselyt, bis er beide Bedingungen
Beschneidung und Untertauche erfüllt habe. Jedenfalls sehen
wir hier in den Schülern R. Jochanan's, wo der milde
Geist Hillel's weht, und nach R. Josua (b. Chananja),
in welchem auch sonst der Geist Hillel's am ausge-
bildetsten erscheint 3/, den Proselyten mit der Untertauche, ohne die schwierige Beschneidung, als vollberech-
tigt anerkannt 4/. Von diesem Gesichtspunkt, der ohne
Zweifel auf Hillel's Vorgange bei der Aufnahme der
Proselyten fußte, der herrschende war, bis zur völligen
Abrogation der Beschneidung bei der Aufnahme von Heiden,
wie sie bei Paulus hervortritt, und sogar von der
Gemeinde in Jerusalem gebilligt wurde, deren Christenthum
doch bisher dem Wesen nach nur Judenthum sein wollte,
war nur noch ein Schritt, und wir hätten hier die
geschichtliche Erklärung für diesen vom Juden [illegible]
[illegible] unerklärlichen Aufschwung. Es zeigt aber, wie sich [illegible]
mir in der ganzen Entwickelung des Christenthums,
von seinem Beginne an, dem kundigen klar zeigt,
keinen Sprung in der Geschichte; alle Erscheinungen
lassen sich hier nur aus den vorhandenen Keimen
erklären, und muß ihre Erklärung darin gesucht werden,
wenn man in der Geschichte ein stetiges Entwickeln [illegible]
[struck through]: an d. Corinther 7, 18. [illegible]

1/ Midr. Pes. Rab. c. 2. 2/ Jeb. 46, a. 3/ [illegible] oben S. 136 ff.
4/ Dies folgt jedenfalls auch aus Tos. Ab. XX, 2, 4. Man betrachtete allerdings die Beschneidung als fromme Pflicht auch bei den übergetretenen Heiden, wie [illegible], aber nicht als unerläßliche Bedingung der Aufnahme.
+ Ueber d. Beschneidungsfrage 1. Zeit. d. J. 1867. No. 50 u. Beilage n. 46. + [illegible] Nr. 66.

und in ihren Thatsachen nicht Schwanken erblicken wollte, die wir Männer aus dem jüngsten Zeitalter in vollem Lichte hervortreten sehen. Erst später, wenn auch nicht lange nach, wahrscheinlich schon unter dem nächsten Geschlechte, waren R. Akiba, der jüngere R. Eliezer, die sich der Beschneidung nicht sofort unterzogen, ein Gräuel zu ~~halten~~ [illegible] hat 1/, und erst überhaupt die Aufnahme von Proselyten nicht gerne sah — eine Gemeinde von Proselyten soll ihm nicht als Gemeinde gelten 2/ — stellte man beides, Beschneidung und Untertauchen als Bedingungen der Aufnahme eines Proselyten auf. Und immer mehr nahm die Abneigung gegen die Aufnahme von Proselyten zu, immer mehr suchte man die Aufnahme zu erschweren, so daß R. Jehuda der Heilige, wie dem dritten Jahrhundert, außer der Beschneidung und Untertauchen, die er beide unbedingt als unerläßliche [illegible] ~~[illegible]~~ auch das Darbringen eines Opfers verlangte, was denn zu seiner Zeit, da der Tempel, wo allein Opfer darzubringen gestattet war, längst zerstört war, allerdings einem völligen Verbote der Aufnahme von Proselyten gleich gekommen wäre, weshalb man zunächst das Opfer in den Geldwerth eines Opfers verwandelte, und dann die ganze Forderung fallen ließ 3/.

Noch später forderte man sogar ein vollständiges Gericht von drei Personen zur Aufnahme eines Proselyten, [illegible] ein solches auch nicht bei Nacht gestatte, wie jede Rechtshandlung 4/. Dadurch mochte die Aufnahme nicht bloß noch mehr erschwert werden, sondern es ward damit jeder Ueberraschung, jeder unfreiwilligen Aufnahme durch irgend einen Unberufenen, jedem gewaltsamen Eingriff in das häusliche Heiligthum der Familie, wie dies bei einem andern Bekenntnisse in so herzbrechender Weise bis in unsere Zeit vorgekommen, von vorneherein Thür und Thor verschlossen. Es mußte dem Uebertritt sogar eine förmliche gerichtliche Verhandlung vorangehen, in welcher der Uebertretende von seinem Vorhaben abzumahnen und zu diesem Zwecke die Vorstellung zu machen war: „Warum willst du zum Judenthum übertreten? Weißt du nicht, daß Israel zu dieser Zeit in Schmerz und Elend, verstoßen, verfolgt, niedergedrückt und geplagt ist?" Es mußten ihm ferner die schweren Pflichtgebote vorgestellt werden, die er auf sich nehmen „müsse"; machte man ihm sagen, „daß du bis jetzt [illegible] [illegible] aßest, ohne die Strafe der Ausrottung, den Sabbathgesetz übertratest, ohne die Strafe der Steinigung auf dich zu laden?" Es wird unzweideutig hinzugefügt, daß Alles dieses nur zu dem Zwecke geschehe, um den, welcher übertreten wollte, wo möglich von diesem Schritte zurück zu halten, denn

1/ Jeb. 48, b. 2/ l. c. 79, b. Vielleicht wollte er bei den zu s. Zeit herrschenden politischen Verhältnissen die Aufmerksamkeit der Römer in keiner Weise auf die Juden lenken, [illegible] deshalb auch den [illegible] nicht, so lange sie nicht durch die [illegible] Operationen [illegible] Beschneidung ihren [illegible] Judenthum bezeugten. 3/ Sifre Schlach. Kerithoth 9, a.
4/ Jeb. 46, b. Maim. Iss. Bia 13, 6.

einen Menschen zuführt[1]), und für den Ammendienst, weil sie einen Menschen dem Götzendienste groß zieht[2]). Und wer den horror kennt, der die jüdischen Lehrer gegen das Heidenthum erfüllte: es galt ihnen, und nach ihren Erfahrungen gewiß mit Recht, als der Inbegriff des sittlichen Verderbens, der wird es, wenn er auch die Bestimmung damit nicht rechtfertigen will, wenigstens begreiflich finden, daß sie Alles aufboten, um dessen Wachsthum wenigstens durch Hilfe der Israeliten selbst in keiner Weise zu fördern: nicht dem Menschen, sondern dem entsittlichten, blutgetränkten Aberglauben galt das Verbot.

Wenn man übrigens bedenkt, daß sie Hebammen- und Ammendienste nur als bloße Liebeshandlungen verboten, sie aber eben deshalb gegen Lohn gestatteten — daß der Grund für das Letztere in der Vermeidung der Feindseligkeit (משום איבה) angegeben wird, beweist nur, daß sie es aus dem oben angegebenen Grunde nicht gerne sahen, aber zugleich, daß es dann kein Verbot mehr war, weil in diesem Falle eine solche Connivenz nimmer zulässig gewesen wäre[3]) — wenn man also bedenkt, daß jene Handlungen gegen Lohn wenigstens erlaubt waren[4]), so sticht dieses Gesetz doch immer noch vortheilhaft gegen ähnliche, sogar von Concilien und Päpsten erlassene Bestimmungen gegen die Juden ab, die selbst noch in unserer Zeit hie und da ihre Vertreter und Beförderer finden.

Von einem andern Gesetz, das nicht minder zur Verdächtigung des Thalmuds und des Judenthums überhaupt Veranlassung gab, nämlich daß man dem Heiden einen verlorenen Gegenstand, den man gefunden habe, nicht zurückgeben müsse[5]),

---

[1]) מפני שמילדת בן לע״ז.

[2]) מפני שמגדלה בן לע״ז.

[3]) S. Tos. l. l. Schw. סבר רב יוסף.

[4]) Th. l. l. Maim. v. d. Götzend. IX, 16. — Bei dem Verbote der Schenkammen scheinen sittliche Gründe obgewaltet zu haben, die mehr als gerechtfertigt waren.

[5]) S. Beth Jos. zu Chos. Mischn. c. 26, b.

wird Th. B. Kama und demgemäß von den spätern Gesetzeslehrern der Grund in dem Ausdrucke: „deines Bruders“ in dem betreffenden Mosaischen Gesetze (5 M. 22, 3.) gefunden. Allein das ganz gleiche Gesetz 2 Mos. 23, 4. 5. wo nicht der Ausdruck „Bruder“ vorkommt, sondern das Gesetz sogar ausdrücklich die Rückgabe des Verlornen an jeden Menschen, auch an den Feind, gebietet, ein Gesetz, das in der Stelle 5 M. nur auf alles Verlorene ausgedehnt wird, also wahre thätige Feindesliebe ganz allgemein lehrt[1]), beweist deutlich, daß der Ausdruck „Bruder“ hier nicht urgirt werden dürfe, sondern, wie er auch anderswo vorkommt, jeden Menschen bezeichnet[2]), daß also diese thalmudische Deutung zu jenen vielen andern gehört, deren Haltlosigkeit sich nicht wegläugnen läßt und deshalb das ganze Gesetz um so weniger auf Geltung Anspruch machen kann, als es im offenbaren Widerspruch mit der Bibel steht. Daß dies auch die Annahme der alten Halacha, d. h. der ältesten Thalmudlehrer war, geht ohne allen Zweifel daraus hervor, daß in Mechilta Mischpatim c. 20. unter dem Feinde hier sogar ausdrücklich der wirkliche Heide, der noch dem Götzendienste anhängt, verstanden wird, da dieser auch sonst der Feind Israels genannt werde, offenbar weil dem Israeliten gegenüber dieser Ausdruck gar nicht angewandt werden wollte, so daß also die Rückgabe des Gefundenen an den Heiden ausdrückliches Gebot ist. Die Verpflichtung zur Zurückgabe des Gefundenen an den Israeliten mußte als selbstverständlich angenommen werden, und im Deut. wurde ebendasselbe Gesetz, wenn der Ausdruck Bruder auch auf den Israeliten beschränkt werden wollte, nur dem Israeliten gegenüber wiederholt, ohne daß in Bezug auf das Gesetz selbst, nämlich der Verpflichtung zur Zurückgabe eines

---

[1]) S. O. v. Gerlach z. St.
[2]) S. Erste Abtheilung.

Proselyten seien so gefährlich für Israel wie ...
... gänz gegen so weit, [illegible] wird auch ...
... zurückgeführt[2], alle, welche nach [illegible],
... oder um der herrschenden Macht zu gefallen
[illegible], um an den Tafeln der Könige zu [illegible]
[illegible] haben, die [illegible], oder auch ...
oder in Folge von Träumen zum Judenthum
als Proselyten zu betrachten. Anerkennen man sie
als solche anerkannte, so geschah es doch nur,
er konnte auch bei diesen die innere [illegible]
[illegible] gegeben haben[3], also jedenfalls ...
eine solche [illegible] beschränkten. Nach
[illegible] Zeugenschaft, also nach bereits erfol...
und selbst erst nach auf der vollzogenen [illegible]
[illegible]: Beschneidung und Untertauche niemals ge...
vor der Untertauche geschehen sollte[4], [illegible]
[illegible] Gelegenheit haben bitte wollen, [illegible]
während der rituellen Zeugenschaft müssten zu
[illegible] die Gebote von den Proselyten [illegible]
[illegible], welche er übernimmt, noch einmal
[illegible] sollten [illegible] nur [illegible]
[illegible], aber auch bei ihm sollten die Gebot...
die [illegible] sich aufstellen, um ihm die [illegible]
noch einmal [illegible] zurück zu [illegible]
[illegible] mag die letztere Vorschrift ...
[illegible] haben[6] [illegible] jedenfalls
[illegible] [illegible] unleugbare ...
[illegible] in der Auffassung von Proselyten [illegible]
obgleich man [illegible] der [illegible]
[illegible] von dem [illegible]
die der [illegible] Israel ursprünglich [illegible]
nicht wieder aufgab. Letzteres geht auch
aus dem Proselyten, wenn er noch allen
[illegible] fest bleibt, an seiner [illegible]
also nicht mehr gezweifelt wurde, auch die
[illegible] Israels eröffnete, an ...
den geborenen Israel Theil nehmen sollte.
[illegible], man gesagt, hat, dass man ...
[illegible] suchte, der [illegible]
[illegible] in der [illegible]
[illegible], und namentlich des [illegible]

1) Jeb. fol. 47, b. 3) Th. Jeb. l. c. [illegible]
2) R. [illegible] Jeb. 24, b. vgl. Th. [illegible]
3) [illegible] l. c. [illegible] l. c.
4) ~~[illegible]~~ 5, [illegible] Th. Jeb. 4.
[illegible] 14, b. ~~[illegible]~~ l. c.
5) [illegible] aber nicht zu [illegible]
[illegible] l. c.
6) Jeb. 47, b. [illegible] Jos. [illegible] J. D. c. 26[illegible]

zu andern Bekenntnissen gesucht werden, und um dahin zu gelangen[1] müssen wir einen Einblick in dieses Verhältniss vom Standpunkte des gesetzlichen Judenthums aus zu gewinnen suchen. Und da tritt uns denn bei dem ersten Anblicke merkwürdige Erscheinung entgegen, dass in letzterer Hinsicht d.h. in den gesetzlichen Beziehungen zu andern Bekenntnissen gerade die umgekehrte Reihenfolge eintritt. Dies wird ganz besonders durch die Beurtheilung der Kinder eines Heiden mit einer Israelitin klar. Wir haben gesehen, dass hier eine stufenweise Abnahme der Strenge stattfindet, [illegible] dass man Ehebund selbst endlich klar [illegible] ausdrücklich anerkennen wird. Zuerst betrachtete man ein solches Kind als Bastard (Mamser), also als völlig unzulässig in die Gemeinde Israels, später nur noch für die Verbindung mit einem Priester unfähig (פגום); zuletzt als durch die israelitische Mutter völlig aufgegangen in die Gemeinde Israels und zu dieser auch zur ehelichen Verbindung mit einem Priester befähigt. Dagegen erscheint dieser vollkommene Gegensatz: der einer zunehmenden Strenge in der Aufnahme der Proselyten bei der abnehmenden Strenge in der Beurtheilung der Kinder von Heiden wird durch die Betrachtung der Zeitverhältnisse vollkommen klar. Die Herrschaft der Römer wurde immer drückender, immer gehässiger, das Israel in Schmach und Elend versunken, verstossen, verfolgt, niedergedrückt von allen Völkern, dass man es da nicht mehr wagte, die mit Israelitinnen gezeugten Kinder als Bastarde, oder andererseits nur als nicht völlig gleichberechtigte Israeliten zu erklären — der römischen Bürgerschaft, die der Jude noch genoss, war, wenn auch mit der Schwächung des Christenthums in einer geringeren Masse, hier und da sein einziger Schutz, und er sollte dem von einer Israelitin gezeugten Kinde eines Heiden gleichsam die Bürgerschaft seinerseits versagen? Wurde aber auch, dass man ungekehrt in der Aufnahme von Proselyten immer ängstlicher wurde und sie lieber ganz zurückwies, besonders nachdem seitdem das Christenthum mit seinem Bekehrungseifer immer festern Boden gewann, und später jede Aufnahme eines Heiden in das Judenthum verfolgte, so ist zwar allerdings richtig, dass der Rabbinismus, wo er die Erhaltung des Prinzips oder des Judenthums galt, nie Concessionen nach außen machte; er stand niemals mit Zeit-[illegible] [illegible] ein, wie bei irgend [illegible] [illegible]. Hier aber handelte es sich eben nicht um solche Prinzipien: bei der Erschwerung der Aufnahme von Proselyten äußerte er sich nirgends wieder den menschlichen Prinzip, und bei der Vorschrift gegen Kinder von Heiden mit Israelitinnen [illegible] stand der [illegible] der Menschheit nicht im Wege und der Rabbinismus hatte damit an seinem ursprünglichen Grundsatze: dass [illegible]

1/ Jh. Jer. Kid. 3. Hal. 12.

Gefundenen irgend ein Unterschied zwischen Juden und Heiden bestehen könnte.

Das spätere Gesetz den Heiden gegenüber, das man fälschlich an den Ausdruck: „Deinem Bruder“ anlehnte, war daher nur wieder die Frucht der gesetzlosen Gewalt, unter welcher die Juden seufzten, erscheint aber in diesen Verhältnissen als ein völlig gerechtes. Die Heiden gaben den Juden ein verlornes Gut nicht wieder, ja, sie beraubten und plünderten sie täglich. Wo der Jude daher an einem Orte, wo der größte Theil Heiden waren, etwas gefunden hatte, war er nicht verpflichtet, es selbst dem Juden zurückzugeben, wenn sich später herausstellte, daß es ein solcher verloren hatte, „weil der Eigenthümer die Hoffnung aufgegeben hatte, es je wieder zu erhalten“ [1]), so daß das Gut als ein herrenloses betrachtet wurde [2]). Der Thalmud stellt das Finden einer Sache da, wo der größte Theil Heiden sind, sogar dem gleich, was man dem Rachen eines Löwen oder Tigers entreiße, oder von dem Boden des Meeres herauf hole [3]), das der Verlierende sicher aufgegeben hatte und daher auch dem Juden gegenüber als herrenloses Gut betrachtet wurde. Es war daher ganz natürlich, daß auch der Heide, der etwas verloren, sich der Hoffnung entschlug, es je wieder zu bekommen, und daher der von ihm verlorene Gegenstand als herrenloses Gut betrachtet, und aus diesem Grunde, nicht weil er Heide war, ihm gesetzlich nicht zurückgegeben werden mußte. Daß daher das Gesetz, das nach den damaligen allgemeinen Rechtsprinzipien, wie sie auch dem Juden gegenüber Geltung hatten, als ein durchaus gerechtes erscheint und nur darin und nicht in der spätern Deutung des Ausdrucks: „Deines Bruders“ seinen Grund hat, kann gar keinem Zweifel unterliegen. Diese Ausdeutung biblischer Ausdrücke, ja oft biblischer Buchstaben, besonders in den Mosaischen

[1]) מפני שנתיאשו הבעלים

[2]) Maim. v. d. Raube u. Verlornen 11, 7. mit den Quellen.

[3]) B. Mez. fol. 24, a. u. s. w.

Büchern, die uns auch im ritualgesetzlichen Leben so viele Erschwerungen gebracht haben, welchen aber schon durch die kritischen Textesforschungen der neuern Zeit [1]) der Boden unter den Füßen weggezogen ward, erweisen sich durch Fälle, wie der vorliegende, geradezu als falsch und im Geiste des Judenthums völlig ungegründet. Wie die Kritik, so muß auch die geschichtliche Untersuchung in vielen Fällen jene Deutungen abweisen.

Es leuchtet daher auch von selbst ein, daß überall, wo das Landesgesetz gefundene Gegenstände nicht als herrenloses Gut betrachtet und deren Rückgabe verordnet, dieses Gesetz schon nach dem allgemeinen Ausspruche Samuels: „Landesgesetz ist Gesetz," volle, auch religiöse Verpflichtung für den Juden hat. Es ist hier überhaupt nur von einer juristischen Frage die Rede, und es kann nicht genug wiederholt werden, daß das Sittengesetz als solches auch vom Thalmud und seinen bedeutendsten Lehrern, die irgend auf Autorität Anspruch machen können, als das höchste Religionsgesetz aufgefaßt und ohne Einschränkung allen Menschen gegenüber als die höchste Verpflichtung dargestellt wird. Diese Wahrheit tritt auch in folgender Stelle [2]) auf's Klarste in der allgemeinsten Anwendung hervor. Die Stelle lautet: „Es heißt (3. Mos. 19, 36. nach den Sittengesetzen): „Ich bin Gott, euer Herr, der ich euch aus dem Lande Egypten geführt habe," das will sagen: auf die Bedingung hin, daß ihr die Sittengesetze beobachtet, führte ich euch aus Egypten; wer die Sittengesetze verläugnet, läugnet, daß Gott Israel aus Egypten geführt: in beiden, sagt der tief dankende Verfasser des Maggid Mischna zu Maimonides (von dem Diebst. 7, 12.) leugnet er die Vorsehung, die über Alle sich erstreckt und keine Ausnahme zuläßt.

---

[1]) S. besonders das auch in dieser Hinsicht so reiche Werk Geiger's: „Urschrift und Uebersetzungen der Bibel." Schorr in he-Chaluz.

[2]) Siphra P. Ked. 9, 10.

ohne der Hand der Mutter folgt, die volle Rücksicht gezeigt
hat, konnten die Rabbinen ohne Verletzung einer heiligen
Norm nicht bloß in ähnlicher Weise von ihnen aufgestellten Grundsatz: „es gilt für Gott zu wirken, darf ein bisheriges Gesetz
außer Kraft gesetzt werden" nach einer Erklärung von Ps. 119, 126.
volle Geltung gewähren. Nimmt man dazu aber noch die schon
Gesetze, welche die Römer gegen den Übertritt zum Judenthum erlassen wurden, und die ohne Zweifel auch gegen diejenigen
sich richteten, welche in irgend einer Weise zu solchem Übertritt bewogen, so ist jene Ängstlichkeit um so erklärlicher.
der von Theodosius gegen Ende des vierten Jahrhunderts
erlassene Gesetz, welches den, welcher jemanden zum
Abfall vom Christenthum bewegt, mit Güterconfis-
cation und Todesstrafe, bestand noch in ähnlicher Weise
schon unter den Heiden in Bezug auf das Heidenthum, es erlaubt schon unter Domitian, der die Juden aus Rom
verbannte und gegen Proselyten mit grausamer Härte
vorging, und mußten vorsichtig und ängstlich machen und
jeden Schein der Überredung zu vermeiden trachten
machen. Jedenfalls erscheint der von mir angegebene
geschichtliche Grund der ~~[illegible]~~ späteren Strenge
Strenge in Bezug auf die Aufnahme von Proselyten
aber wegen der sich zeigenden stufenweisen Fort-
schreiten und in Zusammenhalt mit dem gegentheiligen
Nachlassen der Strenge in Bezug auf die Behandlung
der Kinder der Heiden von Israelitinnen wahrscheinlicher, als die Annahme, daß die Furcht, das Judenthum
möchte gleichsam als Brücke für den Übergang zum
Christenthum benutzt werden, dabei maßgebend gewesen sei. Zur Zeit der größten Strenge bedurfte es
einer solchen Zwischenstation nicht mehr, da das Christenthum, wenn auch nicht ganz, doch immer mehr die
Herrschaft gebraucht war. Außerdem war den Heiden
der unmittelbare Übertritt zum Christenthum durch
die Aufhebung der Beschneidung und der Speise- und
Reinheitsgesetze, sowie der unerbittlichen Strenge der
Sabbathgesetze weit leichter als der Übertritt zum
Judenthum gemacht. Der einzige Grund, der die Heiden
in jener Zeit der Christlich gedrückten, ~~[illegible]~~, kann

1/ C. J. Fol. [illegible] 2/ [illegible]

nen strengen, geschärften Ritualgesetze erforderten Judenthums bewog, konnte nur die erheben, zu allen Zeiten
mit gleicher Consequenz festzuhalten, die tiefsten Geister
allerdings mächtig ergreifende Lehre von dem einig-einzigen
reinen geistigen Gotte hin, die aber sie gerade durch den Uebertritt zum Christenthum wieder getrübt worden wäre, da um diese
Zeit die Bewegung des Arianismus längst unterlegen und das
Heiden-Christenthum mit seiner Vergöttlichung Jesu zur alleinigen
Geltung gelangt war.

Noch ein anderes Moment, das bei diesen ~~Ver~~ Erschwerungen
des Uebertritts unleugbar hervortritt, darf um so weniger
übersehen werden, als es auch für unsere Zeit noch entscheidend
bleibt, wir meinen das sittliche Moment. Von diesem sittlichen
Sinne zeugt schon die Forderung der Ueberzeugung bei den Con-
vertiten. Es sollte mit dem Heiligsten kein Spiel getrieben,
es sollte kein Gegenstand der Spekulation auf irdischen Vortheil
werden. Darin beruht auch das Verbot einer Ehe mit einer zum
Judenthum übergetretenen Frau, mit welcher der Jude vorher
geschlechtlichen Umgang gepflogen und wird demnach von den
späteren Rabbinen sogar als Pflicht auferlegt, wo der Umgang
mit einer ledigen Person stattfand, die vielleicht die Ursache
ist und ohne die Ehe unglücklich würde![1]

Aus diesen geschichtlich feststehenden Thatsachen entnimmt, daß die außerordentliche Erschwerung des Uebertritts
zum Judenthum und die gesetzlichen Cautelen, die dabei zu beobachten waren, nicht in dem alten Gesetze begründet, sondern ein
Produkt der späteren, traurigen Zeitverhältnisse waren, und sodann
daß sittliche Rücksichten nicht blos bei diesen Erschwerungen,
sondern auch noch in der späteren Zeit, wo die Erleichterungen in
Bezug auf gesetzliche Leistungen auf diesem Gebiete entscheidenden
Einfluß übten, geht mit unleugbarer Evidenz hervor. Daß
in unserer Zeit, wo die Aufnahme von Proselyten gesetzlich
gestattet ist, und keinerlei Zwangsmaßregel für die Erhaltung
der religiösen Ueberzeugung besteht, jene übertriebenen
Cautelen überhaupt nicht mehr am Platze sind, und besonders
Alles entfernt werden muß, was irgendwie, wie die Anwesenheit von Männern bei der Untertauche einer Frau, wenn
auch nur vor der Thür des eigentlichen Badlokals, um ihr
wiederholt die übernommenen Pflichten zuzurufen, oder gar
zu erkennen wollen / sie noch mit kritischem Blicke, um sich

[1] Jeb. 24, b. cf. Tos. s. v. משום דרב אסי
cf. Maim. l. c.

Interessant ist in dieser Hinsicht auch Midrasch Echa [1]), wo der Untergang des Reiches Juda auf die Gewaltthat zurückgeführt wird, die sie an den Söhnen Seïrs geübt [2]).

Wir glauben nur noch einen Punkt berühren zu müssen, nämlich den auffallenden, auch von jüdischer Seite nicht selten mißverstandenen Ausspruch Resch Lakisch's: „Ein Heide, der den Sabbath feiert, ist des Todes schuldig." [3]) Dieser Ausspruch verdient aber schon wegen des ihm zu Grunde liegenden Gedankens nähere Beleuchtung. Wir finden nämlich darin weit eher eine rücksichtslose Toleranz, als Gehässigkeit. Resch Lakisch gibt nämlich selbst den Grund seines Ausspruches an: denn es heißt: „Tag und Nacht sollen nicht unterbrochen werden." Diesen Ausspruch bezieht Resch Lakisch, wie der bedeutendste Erklärer [4]) bemerkt, auch auf die Menschen: auch ihnen ist, wie der Natur, ihre bestimmte Aufgabe gestellt, und auch sie dürfen daher ihre Arbeit nicht willkürlich unterbrechen, wo es ihnen nicht religiöse Pflicht gebietet. Der zu Grunde liegende Gedanke ist also: daß die Arbeit an sich ein Gebot Gottes ist, dessen Uebertretung hier als sündhaft für jeden Menschen bezeichnet wird, und daß es aus diesem Grunde den Heiden verboten war, am Sabbath zu feiern, weil eben die Feier an diesem Tage ihm nicht zur religiösen Pflicht gemacht ist [5]). Dieser Sinn Resch Lakisch's tritt auch aus dem Zusammenhange klar hervor. Zuerst heißt es

---

1) פתיחתי איש חכם ·

2) 2 Chr. 25, 12.

3) גוי ששבת חייב מיתה Synh. 58, b.

4) Raschi.

5) Daß der Dekalog dem Fremden (Ger) die Ruhe am Sabbath sogar gebietet, beweist allein schon, wie falsch die Uebersetzung des Goi mit „Nichtisraeliten" ist, da der Thalmud nicht verbieten konnte, was der Dekalog gebietet. Der „Fremde" durfte im h. Lande dem Götzendienste nicht fröhnen (s. I. Abth.) und sollte er daher an den Heilsmitteln Israels Theil nehmen.

dorten nämlich: Resch Lakisch sagt: Was ist der Sinn des Verses: „Wer sein Feld bebaut, wird des Brodes satt, wer leeren Planen nachhängt, ist verstandlos?" [1]) (Die zweite Hälfte des Verses scheint im Thalmud blos ausgefallen, da der alte Lehrer sicher auch den gerade darin liegenden sittlichen Gedanken im Auge hatte): Wenn sich der Mensch als fleißiger Arbeiter dem Erdboden widmet, wird er des Brodes satt, und handelt vernünftig, sittlich, wo nicht, so tritt das Gegentheil ein. Dann folgt der obige Ausspruch. Resch Lakisch sagt ferner: Ein Khutäer, der den Sabbath feiert, ist des Todes schuldig; denn es heißt: Tag und Nacht sollen nicht unterbrochen werden. Darauf sagt ein anderer Thalmudlehrer, Rabina: Dasselbe gilt vom zweiten Tage der Woche (und den folgenden [2]). Die Auslassung des ersten Wochentages hat offenbar darin ihren Grund, daß dieser schon damals von einem andern Bekenntnisse religiös gefeiert wurde, und es kann daher gar kein Zweifel an der Erklärung sein, daß eben nur die Feier an den von einem bestimmten Bekenntnisse zur Ruhe nicht geweiheten Tagen aus Gründen der Arbeitsverpflichtung verboten sei. Daraus ist es auch erklärlich, daß der Thalmud diese Verpflichtung unter den sieben Noachidischen Geboten aufgezählt sehen möchte, und, daß es nicht geschehe, daraus erklärt, daß nur die Verbote, nicht aber die Gebote aufgezählt seien, woraus mit unläugbarer Evidenz hervorgeht, daß er das Verbot für den Heiden, am Sabbath zu ruhen, eben als ein Gebot, der Verpflichtung zur Arbeit nämlich, aufgefaßt hat. Der Ausdruck: „ist des Todes schuldig," ist nur in dem Sinn zu nehmen, der Feiernde begehe eine Sünde, die der Tod ist, wie sie die Bibel im Gegensatz zu der Beobachtung der göttlichen Gebote, die das Leben ist, oft nennt [3]), und wie dieser Ausdruck in diesem

---

[1]) Spr. 12, 11.

[2]) S. Raschi.

[3]) S. Maim. v. d. Königen 10, 9.

[illegible] wollen wir sie nicht entscheiden. Die Frage dürfte sich aber [illegible]

von der Anwesenheit der Braut ein Bild bei [illegible]
das sittliche Gefühl verletzen könnte, er[illegible]
schon in früherer Zeit, aber als das sittliche
[illegible], von anderen Problemen als ungültig
werden würde¹). Dagegen muß Alles, was
der Zeitverhältnisse, sondern in religiösen
Momenten seinen Grund hat, um so [illegible]
gehalten werden. Dahin gehört vor Allem
neuen vorangehende Belehrung, die sich
[illegible] der Aufnahme und nicht auf der
beschränken darf, sondern ~~den Anfang~~
umfassenden Unterricht entsprechende[illegible]
geben, und besonders auch die Principien, [illegible]
Unterscheidungslehren des Judenthums [illegible]
um sie zu einem klaren Bewußtsein zu [illegible]
aber damit eine wirkliche Ueberzeugung
machen; denn nur eine auf [illegible]
von den wesentlichen Principien des [illegible]
beruhende, in den Herzen eingelebte
an denselben, kann den Übertritt der
Glaubens sittlich rechtfertigen. Die
ferner die Aufnahme selbst, abgesehen
zu beobachtenden rituellen Vorschr[illegible]
Collegium von drei Personen, dessen
jedenfalls der verantwortliche Rabb[illegible]
mit dem [illegible] der Ungültigkeit, [illegible]
sie ohne ein Collegium geschieht, um [illegible]
[illegible], [illegible]
[illegible], also eine
[illegible], einem Unfug vorzubeugen.
Dabei bleibt nun noch die Bestimmung
nur über [illegible]
bevor die Unterscheidung der gesetzlichen
[illegible] zu finden und Juden [illegible] zu [illegible]

¹) S. die Controverse darüber zwischen dem ~~[illegible]~~ Berliner Rabbinats-Collegium, Wiss. Zeitschr. VI. S. 179. ff.

²) [illegible] C. [illegible] §. 2. [illegible]

³) Ob in unserer Zeit ohne Rücksicht [illegible] oder dieser [illegible] zu [illegible] [illegible] haben

Allein schon die Frage: wer überhaupt als Beisaßfremder (גר תושב) zu betrachten sei, hat bei den Talmudisten zu Meinungsverschiedenheiten und Streit geführt, und wenn [illegible] schon hier, wie gewöhnlich in ihren [illegible] [illegible] mit [illegible] [illegible] [illegible] [illegible] ihnen den Bibelbegriff vom Fremden [illegible]. Denn daß die Bibel, und namentlich die Mosaische [illegible], unter Ger eben einfach den Fremden versteht, der sich im Lande aufhält, und zwar einen solchen, aber nur zu dem Zwecke seiner Niederlassung im Lande, d. h. wenn er sich wirklich im h. Lande niederläßt, um daselbst zu bleiben, die Übung ~~oder Unterlassung~~ der den Gottesbegriff unmittelbar darstellenden ~~Gebote~~ Verbote geboten, und die Unterlassung der mit dem Götzendienst in unmittelbarem Zusammenhange stehenden Handlungen bei dem [illegible] Fremden, dagegen die Pflichten der Menschen und der Liebe gegen jeden Fremden ohne Unterschied zu üben gebot, hätte dem [illegible] Blicke [illegible] nicht geblendeten Blicke sofort klar sein müssen. # [illegible] [illegible] [illegible] Beziehung, in Bezug auf die Pflichten [illegible] [illegible] [illegible] [illegible] solchen Standpunkte aus konnte die Frage ~~überhaupt~~ aufgeworfen werden: Was ein Beisaßfremder sei, und noch mehr konnte sie nur von diesem Standpunkte aus so ganz verschiedene, völlig entgegengesetzte Antworten erhalten, wie dies im Talmud geschieht*). Jene Frage nämlich: Was ist ein Beisaßfremder? d. h. ein Fremder, gegen welchen wir die im Mosaischen Gesetz gebotenen Pflichten zu erfüllen haben? wird von dem Einen, R. Meir, dem wir auch sonst schon als den [illegible] [illegible] Namen kennen, der die [illegible] Idee der Offenbarung ~~vollkommen~~ erfaßt und zur schönsten Darstellung gebracht hat, mit Recht dahin beantwortet, daß er jeder sei, welcher sich verpflichtet, dem Götzendienste zu entsagen, von Andern, [illegible] [illegible] nicht [illegible] in demselben Geiste [illegible] begriffen wird: daß er sich zur Erfüllung der sog. Noachidischen [illegible] verpflichte

*) Ab. Al. 64, b. cf. Mai. Ger. c. 3. Jer. Jeb. 7. Hal.

Sinne bei den Rabbinen häufig oft vorkommt[1]), z. B.: „Wer die Gebote der Weisen übertritt, ist des Todes schuldig[2]). In dem späteren Thalmudischen Werke Aboth d'R. Nathan[3]) wird sogar das Gebot in den Zehnworten (2. Mos. 20, 9.) also aufgefaßt: Sechs Tage sollst du arbeiten und all dein Werk verrichten, und die Arbeit im Namen der größten und ältesten Lehrer ein Bündniß Gottes gleich der Offenbarung genannt, d. h. daß Gott durch jene wie durch diese die Menschen habe beglücken und mit sich verbinden wollen.

Und wer den Mosaismus in seinem Geiste und seiner geschichtlichen Entstehung näher ins Auge faßt, kann den tiefen Blick nur bewundern, der die alten Lehrer hier auszeichnet. Von zwei Seiten muß es uns klar werden, daß die göttliche Offenbarung die Arbeit an den Werktagen ebenso nothwendig wie die Ruhe am Sabbath und an den Festtagen zu einem religiösen Gebote erheben mußte, nämlich nicht blos in Bezug auf das materielle Wohl, das übrigens der weise Gesetzgeber nicht minder als das geistige im Auge haben wird, als aus religiös-sittlichen Gründen. Die Israeliten waren jedenfalls Jahrhunderte lang Sklaven in Egypten, die mit der Peitsche zu der Arbeit angetrieben wurden. Noch heute aber lehrt die Erfahrung, daß Niemand weniger zur freiwilligen Arbeit geneigt ist, als der freigelassene Sklave. Sobald die Peitsche des Treibers aufhört, sieht der Sklave seine Freiheit eben darin, daß er nun von der Arbeit völlig befreit sei, und höchstens zur Abwehr der dringendsten Noth wird er ihr sich zuwenden; ein höheres Streben zur Gründung eines behaglichen Wohlstandes, von

---

[1]) In diesem Sinne ist der Ausdruck auch in dem Ausspruche: „Ein Heide, der sich mit dem Gesetze beschäftigt, ist des Todes schuldig", zu fassen, was wir hier nachträglich bemerken.

[2]) כל העובר על דברי חכמים חייב מיתה. Vgl. Meg. 28, 1. „Der Gelehrte, welcher einem unwissenden Hohenpriester den Vorrang im Segensprechen läßt, ist des Todes schuldig" u. s. w.

[3]) c. 11.

welchem doch das Wohl des ganzen Staatslebens, dessen innere Kraft gegen äußere Unterjochung abhängt, ist ihm unbekannt; sein Behagen besteht eben darin, daß er nicht mehr zur Arbeit gezwungen werden kann. Welchen Einfluß aber die Arbeit auf das sittliche Verhalten der Menschen hat, ist nicht etwa erst eine neue Offenbarung unserer Zeit, in welcher jener Einfluß allerdings in seiner ganzen, großen Bedeutung, in seiner das ganze Leben erhebenden und beseligenden Kraft immer mehr zur allgemeinen Würdigung gelangt ist, und in wahrhaft wunderbarer Weise eine Umgestaltung aller Verhältnisse bewirkt hat; auch die alte Zeit hatte ihn eingesehen, die Bibel selbst lehrt ihn in sehr vielen Stellen und hat ihn dem Satze: „Wohl dem, der Gott fürchtet, der in seinen Wegen wandelt; nährst du dich von deiner Arbeit, Heil und wohl dir“ [1]), in seiner tiefen religiös-sittlichen Bedeutung gewürdigt, indem die Zusammenstellung offenbar auf die innige Verbindung der Gottesfurcht und des Wandels in den göttlichen Wegen mit der Arbeit hinweisen will, wie die alten thalmudischen Lehrer diese Verbindung in der schönen Erklärung der zweiten Hälfte dieses biblischen Ausspruchs: „Heil dir hienieden, heil dir im Jenseits“, d. h. die Arbeit bedingt dein irdisches, materielles und dein geistiges, höheres Heil, klar angeben. Und die göttliche Offenbarung sollte das eben der Sklaverei entführte Volk in diesem für das äußere wie für das geistige Wohl des Einzelnen wie des ganzen Staates wichtigsten Punkte seiner Willkür überlassen und ihn nicht mindestens ebenso wie so viele andere minder wichtige Bestimmungen der religiös-gesetzlichen Regelung unterworfen haben? Sie sollte dem Volke gesagt haben: Sechs Tage **kannst** du arbeiten und am siebenten Tage **sollst** du ruhen, und nicht vielmehr eben so: Sechs Tage **sollst** du arbeiten, wie am siebenten sollst du ruhen? Und dieses Gebot, das für die Israeliten so natürlich war, haben die alten Weisen, eben weil es in seinem innersten

---

[1]) Ps. 128.

Gebote verpflichtet habe, daß sie seinerseits die mit dem Fortbestehen in innigster Verbindung stehenden Sittlich=gesetze übernommen hatte; Andere dagegen behaupteten, er müsse sämmtliche Gebote, mit Ausnahme der Speisegesetze, von deren Nichtverpflichtung hinsichtlich des Noachitischen Gesetzes ausdrücklich berichtet, auf sich nehmen. Ursprünglich mochte diese Benennung allerdings nur eine ört=liche Bedeutung gehabt haben, nämlich in welchem Falle einer, wenigstens auf kurze Zeit, Wohnung bei ihm niederlegen durfte, ohne dass er durch die Berührung des Fremden, als eines verunreinigten Götzendieners, ~~[illegible]~~, dass ihm sein Brod und sein Öl nicht wie die der Heiden, verunreinigt, und eben so sein Wein ihm gerade zur Speise, doch wenigstens zum heiligen Genuß davon zu Hause, unbrauchbar wurde. Dass er aber, wenigstens mit der Zeit auch die eigentlichen Sittengesetze damit in Verbindung gebracht wurden, wenn er Pflicht sei, sie ihm gegenüber ganz zu erfüllen, kann keinem Zweifel unterliegen. —

Es wird aber im Zusammenhang im Talmud allerdings bemerkt, dass auch dem Beisassfremden gegenüber die Gesetze gegen Wucher[1] volle Geltung haben, aber er hängt dies offenbar mit dem vorhergehenden Bezeichnung zusammen, so dass also nach der Ansicht derjenigen, welche nur den als Beisassfremden betrachten, der zu allen Gesetzen außer den Speisegesetzen sich verpflichtet, auch jene Gesetze nur einem solchen gegenüber bindend wären. — Das Gesetz, welches die Auslieferung eines entlaufenen Sklaven an seinen früheren Herrn verbietet[2], mag allerdings in seiner Auffassung nicht mehr klar sein. Welcher Sklave ist hier gemeint: auch ein heidnischer oder nur ein israelitischer, welcher ihm bald hier gestrandet werden, war ein heidnischer, oder auch ein israelitischer, bis im letzteren Falle, wenn ihm auch ein heidnischer Sklave entlaufen ist? Die einfachste Erklärung ~~ist~~ dürfte allerdings gerade wegen der allgemeinen Fassung des Gesetzes, die sein, dass es sich auch auf den heidnischen Sklaven bezieht, der auch einem israelitischen Herrn ~~[illegible]~~ aus dem Auslande

1/ 2 M. 22, 20. 3 M. 19, 13. Deut. 24, 14.
2/ Deut. 23, 16.

nach Palästina geflüchtet. Letzteres wegen der [illegible]
[illegible], und würde dann die Milde und Humanität des Gesetzes in ihrem hellsten Lichte erscheinen, indem es bloß ein Verbot, irgend welchen Druck durch
Wort oder That gegen den geflüchteten Sklaven auszuüben, und das Gebot, ihn seiner Absicht nach in ge-
[illegible] wählen zu lassen, darin reicht. [illegible]
3 [illegible] Onkelos nach, [illegible]
so macht, indem er gegen seine sonstige [illegible]
sich streng an das Wort zu halten, das [illegible]
hinzufügt. [illegible]
[illegible]
[illegible] die [illegible]
bis [illegible] Begriff [illegible]
Begriff auf den Sklaven, [illegible] Bezug auf den [illegible]
[illegible] natürlich [illegible]
[illegible] nicht [illegible] Anwendung [illegible], und beschränkt es auf den heidnischen Sklaven, der
[illegible] heidnischen [illegible] nach Palästina
sich geflüchtet habe, so daß ein [illegible]
einen Sklaven [illegible], der ihn [illegible]
[illegible] zu [illegible]
[illegible]
[illegible] Gesetz [illegible]
den heidnischen Sklaven, [illegible]
[illegible] wollen, so [illegible] Anwendung [illegible]
[illegible] Begriff [illegible]
[illegible] verbindet, und jedenfalls [illegible]
des Gesetzes [illegible], [illegible] in seiner [illegible]
[illegible] größern oder minder [illegible]

1) [illegible] s. Th. Gittin 45, a.
2) Vgl. Siphré z. St.

Wesen das sittliche Leben so tief berührt, wie das Sittengesetz überhaupt, was sie ja eben mit den sieben Noachidischen Geboten, welche die wesentlichsten Sittengesetze enthalten, die sie als Verpflichtung für alle Menschen aufstellen, in der Art, daß sie diejenigen, die sie nicht beobachten, gar nicht mehr zu den Menschen rechnen, ausdrücklich bezeugen, auf Alle ohne Ausnahme ausgedehnt, und wollten es daher unter die Noachidischen Gebote wirklich aufgenommen wissen. Niemand, der Heide eben so wenig wie der Israelite, sollte an einem Tage von der Arbeit feiern, der nicht aus höhern religiösen Gründen der Feier geweiht ist. Man muß überhaupt den großen Werth, den die alten Thalmudlehrer überall der Arbeit beilegen, kennen, um diesen tiefen, ernsten Sinn in unserm Ausspruch ganz würdigen zu können. Wird ja selbst das Studium des Gesetzes (der Thora), das Höchste, was die alten Lehrer kennen, nur neben der Arbeit gerühmt[1]), und heißt es ja von dem Vater, der seinen Sohn kein geregeltes Gewerbe lehren lasse (zur Arbeit nicht anhalte), es sei, als erziehe er ihn zum Räuberleben. Es kann daher in dem angeführten Ausspruche des Resch Lakisch von einer Gehässigkeit gar keine Rede sein; er zeugt vielmehr im Gegentheil von der weisen Duldung, die den unter den Juden wohnenden andern Glaubensgenossen nicht blos nicht zwingen wollte, außer dem Tage, welchen zu feiern seine Religion ihm gebot, von Polizeiwegen noch einen andern zu feiern, sondern ihm sogar, eingedenk des alten Satzes: Müssigang führt zur Geisteszerrüttung[2]) eine solche Feier von der Arbeit als eine Sünde an das Herz legte. +

Damit haben wir unsers Wissens die Aussprüche erschöpft, welche auch bei den spätern Thalmudisten in ethischer Hinsicht

[1]) Ab. II, 2. „R. Gamaliel, Sohn des Nasi R. Jehuda sagte: Schön ist das Gesetzesstudium in Verbindung mit einer praktischen Thätigkeit . . . Gesetzesstudium ohne Arbeit muß aufhören und führt zur Sünde."

[2]) Misch. Khet. V, 5.

+ [illegible] S. 202.

eine Unterscheidung zwischen Juden und selbst den Heiden aufstellen oder aufzustellen scheinen, und wir glauben damit dem Unbefangenen ein neues klares Bild von dem keine Ausnahme zulassenden, den biblischen Lehren völlig entsprechenden, sittlichen Sinn des Pharisaismus gegeben zu haben. Wir glauben nachgewiesen zu haben, daß jede Voraussetzung, als gebe das Judenthum, wenigstens in seinen thalmudischen Gesetzen, irgend eine Beschränkung des Sittengesetzes, des strengsten Rechtes, der umfassendsten Menschenliebe andern Bekenntnissen, und nun gar dem Christenthum gegenüber zu, das jedenfalls, auch nach den strengsten thalmudischen Begriffen nie unter den etwa dem Heidenthum gegenüber bestehenden Ausnahmen eingeschlossen werden kann, von welcher Seite eine solche beschränkende Voraussetzung auch angenommen werden wollte, mit der Wahrheit und den wirklichen Bestimmungen im grellsten, unverantwortlichen Widerspruch stände. Anderes, als das von uns Herangebrachte in dieser Richtung, wie das Verbot des Gebrauches heidnischer Aerzte und Ammen, hat mit dem Sittengesetze überhaupt nichts gemein: es hat, wie ausdrücklich bemerkt wird, seinen Grund in der Furcht, von ihnen getödtet zu werden [1]). Es mußte in der That mit dem Rechts- und Sittlichkeits-Gefühle der Heiden weit gekommen sein, wenn man aus demselben Grunde sogar verbot, mit einem Heiden allein zu gehn; oder wenn man dem Israeliten verbot, sein Vieh bei dem Gastwirth eines Heiden einzustellen, weil dieser der unnatürlichen Vermischung mit demselben verdächtig sei [2]). Es darf uns daher auch um so weniger Wunder nehmen, wenn unter solchen Umständen einer Israelitin verboten ward, Heb- oder Schenkammendienste bei einem Heiden zu versehn, theils aus sittlichen Gründen um ihrer selbst willen, theils um für die Vergrößerung einer solchen, allem sittlichen Gefühle [3])

[1]) Th. Ab. Al. fol. 26. Maim. v. d. Gößendienste 9, 16. von dem Morde und der Lebensfürsorge c. 12.

[2]) Misch. Ab. Al. 2, 1.

[3]) l. l. Misch. 2. mit den Comm.

Noch weiter scheint man später gegangen zu sein, indem man das Gesetz sogar nur auf den vollkommenen Proselyten bezog. So sollte sich [illegible], offenbar noch verbleibende Ausnahme [illegible]. Es bezieht sich auf den Fremden, der dem Götzendienst entsagt, um sich ganz Gott [illegible] anzuschließen und seine Gebote zu beobachten. Ihr sollt nicht ein [illegible] unterweisen, [illegible] ihn zu diesem Zwecke ein [illegible] in irgend einer Stadt, wo es ihm beliebt, anweisen — so wurden die Letzteren [illegible] der Gesetze gedeutet —, ihm sollt alle Freundlichkeit erweisen u. s. w.

Aber das wirkliche, allgemeine Menschenliebe also, wie sie das mosaische Gesetz gerade hier in so schöner Weise lehrt, kein [illegible] mehr. Der [illegible] hat sie [illegible] [illegible] eingeschränkt, [illegible] [illegible] [illegible], in seiner Auffassung ganz [illegible] hatte. [illegible]

Um so erfreulicher ist es [illegible], daß bei [illegible] [illegible], diese große Lehre, von dem [illegible] [illegible] [illegible] auf [illegible] der [illegible] nicht [illegible] blieb. Er [illegible] ganz allgemein in seinem [illegible] [illegible] [illegible] Verbot der [illegible] der Sklaven an seinen Herrn [illegible], [illegible] seinen Grund in der Barmherzigkeit. Wir sollen [illegible] [illegible] den Schutz gegen Unterdrückung [illegible]. Und es genügt nicht, daß man einen solchen [illegible] Unterdrücker nicht ausliefert, [illegible] [illegible] [illegible] [illegible] mit seinen Angelegenheiten [illegible] ihn unterstützen, und [illegible], [illegible] [illegible] [illegible], nicht beleidigen u. s. f.

Anmerkung (S. 11.) [illegible] [illegible] [illegible] Sklaven u. [illegible] [illegible] [illegible] [illegible] [illegible] [illegible] [illegible] [illegible] [illegible] [illegible] [illegible] [illegible] [illegible] [illegible] [illegible] [illegible] [illegible] [illegible]. — S. More Neb. III, 39. Damit [illegible] [illegible] [illegible] [illegible] [illegible] [illegible] [illegible] Thora [illegible] [illegible] [illegible] [illegible] [illegible] nicht allgemein auf jeden Sklaven, der einem [illegible] [illegible] [illegible] [illegible] [illegible] [illegible] [illegible] [illegible] [illegible] [illegible] [illegible] (A. d. Sklaven 8, 10.) [illegible] [illegible] [illegible] weit und auf die Weise das Menschenthum [illegible],

Die [illegible] der [illegible] Auge [illegible] dem einfachsten humanen Gesetze Beschränkungen [illegible] keinen Fremden zu lieben. Man scheint [illegible] nicht [illegible] zu haben, daß man wenigstens die Proselyten zum Rechte jeder [illegible] [illegible] von dem [illegible] [illegible] eben [illegible] zu diesem Zwecke man [illegible] Theile der Israeliten die Beobachtung der [illegible] Gebote mit Ausnahme der [illegible] gefordert ward.

Gehen wir nun zu den vollkommenen Proselyten (Ger Zedek) über, so treten uns selbst hier wesentliche Beschränkungen entgegen. Daß der Proselyt nicht König werden durfte, liegt offenbar nicht bloß im ganzen Geiste des mosaischen Gesetzes, das, wie wir bereits gesehen, von dem völligen Aufgehen des Proselyten in Israel [illegible] seinen Grundsätzen nach [illegible] Begriff hatte, sondern ist auch ohne Zweifel dem Gesetze Deut. 17,15. entsprechend, der [illegible] nur [illegible] wie die ganze Zusammenfassung [illegible] die [illegible] Bruder [illegible] offenbar einen [illegible] stellte, einen nichtisraelitischer Abstammung [illegible] bezeichnen durfte.

Diese Bestimmung blieb in ungeschmälerter Geltung, [illegible] auch hauptsächlich die Idumäer, [illegible] obgleich die Idumäer sich der Beschneidung unterzogen hatten und wohl als vollkommene Proselyten galten, nicht als rechtmäßige israelitische Könige angesehen wurden [illegible] Agrippa I. [illegible] der Tempel zerstört wurde, [illegible] als rechtmäßiger König anerkannt. Es wird nämlich erzählt, derselbe habe [illegible] Thränen vergossen, als er bei der Vorlesung der Thora an die Stelle gelangt war: „Du sollst keinen Fremden über dich zum Könige setzen, der nicht dein Bruder ist“; da [illegible] ihm die [illegible] zu [illegible] nicht bange, Agrippa, Du bist unser Bruder! Der Grund [illegible]

† [illegible]

Hohn sprechenden, mit der Abstreifung aller Menschenwürde des Namens Menschen sich entäußernden Masse nicht thätig zu sein. Unter den Heiden, gegen welche diese Verbote erlassen wurden, jedenfalls zu der Zeit, als das Heidenthum immer tiefer sank und keinerlei religiöses Gefühl, kein höherer Gedanke es mehr beseelte, verstanden die Rabbinen nicht etwa die, welche blos dem Götzendienste anhingen, sondern die, welche zugleich Mord, Raub, Plünderung und Unzucht für gestattet hielten. Sie waren völlig zum Thier herabgesunken [1]), gegen welche auf jede Weise sich zu schützen die Pflicht der leiblichen und sittlichen Selbsterhaltung forderte. Daraus folgt um so klarer, wir wiederholen das mit Nachdruck, wie ungerecht und falsch es ist das thalmudische Goi oder Akhum (גוי עכו"ם), wie das nicht selten von christlicher Seite auch noch in unserer Zeit geschieht, mit „Nichtisraeliten" zu übersetzen, und darunter sogar die Christen zu verstehn, welche die Zehngebote gleich den Israeliten heilig halten und das Sittengesetz nach allen Richtungen üben. Nicht einmal die Heiden, welche die sieben Noachidischen Gebote d. i. das Sittengesetz üben, wurden nach den ausdrücklichsten Zeugnissen darunter verstanden, ja sie führten, wenn sie der Uebung des Götzendienstes dabei entsagt hatten, ohne irgend ein anderes Gebot als die bedeutendsten Sittengesetze zu beobachten, nämlich: Mord und Blutschande, Gerechtigkeit im Gerichte, Raub, Genuß von einem noch lebenden Thiere, deren Mißachtung mit Recht als Zeichen entmenschlichter Verwilderung galt, nicht mehr den Namen Heiden, sondern Beisaß-Fremdlinge (גרי תושב), gegen welche alle Pflichten gleichwie gegen Israeliten selbst erfüllt werden müssen [2]), und die Christen unserer Tage, welche doch unendlich höher stehen, als die „Beisaß-Fremdlinge" des Thalmuds, denen die Beobachtung des Sittengesetzes nach seinen feinsten Richtungen gleich dem Israeliten religiös geboten ist, ja die Gott den Herrn, „den Schöpfer des Himmels

[1]) Maim. Com. in Misch. B. Kama 4, 3. Nachm. zu 3 M. 18, 25.

[2]) Th. Ab. Al. 65, a. Synh. 59, a. Maim. v. d. Götzendienern 10, 6.

[illegible]

und der Erde", den Lenker der menschlichen Geschicke wie der Israelite und nach derselben heiligen Quelle verehren, will man vom Judenthum mit jenen entmenschten Heiden auf eine Stufe gestellt sehn? Gibt es denn keinen Widerspruch und keinen Wahnsinn, deren man Juden und Judenthum nicht fähig hält? —

Zum weitern Belege, daß das Judenthum niemals, selbst zu den Zeiten der schrecklichsten Verfolgungen gegen die Juden, unter dem thalmudischen Goi oder Akhum (גוי, עכו״ם) die Christen verstanden, und daß daher alle Gehässigkeiten, die man daraus herleiten zu dürfen glaubte, jedenfalls ohne Boden sind, ebenso weil wir damit eine Pflicht der Pietät gegen unsere Väter, welche die Fahne des Rechtes mitten unter dem schwersten Drucke in den Koryphäen der thalmudischen Gelehrsamkeit niemals verließen, zu üben glauben, führen wir die Ansichten der orthodoxesten Rabbinen des Mittelalters über diese Frage wörtlich an, welche der Herausgeber eines Gebetbuchs in unsern Tagen zusammengestellt hat [1]).

Der Verfasser des Werkes Pachad Jizchak [2]) bemerkt: Ein sicherer Beweis, daß unsere Weisen unter dem Ausdrucke Goi nur die alten Heiden und nicht die Christen verstehn, liegt schon in dem bürgerlichen Gesetz, das sie von jenen anführen, das wesentlich von dem in christlichen Ländern geltenden Gesetze unterschieden ist. Setzen sie bei jenen ja immer den Verdacht des Mordes, der Unzucht und des Raubes voraus, die gegen Juden kaum eine Bestrafung fanden, während die Christen nicht bloß in diesem Verdachte nicht stehn, sondern im Gegentheil diese Verbrechen ohne Unterschied, zum Theil sogar in höherm Maße als die Bibel bestrafen, besonders den Diebstahl, ebenso keinen Götzen verehren, sondern Gott, den Herrn, anbeten. Auch das praktische Leben macht diesen Unterschied; wir nehmen sie als Aerzte, lassen sie Heb- und Säugammendienste bei uns

---

[1]) Vorwort zu סדור הגיון לב von Landshut: בקורת כללית ע"פ ד"ת בכבוד ומשפט העמים אשר בזמננו.

[2]) Isaak Lampronti, Arzt und Oberrabbiner zu Ferrara st. 1756.

merkwürdig [illegible] darin, dass Agrippa, der
Enkel der [illegible] Mariamne, von
mütterlicher Seite ~~geboren~~ jüdischer Abstammung
war. Er war darin offenbar nur [illegible]
gegen den strengen rabbinischen Begriff, wie
er im Mischnah herrscht.
Erklärer dieser [illegible] Auffassung wurden später
[illegible], da es dieser offenbar ein Rückschritt nach dieser Richtung war, wie es
thatsächlich dem [illegible] gegenüber
[illegible]. Es wird nämlich das Verfahren der
Weisen über einen [illegible] als eine
[illegible] erklärt, [illegible]
an dem [illegible] des Weisen [illegible].
[illegible] ist es aber nicht nöthig, die Erklärung dieser [illegible] zu einer der [illegible]
[illegible] historischen Thatsachen gegenüber
offenbar fehlerhaften [illegible], wenn
man dem [illegible] ein-
ziger [illegible] übrig geblieben sei,
seine Zuflucht zu nehmen 2/.
Man ging sogar soweit, keinen [illegible]
zu irgend welchem Zwecke zu [illegible], und [illegible]
[illegible] aus dem [illegible], dass
irgend welche Bemerkung über [illegible]
von einem [illegible] [illegible] ver-
wendet werden dürfe 3/. Doch genügte hier
nicht [illegible] auch die Abstammung von einer
geborenen [illegible] Mutter [illegible]
Entscheidung wurde [illegible] gesetzlich
Bestimmungen [illegible] Widerspruch
gehalten haben. Aber für die [illegible] einer
[illegible] Gründen [illegible]
[illegible] zur [illegible]

1/ Tr. Sota 41, a. b.
2/ j. Tos. ~~[illegible]~~ [illegible] 46, b. 3, Th. [illegible]

[illegible] bestätigt, und geht so der Ansicht,
daß die Mutter einen [illegible] geschenkt, als
[illegible], dem eigentümlichen Stand zu
[illegible], so auch gewichtigen Autoritäten [illegible] selbst die Jungfrau, deren
Eltern [illegible] [illegible] waren, einen
[illegible] [illegible] [illegible] darnach [illegible] zum
Zuwachs der Kinder [illegible] [illegible], deren
Mutter geboren [illegible] war, sich [illegible] allgemeine Zustimmung erkannt haben, wenigstens
wird deren [illegible] [illegible] in [illegible]
[illegible] [illegible] [illegible] als [illegible]
[illegible] [illegible], und [illegible] [illegible]
[illegible] [illegible] nicht einmal als [illegible]
[illegible] nicht als [illegible]
[illegible] [illegible].

Jedenfalls hat man den vollkommenen [illegible],
[illegible], die [illegible] von [illegible] [illegible]
[illegible] allen [illegible] ausgeschlossen, und [illegible]
[illegible], daß man sich von dem Begriffe
[illegible] [illegible] [illegible] in den [illegible]
[illegible], [illegible] zum [illegible] [illegible]
[illegible], die bis zum [illegible] [illegible] [illegible]
so völlig [illegible] war, [illegible] [illegible]
[illegible] auch nicht [illegible] konnte, [illegible]
[illegible] [illegible] mit den [illegible]
der [illegible] [illegible] nur die [illegible] [illegible]
[illegible] [illegible], wie man [illegible] [illegible]
[illegible] [illegible] in Bezug auf die [illegible] [illegible]
der [illegible] [illegible] [illegible] [illegible]
Begriffe, der [illegible] mit dem [illegible]
[illegible], in den [illegible] [illegible]
[illegible] war, wenn man nicht [illegible]
[illegible] [illegible] gegen die [illegible] [illegible]
[illegible] will, [illegible] [illegible] [illegible] [illegible]
Rückschritt [illegible] [illegible] allein vollzogen [illegible].

1) [illegible] [illegible].
2) [illegible] 76, 6. [illegible].

versehn, lehren sie sogar das göttliche Gesetz u. dgl., was Alles den Heiden gegenüber aus dem angeführten Grunde verboten war. Auch der berühmte Lehrer R. Nissim Gerundi [1]) macht diesen Unterschied und erkärt ausdrücklich (Ab. Al. Alfasi initio) daß alle angeführten Verbote sich nur auf die Heiden bezogen, die im Verdachte jener Frevel standen. Ebenso R. Joseph Karo, der bezeugt, daß die Christen (und Mohamedaner) in keiner Hinsicht unter dem thalmudischen Goi zu verstehn sind, und kein Gesetz, das gegen jene gerichtet ist, auf Diese bezogen werden darf. Maimonides erklärt ausdrücklich: daß der Ausspruch R. Josuas im Thalmud: Die Frommen anderer Völker haben Antheil am ewigen Leben, gesetzliche Giltigkeit habe, (und diese Frommen sind nach den thalmudischen Bestimmungen alle, welche die Noachidischen Gebote halten). Ebenso bemerken die Commentatoren zur zweiten Mischna des Thalmudischen Tractats, welcher vom Götzendienste handelt, daß alle auf diese sich beziehenden Gesetze, wie das Verbot des Verkehrs an einem ihrer Festtage auf die heutigen Völker keine Anwendung finden.

Der Verfasser des Beer ha-Gola, ein polnischer, durch den Fanatismus von Land zu Land gehetzter Rabbi, auf den Lampronti auch verweist, lehrt dennoch [2]): „Alles Nachtheilige, das unsere thalmudischen Weisen über die von ihnen sogenannten Gojim sagen, bezieht sich nur auf die Götzendiener ihrer Zeit, die weder an eine freie Schöpfung durch Gott, noch an eine Vorsehung glaubten; die Völker aber, in deren Mitte wir wohnen, glauben an Gott, Schöpfung und Vorsehung, und wir sind sogar, wie unsre größten Rabbinen lehren, für ihr Wohl zu beten verpflichtet, wie der Psalmist (79, 6.) sagt: „Gieße deinen Zorn aus auf *jene* Völker, die dich *nicht* kennen, und auf *jene* Reiche, die dich *nicht* anrufen"!

---

[1]) Einer der größten rabbinischen Autoritäten, Rabbiner zu Barcelona, blühte 1340—1380.

[2]) Zu Chosch. Misch. c. 426.

Welche Seelengröße gehört dazu, diese hohe, sittliche Ruhe in dem wüstesten Treiben eines herzlosen Fanatismus, der uns Heimath und Behagen raubt und das Leben selbst bedroht, sich zu bewahren! Welche sittliche Kraft muß aber auch in dem Glauben walten, der zu solcher Seelengröße uns befähigt.

Der große, weitberühmte Rabbine Isaak b. Scheschet [1]) stellt in einem Gutachten [2]) die Christen ausdrücklich den thalmudischen „Beisaß = Fremdlingen" im gelobten Lande gleich, deren völlige Gleichheit in Bezug auf alle ethischen Gesetze wir aus dem Thalmud oben nachgewiesen.

Ein anderer, nicht minder berühmter, unter dem Namen Jabez bekannter Rabbine [3]) nennt die Christen geradezu „unsere Brüder", auf welche die Bezeichnung „Fremde" gar nicht anwendbar sei. Und dieser große Thalmudgelehrte war unter der Zahl der Unglücklichen, die der sinnloseste Fanatismus 1492 aus Spanien vertrieb, aus dem schönen, so innig geliebten und von den Exulanten so lange und so tief beweinten Vaterlande. Und was hatten die Unglücklichen, diese hochgebildeten und hochstehenden Männer, diese bedeutenden Vermittler der Wissenschaft im Mittelalter nicht schon ein Jahrhundert lang vorher von der Inquisition und ihren Martern zu dulden! Wahrlich! man muß staunen über diese Selbstverläugnung, die in sittlicher Größe ihre grausamen Verfolger noch „Brüder" zu nennen vermag.

Der Verfasser des Buches Sefer ha=Brith [4]) beruft sich auf die Bibel, welche Chuschai den Architen und Ithai aus Gath, die beide nach dem Zeugniß unserer Weisen Götzendiener waren, den Genossen (Rëa) David's, und ebenso die götzendienerischen Egypter den Israeliten gegenüber nennt, daß das Gebot: Du sollst deinen Nächsten lieben, wie dich selbst, sich auf alle Menschen bezieht. Er führt aus der alten Schrift (Tana d'be Eliahu,

---

[1]) Geb. in Spanien 1488, gest. in Palästina 1575.

[2]) G. A. 119.

[3]) Joseph Jabez.

[4]) Wohl Joseph Kimchi, c. 1170.

Zu [illegible] Unterschied [illegible] Ehegatten [illegible]
[illegible] zu d. Zeiten d. Schrift [illegible]
nicht [illegible] die [illegible]
Die [illegible] Mütter [illegible]
mit Hebr. 13, 4. [illegible] von [illegible]
[illegible] Gemeinde Gottes [illegible]
Geschlecht [illegible] Stelle Neh. 13,
23. [illegible] von [illegible]
[illegible] Jüdinnen [illegible]
[illegible].

c. 15.) die Geschichte eines Menschen an, der ein Unglück, das ihn traf, einem Betrug, den er an einem Heiden verübt, zuschrieb, weil die Bibel unter dem Verbot: Du sollst deinen Nebenmenschen nicht täuschen, jeden Menschen ohne Unterschied verstehe.) „Rea“, Nächster, ist eben jeder, der der Gesittung angehört, und nur Diejenigen sind ausgeschlossen, die aller Gesittung bar sind, die dem Morde, dem Raube, dem Diebstahl, der Zuchtlosigkeit sich hingeben. Der alte Götzendienst selbst beförderte dieses sittliche Verderben, da sie die eigenen Kinder zur Verehrung ihrer Götzen verbrannt. Ausdrücklich sagt das Gesetz: Banne den Chitti, den Emori ... damit sie euch nicht zu ihren Greueln verleiten, und schließt damit, wie auch ausdrücklich, selbst die andern alten Völker aus. Um so weniger kann es einem Zweifel unterliegen, daß die Völker unserer Zeit, welche die Noachidischen Gebote beobachten, die nach der Erklärung der größten Gesetzeslehrer zur Seligkeit im Jenseits berufen sind, als unsere Nebenmenschen und Freunde betrachtet werden müssen. Schon Maimonides bemerkt, daß ja Adam und Noah die göttliche Offenbarung noch nicht beobachten konnten, und an ihrer Seligkeit doch nicht gezweifelt werden könne. Und die Völker unserer Zeit achten die Menschenliebe, die Redlichkeit, die Barmherzigkeit, die Wohlthätigkeit, üben und pflegen das Recht gegen Unterdrückte u. s. w.“ Gewiß! eine solche Unbefangenheit des Urtheils wäre noch in unserer Zeit gar Vielen zu wünschen!

Der Verfasser des Buches Schibath Zion hat außerdem die Worte seines sel. berühmten Vaters [1]) angeführt, die dieser in seinen Schriften oft wiederholt: „Ich habe in meinen Predigten immer die religiöse Verpflichtung hervorgehoben, daß wir den Völkern unserer Zeit Achtung und Liebe schuldig sind, und daß wir ebenso die Verpflichtung haben, für das Wohl der Fürsten und des Landes und seiner Bewohner zu beten; auch machte ich

[1]) Des R. Jecheskel Landau, berühmter Oberrabbiner zu Prag, in der zweiten Hälfte des vor. Jahrh.

immer darauf aufmerksam, daß in allen Gesetzen der Sittlichkeit und des Rechts kein Unterschied zwischen Juden und Nichtjuden bestehe, und daß Alles, was in den Schriften unserer Weisen von Heiden, „Völkern" und Chutäern vorkomme, nur von jenen Heiden gelte, die, wie Maimonides von den Zabäern erzählt, die göttliche Weltschöpfung, Weltlenkung und Prophetie geläugnet haben.

Der Verfasser des Buches Tschuba Meahaba (תשובה מאהבה) sagt: „Es ist Mosaisch verboten, auch einen Heiden zu bestehlen oder zu hintergehen, wie in allen Gesetzeslehren erklärt ist. Ebenso ist es verboten, irgend einen Menschen, wer es auch sei, zu hassen oder zu verachten; heißt es doch in der Bibel sogar von den Egyptern, die uns so viel Böses zugefügt: „Verachte keinen Egypter, denn du warst Fremdling in seinem Lande", worauf unsere Weisen sagen: „Wirf keinen Stein in einen Brunnen, aus dem du getrunken hast." B. Kama 92, b. Wer sollte also nicht einsehen, daß es gegen Gott und Vernunft wäre, die Völker unserer Zeit nicht mit voller Liebe zu umfassen? Sagen doch unsere Weisen (Berach. 17, 6.): Auch mit dem Heiden pflege Frieden und Liebe, auf daß du von Gott und Menschen geliebt seiest. Es schließe daher der Israelite Freundschaft mit jedem treuen Menschen, wie Abraham mit dem Heiden Abimeloch (1 M. 21, 27 ff.), ebenso Isaak (das. 26, 31.), Jakob mit Laban, Salomo mit Chirom. Wir sind verpflichtet, die Armen aller Nationen mit Darlehen[1]) und Almosen zu

[1]) Der Thalmud B. Mezia f. 70, b. leitet aus der Form des Wortes (Hif'il) 5 M. 23, 21. ab, daß es nur gestattet sei, dem Nichtjuden Zinsen zu geben (was bei dem Juden auch verboten sei), nicht aber von ihm zu nehmen. Merkwürdig ist die Entschuldigung des Gebrauches, Zinsen zu nehmen, durch die im Mittelalter verfaßten Tosaphots. Sie klagen: „Man verbot uns jedes andere Geschäft und ließ uns kein anderes Mittel, unser Leben zu fristen und die vielen Abgaben zu erschwingen, die wir an die Fürsten und Großen bezahlen müssen, um unser Leben zu erhalten." Und man klagte über den Wucher der Juden! Ist das nicht die Fabel von dem Wolf und dem Schafe?

unterstützen. Auch sind wir nach der Lehre unserer Weisen verpflichtet, die Armen der Heiden zu ernähren, ihre Kranken zu besuchen, ihre Todten zu begraben, wie ja auch der König David dem Ammonitinischen Könige Chanun bei dem Tode von dessen Vater sein Beileid bezeugen ließ (2 Sam. c. 10.). Auch ist es verboten, in irgend einer Weise den Zoll zu übergehen, selbst wenn eine gesetzliche Bestimmung den Juden mehr als den Nichtjuden zahlen läßt. Dies Alles findet bei Heiden statt, wie viel mehr bei den Christen, die die sieben Noaidischen Gebote und außerdem den göttlichen Willen üben."

Der gelehrte Vf. des Buches Teem ha-Melech schreibt: Die Christen nehmen gleich uns die heilige Schrift als Grundlage der Religion an; sie glauben an die Offenbarung Gottes auf Sinai und an alle Propheten; sie glauben an Gott und Vergeltung, beobachten die göttlichen Gesetze, soweit sie sich auf Recht und Sittlichkeit beziehen, halten strenge auf Gerechtigkeit und Wahrheit, woraus folgt, daß unsere Weisen, welche von den Heiden berichten, daß sie Blutschande, Raub, Diebstahl, Mord begingen, dem falschen Eide, Lug und Trug ergeben waren, wie dies im Thalmud (Anfang des cap. 2 Ab. Al.) ersichtlich, keineswegs die Christen, die diese Unthaten strenge bestrafen, unter jenem Ausdrucke verstanden haben können.

Noch ausführlicher spricht Reggio[1]) in seinen „Briefen" über diesen Gegenstand, indem er mit unwiderleglichen Beweisen darthut, daß die Ausdrücke Rëa und Amith (רֵעַ, עָמִית) alle Menschen ohne Unterschied umfassen. Nach dem erstern, von dem Stamm Raah רעה das eben sich gesellen, Umgang haben, bedeutet, wie Spr. 13, 20. heißen die Menschen alle Reïm, רֵעִים weil sie von gleicher Gattung, gleicher Natur und Bestimmung sind, weshalb bei allen Geboten der heiligen Schrift über Liebe, Gerechtigkeit und gesellschaftliche Tugenden, die eben

---

[1]) Isaak Salomo Reggio, ausgezeichneter jüdischer Gelehrter und Denker in Görz, geb. 1784, gest. 1856.

das Verhältniß zwischen Menschen und Menschen ordnen, diese Bezeichnung vorkommt. Ebenso bezeichnet Amith (עָמִית) das mit Uma עמה const. Umath עֻמַּת zusammenhängt, alle Menschen, und deshalb heißen diese Amithim עמיתים weil sie alle nach demselben Ziele streben, und weil aus diesem gemeinschaftlichen Streben, in welchem einer dem andern oft entgegen l'Umath לְעֻמַּת steht, oft Neid und Haß hervorgeht, denn der Mensch sucht eben den Andern von dem Ziele abzudrängen [1]), das er sich selbst gesteckt, um es desto sicherer zu erreichen. Darum hat die heilige Schrift überall, wo sie Gewalt und Unrecht verbietet, diesen Ausdruck gebraucht, um damit zu sagen: obgleich du Amith (d. h. also Nebenbuhler, Concurrent) von andern Menschen bist, so darfst du dennoch gegen Recht und Sitte nicht verstoßen. Daraus folgt also, das die heilige Schrift weit entfernt davon ist, gegen die Genossen eines andern Glaubens, irgend eine Handlung zu gestatten, die gegen Religionsgenossen verboten ist, obgleich die Ausdrücke: Ach (Bruder), Rëa oder Amith (Genosse) dabei vorkommen; denn auch der erstere Ausdruck umfaßt alle Nachkommen des ersten Menschen, wenn er nicht durch ausdrückliche nähere Bezeichnung blos auf Israeliten beschränkt wird. Ein deutlicher Beweis für diese Auffassung ist 1. Mos. 9, 5. wo es unmittelbar nach der Sündfluth heißt: Von der Hand des Einen werde ich das Blut des Bruders fordern [2])."

„Wenn der Thalmud bei der Verpflichtung zur Zurückgabe eines gefundenen Gegenstandes eine Unterscheidung zwischen Juden und Heiden macht, so geschieht dies deshalb, weil sie

---

[1]) S. dagegen oben unsere weit einfachere Erklärung.

[2]) Noch klarer tritt diese Auffassung in der Uebersetzung Luther's hervor: „Und will des Menschen Leben rächen an einem jeglichen Menschen, als der sein Bruder ist." Der nächstfolgende Vers läßt kein Zweifel dagegen aufkommen und erklärt zugleich diese Benennung: „Denn im Ebenbilde Gottes hat er den Menschen geschaffen."

selbst diese Verpflichtung nicht kannten, wie dies ausdrücklich aus den betreffenden Stellen hervorgeht."

Dieser Zusammenstellung wollen wir nur noch, auch der Merkwürdigkeit des dabei berührten Verhältnisses wegen, den Ausspruch des gelehrten, geistreichen Rabbiners Jair Chajim Bacharach (Endedes 17. Jahrhunderts) beifügen [1]).

Der Kurfürst Karl Ludwig von der Pfalz, erzählt dieser Gelehrte, war ein Freund des damaligen Rabbiners zu Mannheim, mit dem er zu Zeiten sich persönlich unterhielt, und beklagte sich einmal bei ihm über Bestechungen der Richter, die von Juden vorgekommen. Der Rabbiner erklärte, daß er auch schon davon gehört und entschieden dagegen aufgetreten sei. Indessen entschuldigt er seine Glaubensgenossen theils damit, daß auch die andere Partei die Richter besteche und die Juden daher gezwungen seien, es ebenfalls zu thun, um zu ihrem Rechte zu gelangen, theils mit dem Vorurtheile der Richter, welche die Juden bestechen mußten, und bestechen, nicht um ein ungerechtes, sondern um ein gerechtes Urtheil zu erlangen. Dabei wiederholt er doch, daß er die Bestechung nichts desto weniger als irreligiös und unsittlich unter allen Umständen verdamme. Diesem Urtheile stimmt nun der gelehrte Bacharach in seinem Gutachten vollkommen bei und schließt mit den Worten: In allen Rechts- und sittlichen Fragen gibt es keinen Unterschied zwischen Juden und Nichtjuden. In diesem Sinne sprechen sich alle Gesetzeslehrer und Bibelerklärer aus. Ja, es gilt ihnen Allen das Vergehen gegen den Nichtjuden noch als ein weit schwereres, als gegen den Juden, weil dort zu dem Verbote, das Alle umfaßt, noch die schwere Sünde der Entweihung des göttlichen Namens und der Religion hinzutritt, wie dies besonders der berühmte Lehrer Mosé aus Coucy (blühte in der ersten Hälfte des 13. Jahrhunderts) in seinem großen Werke über die Gebote ausgeführt hat."

---

[1]) Chavoth Jair G. A. 136.

Ganz ebenso sprechen sich nun auch unsere Katechismen aus, nach welchen unsere Jugend in den Schulen unterrichtet wird. Wir führen nur die betreffenden Stellen aus Johlson's: „Die Lehren der Mosaischen Religion" an, nach welchem seit fast einem halben Jahrhundert in den Schulen unterrichtet und welche das Muster aller derartigen Lehrbücher wurde. Nachdem Johlson in dem zehnten Abschnitt, von den Pflichten gegen unsere Nebenmenschen, §§ 201—208 diese Pflichten auseinandergesetzt, fährt er § 209 also fort: Wen nennt aber die heilige Schrift ריע, עמית, אח Nächsten, Nebenmensch, Bruder? Sind auch diejenigen darunter verstanden, die einer andern Religion zugethan sind? Antwort. Hierunter werden nicht blos Israeliten, sondern alle Menschen begriffen, die mit uns in einem Staate leben [1]), zu welcher Religion sie sich übrigens bekennen, oder wessen Volkes sie auch sein mögen.

210. Ist dieses aus der heiligen Schrift selbst zu beweisen? Antwort. Ja, und zwar aus sehr vielen Stellen; denn erstens: so oft nur von Israeliten ausschließlich die Rede ist, da setzet die heilige Schrift immer ausdrücklich Ebräer (עברי) oder Kinder Israels (בני ישראל) hinzu (wie z. B. 3. Mos. 25, 46., 5. Mos. 15, 12. und 24, 7. u. a. m.); zweitens: werden ja sogar die Egypter, selbst zur Zeit da die Israeliten hart und grausam behandelt wurden, ausdrücklich unsere Nächsten, unsere Nebenmenschen genannt (2. M. 11, 2). (Mose läßt dem Könige von Edom sagen: So spricht dein Bruder Israel (אחיך ישראל) (4. M. 20, 14.). Salomo nennt den heidnischen König Hiram seinen Bruder, und eben so Achab den Syrischen König Benhadad (1. Kön. 20, 32.).

211. Und selbst nachdem die Israeliten von der Sklaverei der Egypter befreit und aus ihrem Lande gezogen waren, was

---

[1]) Diese Einschränkung ist nach unseren Nachweisen aus den Quellen unrichtig, wie sie auch nach der folgenden weitern Ausführung Johlson's selbst als solche erscheint.

empfiehlt uns dann noch die heilige Schrift gegen sie und gegen das Volk Edom, welches zuerst mit einem starken Kriegsheer zur Vertilgung der Israeliten auszog, ohne von diesen gereizt worden zu sein? (4. M. 20, 18. 20.)

Antwort. „Den Edomiter sollst du nicht verabscheuen, denn er ist dein Bruder."

„Den Egypter sollst du nicht verabscheuen, denn du bist ein Fremdling in seinem Lande gewesen (5. M. 23, 8.)."

212. Was müssen wir nun daraus folgern?

Daß wir mit noch weit größerm Rechte den Gesetzen der Religion gemäß verbunden sind, diejenigen als Brüder zu lieben, die wirklich unsere Nächsten, unsere Mitbürger und Bewohner eines Staates sind, wo wir mit ihnen gleichen Schutz genießen, und an die uns also schon das Band der Dankbarkeit und des gemeinschaftlichen Vaterlandes knüpfet."

214. Macht auch wohl die heilige Schrift irgendwo einen Unterschied zwischen einem Israeliten und einem Nichtisraeliten bei solchen Gesetzen und Verboten, die uns etwas gegen unsern Nebenmenschen untersagen?

Antwort. Nirgends finden wir eine Spur von einem solchen Unterschiede. Gott sagt: Du sollst nicht morden! Du sollst nicht stehlen, nicht betrügen! „Ihr sollt kein Unrecht thun im Gericht! auch kein Unrecht in Ellen, Gewicht und Maaß." (3. M. 19, 35.).

Ueberall wird blos die Handlung selbst, als ein Gräuel des Ewigen, verboten, ohne Rücksicht auf die Person, gegen welche sie verübt wird.

„Wer in Handel und Wandel irgend einen Menschen, gleichviel ob einen Israeliten oder einen Nichtjuden und Götzendiener, durch falsches Maaß und Gewicht betrogen, hat ein ausdrückliches Mosaisches Gesetz übertreten und ist Ersatz schuldig. Ebenso strafbar ist es, einen Nichtjuden mit falscher Rechnung zu hintergehen; das Gesetz sagt: Er soll mit seinem Käufer abrechnen (3. M. 25, 50.), und zwar ist dort von einem

Heiden die Rede, der den Israeliten unterthänig ist; wie viel mehr ist man einem andern Nichtjuden die pünktlichste Ehrlichkeit schuldig. Von dem Uebertreter dieser heiligen Pflicht heißt es (5. M. 25, 16.): „Denn wer solches thut, wer Ungerechtigkeit verübt ist dem Ewigen, deinem Gotte, ein Gräuel.“ Gleichviel also, an wem auch das Unrecht verübt wird (Maim. v. d. Diebstahl, Abschnitt 7, § 8).

215. Was sagen ferner unsere Weisen von demjenigen, der sich erlaubt, einen Nichtjuden zu beleidigen oder zu betrügen?

Unsere Gesetzgeber erklären einstimmig, daß ein solcher Israelit nicht allein gegen die ausdrücklichen Gesetze Gottes sündigt, sondern auch noch dabei das unverzeihliche Verbrechen auf sich ladet, den heiligen Namen Gottes zu entweihen, indem er dadurch seine Religion und seine Glaubensgenossen in den Augen anderer Völker herabsetzt. „Ihr sollt meinen heiligen Namen nicht entweihen! Ich will geheiliget werden durch die Kinder Israels“ (3. M. 22, 32.).

216. Unsere Lehrer, die Thalmudisten, die alle diese Vortheile, welche uns besonders verpflichten, noch nicht genossen, was lehren sie uns schon für Liebespflichten gegen unsere Nebenmenschen von einer andern Religion?

„Jeder Israelit ist dem göttlichen Gesetze nach verbunden, diejenigen Menschen aus jedem Volke, welche die sieben Noachidischen Gebote befolgen, als seine Brüder zu lieben, ihre Kranken zu besuchen, ihre Todten zu begraben, ihre Armen und Nothleidenden zu pflegen und zu unterstützen, wie die von Israeliten, und so gibt es auch überhaupt keine Handlung der Menschenliebe, der sich ein wahrer Israelit gegen die Beobachter der Noachidischen Lehren entziehen könnte“ (Th. Gittin fol. 61).

„Ueberhaupt macht uns die Religion thätige Menschenliebe auch selbst gegen Götzendiener zur heiligen Pflicht. Auch ihre Kranken und Dürftigen sollen wir unterstützen und ihre Todten begraben, wie die von Israel. Denn Gottes Güte und Barmherzigkeit erstreckt sich auf alle seine Geschöpfe (Ps. 145), und sein Gesetz will auf alle Art und Weise Liebe und Glückseligkeit befördern (Spr. 3, 17)."

Dies sind also die Lehren, in welchen unsere Jugend in den Schulen unterrichtet wird; dies ist der Geist, in welchem unsre Kinder erzogen werden: es ist der Geist des ächten Pharisaismus, der Geist des Judenthums. Möchte dieser Geist gewürdigt und nach allen Seiten hin in gleicher Reinheit gepflegt werden, und das Streben aller Denkenden unserer Zeit wird bald von dem schönsten Erfolge gekrönt werden: die Schranken werden sinken, die eine dunkle Zeit hat aufgeführt, der traurige Separatismus, der so oft schon die besten Kräfte des Vaterlandes hat lahm gelegt, wird sein Ende erreichen in dem Gefühle allgemeinen Bürgersinnes, des einigen, gemeinschaftlichen, geliebten Vaterlandes, der edelsten Bruderliebe. Unter allen Menschen wird fortan zur Wahrheit das herrliche Prophetenwort: „Haben wir nicht Alle Einen Vater, hat nicht Ein Gott uns Alle geschaffen, warum sollten wir treulos sein, Bruder gegen Bruder!" Wir feiern die Auferstehung des Geistes, zum Segen des Vaterlandes, zum Segen der ganzen Menschheit. An diesem großen Werke müssen die Denkenden aller Bekenntnisse arbeiten, sich offen und frei die Hände reichen, den Schutt wegräumen, den Fanatismus und Unwissenheit haben aufgehäuft, und zur Errichtung des heiligen Baues beitragen, unter dessen gastlichem Dache sich Alle brüderlich sammeln. Alle sollen, müssen sich endlich zu dem Gedanken erheben: daß nicht die Form des Glaubens, sondern die Heiligkeit des Gedankens, der in ihm niedergelegt ist, und den er in unserm Leben zur Erscheinung bringt, sein Wesen bilden, das uns Alle vereinigen, versöhnen sollte.